新亞研究所叢刊

麥仲貴 著

明清儒學家著述生卒年表 下冊

臺灣學生書局 印行

三年戊午（一七三八）

錢大昕年十一，始應童子試。（竹汀居士年譜）
雷鋐充日講起居注官。（碑傳集卷三〇）
陳宏謀補直隸天津道。（清史列傳卷一八）
惠士奇以病告歸。（注一七二）
沈廷芳充一統志纂修官、兼校勘明史。（述學別錄、行狀。）
趙翼年十二，隨父在塘門橋談氏授讀，父命作時文，一日成七藝，遂更勉以讀經。（甌北先生年譜，清史列傳卷七二。）
盧文弨舉順天鄉試。（復初齋文集卷一四，漢學師承記卷六。）
魏廷珍授左都御史。（清史列傳卷一五）
蔡長澐食餼於庠，學使薦以學行，發江南以知縣用。（碑傳集卷三一）
方觀承遷兵部主事，累遷吏部郎中。（清史列傳卷一七）
全祖望重登天一閣，搜括金石舊編，爲天一閣碑目，又爲之記；又鈔黃南山儀禮戴記附注四卷，及王端毅石渠意見，皆閣中秘本，世所僅見者。（全謝山先生年譜）
春，江永始作書答汪紱。（雙池先生年譜）
厲鶚客揚州。（厲樊榭先生年譜）
秋，錢陳羣服闋還朝，舟經淮陰，訪高東軒於河干。訂交而

丁杰升衢生。（清儒學案卷七二）
任大椿幼植生。（碑傳集卷五六章學誠撰別傳及施朝幹撰墓表）
章學誠實齋生。（清儒學案卷九六，章實齋先生年譜。）
錢伯坰魯思生。（姜亮夫綜表）
王心敬爾緝卒，年八十三。（碑傳集卷一二九）
王蘭生振聲卒，年五十八。（道古堂文集卷三八杭世駿撰行狀）

別去。（香樹齋文集卷一四）

冬、方苞過遵化州，訪鷹青山人李鍇未遇；鍇以詩投之。（望溪先生文集附年譜）

陸奎勳聚侯卒，年七十六。（碑傳集卷四八）

四年己未（一七三九）

正月、尹會一立讀書課程，行規勸條約。（尹健餘先生年譜）

四月、孫嘉淦遷吏部尚書，仍兼刑部。（清史列傳卷一五）

尹會一與黃叔璥論政。（尹健餘先生年譜）

六月、朱仕琇作山池荷花記。（梅崖居士文集、外集卷六。）

七月、尹會一修家譜成，重修博野縣學落成，續洛學編，輯呂語集粹。（尹健餘先生年譜）

八月、孫嘉淦充順天鄉試正考官。（清史列傳卷一五）

九月、汪紱三作書與江永。（雙池先生年譜）

十月、孫嘉淦署直隸總督；尋命實授。（注一七三）

十二月、全祖望丁父憂，乞表於李紱，志墓於謝石林，皆本之萬經之行狀。（全謝山先生年譜）

王懋竑撰舊隱圖序。（白田草堂存稿卷一四）

全祖望始修全氏宗譜。（全謝山先生年譜）

黃叔琳丁母憂。（清史列傳卷一四）

雷鋐遷左諭德，以父憂去官。（碑傳集卷三〇）

魏廷珍遷工部尚書。（清史列傳卷一五）

孔繼涵體生生。（復初齋文集卷一四翁方綱撰墓誌銘，清史列傳卷六八。）

梅瑴成補光祿寺少卿，總管算學。（同上卷一七）
孫景烈成進士，改翰林院庶吉士；散館，授檢討，以言事放歸。（同上卷六七）
沈廷芳殿試充收掌試卷官，嘗集前世君臣善敗之績，爲類各十有六，名曰鑒古錄，以備法戒。是年冬、表上，賜緞四四，書交懋勤殿。（述學別錄、行狀。）
王之銳以薦擢國子監助教。（清史列傳卷六七）
李紱撰興魯書院記。（穆堂別稿卷一二）
任啓運遷侍講，晉侍講學士。（清史列傳卷六八）
元夕、李紱撰清風門考。（穆堂別稿卷九）
春、江永再作書答汪紱。（雙池先生年譜）
冬、錢陳羣典試深州還，道出博野，爲修博野縣學記。（香樹齋文集卷一九）
正月、徐元夢召同諸大臣賦柏梁體詩，以扶鳩朝序歲月延賡爲韻。（清史列傳卷一四）
尹會一講學於明倫堂。（尹健餘先生年譜）
二月、方苞以詔重刊十三經、廿二史，充經史館總裁。（望溪先生文集附年譜）
三月、尹會一刻孝經、大學衍義、近思錄輯要、文獻通考紀要。（尹健餘先生年譜）

厲鶚編定樊榭山房集詩八卷、詞二卷，序而刊之。（厲樊榭先生年譜）
四月、方苞四書制義選成，奉表以進；命頒行天下。（望溪先生文集附年譜）
尹會一刻明職。（尹健餘先生年譜）
五月、孫嘉淦晉太子少保。（清史列傳卷一五）
方苞以庶吉士散館，補請後到者考試，忌者劾之，謂有所私，遂落職；命仍在三禮館修書。（望溪先生文集附年譜）
徐元夢加太子少保。（碑傳集卷二二，清史列傳卷一四。）
六月、厲鶚爲符南竹作秋聲館吟藁序。（厲樊榭先生年譜）
九月、厲鶚樊榭山館續集編詩始於是月。（同上）
十一月、尹會一補授副都御史。（尹健餘先生年譜）
十二月、尹會一奉母歸博野。（同上）

五年庚申（一七四〇）

程廷祚著易通成，自丙辰迄今，五易寒暑，有自序。（青溪集正編卷六）
孫嘉淦調制湖廣平鹽價、靖苗疆。（碑傳集卷二六）
王鳴盛與錢載、韋謙恒訂交。（王西莊先生年譜）
李紱撰京城撫州川二會館記。（穆堂別稿卷一二）
陳宏謀遷江蘇按察使。（碑傳集卷二七，清史列傳卷一八。）

崔述武承生。（碑傳集補卷三九陳履和撰行略，清儒學案卷九七，東壁年譜。）
錢　東淸生。（碑

盧文弨始治儀禮，以家藏無此書遂輟業。（抱經堂文集卷三）

魏廷珍以老病乞休；召著革職。（清史列傳卷一五）

王昶從同邑陳鱗詩受業，秋試於府，爲知府劉堯畬所知，拔置第一。（注一七四）

盧見曾奉詔戍臺。（清史列傳卷七一）

楊椿特召還朝，命修明鑑綱目，書成，晉封中議大夫。（碑傳集卷四七）

趙翼年十四，隨父移館於東千埼杭氏。是歲、始課舉業，落筆往往出人意表。（甌北先生年譜）

蔡長澐署甘泉令。（碑傳集卷三一）

尹會一以母老年七十餘，疏請終養；上以會一孝其母，其母亦賢，賜詩。（清史列傳卷一八）

朱珪年十歲，始爲四書文，塾師授題曰：「孝弟也者，其爲仁之本歟？」珪有句云：「孩提之童，皆有良知良能之愛敬，而大人之學，無非大本達道之中和。」師奇之。（知足齋全集附年譜）

全祖望門人張炳始從其問業。（見全謝山先生年譜）

春、尹會一自河南入爲副都御史，始與方苞相見，未數月，以終養告歸。（尹健餘先生年譜）

傳集卷五六袁文揆撰別傳）

彭紹升允初生。（清史列傳卷七二）

	三月、尹會一稽查覺羅學。（同上） 四月、李紱撰來復堂集序。（穆堂初稿卷三六） 六月、李紱爲復關清風門記。（穆堂別稿卷一二） 十月、王懋竑有記朱子年譜正訛後、曾大父泰和公炳燭編跋。（白田草堂存稿卷八、卷六。） 十一月、、尹會一立博陵社約。（尹健餘先生年譜）	
六年辛酉（一七四一）	汪紱授經家塾，爲族弟宗典序詩集。（雙池先生年譜） 秦蕙田充順天武鄉試副考官。（清史列傳卷二〇） 朱筠年十三，通七經。（漢學師承記卷四） 沈廷芳補山東道監察御史。（述學別錄、行狀。） 蔡長澐授石埭令，遷句容、無錫兩縣令，又遷太倉牧。（碑傳集卷三一） 法坤宏舉於鄉，以年老授大理寺評事。（國朝學案小識卷一一，清史列傳卷六七。） 趙翼丁父憂。（甌北先生年譜） 諸錦充福建鄉試正考官。（清史列傳卷六八） 王昶年十八，應學使試，以第一入學。是歲、始得韓柳文集、歸震川集、張炎山中白雲詞，讀而愛之，乃肆力於古文詞。（注一七五）	錢坫獻之生。（安吳四種卷一包世臣撰傳，又見馮先恕疑年錄釋疑。） 萬經授一卒，年八十三。（鮚埼亭集卷一六全祖望撰九沙萬公神道碑銘） 王懋竑予中卒，年七十四。（白田草堂存稿卷末尾王箴聽撰行狀，清儒學案卷五二。）

朱仕琇兄仕玠以拔貢入太學，携仕琇文於行篋，湖北萬御史（南泉）見之，歎曰：「此天下至寶也，雖抑遏蔽掩，而光氣自露，他日必以名元入清華之選。」（梅崖居士文集、外集卷八。）

程瑤田年十七，始應童子試，不售。（程易疇先生年譜）

嚴長明年十一，時李紱典試江南，以「子夏」二字命對，長明以「亥唐」對之。李氏驚其才，謂方苞、楊繩武曰：「此將來國器也，公等善視之。」遂執經二人門下。（碑傳集卷四二）

李惇七歲，即知解經，有神童之目。（揅經室續集卷二，清史列傳卷六八。）

王元啓是年爲母夫人壽慶祝釐。（祇平居士集卷二八）

朱珪年十一，即傳高安朱軾之學。珪自七歲先祖授以先儒理學書，至是有志於存心檢身之學。乃取數年所誦習，篤志力行，一言一動，依功過格朱墨之，以自儆省，旬計之，功少過多必自責。（注一七六）

春、杭世駿修浙志經籍，始參採黃虞稷之書錄，至是復爲之補闕，有黃氏書錄序；又爲安州學重建明倫堂記。（道古堂文集卷六、卷一八。）

秋、李紱奉命典江南鄉試。（穆堂別稿卷一一）

徐元夢善長卒，年八十七。（見注三九）

陳夢雷則震卒。（碑傳集卷四四）

惠士奇天牧卒，年七十一。（碑傳集卷四六楊超曾撰墓志銘及潛研堂文集卷三八錢大昕撰傳，清儒學案卷四三，漢學師承記卷二，清史列傳卷六八。）

全祖望至杭，過趙昱小山堂，昱以近所得地志相眎。其自明成化以前者已千種，而祖望所失之寶慶、開慶二志居首焉。北行至吳興，泊舟姚薏田蓮花莊，因尋趙松雪清容故址。抵揚，寓馬氏畬經堂，成困學紀聞三箋。時李紱主試江南，途中得疾，祖望渡江訪之。紱以三年久別，絮語諄諄，而瞀亂無復詮次。（全謝山先生年譜）

多、方苞周官義疏纂成，進之。（注一七七）

正月、楊錫紱署廣西巡撫。（清史列傳卷一八）

尹會一立共學堂文社。（尹健餘先生年譜）

三月、李紱充明史綱目館副總裁；尋，補光祿寺卿。（清史列傳卷一五）

四月、方苞作七思，以詠傷感。（望溪先生文集附年譜）

五月、尹會一與李塨門人張珂論學。（尹健餘先生年譜）

六月、李紱充江南鄉試正考官。（清史列傳卷一五）

尹會一始輯健餘劄記（後編成四卷）。（尹健餘先生年譜）

王懋竑撰曲江會藝序。（白田草堂存稿卷一四）

七月、陳宏謀遷江寧布政使。（清史列傳卷一八）

尹會一始爲讀書永言（後編成三卷）。（尹健餘先生年譜）

八月、李紱授內閣學士。紱平日講學，謂朱子道問學之功居多，陸象山尊德性之見爲卓。上韙其言。（清史列傳卷一

	五） 陳宏謀擢甘肅巡撫。（同上） 孫嘉淦調湖廣總督。（同上） 九月、陳宏謀調江西布政使。（碑傳集卷二七） 楊錫紱實授廣西巡撫。（淸史列傳卷一八） 十月、錢陳羣爲樗亭詩集序。（香樹齋文集卷一二） 十一月、尹會一謁東軒高斌，講學於保陽。（尹健餘先生年譜） 十二月、尹會一再謁東軒高斌，與語三日，極論朱子諸書精蘊，與讀小學、大學章句或問，論、孟集註次第，自此工夫益加精密。（同上）	
七年壬戌（一七四二）	厲鶚輯遼史拾遺成。（厲樊榭先生年譜） 姚範成進士，改翰林院庶吉士。（淸史列傳卷七二） 秦蕙田命在尚書房行走。（同上卷二〇） 盧文弨考授內閣中書。（復初齋文集卷一四，漢學師承記卷六。） 沈廷芳授山東登萊靑道。（淸史列傳卷七一） 錢大昕年十五，負笈入城，從曹桂芳問學。（竹汀居士年譜）	汪龍辰叔生。（研六室文鈔卷一〇胡培翬撰別傳，碑傳集卷一四三，續碑傳集卷七二，淸史列傳卷六八。） 戚學標翰芳生。（姜亮夫綜表）

沈起元遷直隸布政使。（清史列傳卷七五）
李文藻年十三，隨父游曹家亭，作記一篇，倣赤壁賦，見者以爲神童。（南澗先生遺文卷末尾，漢學師承記卷六，清史列傳卷七二。）
程晉芳召試，授內閣中書。（清史列傳卷七二）
戴震自邵歸，邑人程恂一見，大愛重之，曰：「載道器也！」始謁江永，以平日所學就正之。（注一七八）
任啓運擢都察院左僉都御史。（清史列傳卷六八）
黃叔琳服闋，授詹事，以山東布政使任內，誤揭屬員諱盜革任。（同上卷一四）
春、沈彤始著周官祿田考。（果堂集卷五、後序。）
汪紱作書答族姪麗南論敬。（雙池先生年譜）
方苞以年近八旬，時患疾痛，乞解書局回籍調理；許之，賜翰林院侍講銜。（望溪先生文集附年譜，碑傳集卷二五。）
夏、汪紱始應督學試於府城，補縣學生員。（雙池先生年譜）
秋、王昶游神佘、橫雲諸山，泛泖湖，作詩多倣陶、謝、王、孟體，同里張梁劇獎賞之。（述庵先生年譜）
二月、尹會一定軒倉規約。（尹健餘先生年譜）
全祖望困學紀聞三箋成，始爲之序。（全謝山先生年譜）
四月、方苞出都門歸里，杜門著書，不接賓客。（望溪先生

黃叔璥玉圃卒，年七十七。（清史列傳卷六七。國朝學案小識卷一一唐鑑撰傳，則作雍正七年卒，年七十七，存參。）

文集附年譜）
沈彤撰律呂新書後記，共四篇。（果堂集卷七）
五月、尹會一以東軒高斌過訪，遂與辨陽明學術至夜分，翌日還保定。（尹健餘先生年譜）
七月、方觀承授直隸清河道。（清史列傳卷一七）
十月、方苞與武進楊椿考訂輯補湯文正公年譜成，序之。（望溪先生文集附年譜）
十一月、汪紱舅氏江廷鏞爲作四書詮義序。（雙池先生年譜）

八年癸亥（一七四三）

李紱以病致仕。（清史列傳卷一五）
朱仕琇爲重修漳州府學碑記。（梅崖居士文集卷五）
任啓運充三禮館副總裁官；尋，陞宗人府府丞。（清史列傳卷六八）
孫嘉淦調撫福建，以湖撫劾鹽道案罷官。（碑傳集卷二六）
余蕭客年十五，通五經。（漢學師承記卷四）
方觀承遷按察使。（清史列傳卷一七）
朱筠年十五，作詩文，才氣浩瀚，老宿見之咋舌，與弟珪讀書同起臥，手鈔默誦，鷄鳴不已。（漢學師承記卷四）
陳宏謀調陝西。（碑傳集卷二七）
齊召南大考，擢右中允，洊陞至侍讀學士，充日講起居注

秦瀛淩滄生。（續碑傳集卷八陳用光撰墓志銘）
邵晉涵二雲生。（碑傳集卷五〇，清儒學案卷九八，邵二雲先生年譜。）
胡匡憲懋中生。（研六室文鈔卷九胡培翬撰行狀）
王澍若林卒，年七

十六。（見注四二）

官。（清史列傳卷七一）

朱珪年十三、丁母艱，孺哀毀瘠，一若成人。（碑傳集卷三八，擎經室二集卷三。）

汪師韓充湖南學政，降調入都，大學士傅恒薦入上書房，復授編修。（清史列傳卷七一）

杭世駿歸田，爲山水之游，有南屏之雅集，與二三詩老，空亭畫舫，相互酬答；又爲程柯坪點定新詩二卷，並爲撰序。（道古堂文集卷一二）

春、全祖望訂正句餘土音。（全謝山先生年譜。）

紀昀撰安陽縣志序。（紀文達公遺集卷八）

正月、尹會一復約定讀書課程；南皮張受長來問學。（尹健餘先生年譜）

三月、厲鶚爲汪沆作盤西紀遊集序。（厲樊榭先生年譜）

四月、汪紱著理學逢源成十二卷；族侄麗南北遊京師，作詩說送之。（雙池先生年譜）

尹會一續北學編成，凡三卷。（尹健餘先生年譜）

閏四月、秦蕙田遷侍講。（清史列傳卷二〇）

六月、秦蕙田遷右庶子。（同上）

七月、雷鋐應鉛山鄭氏，爲鵝湖詩說訓諸生。（碑傳集卷三〇）

八月、方苞尋醫浙東，因作天姥雁蕩之遊，並爲文記之。（望溪先生文集附年譜）
秦蕙田遷右通政。（清史列傳卷二〇）
九月、汪紱著樂經律呂通解初稿成五卷。（雙池先生年譜）
厲鶚作九日行庵文讌圖記。（厲樊榭先生年譜）
十一月、秦蕙田擢內閣學士。（清史列傳卷二〇）

九年甲子（一七四四）

李文藻年十五，始學爲詩。（南澗先生遺文卷末尾）
沈起元轉光祿寺卿，並稽察右翼宗學京。（清史列傳卷七五）
蔡新充江西鄉試副考官。（同上卷二六）
王元啓舉浙江鄉試。（祗平居士集卷首）
楊錫紱禮部侍郎。（清史列傳卷一八）
孫嘉淦召以宗人府府丞。（碑傳集卷二六）
姚範充順天鄉試同考官。（清史列傳卷七二）
雷鋐被召，仍直上書房。（碑傳集卷三〇）
盧見曾召還，以直隸州知州用。（注一七九）
朱仕琇舉福建鄉試第一。（梅崖居士文集、外集卷八。）
崔述五歲，始授論語。（崔東壁年譜）
全祖望應錢肅樂嗣子濬恭之請，成忠介神道第二碑。繼復編

汪中甫容生。（注六九）
王念孫懷祖生。（注七〇）
莊有可大久生。（續碑傳集卷七二左輔撰傳）
梁玉繩曜北生。（清儒學案卷一〇三）
錢大昭晦之生。（碑傳集卷四九，清史列傳卷六八。）

定忠介正氣堂集爲八卷，越中集爲二卷，南征集爲十卷，附以筆記、傳記、葬錄四卷，更編次忠介年譜，弁之集端，以歸濬恭。（全謝山先生年譜）

春、汪紱客楓溪，爲詹抒赤序詩集。（雙池先生年譜）

夏至、李紱穆堂別稿梓行，門人桑調元爲序。（見別稿卷首）

戴震成籌筭一卷，後增改其書，更名策筭。（戴東原先生年譜）

夏、汪紱與門人金斗望書，勉行喪禮，並爲其父金千兵作墓誌銘。（雙池先生年譜）

秋、錢大昕赴鄉試，始與王昶定交。（竹汀居士年譜）

厲鶚輯雲林寺志八卷，並自爲序。（厲樊榭先生年譜）

王鳴盛應鄉試，中副榜。（王西莊先生年譜）

正月、尹會一門人孟曙自睢州來游尹氏門下。（尹健餘先生年譜）

李紱穆堂別稿梓行，門人魯曾煜爲序。（見別稿卷首）

二月、方觀承命隨大學士訥親履，勘河道並海塘工。（清史列傳卷一七）

王昶從游西湖，入靈隱、天竺，抵韜光寺，得詩十數篇。乃彙前所作，編蘭泉書屋集。（述庵先生年譜）

任啓運翼聖卒，年七十五。（清儒學案卷五三，清史列傳卷六八。）

尹會一訂周易象意。（尹健餘先生年譜）
六月、汪紱歸里，由郡城道旌陽，應鄉試於金陵。（雙池先生年譜）
七月、尹會一丁母憂。（尹健餘先生年譜）
八月、全祖望始續甬上耆舊詩集，門人董秉純來受業。（全謝山先生年譜）
王昶丁父憂，居喪讀禮，不作詩文。（碑傳集卷三七及述庵先生年譜並參）
十月、陳宏謀調陝西巡撫。（清史列傳卷一八）
方觀承遷布政使。（同上卷一七）
楊椿撰周易考後序、春秋考後序。（孟隣堂集卷五）

十年乙丑（一七四五）

全祖望仍續選甬上耆舊詩集。（全謝山先生年譜）
萬承蒼充福建鄉試副考官，洊陞至侍講學士。（清史列傳卷七一）
尹會一居憂讀禮，作從宜錄。（望溪先生文集卷一一）
雷鋐累遷至通政使。（碑傳集卷三〇）
朱仕琇以會試不第歸，歸而其文益閎肆。（梅崖居士文集、外集卷八。）
張甄陶成進士，選翰林院庶吉士。（清史列傳卷七五）
孫嘉淦遷都察院左副都御史。（碑傳集卷二六，清史列傳卷

武億虛谷生。（清儒學案卷一〇四，漢學師承記卷四。）
吳定殿麟生。（清史列傳卷七一）
姜兆錫上均卒，年八十。（國朝學案小識卷一三，清史列傳卷六七，清儒

一五。）

沈廷芳奉旨仍以御史用，補江南道監察御史；奉命巡視山東漕糧。（述學別錄、行狀。）

姚範散館，授編修，充三禮館纂修官。（清史列傳卷七二）

王鳴盛始撰尚書後案。（王西莊先生年譜）

梅瑴成遷通政司右通政；尋，擢宗人府府丞。（清史列傳卷一七）

錢大昕始授徒塢城顧氏，顧家藏書頗豐，案頭有資治通鑑，及不全二十一史，晨夕披覽，始有尙論千古之志。（竹汀居士年譜）

秦蕙田遷禮部左侍郎。（清史列傳卷二〇）

盧見曾遷永平府知府，轉長蘆鹽運使。（抱經堂文集卷三三）

趙翼應童子試，學政崔紀取入常州府學，補弟子員。（甌北先生年譜）

楊錫紱授湖南巡撫。（清史列傳卷一八）

崔述讀畢論語，繼以孟子。（崔東壁年譜）

蔡新入直上書房，考試御史第一，辭對，只授侍講。（清史列傳卷二六）

王元啓寓京師天壇之神樂觀，始與沈光邦論納音之法。是

學案卷一九七。）

童能靈龍儔卒，年六十三。（清儒學案卷六六）

歲、以父舊時所與教戒之書牘多散佚，乃手編次謹藏以自警。（祇平居士集卷二、卷二八。）

夏、楊錫紱奉命巡撫楚南，復建城南書院，有記。（四知堂文錄卷二）

孟冬、戴震成六書論三卷。（戴東原先生年譜）

二月、全祖望至半浦陪祭黃梨洲，時南溪鄭性已下世，其子臨之屬祖望續成宋元學案。祖望有詩云：「黃竹門牆尺五天，瓣香此日尚依然。千秋兀自綿薪火，三徑勞君盼度船。酌酒消寒欣永日，挑鐙講學憶當年。宋元學案多宗旨，肯令遺書歎失傳。」又取梨洲手稿於鄭氏，重刪定為黃子大全集。（全謝山先生年譜）

七月、尹會一為母夫人編年譜，又置博陵義館學田。（尹健餘先生年譜）

八月、汪紱著春秋傳成十六卷。（雙池先生年譜）

十月、朱珪應郡試擢第一；旋補順天府學附生。（知足齋全集附年譜）

十一年丙寅（一七四六）

厲鶚輯宋詩紀事一百卷成，刻之。（厲樊榭先生年譜）

曹仁虎年十六，補諸生，學使崔紀目為異才，與同里王鳴盛、錢大昕為友。（清史列傳卷七二）

王聘珍貞吾生。（碑傳集補卷三九）

宋大樽左彝生。（

王鳴盛始肄業紫陽書院。（王西莊先生年譜）
方觀承署山東巡撫。（清史列傳卷一七）
汪輝祖年十七，補縣學生員。（揅經室三集卷三）
錢大昕讀李延壽南北史鈔，撮故事爲南北史雋一册。（竹汀居士年譜）
沈廷芳請建祠祀宋臣謝枋得於憫忠寺；又以長生店涿州積水泥濘，行旅苦之，請勅行修治；並請加振直隸被水窮民；俱報允。（述學別錄、行狀。）
戴震著考工記圖注成。（戴東原先生年譜）
蔡新提督河南學政任滿旋京；奉旨不必在上書房行走；旋諭仍入直。（清史列傳卷二六）
崔述七歲，父教以儒禪之分，朱陸之異。（崔東壁年譜）
春、全祖望仍錄耆舊詩，甬上諸公遺集摭拾略具，獨王麟友以流寓江都，求之未得，以長句奉託馬曰琯兄弟求之。（全謝山先生年譜）
汪紱爲族再姪梅菴作詩集序。（雙池先生年譜）
王元啓自都門歸里。（祇平居士集卷二三）
二月、交河處士賀調元少慕邵康節、張思叔以布衣成名儒，遂棄舉子業。至是至博野，稟學於尹會一。（尹健餘先生年譜）

姜亮夫綜表）
洪亮吉稚存生。（洪北江詩文集卷首附年譜，漢學師承記卷四，清儒學案卷一〇五。）
施國祁非熊生。（注七一）
萬承蒼宇兆卒。（姜亮夫綜表）
莊亨陽復齋卒，年六十一。（同上）

三月、尹會一奉旨補工部侍郎，俟服闋來京赴任。（同上）

四月、全祖望北行赴揚，舟中取南雷黃氏宋元學案編次序目，重爲增定。有詩云：「關洛源流在，叢編細討論，茫茫溯薪火，渺渺見精神。世盡原伯魯，吾慚褚少孫，補亡雖兀兀，誰與識天根。」（全謝山先生年譜）

五月、王安國擧尹會一爲禮部尙書。（見尹健餘先生年譜）

全祖望在揚州，館畬經堂中，編宋元學案。（全謝山先生年譜）

九月、陳宏謀仍調江蘇。（清史列傳卷一八，碑傳集卷二七。）

王元啓有題沈白田畫。（祇平居士集卷二三）

十月、尹會一服闋，至工部侍郎任。（尹健餘先生年譜）

陳宏謀調湖北巡撫。（清史列傳卷一八，碑傳集卷二七。）

十一月、方苞門人歙縣程崟，始爲編刻其文集。（望溪先生文集附年譜）

尹會一之江蘇學政任。（尹健餘先生年譜）

王昶服除，居喪讀禮，不作詩文。（述庵先生年譜）

十二月、尹會一至無錫，詣道南祠，詣東林書院，講學依庸堂；又訪湖陽布衣是鏡（仲明）於舜山。（尹健餘先生年譜）

十二年丁卯（一七四七）

孫嘉淦乞休歸里，閉戶講學如初。（碑傳集卷二六）
方苞作重建陽明祠堂記，重建潤州鶴林寺記。（望溪先生文集卷一四）
諸錦充山西鄉試副考官。（清史列傳卷六八）
邵晉涵四五歲，即知六義四聲。（洪北江詩文集、卷施閣文甲集卷九。）
陳宏謀再調陝西，權陝、甘總督。（碑傳集卷二七）
王元啓副大司寇、協辦大學士阿氏主順天鄉試。（祗平居士集卷九）
朱仕琇作訾亭記。（梅崖居士文集卷六）
王念孫四歲，讀尚書百數十行，俄頃成誦。（續碑傳集卷七二，碑傳集補卷三九。）
程晉芳至金陵，因袁枚得交西圃陶氏與曾令南邨。（注一八〇）
盧文弨在都，校文選於麗景園。（盧抱經先生年譜）
段玉裁年十三，補諸生，學使尹會一授以小學，遂究心焉。（清史列傳卷六八）
錢灃八歲，就傅受書。（錢南園先生遺集卷七）
沈廷芳充順天鄉試同考官；再命視山東漕糧。（沚學別錄、

吳東發侃叔生。（清史列傳卷六八）
張雲璈仲雅生。（清儒學案卷一〇三）
趙懷玉億孫生。（碑傳集卷一一一）
劉大紳寄庵生。（清儒學案卷二〇八，碑傳集卷一〇四，清史列傳卷七五。）

行狀。）

王鳴盛應鄉試，五經中式。（碑傳集卷四二）

紀昀舉鄉試第一，試題爲誠五常之本百行之源也論。（清史列傳卷二八，碑傳集卷三八，漢學師承記卷六，紀文達公遺集卷七。）

程瑤田補博士弟子員，讀書飛布山。（程易疇先生年譜）

仲春、戴震成轉語二十章。（戴東原先生年譜）

春、厲鶚客當湖。（厲樊榭先生年譜）

夏、全祖望返武林，寓篁菴修宋元學案。（全謝山先生年譜）

秋、汪紱應鄉試於金陵，卷薦而未中。（雙池先生年譜）

厲鶚復同全祖望偕往揚州，至吳門，疾作遽歸。（厲樊榭先生年譜）

王鳴盛偕錢大昕應江寧鄉試，遂與王昶定交於長干水榭，撰耿氏家廟記。是秋、錢氏鄉試不售。（注一八一）

朱珪舉於鄉。（碑傳集卷三八，知足齋全集附年譜。）

孟冬、錢陳羣從豫章典試假歸還朝，道經維揚，馬曰琯出邗江集相眎。（香樹齋文集、續鈔卷二。）

冬至、楊椿考次小戴經文，著禮記考成，有序。（孟鄰堂集卷五）

季冬、沈彤爲修吳江縣志序。（果堂集卷五）

二月、尹會一考試常州府，頒行小學纂註。（尹健餘先生年譜）
方觀承回直隸布政使任。（清史列傳卷一七）
三月、王昶在長洲謁蔣恭棐、楊繩武兩編修，勸學古人，以宋文憲爲法。（述庵先生年譜）
王安國再擧尹會一爲禮部尙書。（尹健餘先生年譜）
四月、梅瑴成遷都察院左副都御史。（清史列傳卷一七）
全祖望至吳，謀刻宋元學案。（全謝山先生年譜）
五月、秦蕙田丁本生父憂。（清史列傳卷二〇）
全祖望至金陵，訪方苞於涓園，苞時年已八十，方七治儀禮，戒祖望不當汗漫，坐消日力。（全謝山先生年譜）
六月、李紱穆堂別稿梓刻，常安序之。（見別稿卷首）
八月、尹會一涖金陵，造訪方苞於淸涼山下潭亭（尹氏以母夫人遺命受業於方苞門下，至是始執贄）。（尹健餘先生年譜）
楊椿著周禮考成，有序（蓋自幼讀周禮，始反覆沈潛，留心索玩，至是幾六十年。）（孟隣堂集卷五）
王昶應江寧鄉試，國子祭酒尹會一爲學政，錄科第三；敎諭吳泰來來定交；報罷，往宜興游西氿罨、畫溪諸勝，因搴國山碑以歸。金石之好，蓋自此始。（述庵先生年譜）
九月、楊椿爲周禮考後序一。（孟隣堂集卷五）

	十月、楊椿著大戴禮考成，有序；又爲周禮考後序。（同上） 十一月、尹會一輯道南編，未及成書。（尹健餘先生年譜） 十二月、楊椿爲大戴禮考後序。（孟隣堂集卷五） 尹會一與東軒高斌論學於舟次，會一以羅欽順困知記傷於煩，朱澤澐說理分明，實信得知性外別無格物工夫。（尹健餘先生年譜）	
十三年戊辰（一七四八）	楊錫紱丁父憂。（清史列傳卷一八） 錢澧以大水壞廬舍，與弟寄居慧光寺，水退，僦居他屋。（錢南園先生遺集卷七） 齊召南充會試同考官，入直上書房。大考一等一名，授內閣學士、兼禮部侍郎。（清史列傳卷七一） 朱珪成進士，改庶吉士，習國書。（碑傳集卷三八，揅經室二集卷三，知足齋全集附年譜。） 高宗東巡過景州，魏廷珍迎鑾，賜林泉耆碩額，並還給原銜，御製詩二章賜之。（清史列傳卷一五） 朱仕琇成進士，改翰林院庶吉士；散館，選山東夏津縣，改福寧府教授；歸主鼇峰講席者十年。（梅崖居士文集、外集卷八。） 盧文弨在都，預修玉牒，以其暇致力於經史。是歲、在京	梁履繩處素生。（清儒學案卷一〇三） 尹會一元孚卒，年五十八。（望溪先生文集卷一一，清儒學案卷六二，清史列傳卷一八。） 茅星來豈宿卒，年七十。（碑傳集卷一四〇；清史列傳卷六七作卒年七十一，則生康熙十七

年，存參。）

師，復與盛世佐相遇，索其所著有關儀禮之作，以文繁不克鈔錄；旋盛氏亦以調官滇南別去。（盧抱經先生年譜，抱經堂文集卷三。）

張甄陶散館，授編修；旋改授廣東鶴山縣知縣，調香山新會高要揭陽諸縣，作學實政錄。（清史列傳卷七五）

春、尹會一重訂小學纂註。（尹健餘先生年譜）

王鳴盛入都會試，寓憫忠寺。（王西莊先生年譜）

季秋、沈彤著周官祿田考成。（果堂集卷五、後序。）

二月、全祖望以生計再出遊。途次山陰，求韓貫道家傳不得。抵杭，太守鹿田叩其不出之意。祖望答以詩曰：「野人家住鄞江上，但見山清而水寒，一行作吏少佳趣，十年讀書多古懽。也知敵貧如敵寇，其奈愛睡不愛官，況復頭顱早頒白，那堪逐隊爭金斕」。（全謝山先生年譜）

尹會一重訂近思錄集解。（尹健餘先生年譜）

三月、方觀承擢浙江巡撫。（清史列傳卷一七）

厲鶚由水路入都，抵津門，客查氏之水西莊，同撰絕妙好詞箋七卷，遂不就選而歸。（厲樊榭先生年譜）

四月、秦蕙田奉旨服滿，將仍以禮部侍郎調用。（清史列傳卷二〇）

尹會一補授吏部右侍郎，仍留學政任。（尹健餘先生年譜）

沈彤爲刻梅莊詩集序。（果堂集卷五）
五月、王昶謁惠棟，因識沈彤、李果。（述庵先生年譜）
尹會一以歲試蘇州府太倉州，行學約十則，大略本胡瑗教授蘇、湖遺法。（尹健餘先生年譜）
六月、尹會一綱目四鑑刻成，凡四卷。是書成於丙寅之夏，至是序而梓之。（尹健餘先生年譜）
七月、尹會一按試至松江，遘瘧疾，卒於官。（健餘先生文集卷一一）
閏七月、梅瑴成擢刑部右侍郎。（清史列傳卷一七）
十一月、全祖望至揚，始校治水經注，取馬氏小玲瓏山館所藏柳大中本、趙琦美本、孫潛夫本，參校之。（全謝山先生年譜）

十四年己巳（一七四九）

雷鋐以母疾乞假歸。（碑傳集卷三〇）
王步青以薦詔，分修三禮。（清史列傳卷六八）
戴震著爾雅文字考十卷。（戴東原先生年譜）
羅有高年十六，補諸生。（尊聞居士集卷八）
梅瑴成、何國宗薦王之銳以經學，以病不能行。（清史列傳卷六七）
盧文弨有書學部通辨後。（抱經堂文集卷一〇）
方觀承授直隸總督。（碑傳集卷七二）

方苞靈皋卒，年八十二。（碑傳集卷二五雷鋐撰行狀及沈廷芳撰傳，望溪先生文集卷首附年譜，清儒學案卷五一。）
王植懷三卒，年六

沈起元乞假歸。（清史列傳卷七五）
王鳴盛館蔣奕蘭家。（王西莊先生年譜）
孫嘉淦復授副都御史，命在上書房行走。（碑傳集卷二六）
沈彤撰震澤縣志序。（果堂集卷五）
汪紱門人余元遴始來執贄從學，作紫陽書院記。（雙池先生年譜）
趙翼失館無以自給，乃襆被入都，才名一日動輦下，劉統勳時爲總憲，即延於家，纂修宮史。（甌北先生年譜）
錢大昕肄業紫陽書院，與王昶、褚寅亮、左廷璋等輩同舍，以古學相策勵。始與李果、趙虹、惠棟、沈彤、許廷鑅、顧詒祿相識，引爲忘年交。（注一八二）
程瑤田始識戴震，戴氏出所校太傳禮示瑤田，讀而驚異，遂與訂交，復從之游，是爲學算之始。（程易疇先生年譜）
江聲年二十九，丁父憂。（清史列傳卷六八）
崔述年十歲，始閱朱子詩傳。（崔東壁年譜）
全祖望自春至夏家居，校定劉蕺山遺書，以歸劉氏。平居課生徒，董秉縕、秉純、董鎬、張昞皆侍學焉。（全謝山先生年譜）
春、厲鶚客揚州，舟過橫里訪平松雨故居；過蘇州訪王昶於朱氏蘋花水閣。（厲樊榭先生年譜）

十八。（見注四五）

三月、方觀承請纂輯兩浙海塘通志，以備參稽，許之。（清史列傳卷一七）
四月、楊椿應顧棟高請爲春秋大事表序。（孟隣堂集卷五）
五月、楊椿撰毛詩考後序。（同上）
七月、方苞著儀禮析疑成。（望溪先生文集附年譜）
八月、方苞卒於上元邸第。（同上，又見全謝山先生年譜）
九月、厲鶚爲母八十壽慶，杭世駿撰序祝釐。（厲樊榭先生年譜）
十月、全祖望赴杭，仍寓纂庵，歲暮歸里。（全謝山先生年譜）

十五年庚午
（一七五〇）

朱珪編知足齋詩，以是年爲始。（知足齋全集附年譜）
余蕭客年二十二，以注爾雅別鈔就正於惠棟，遂執贄受業，稱弟子焉。（漢學師承記卷二）
楊錫紱授刑部侍郎；旋授湖南巡撫。（清史列傳卷一八）
戴震初識江永於徽州紫陽書院。（注一八三）
羅有高年十七，寓雩都蕭氏別業，徧讀所藏書。以慕古劍俠，遂習技勇，治兵家書。（尊聞居士集卷八）
張廷玉特舉劉大魁經學，又報罷，出爲黟縣敎諭，數年去官歸。（清史列傳卷七一）

倪模頂掄生。（姜亮夫綜表）
張宗泰登封生。（續碑傳集卷七六薛壽撰家傳）
莊述祖葆琛生。（碑傳集卷一〇八，清儒學案卷七四。）

尹嘉銓編次其父遺書成。（尹健餘先生年譜）
王念孫從父授諸經，皆能成誦，都下有神童之目。（碑傳集補卷三九）
洪騰蛟擧於鄉。（清史列傳卷六七）
孫嘉淦遷兵部侍郎。（注一八四）
雷鋐入朝，特命督學浙江；尋，改江南。是歲、赴闕道過寶應，王洛師以其尊人白田草堂存稿屬序。（注一八五）
詔擧經明行修之士，陝甘總督尹繼善、兩江總督黃廷桂交章論薦惠棟，會大學士、九卿索取所著書，未及呈進罷歸。（清史列傳卷六八，漢學師承記卷二。）
洪亮吉從季父授禮記大學、中庸兩篇。（洪北江詩文集卷首附年譜）
王步青選寶慶府教授，大學士朱軾奏留，改中書科中書，分修律呂正義；遷宗人府主事；尋，乞養歸。（清史列傳卷六八）
盧文弨在都，館黃叔琳家，一意校經史。（盧抱經先生年譜）
秦蕙田調刑部侍郎。（清史列傳卷二〇）
崔述年十一，應童子試，爲縣令所賞。（碑傳集補卷三九，崔東壁年譜。）

李紱巨來卒，年七十八。（碑傳集卷二四神道碑，又清史列傳卷一五，清儒學案卷五五。）

詔舉經明行修之士，顧棟高與陳祖范，吳鼎與梁錫璵四人同舉，皆受國子監司業；陳祖范居薦，與顧棟高皆以年老不任職，賜國子監司業銜。（清史列傳卷六八）
李文藻年二十一，補邑庠生。（南澗先生遺文卷末尾，漢學師承記卷六。）
汪中七歲，丁父憂，家酷貧，不能就外傅，母授以小學四子書。（清史列傳卷六八，容甫先生年譜。）
陳宏謀授兵部侍郎，仍留巡撫任。是歲、欲以經明修行薦孫景烈，固辭不受。又請修周文、武、成、康四王及周公、太公陵墓。（碑傳集卷二七，清史列傳卷六七及卷一八）
王元啓撰談易窺豹序。（祇平居士集卷六）
趙佑舉於鄉。（清史列傳卷二八）
春、全祖望病甚，一目忽眚，舌間無故湧血，心氣忽忽若欲盡。（全謝山先生年譜）
秋、趙翼以直隸商籍，擧順天鄉試。是秋、纂修宮史成。（清史列傳卷七二，甌北先生年譜。）
冬、沈彤刻周官祿田考成。（果堂集附周官祿田考卷下、附識。）
趙翼考取禮部義學教習。（甌北先生年譜）
二月、上閱永定河隄，諭方觀承以下口宜暢，使易趨下，御

製詩示之。（清史列傳卷一七）

三月、全祖望至杭，寓篁庵校治水經注。以書抵歸安沈炳巽求其校本，炳巽携之至杭，相與討論浹旬，並示所作東浦行略，遂以墓志相屬。又以雙溪唱和續集令祖望審定。（全謝山先生年譜）

方觀承加太子少保。（清史列傳卷一七）

四月、楊椿作孟鄰堂記。（孟鄰堂集卷一五）

五月、禮部侍郎沈德潛，以年八十予告。王鳴盛、錢大昕、曹仁虎及王昶，皆游其門。（述庵先生年譜）

全祖望水經注五校本卒業，寫定於篁庵。（全謝山先生年譜）

七月、孫嘉淦晉工部尚書，署翰林掌院學士。（注一八六）

九月、梅瑴成擢左都御史。（清史列傳卷一七）

十一月、王鳴盛撰江寧翁照朗夫賜書堂集序。（王西莊先生年譜）

十六年辛未（一七五一）

洪亮吉在家塾受論語。（洪北江詩文集卷首附年譜）

厲鶚編定樊榭山房續集，序而刊之。（厲樊榭先生年譜）

盧見曾遷長蘆鹽運使。（清史列傳卷七一）

王元啓成進士，署福建將樂縣知縣，三月而罷。（祇平居士集卷首附墓誌銘）

祁韻士諧庭生。（鶴皐年譜）

劉臺拱端臨生。（揅經室二集卷二，清儒學案卷一〇六

楊錫紱丁母憂。（清史列傳卷一八）

朱珪散館，考試第一，授編修。（揅經室二集卷三，碑傳集卷三八。）

黃叔琳加給侍郎銜。（清史列傳卷一四）

程廷祚以經學薦詔入都，重訂所著易通，始悔其早刻，舛錯尚多，遂復作彖爻求是說，以補闕漏，有自序。（注一八七）

高宗南巡，錢大昕召試江寧行走，特賜舉人，授內閣中書，學習行走。（竹汀居士年譜）

翁方綱年十九，始讀浙湝陳蘇庵輯漢書，遂以其「質厚爲本」一語，爲問學職志。（復初齋文集卷三）

褚寅亮召試行在，賜舉人，授內閣中書。從梅瑴成研求算術，洞悉勾股少廣、三角八線之原，充方略館纂修。（碑傳集卷六〇）

朱仕琇散館，以知縣歷山東夏津縣。（梅崖居士文集、外集卷八。）

羅有高年十六，補諸生。（尊聞居士集卷八）

戴震補休寧縣學生。（碑傳集卷五〇）

王念孫八歲，已能屬文。（碑傳集補卷三九，續碑傳集卷七二。）

，清史列傳卷六八，劉端臨先生年譜。）

王步青罕皆卒，年八十。（見注四三）

全祖望著皇雅成（自己已始撰皇雅，凡四十二篇，屢有修改，至是勒爲定本）。是歲、浙中大旱，禾稼無顆粒收，祖望索食維揚，歲暮南歸。抵吳，沈彤欲以所著周官祿田考就正，恐流連詩酒，解維遽去。（全謝山先生年譜）

章學誠從同縣王浩學，讀書於中表杜秉和家之凌風書屋。（章實齋先生年譜）

冬、全祖望門下范冲卒，全氏歸里後始哭之。（全謝山先生年譜）

二月、厲鶚撰煙草倡和詩序。（厲樊榭先生年譜）

三月、全祖望抵杭，杭世駿以漢書疏證令全氏審定。（全謝山先生年譜）

六月、孫嘉淦命習庶吉士。（碑傳集卷二六，淸史列傳卷一五。）

沈彤爲重校周官祿田考跋。（果堂集卷八）

王元啓過天津舟覆，昔所藏其父之書牘手札俱沉於河，僅得十數紙，後錄爲王氏家訓一篇。（祗平居士集卷二八）

七月、孫嘉淦命以所著詩經補注，纂修成書，以詔來學。（淸史列傳卷一五）

洪亮吉丁父憂。（洪北江詩文集卷首附年譜）

八月、朱仕琇撰樂閒圖序。（梅崖居士集卷一六）

十月、陳宏謀調河南巡撫。（清史列傳卷六八）

十一月、命方觀承往勘豫省黃河兩岸。（同上卷一七）

王灼明甫生。（姜亮夫綜表）

十七年壬申（一七五二）

姚鼐始識劉大魁門人朱孝純於京師。（惜抱軒文集卷四）

雷鋐遷左副都御史，仍留督學；旋復任浙江。（碑傳集卷三〇）

翁方綱成進士，改翰林院庶吉士；散館，授編修。（清史列傳卷六八）

王鳴盛編旅楚紀行詩，爲楚遊吟稿。（王西莊先生年譜）

盧文弨成進士，授翰林院編修。（注一八八）

蔡新充江西鄉試正考官，擢侍讀學士，充日講起居注官。（清史列傳卷二六）

王元啓撰道南書院碑記、鄭節婦傳。（祗平居士集卷二一、卷二八。）

戴震注屈原賦成。（注一八九）

趙佑成進士，改庶吉士。（清史列傳卷二八）

程瑤田延戴震授其子課，因得與共遊，交誼益深。（程易疇先生年譜）

程晉芳成進士，補吏部主事，遷員外郎。（清史列傳卷七二）

孔廣森衆仲生。（碑傳集卷一三四）

江德量威嘉生。（清儒學案卷一〇二）

章宗源逢之生。（同上卷一一〇）

趙紹祖繩伯生。（續碑傳集卷二六陶澍撰墓志銘、同卷朱珔撰傳，清儒學案卷二〇〇。）

沈彤冠雲卒，年六十五。（果堂集卷末尾附惠棟撰墓誌

朱珪充功臣館纂修。（知足齋全集附年譜）

陸燿舉鄉試。（切問齋集卷首、行狀）

崖述始讀尚書。（崖東壁年譜）

錢陳羣以病乞假回籍調治。時梁薌林以父老，乞假歸養武林，定省之暇，編次往日詩稿成卷，屬陳羣爲序，有梁薌林太宰矢音集序。（香樹齋文集卷一四）

春、程晉芳就試金陵，吳敏軒偕嚴東有來訪，風晨雨夕，三人時相過從。（勉行堂文集卷二）

季春、雷鋐撰白田草堂存稿序。（見存稿卷首）

夏、王元啓因事至三山，寓西衙旅舍，手錄弟子職補註，以授兒輩（後二十六年，復爲序）。（祗平居士集卷六）

秋、汪紱著策略成四卷。（雙池先生年譜）

錢陳羣遘疾假歸，高東軒聞訊，遣使來迎，會於瀛海，慰問良久別去。（香樹齋文集卷一四）

正月、楊椿與顧棟高在京師相會，應顧氏屬爲序其毛詩訂詁。（孟隣堂集卷五）

二月、楊椿爲顧棟高春秋輿圖解序。（同上）

三月、陳宏謀調福建巡撫。（碑傳集卷二七，清史列傳卷一八。）

錢大昕始入都供職內閣中書。是年、會試不第。（竹汀居士銘，碑傳集卷一三三，清史列傳卷六八、清儒學案卷六一，馮先恕疑年錄釋疑。）

厲鶚太鴻卒，年六十一。（見注四八）

年譜）
粵撫以天章書院山長相邀全祖望，全氏自念齒髮日衰，乃爲五千里之行，非素志也。時杭世駿亦先期受粵秀山長聘，遂同度嶺。（全謝山先生年譜）

五月、全祖望至端州，釋奠禮成，祀白沙以下二十有一人，從前未有典也。（同上）

六月、朱珪大考翰詹二等，授侍講。（碑傳集卷三八，犖經室二集卷三。）

楊椿撰河源記。（孟鄰堂集卷一四）

九月、孫嘉淦晉吏部尚書、協辦大學士、經筵講官。（碑傳集卷二六，清史列傳卷一五。）

蔡新擢內閣學士，晉工部右侍郎，調刑部右侍郎。（清史列傳卷二六）

全祖望故疾復動，少間必與諸生講說學統流派，考訂地望故跡。又爲諸生改定課藝刻之。又取博陵尹公所刻呂語集粹，序而梓之院中，以廣其傳。是月、水經注五校後，仍復時有訂改，至是蓋已七校矣。（全謝山先生年譜）

十一月、梅瑴成充經筵講官。（清史列傳卷一七）

王元啓幽居南劍州靑隱石室，撰納音指掌圖說。（祇平居士集卷二一）

十八年癸酉（一七五三）

王昶與姚鼐始相識於京師（時王氏年三十）。（惜抱軒文集卷四）

梅瑴成著以原品休致。（清史列傳卷一七）

朱筠中式舉人。（漢學師承記卷四）

王鳴盛在京師，與王又曾、張汝霖訂交。（王西莊先生年譜）

盧見曾復調兩淮鹽運使。（清史列傳卷七一）

洪亮吉在外家塾，從惲氏受孟子。（洪北江詩文集卷首附年譜）

彭元瑞舉於鄉。（清史列傳卷二六）

魯仕驥以鄉試至南昌，始交羅有高。（尊聞居士集卷八）

崔述年十四，試於府，太守朱瑛待以國士，擢冠其曹，與弟同補弟子員。（碑傳集補卷三九）

錢大昕在中書任，暇與吳烺、褚寅亮兩同年，講習算術，得宣城梅文鼎書讀之，寢食幾廢。因讀歷代史志，從容布算，得古今推步之理。（竹汀居士年譜）

蔡新以母老奏請歸省，許之。（清史列傳卷二六）

王念孫年十歲，讀畢十三經。旁涉史鑑，有神童之目。（注一九〇）

朱彬武曹生。（碑傳集補卷三九，清史列傳卷六九。）

陳鱣仲魚生。（碑傳集補卷四八，清儒學案卷八七。）

孫星衍淵如生。（揅經室二集卷三，碑傳集卷八七阮元撰傳，清儒學案卷一一〇。）

楊椿農先卒，年七十八。（碑傳集卷四七齊召南撰墓誌銘）

王之銳仲穎卒，年七十九。（清史列傳卷六七。按國朝學案小識卷一一謂

王杰選拔貢生。（清史列傳卷二六）

戴震再從江永游。（注一九一）

章學誠在應城官舍。童心未歇。賓客皆爲其父憂無後。（章實齋先生年譜）

春、程廷祚取其居恒讀詩所得而自信者，編爲一卷曰青溪詩說，郵呈都門程晉芳。程氏覆札謂：「今之解詩者，類能於十五國風，別出意見，以駁紫陽之誤。惟廷祚獨於南風、雅、頌，尤多創獲。」云云。有自序。（青溪集、正編卷六。）

全祖望病甚，窗前木蘭花一株所最愛者，將放花忽槁，全氏有口授侍者詩云：「即此便同官舍鵩，先期早爲報長沙。」（全謝山先生年譜）

冬、汪紱重訂樂經律呂通解成五卷。（雙池先生年譜）

二月、方觀承奏設義倉告成。（清史列傳卷一七）

三月、杭世駿渡江省視全祖望疾病。（見全謝山先生年譜）

四月、余元遴爲其師汪紱詩經詮義總論，及策略作序。是月、汪氏有書答之。（見雙池先生年譜）

六月、王鳴盛遊馬鞍山，見馬鞍山錄。（王西莊先生年譜）

汪紱再答門人余元遴書，論主一無適，及分智仁勇。（雙池先生年譜）

：「乾隆十二年謝病卒於家，年七十九。」可參。）

孫嘉淦錫公卒，年七十一。（見注四七）

陳祖范亦韓卒，年七十九。（清儒學案卷五六，清史列傳卷六八。按盧抱經先生年譜作卒乾隆十年，存參。）

劉貫一古衡卒，年五十九。（清儒學案卷六二）

七月、全祖望歸里養痾，猶以水經注未卒業爲念，時時檢閱。（全謝山先生年譜）

汪紱應鄉試於金陵，三答門人余元遴書。（雙池先生年譜）

王昶赴金陵應鄉試，與陶湘、嚴長明、程晉芳定交。是科，鄉試中式第十一名。（注一九二）

八月、孫嘉淦典順天鄉試正考官（清史列傳卷一五）

九月、楊錫紱仍授湖南巡撫。（同上卷一八）

十月、楊錫紱擢都察院左都御史。（同上）

十九年甲戌（一七五四）

邵晉涵年十二，徧通五經，有神童之目。（洪北江詩文集、卷施閣文甲集卷九。）

王元啓奉命觀察汀漳龍道，駐節漳州，復主講漳州書院。（祇平居士集卷八）

盧文弨散館，歸里葬母。（盧抱經先生年譜）

朱筠成進士，選庶吉士。（漢學師承記卷四）

方觀承以西陲用兵，加太子太保，署陝、甘總督；以得怔忡疾，仍回原任。（碑傳集卷七二）

趙翼中明通榜，用內閣中書，入直軍機處。（清史列傳卷七二，甌北先生年譜。）

紀昀成進士，改庶吉士。（碑傳集卷三八，漢學師承記卷

李賡芸生甫生。（碑傳集卷八七）

吳麦雲得青生。（清儒學案卷七七）

張敦仁古餘生。（續碑傳集卷四〇，清史列傳卷六九。）

楊鳳苞傳九生。（注七二）

六。）

秦蕙田充經筵講官。（清史列傳卷二〇）

段玉裁年二十，從同邑蔡泳游，初從事音韻之學。（段懋堂先生年譜）

翟灝成進士，官金華衢州府學教授。（清史列傳卷六八）

陸燿擧會試明通榜，授內閣中書；旋丁父憂。（切問齋集卷首、行狀，淸史列傳卷二四。）

范家相成進士，授刑部主事，洊陞郎中。（清史列傳卷六八）

崔述年十五，太守招至署中，讀書晚香堂者數年。詩賦詞章，應制擧業，風發泉湧，見者莫不嘆爲奇才。是歲、與弟邁同應童子試，擧榜首，遂同入學。（碑傳集補卷三九，崔東壁年譜。）

洪亮吉在外家塾，從黃朝俊受孟子、毛詩國風。（洪北洪詩文集卷首附年譜）

周春成進士，官廣西岑溪縣知縣。革陋規，幾微不以擾民，有古循吏風。以憂去官，岑溪人構祠祀焉。（清史列傳卷六八）

孫志祖年十八，爲縣學附生。（碑傳集卷五七）

戴震與江永別於歙之西溪之汪氏不疏園。（注一九三）

春、王鳴盛在京師，作練川雜詠詩六十首。（王西莊先生年譜）

戴震入都，與秦蕙田、紀昀、王鳴盛、王昶、朱筠諸人定交。（注一九四）

夏、全祖望北行，過杭，寓趙氏春草園。時一淸所釋水經已就緖，取全氏七校本，互相印證，祖望因爲序贈之。（全謝山先生年譜）

紀昀以同年姜白巖所贈史雪汀風雅遺音，爲之編次。（紀文達公遺集卷八）

秋、全祖望至揚，寓畬經堂。病亦未有增減，仍治水經注，兼補宋元學案。（全謝山先生年譜）

多、汪紱作族弟宗典傳，又著參讀禮志疑成二卷，門人余元遴有跋。（雙池先生年譜）

正月、楊錫紱署吏部尙書。（淸史列傳卷一八）

錢大昕始補中書額缺。（竹汀居士年譜）

全祖望病漸痊。春盡，維揚故人招往養疴，且云有善醫者，乃赴之。（全謝山先生年譜）

二月、王昶抵京師，禮部侍郞秦蕙田方倣徐氏讀禮通考之例，纂五禮通考，屬昶修吉禮。（注一九五）

三月、王鳴盛成進士，授編修。秦蕙田修五禮通考，屬爲分修。（碑傳集卷四二，王西莊先生年譜。）

錢大昕成進士，特改翰林院庶吉士。是歲、讀漢書，撰次三統歷術四卷。無錫秦蕙田邀商訂五禮通考。時戴震初入都，造訪談竟日，歎其學精博，翌日言於秦氏，爲延譽之，自是知名海內。（竹汀居士年譜）

四月、王昶成進士，以候銓選，仍寓秦氏味經軒。尋，赴濟南，館於吳士功家。（述庵先生年譜）

五月、陳宏謀復調陝西巡撫。（碑傳集卷二七，清史列傳卷一八。）

八月、汪紱重著書經義銓成十二卷，讀近思錄成一卷，讀問學錄成一卷。（雙池先生年譜）

十月、王昶歸省，抵蘇州，聞母夫人訃，以未及躬視含殮，慟不欲生。是歲、詩編爲履工齋集。（述庵先生年譜）

十一月、全祖望南歸後，病益劇。（全謝山先生年譜）

十二月、沈廷芳入覲；上以其母年屆九十，特賜御書曰壺範遐齡。（述學別錄、行狀。）

二十年乙亥（一七五五）

王昶游山左歸。（碑傳集卷三七）

程廷祚始著論語說。（青溪集、正編卷六。）

朱珪得咯血症，一病三年幾殆，至戊寅春始癒。（知足齋全集附年譜）

彭紹升年十六，以應童子試至崑，仲兄自家來視，偕游市，

王芑孫念豐生。（碑傳集補卷四七，清儒學案卷一九八。）

余鵬翀少雲生。（

見鈔本亭林集一帙，兄購以授之。（二林居集卷五）
王元啓撰張叟壽序。是歲、爲道南書院山長。（祗平居士集卷九、卷八。）
程晉芳入都以後，始取左傳注疏，反覆讀之。元凱之注，孔頴達之疏及賈、服遺文，散見他書，未及收錄者，皆采爲補葺其著。（勉行堂文集卷二）
江聲師事同郡惠棟，始得讀所著古文尚書考，及閻若璩古文疏證（時江氏年三十五）。（清史列傳卷六八，漢學師承記卷二。）
汪中年十二，補諸生。（清史列傳卷六八）
春、沈廷芳乞終養歸。是秋、丁母憂。（述學別錄、行狀。）
正月、全祖望手定文藁，刪其十七，得五十卷，命董秉純、張昞、盧鎬、全藻、蔣學鏞鈔錄。病亦無所增減也。（全謝山先生年譜）
二月、楊錫紱署湖南巡撫。（清史列傳卷一八）
三月、全祖望子昭德殤，全氏爲之一慟，病乃不可支，成哭子詩十首，埋銘一首，自是遂絕筆。（全謝山先生年譜）
陳宏謀調甘肅巡撫。（清史列傳卷一八，碑傳集卷二七。）
四月、方觀承加太子太保。（清史列傳卷一七）
五月、楊錫紱授禮部尚書。（同上卷一八）

姜亮夫綜表）
張士元翰宣生。（續碑傳集卷七六）
全祖望紹衣卒，年五十一。（鐵橋漫稿卷七嚴可均撰全紹衣傳，清史列傳卷六八，清儒學案卷六九，全謝山先生年譜。）
吳廷華中林卒，年七十四。（碑傳集卷一〇二，清史列傳卷六八。）
萬光泰循初卒，年三十九。（姜亮夫綜表）

	陳宏謀以平定準噶爾議敍軍功，加一級；尋，調湖南巡撫。（清史列傳卷一八，碑傳集卷二七。） 六月、趙翼授內閣中書，與同年邵齊熊、賀五瑞、李汪度諸人同値，頗極友朋酬唱之樂。（甌北先生年譜） 朱仕琇撰筠園制義序。（梅崖居士文集卷一九）	
二十一年丙子（一七五六）	劉臺拱六歲，母歿，哀毀如成人。（揅經室二集卷二，清史列傳卷六八。） 戴震館於高郵王氏，王念孫始從其學。（戴東原先生年譜） 朱仕琇分校鄉試。（梅崖居士文集卷二〇） 王鳴盛大考翰林第一，特擢侍讀學士。（碑傳集卷四二） 祁韻士六歲，入家塾讀書。（鶴皐年譜） 褚寅亮遷刑部主事；尋，陞員外郎。（碑傳集卷六〇） 錢陳羣以養痾旋里，薄遊邗上，及將歸棹，復遇馬曰琯兄弟，又介以相識汪恬齋。是歲、與盧見曾於邗江，始識滇南宮爾勸。（香樹齋文集、續鈔卷二及卷一。） 孫志祖舉鄉試。（碑傳集卷五七） 雷鋐以母老乞終養，得旨，自浙侍母歸。是歲、為其師蔡世遠二希堂文集撰後序。（碑傳集卷三〇，二希堂文集卷首。）	張庚浦山卒，年七十六。（碑傳集卷一四〇，馮先恕疑年錄釋疑。） 徐文靖位山卒，年九十。（清史列傳卷六八） 黃叔琳崑圃卒，年八十五。（碑傳集卷六九，清儒學案卷六二，清史列傳卷一四。） 魏廷珍君璧卒，年八十八。（清儒學

錢大昕在庶常任，與紀昀預修熱河志之役，並令扈從熱河，
　就近採訪排纂。途中，和御製詩進呈，獲上嘉獎。由是館
　中有南錢北紀之目。（竹汀居士年譜）
夏、程晉芳携閻若璩尚書古文疏證至金陵，訪程廷祚。程氏
　讀之，竟日方竟，歎其書精審，能令作僞者駭服。有尚書
　古文疏證辨。（注一九六）
趙翼選入軍機處行走。（甌北先生年譜）
秋、余元遴自漢江歸里，寄書汪紱，論易卦變可疑，及困知
　記論人心、道心、理氣之說，俱覺有病，求汪氏指示。（
　雙池先生年譜）
王鳴盛充順天鄉試同考官。（王西莊先生年譜）
冬、汪紱答門人余元遴書，論易卦變。（雙池先生年譜）
正月、方觀承回直隸任。（清史列傳卷一七）
四月、汪紱著易經銓義定本成十五，門人余元遴自漢江寄
　書，再請汪氏自序年譜，並刪訂文集。（雙池先生年譜）
十月、陸燿撰隸便序。（切問齋集卷四上）
十一月、楊錫紱署山東巡撫。（清史列傳卷一八）
陳宏謀改西安巡撫。（碑傳集卷二七，清史列傳卷一八。）

　案卷四一，清史列
　傳卷一五。）
謝濟世石霖卒，年
　六十八。（碑傳集
　卷八三）

二十二年丁丑（一七五七）	程廷祚復改訂所著論語說。（青溪集、正編卷六。） 戴震自京師南還，始識惠棟於揚州之盧文弨都轉運使司署。（注一九七） 朱筠散館，授編修，充方略館纂修官。（漢學師承記卷四） 畢沅以舉人爲內閣中書，軍機處行走。（清史列傳卷三〇） 程瑤田館汪氏家，始爲準望圖記。（程易疇先生年譜） 彭元瑞成進士，改庶吉士。（清史列傳卷二六） 盧文弨命在尚書房行走。由左春坊左中允，洊至翰林院侍讀學士。是歲、充會試同考官。（漢學師承記卷六，盧抱經先生年譜。） 紀昀散館，授編修。洊擢詹事府、左春坊左庶子，充日講起居注官。（清史列傳卷二八） 錢澧補弟子員（是歲、始納贄請謁於王懷素，遂從之游）。（注一九八） 梅瑴成加恩照原品級在家食俸。（清史列傳卷一七） 汪中以貧無可依，鬻書於肆，日與書賈借閱羣經。（容甫先生年譜） 彭紹升與韓夢周同學禮部試；夢周授安徽來安知縣。（注一九九）	惲敬子居生。（姜亮夫綜表） 郝懿行恂九生。（注七三） 淩廷堪次仲生。（注七四）

顧棟高以南巡召試行在，加祭酒銜，賜御書傳經耆碩四字。（清史列傳卷六八）

陳宏謀調江蘇；已而遷兩廣總督，疏辭不許。（碑傳集卷二七）

趙佑散館，授編修。（清史列傳卷二八）

王念孫年十四，父歿扶柩歸里。（碑傳集補卷三九，續碑傳集卷七二。）

春、汪紱始館藍渡，讀困知記成二卷。再答門人余元遴書、論易卦變，並以讀困知記寄示。又爲藍渡朱氏作墓誌銘。（雙池先生年譜）

秋、錢陳羣病初瘳，盧見曾邀遊蜀岡，適宮爾勸在，因與論詩。是秋、盧見曾與錢氏訂游紅橋，言及馬曰琯兄弟及汪恬齋，皆先後謝世，不覺泫然涕下。又應汪氏子請爲撰恬齋詩序。（香樹齋文集卷一四、續鈔卷二。）

余元遴以所著庸言初編呈政汪紱。（雙池先生年譜）

冬、朱珪充日講起居注官。（知足齋全集附年譜）

正月、秦蕙田擢工部尚書。（清史列傳卷二〇）

楊錫紱授漕運總督。（同上卷一八）

三月、王昶召至江寧，試精理亦道心賦、鴻漸于逵詩、經義制事異同論。欽定一等第一，賜內閣中書舍人。（注二〇〇）

二十三年戊寅（一七五八）	王鳴盛充會試同考官。（王西莊先生年譜） 四月、秦蕙田署刑部尚書。（清史列傳卷二〇） 五月、錢大昕散館，授翰林院編修。公事之暇，入琉璃廠書市中，購得漢、唐石刻二三移。晨夕校勘，證以史事，輒爲跋尾。收藏金石文字自此始。（竹汀居士年譜） 六月、王昶復往江寧，寓袁枚隨園。時程廷祚通易，不喜象數，王昶與之申虞、鄭之說，又訪布衣呂泰，得其學薪傳以歸。（述庵先生年譜） 八月、羅有高至寧化，受易於雷鋐之門。間嘗過訪陰承方，與之往復談論。始知有意求放心之學，唯非如陸、王、二氏者。（國朝學案小識卷一一） 十月、汪紱著儒先晤語成二卷。又答門人余元遴書，條摘庸言中之未到者示之，並爲其祖淡菴先生立傳，又題所著省吾錄。（雙池先生年譜） 十一月、王鳴盛撰海州知州黃君墓誌銘，又編續宋文鑑八十卷。（王西莊先生年譜）	姚鼐始與程晉芳相識於揚州。（惜抱軒文集卷七） 雷鋐應朱仕玠屬爲其弟梅崖集作序。（見梅崖居士文集卷首） 盧文弨洊陞翰林院侍讀。（盧抱經先生年譜）	姚文田秋農生。（續碑傳集卷八劉鴻翺撰墓誌銘）

彭元瑞丁母憂。（清史列傳卷二六）

趙懷玉年十二，始學爲詩。（亦有生齋集、樂府卷首總序）

李文藻以濟南教授，奉檄監理濼源書院。（南澗先生遺文卷上）

陳宏謀以總督銜，還江蘇巡撫任，加太子太（少）傳。（碑傳集卷二七，清史列傳卷一八。）

彭紹升始學爲詩，讀漢魏以來諸作者詩，樂爲之按其聲音，窮其體態，夜以繼日，必求其如是乃止。是歲、丁母憂，案禮經斷肉者二年（按彭氏年二十五，始持不殺戒，惟食市上肉）。（二林居集卷五、卷六。）

趙翼爲同事所忌，蜚語中傷，出軍機，仍直內閣。（甌北先生年譜）

洪亮吉始學作詩。（洪北江詩文集卷首附年譜）

春、程廷祚改訂所著論語說成，自乙亥迄今，凡四易稿。（青溪集、正編卷六。）

朱珪扈蹕謁陵。（知足齋全集附年譜）

汪紱館藍渡，有答族再姪梅庵書論許氏葬禮、答詹庚南書問以律正音。（雙池先生年譜）

正月、顧棟高至揚州，以所注尚書屬王昶考定。（見述庵先生年譜）

秦蕙田調刑部尚書，仍兼管工部事；尋，加太子太保。（清

徐養源新田生。（注七五）

惠棟定宇卒，年六十二。（清儒學案卷四三，漢學師承記卷二，清史列傳卷六八，潛研堂文集卷三九錢大昕撰傳。）

史列傳卷二〇）

朱仕琇撰林穆菴遺序。（梅崖居士文集卷一七）

三月、錢大昕以御試翰詹，擢右春坊右贊善。是歲、奏充武英殿纂修官，又充功臣館纂修官。（竹汀居士年譜）

王鳴盛御試一等一名，超授侍講學士。（注二〇一）

朱珪大考三等，授侍讀學士。（碑傳集卷三八，揅經室二集卷三，知足齋全集附年譜。）

九月、羅有高將告歸，別於陰承方。（國朝學案小識卷一一）

錢陳羣撰重遊留餘山居記。（香樹齋文集卷一九）

十月、朱仕琇為族叔朱漢輝撰怡菴詩序。（梅崖居士文集卷一七）

十一月、王昶補授中書，編丁丑戊寅詩為述庵集。（述庵先生年譜）

汪紱著醫林纂要探源成九卷、讀讀書錄二卷、讀陰符經一卷、讀參同契三卷。（雙池先生年譜）

二十四年己卯（一七五九）

雷鋐丁母憂，勞毀得疾。（碑傳集卷三〇）

王鳴盛撰翠墨小箋。（王西莊先生年譜）

汪紱卒，門人余元遴經紀其喪，迎其妻養於家，復力寫其遺書，獻於督學朱筠。（清史列傳卷六七）

牟庭默人生。（清史列傳卷六九）

汪紱燦人卒，年六十八。（清儒學案

邵晉涵補縣學附生，屢試優等，食餼。（洪北江詩文集、卷施閣文甲集卷九。）

朱珪主考河南鄉試。（碑傳集卷三八，揅經室二集卷三。）

彭紹升年二十，以志節自勵。讀周忠介公年譜，及隶餘集，輒忼慨感激。（二林居集卷八）

翁方綱充江西鄉試副考官。（清史列傳卷六八）

陳宏謀以捕蝗案，削總督銜。（碑傳集卷二七）

盧文弨丁外艱。是年、撰讀大學衍義補膚見序。（盧抱經先生年譜，抱經堂文集卷二。）

紀昀奉命典試三晉。（注二〇二）

陸錫熊舉於鄉。（碑傳集卷三五）

洪亮吉始學作制舉文。（洪北江詩文集卷首附年譜）

王念孫年十六，補州學生員。（碑傳集卷三五，清史列傳卷六八。）

汪中始學為詩。早歲溯源漢晉，下逮唐人，於杜工部、韓昌黎，用力尤邃。乃既專以氣韻含蓄為宗，自以少作依傍門戶，不欲存藁。（容甫先生年譜）

劉臺拱九歲，作顏子頌，斐然成章，觀者稱為神童。是歲、始學為制藝，不煩繩削。（注二〇三）

春、朱仕琇兄仕玠為編次梅崖集成，並序以付梓。（梅崖居

卷六三，清史列傳卷六七，雙池先生年譜。）

祝淦貽孫卒，年五十八。（清史列傳卷六六）

陳梓俯恭卒，年七十七。（同上）

顧棟高震滄卒，年八十一。（同上卷六八）

士文集卷首）

夏、紀昀審定史氏風雅遺音，並爲序。（紀文達公遺集卷八）

秋、錢大昕奉命主山東鄉試，得李文藻，歎以天下才。是年、李氏始受業於大昕門下。（注二〇四）

冬、錢陳羣爲宮怡雲（爾勸）方伯南溟集序。（香樹齋文集卷一四）

正月、方觀承遵旨酌定陵寢兵役，規條四事。（清史列傳卷一七）

二月、汪紱仍館藍渡，爲門人余元旭父泉溪先生作行狀，又答洪鱗雨書、論置閏及北極出地高下。（雙池先生年譜）

三月、王鳴盛詔充日講起居注官。（王西莊先生年譜）

四月、朱仕琇抵任福寧教授。（梅崖居士文集、外集卷四。）

朱珪奉命副翰林侍讀盧明楷典河南鄉試。（知足齋全集附年譜）

五月、汪紱臥病藍渡館中，有答門人余元遴書。（雙池先生年譜）

桂馥撰惜才論。（晚學集卷一）

六月、王鳴盛奉命充福建鄉試正考官。（王西莊先生年譜）

汪紱以病轉劇，自藍渡歸里，有再答洪鱗雨書。（雙池先生

年譜）
七月、王鳴盛擢內閣學士、兼禮部侍郎。（王西莊先生年譜）
八月、朱仕琇撰溫陵先正文藏序。（梅崖居士文集、外集卷二。）
汪紱病危，門人余元遴來問疾。（雙池先生年譜）
九月、王昶協辦內閣侍讀。是月、戴震為王氏作鄭學齋記。（述庵先生年譜及戴東原先生年譜）
朱仕琇撰愚慮錄，作縣迂說合刻序，又為三鄭進士文稿序、謝周南制義序、蘭陔愛日圖記。（梅崖居士文集卷一六、卷一八、外集卷二、文集卷六。）
十一月、朱珪奉命告祭南嶽衡山，於信陽州度歲。（知足齋全集附年譜）
王昶直軍機房。是月、詔修通鑑輯覽，以昶為纂修官。（述庵先生年譜）

二十五年庚辰（一七六〇）

劉臺拱年十歲，心慕理學，嘗於其居設宋五子位，朝夕禮拜，時有小朱子之目。（揅經室二集卷二）
紀昀充會試同考官。（碑傳集卷三八）
畢沅成進士，授修撰。（清史列傳卷三〇）

王紹蘭南陔生。（碑傳集補卷一四王端履撰墓誌）
秦恩復近光生。（

盧文弨爲盧見曾校刻大戴禮。（盧抱經先生年譜）
謝啓昆成進士，改庶吉士。（清史列傳卷三一）
戴震客揚州，有沈處士（大成）戴笠圖題咏序，又有與盧侍講紹弓書論校大戴禮事。（戴東原先生年譜）
王鳴盛撰張芸墅詩集序。（王西莊先生年譜）
李文藻成進士，選廣東恩平知縣。（清史列傳卷七二）
段玉裁以膺鄉薦入都赴試，謁尹嘉銓，諄諄以力學相勉。（注二〇五）
趙佑充順天鄉試同考官。（清史列傳卷二八）
江聲是年四十一歲，以其師惠棟既作周易述，搜討古學。乃撰尚書集注音疏，存今文二十九篇，以別梅氏所上二十八篇，凡四易稿而後成，共十二卷。（同上卷六八）
趙翼復入軍機處。（甌北先生年譜）
彭定求成進士，授修撰；尋，請假歸省。（清史列傳卷六六）
崔述應順天鄉試，中副榜。（崔東壁年譜，碑傳集補卷三九。）
錢大昕充續文獻通考館纂修官，分修田賦、戶口、王禮、三考。協修起居注，遷翰林院侍讀。奉旨署日講起居注官。（竹汀居士年譜）

續碑傳集卷八）
鈕樹玉匪石生。（碑傳集補卷四〇）
雷鋐貫一卒，年六十四。（見注五〇）

孟超然成進士，改翰林院庶吉士。（清史列傳卷六七）
章學誠始出游，道訪陳執無於汜水縣署，款留旬日。至北京，應順天鄉試，主從兄垣業南城之寓。（章實齋先生年譜）
趙紹祖九歲，即以能文稱，伯祖侍御青藜極喜之。（續碑傳集卷七六）
任大椿舉鄉試。（惜抱軒文集卷一三；漢學師承記卷六作乾隆壬午。）
祁韻士年十歲，始學作詩。（鶴臯年譜）
王杰舉鄉試。（清史列傳卷二六）
春、王鳴盛罷官居京，有記慶壽寺碑。（王西莊先生年譜）
秋、王鳴盛扈從木蘭秋獮，時趙翼以中書舍人隨侍，遂與定交於塞山行幄，握手談藝甚歡。（同上）
正月、朱珪詣嶽行祭告禮，禮成，登祝融峰觀雲海，窮陟奇勝，有記及詩。（知足齋全集附年譜）
四月、王鳴盛授光祿寺卿，充平定西域方略館纂修。（王西莊先生年譜）
七月、朱珪授福建分巡糧驛道。（知足齋全集附年譜）
十一月、錢陳羣以祝釐入都，造訪王昶寓齋，輒談藝竟日。（述庵先生年譜）

李文藻有書邵璟傳贊後。（南澗先生遺文卷上）

二十六年辛巳（一七六一）

紀昀京察一等，以道府記名。（碑傳集卷三八）

余廷燦成進士，改翰林院庶吉士；散館，授檢討，充三禮館纂修官，以母年八十乞養歸。（清史列傳卷六八）

武億年十七，丁父憂。（漢學師承記卷四）

王杰成進士，授修撰。（清史列傳卷二六）

段玉裁會試下第，與同年張燾同館座師錢汝誠家。（段懋堂先生年譜）

陸錫熊成進士，歸班銓選。（碑傳集卷三五，清史列傳卷二五。）

趙懷玉年十五，從塾師毛穎士習古文。（亦有生齋集、樂府卷首總序。）

趙翼成進士，授翰林編修；尋，充方略館纂修官，修平定準噶爾方略。（甌北先生年譜）

祁韻士年十一，始學作文。（鶴皐年譜）

夏、朱珪兼攝福州府事。（知足齋全集附年譜）

王元啓卜居郡城，倣古人治室先營宗廟之義，設立五龕以棲先祖神主，又編訂祭祀諸儀，以訓示兒輩。（祇平居士集卷一八）

江藩子屏生。（續碑傳集卷七四，清史列傳卷六九。）

鍾懷保岐生。（清儒學案卷一二〇）

張惠言皐文生。（碑傳集卷五一惲敬撰墓誌，清史列傳卷六九，清儒學案卷一一七。）

陳履和介存生。（見崔東壁年譜）

戴震有再與盧侍講書，論校大戴禮事。蓋大戴禮一書，譌舛積久，殆於不可讀。震取雅雨堂刻，一再讎校，然後學者始能從事。其後孔廣森因之，作爲補注。（戴東原先生年譜）

冬、錢陳羣以祝釐入朝。（香樹齋文集卷一四）

王元啓失火，平生手批書數千卷悉燼。（祇平居士集卷一八）

三月、洪亮吉應童子試，不售。（洪北江詩文集卷首附年譜）

五月、李文藻代撰王氏通譜序（南澗先生遺文卷上）

七月、蔡長澐授四川按察司（碑傳集卷三一）

十月、楊錫紱疏陳漕運四事；尋，加太子少師。（清史列傳卷一八）

趙佑改京畿道監察御史。（同上卷二八）

十二月、朱仕琇撰黃菊村制義序。（梅崖居士文集卷一九）

二十七年壬午（一七六二）

羅有高以優行貢太學至京師，與彭紹升相友善，以性命之學相劘切。（尊聞居士集卷八）

洪亮吉從金壇荊汝翼受公羊、穀梁及制義，始識作文之法。（洪北江詩文集卷首附年譜）

陳宏謀以失察滸墅關奸胥，部議落職；上命留任；尋，復調

李文耕心田生。（喜聞過齋文集卷一三家訓，續碑傳集卷三四，清儒學案卷二〇八。）

湖南，權兩湖總督。（碑傳集卷二七）
翁方綱充湖北鄉試副考官。（清史列傳卷六八）
程瑤田客揚州，主洪氏家，洪氏欲爲謀刻準望圖記而未果。
（程易疇先生年譜）
蔡長澐特擢兵部右侍郎。（碑傳集卷三一）
高宗南巡，召試程晉芳，授內閣中書。是歲、程氏始官京師，與翁方綱接席賦詩，目爲淹博者流。（漢學師承記卷七，復初齋文集卷一四）
紀昀充順天鄉試同考官，視學福建。（碑傳集卷三八，漢學師承記卷六）
戴震舉江南鄉試。（碑傳集卷五〇，戴東原先生年譜）
趙懷玉年十六，應試江寧，有金陵懷古之作。（亦有生齋集、樂府卷首）
高宗南巡，曹仁虎召試，列一等，特賜舉人，授內閣中書。
（清史列傳卷七二）
高宗南巡至山東，以沈廷芳年老，命以原品致仕。（述學別錄、行狀）
章學誠還會稽。旋，又北上應順天鄉試。道出山東，訪族婿任肇元於滕縣。是冬、始肄業於國子監內舍。意氣落落，不可一世，不知人世之艱。試其藝於學官，輒置下等。（

錢林叔雅生。（碑傳集補卷八）
嚴可均景文生。（同上卷二七）
顧鳳毛超宗生。（漢學師承記卷七）
江永愼修卒，年八十二。（潛研堂文集卷三九錢大昕撰傳，清儒學案卷五八。）
陳黃中和叔卒，年五十九。（碑傳集卷一四〇，清儒學案卷六一。）

章實齋先生年譜）

高宗南巡，嚴長明以生員獻賦；召試，賜舉人、內閣中書；旋入軍機辦事。（惜抱軒文集卷一三，碑傳集卷三八，漢學師承記卷六）

春、陸錫熊召試一等，賜內閣中書舍人；旋充方略館纂修官。（碑傳集卷三五，清史列傳卷二五）

秋、崔述與弟復舉鄉試中式。（注二〇六）

五月、錢大昕奉命充湖南鄉試正考官，有湖南鄉試錄序。（竹汀居士年譜，潛研堂文集卷二三）

二十八年癸未（一七六三）

彭紹升年二十四，始發憤讀宋明諸儒論學書，因以上窺孔、曾、思、孟之恉；久之，乃怳然有見。（二林居集卷五）

姚鼐成進士，改翰林院庶吉士；散館，授兵部主事，轉禮部。（清史列傳卷七二）

程晉芳有題王鳴盛西莊課耕圖詩四首，見勉行堂集一四。（見王西莊先生年譜）

趙紹祖年十二，以經解受知於大興朱筠，筠愛其才。（清史列傳卷七三）

陳宏謀遷兵部尚書，入京改吏部；旋加太子太保。（碑傳集卷二七）

彭元瑞散館，授編修，充武英殿提調。（清史列傳卷二六）

焦循里堂生。（碑傳集卷一三五阮元撰傳，清史列傳卷六九，清儒學案卷一二〇。）

黃丕烈蕘圃生。（清儒學案卷一二五，黃蕘圃先生年譜。）

沈起元子大卒，年

紀昀陞侍讀。（碑傳集卷三八，漢學師承記卷六。）
陸燿遷戶部主事。（清史列傳卷二四）
曹仁虎成進士，改翰林院庶吉士。（同上卷七二）
趙佑命稽察豐裕倉。（同上卷二八）
淩廷堪始就塾讀書。（淩次仲先生年譜）
朱彬九歲喪母，哀戚如成人。（清史列傳卷六九）
楊錫紱晉加太子太保。（同上卷一八）
春、程瑤田重過滁州醉翁亭，自以同歐陽修號醉翁之年，又慕其行誼與所為文詞，因自號葺翁，復署葺郎。（程易疇先生年譜）
戴震入都會試，下第，寓新安會館，汪元亮、胡士震及段玉裁始來從學。是歲、薄游汾晉間，會汾州修郡志，朱珪請震主其事。（注二〇七）
冬、朱珪特旨擢福建按察使、兼署布政司。（碑傳集卷三八，揅經室二集卷三，知足齋全集附年譜。）
二月、章學誠始識曾慎，並因以識甄松年，皆相知契。（章實齋先生年譜）
五月、錢大昕以御試翰詹，擢侍講學士；尋，充日講起居注官。是歲、乃弟錢大昭侍父入都，役此聚首一堂，極家庭之樂。（竹汀居士年譜）

七十九。（碑傳集卷八四，清史列傳卷七五。）
張師載又渠卒，年六十九。（姜亮夫綜表）
梅瑴成玉汝卒，年八十三。（清儒學案卷三七，清史列傳卷一七。）
蔡長澐巨源卒，年五十四。（清儒學案卷六〇。姜亮夫綜表作卒年五十三，存參。）

李文藻為鄉先輩劉延之撰操觚字義詮釋序。(南澗先生遺文卷上)
十一月、王元啓有代張儀封壽徐君壽序。(祇平居士集卷一〇)

二十九年甲申(一七六四)

洪亮吉始學為駢體文。(洪北江詩文集卷首附年譜)
張惠言丁父憂，母氏節志甚堅。(碑傳集卷五一)
金榜召試舉人，官內閣中書，軍機處行走。(清史列傳卷六八)
盧文弨陞翰林院侍讀學士。(盧抱經先生年譜)
翁方綱督學廣東，凡三任。(清史列傳卷六八)
紀昀丁父憂，服闋，充日講起居注官，擢左庶子。(漢學師承記卷六)
王杰提督福建學政。(清史列傳卷二六)
特設漢協辦大學士，命陳宏謀任之。(碑傳集卷二七)
蔡新丁母憂。(清史列傳卷二六)
趙翼在翰林奉掌院派撰文。(甌北先生年譜)
仲秋、王元啓始著句股衍，有句股衍總序。(祇平居士集卷八)
秋、朱珪丁父憂。(碑傳集卷三八，揅經室二集卷三)

阮元伯元生。(雷塘庵主弟子記，續碑傳集卷三，清儒學案卷一二一。)
張琦翰風生。(姜亮夫綜表)
秦蕙田樹峰卒，年六十三。(潛研堂文集卷四二錢大昕撰墓誌銘，清史列傳卷二〇。)

趙翼改纂修通鑑輯覽。（甌北先生年譜）
冬杪、章學誠以天門知縣胡氏議修縣志，爲作修志十議。（章實齋先生年譜）
二月、王昶補授刑部山東司主事、兼辦秋審處，隨駕詣泰陵，撰西陵扈從記一卷。（述庵先生年譜）
四月、趙佑署掌湖廣道監察御史。（清史列傳卷二八）
秦蕙田以病請解任。（同上卷二〇）
五月、錢陳羣至武林，時家氏督學浙江，以少憩來武林學署，出二十年所爲詩二三册相示，有家稼軒少司寇詩集序。（香樹齋文集卷一四）
八月、趙佑署掌江南道御史。（清史列傳卷二八）
秦蕙田復請解任回籍；著照所請，准其給假南旋。（同上卷二〇）
李文藻有天后宮贍田記。（南澗先生遺文卷下）
王鳴盛徙家蘇州，寓幽蘭巷。（王西莊先生年譜）
九月、杭世駿撰蘭溪范氏重修香溪先生祠記。（道古堂文集卷一八）
十月、王昶充方略館收掌官。自己卯至是六年詩，編爲蒲褐山房集。（述庵先生年譜）

三十年乙酉
（一七六五）

王鳴盛刻西莊始存稿三十卷，張燾爲序。（王西莊先生年譜）

崔述知大名縣，秦學溥爲買室禮賢臺上，讀書其中，專務明道經世之學，遂不復爲舉子業（時年三十）。（碑傳集補卷三九）

汪中二十以前詩未存稿。是年、有靜夜五律，編年始此。（容甫先生年譜）

陸錫熊充山西鄉試副考官。（清史列傳卷二五）

彭紹升游京師，與萊州韓夢周交，因得知青州閻循觀忠信好學，與夢周相師友，乃爲書其事狀以藏之。（二林居集卷一〇）

畢沅陞侍讀。（清史列傳卷三〇）

王元啓撰順昌縣新修儒學記。（祗平居士集卷二一）

洪榜選拔，與兄朴同應召試，未售。（漢學師承記卷六）

高宗南巡，賜沈廷芳紵絲表裏。（述學別錄、行狀）

金榜召試舉人，授內閣中書，在軍機處行走。（碑傳集卷五〇，漢學師承記卷五）

高宗南巡，王念孫獻頌册，賜舉人。（續碑傳集卷七二）

劉臺拱從同里王雒師學，及見王懋竑、朱澤澐兩先生書，遂

趙坦寬夫生。（姜亮夫綜表）

謝震甸男生。（碑傳集卷一三五，清史列傳卷六九。）

汪光爔晉蕃生。（清儒學案卷一二〇）

洪頤煊旌賢生。（姜亮夫綜表）

篤志程朱之學（時年十五）。（揅經室二集卷二）

邵晉涵舉鄉試中式，正考官爲祭酒曹秀先、副考官爲少詹錢大昕。（邵二雲先生年譜）

盧文弨充廣東鄉試正考官，事畢返京，迂道五十里謁孔林。（盧抱經先生年譜）

章學誠三至京師，仍居國子監中，張倀無侶。應順天鄉試，沈業富分校，薦其文於主司，不錄。沈氏大惜之，館於其家，以從事鉛槧，益力於學。（章實齋先生年譜）

趙懷玉年十九，應試京兆，時程晉芳官中書舍人，與懷玉同寓於宣武坊南之一經齋，每有所作，懷玉輒以相質。是歲，在京師與東生、韓是升訂交。（亦有生齋集文卷二、卷四、卷六。）

羅有高中順天鄉試。（尊聞居士集卷八）

高宗南巡，召試陸費墀，賜舉人，授內閣中書。（清史列傳卷二六）

錢林四歲，隨父任江西，有口授王勃滕王閣序者，林上口琅琅成誦。（玉山草堂集卷首）

春、陸燿以匽南歸省視廬墓，與沈需尊相晤，沈氏出所著北溪文稿屬序，後五年始爲序。（切問齋集卷四上）

高宗四巡江浙，趙懷玉奏賦行在。（清史列傳卷七二）

秋、程瑤田應鄉試，不售。（程易疇先生年譜）

趙懷玉落舉南還，程晉芳以詩送之。（亦有生齋集文卷二）

仲冬、宮爾勸病卒於僑居，錢陳羣力疾赴哭。（香樹齋文集卷一九）

四月、方觀承條奏木棉事十六則，繪圖說以進。（清史列傳卷一七）

錢大昕與錢載、曹學閔赴涿州迎駕，並遊清涼寺，有清涼寺題名。（潛研堂文集卷一八）

六月、王昶充方略館提調官。（述庵先生年譜）

錢大昕充浙江鄉試副考官，有浙江鄉試錄後序。（竹汀居士年譜，潛研堂文集卷二三。）

八月、戴震定水經一卷。是歲、入都，過蘇，有題惠定宇先生授經圖一篇。（戴東原先生年譜）

方觀承籌辦居庸關及關溝疊道。（清史列傳卷一七）

十月、章學誠始見劉知幾史通。始學文於朱筠。（章實齋先生年譜）

三十一年丙戌（一七六六）

羅有高還，過蘇州，交汪縉。（尊聞居士集卷八）

戴震著聲韻四卷已成，又著孟子字義疏證成。（戴東原先生年譜）

王引之伯申生。（王壽昌、王壽同等撰王文簡伯申府君劉臺拱補縣學生員。（揅經室二集卷二，劉端臨先生年譜。）
孫志祖成進士，補刑部主事，洊擢郎中。（碑傳集卷五七，清史列傳卷六八。）
孔繼涵當與計吏偕，有術者言：「君此行必獲售，顧母氏恐有意外虞耳！」（復初齋文集卷一四）
汪輝祖成進士，授湖南寧遠縣知縣。（清史列傳卷七五）
戴震入都，與段玉裁晤會，並面辭師弟之稱。（見段懋堂先生年譜）
陸燿遷員外郎。（清史列傳卷二四）
武億年二十二，始入學。（漢學師承記卷四）
陸費墀成進士，改庶吉士。（清史列傳卷二六）
邵晉涵與張羲年同遊京師，及冬始南歸。（邵二雲先生年譜）
謝啓昆散館，授編修。（清史列傳卷三一）
閻循觀成進士，補吏部考功司主事。是歲、韓夢周需次來安令，將行，閻氏送至郊，執手別去。（碑傳集卷六〇，清史列傳卷六七，碑傳集卷六〇。）
章學誠有與族孫汝楠論學書。著書之志始此。（章實齋先生年譜）
蔡新服闋，補刑部右侍郎；旋命視學直隸。（清史列傳卷二六）

行狀，續碑傳集卷一〇湯釗撰墓志銘，龔自珍全集第二輯龔自珍撰墓表銘。）
吳嵩梁蘭雪生。（續碑傳集卷七七，清史列傳卷七二。）
姚學塽鏡塘生。（注七六）
顧廣圻千里生。（清儒學案卷一二五，馮先恕疑年錄釋疑，顧千里先生年譜。）

盧文弨充湖南學政，以條陳學政事宜不當，部議降三級用。（盧抱經先生年譜，清史列傳卷六八。）
錢林五歲，出就外傅，讀書一目數行，能作擘窠大字於時，福建修鼓樓，林書海天鼇柱額，一時有神童之目。（玉山草堂集卷首）
畢沅陞左庶子，授甘肅鞏秦階。嘗從總督明山出關查屯田，奏請調安肅道。（清史列傳卷三〇）
四月、趙佑署戶科給事中。（同上卷二八）
王昶陞授刑部浙江司員外郎。（述庵先生年譜）
六月、洪亮吉應童子試，不售。（洪北江詩文集卷首附年譜）
八月、趙佑丁母憂。（清史列傳卷二八）
十一月、趙翼特授廣西鎮安府知府。（甌北先生年譜）
十二月、陳宏謀充玉牒館副總裁。（清史列傳卷一八）

三十二年丁亥（一七六七）

章學誠旅困不能自存，依朱筠爲生。（碑傳集卷五六）
王元啓撰四書講義序。（注二〇八）
汪輝祖始與邵晉涵交。（邵二雲先生年譜）
王杰擢侍讀。（清史列傳卷二六）
錢大昕始撰二十二史考異。（竹汀居士年譜）
洪亮吉入學爲附生，與同邑黃景仁爲詩歌唱和，頗有時譽，

江沅子蘭生。（姜亮夫綜表）
郭麐祥伯生。（碑傳集補卷四七）
臧庸在東生。（清儒學案卷四五）

人目洪黃。（漢學師承記卷四）

程瑤田錄所爲時文而未名者，曰蓮飲集，並自叙之。（程易疇先生年譜）

杭世駿應邵雍二十五世孫邵志謙請，爲撰常山邵氏重建康節先生祠堂記。（道古堂文集卷一八）

王鳴盛撰馮浩玉谿生詩注序。（王西莊先生年譜）

趙懷玉年二十一，謁杭州先尙書祠，始得詠西湖之勝。（亦有生齋集、樂府卷首總序。）

齊召南以族子周華黨呂留良，逮至京當籍沒；上鑒其無他，僅予革職歸；尋卒。（清史列傳卷七一）

程晉芳始著尙書今文釋義第一稿。（勉行堂文集卷二）

王芑孫年十二三，能操觚爲文。時客京師，館董浩、梁詩正、王杰、劉墉、彭元瑞家，爲諸人代削草。（清史列傳卷七二）

李文耕六歲，父授讀大學注，頗有領悟。（喜聞過齋文集卷一三）

春、王昶陞授刑部江西司郎中。（述庵先生年譜）

秋、齊召南爲王鳴盛撰西沚居士集序。（王西莊先生年譜）

多、錢大昕乞假歸，僦居縣城東之奎英坊，有集仙宮坊碑記。（潛研堂文集卷二〇）

吳德旋仲倫生。（續碑傳集卷七七姚椿撰墓誌銘）

程廷祚啓生卒，年七十七。（勉行堂文集卷六程晉芳撰墓誌銘，清史列傳卷六六。）

盧文弨應劉光南屬爲撰中庸圖說序。（抱經堂文集卷二一）
二月、陳宏謀充三通館副總裁。（清史列傳卷一八）
朱珪服除，補湖北按察使。（碑傳集卷三八，揅經室二集卷三，知足全集齋附年譜。）
三月、陳宏謀遷東閣大學士、兼工部尚書。（碑傳集卷二七，清史列傳卷一八。）
六月、洪亮吉應童子試，不售。（洪北江詩文集卷首附年譜）
閏七月、李文藻代撰黃岡二石橋記。（南澗先生遺文卷下）
十月、王昶兼校經咒館。自乙酉至是年詩，爲聞思精舍集。（述庵先生年譜）

三十三年戊子（一七六八）

王元啓應觀察楊氏聘，主華陽書院。（祗平居士集卷一一）
姚鼐充山東鄉試副考官。（清史列傳卷七二）
錢灃舉於鄉。（錢南園先生遺集卷首，碑傳集卷五六。）
孟超然充順天鄉試同考官。（清史列傳卷六七）
盧文弨以學政言事不合例，部議左遷。（漢學師承記卷六）
范家相出知廣西柳州府，歲餘以疾告歸；尋卒。（清史列傳卷六八）
錢大昕始買城中孩兒橋街宅，名其堂曰潛研。是歲、編次宋

汪萊孝嬰生。（研六室文鈔卷九胡培翬撰行略，碑傳集卷一三五，清史列傳卷六九。）
張鑑秋水生。（續碑傳集卷七三）
周中孚信之生。（

洪文惠公年譜，及陸放翁年譜成。（竹汀居士年譜）

洪榜舉鄉試。（漢學師承記卷六）

蔡新除工部尚書、兼署刑部。（清史列傳卷二六）

汪輝祖舉於鄉（時年三十九）。（揅經室二集卷三）

祁韻士年十八，應院試，補附學生。（鶴皋年譜）

陸燿遷郎中。（清史列傳卷二四）

王昶以言兩淮鹽運提引事不密罷職。（揅經室二集卷三）

孔廣森年十七，中舉人。（漢學師承記卷六）

紀昀授貴州都匀知府，晉侍讀學士；緣事罣誤，發烏魯木齊效力至戍所，以遣戍單丁疏救，得減釋爲民。（注二〇九）

春、朱仕琇掌教鰲峰書院。（梅崖居士文集、外集卷四）

夏、朱珪調山西按察使。（碑傳集卷三八，揅經室二集卷三，知足齋全集附年譜。）

秋、汪中在江寧，刻策學謏聞。（容甫先生年譜）

王鳴韶有續和王鳴盛練川雜詠六十首。（見王西莊先生年譜）

冬、錢陳羣有重修嘉興縣學宮碑記。（香樹齋文集、續鈔卷二）

五月、程晉芳有淮陰蘆屋記。（勉行堂文集卷三）

六月、陸錫熊充浙江鄉試副考官。（清史列傳卷二五）

同上卷七二）

許宗彥積卿生。（揅經室二集卷二，碑傳集卷六〇陳壽祺撰墓誌銘，清史列傳卷六。）

陳用光碩士生。（姜亮夫綜表）

彭兆蓀湘涵生。（注七七）

方觀承宜田卒，年七十一。（見注五一）

楊錫紱方來卒，年六十八。（清儒學案卷六四，清史列傳卷六八。）

齊召南次風卒，年六十六。（碑傳集卷三二袁枚撰墓誌

王杰授右子。（同上卷二六）
九月、彭元瑞充日講起居注官。（同上）
十月、王杰遷侍講學士。（同上）
十二月、陸錫熊遷宗人府主事，繼擢刑部員外郎，進郎中。
（碑傳集卷三五，清史列傳卷二五。）
彭元瑞遷侍講。（清史列傳卷二六）

銘及秦瀛撰墓表）
閻循觀懷庭卒，年四十五。（碑傳集卷六〇韓夢周撰墓誌銘，清史列傳卷六七。按術石齋記事稿卷六法閻韓三先生傳作卒乾隆二十年，年七十，存參。）
盧見曾抱孫卒，年七十九。（碑傳集補卷一七盧文弨撰墓誌銘，抱經堂文集卷三三。）

三十四年己丑（一七六九）

崔述在京師，與孔廣森相遇。（崔東壁年譜）
錢澧下第，流浪江漢間，根本不固，遂從王懷素游。王氏警之，由是始有定向之志。（錢南園先生遺集卷四）
陳宏謀有疾屢乞歸，上慰留再三。（碑傳集卷二七）

朱珔玉存生。（續碑傳集卷一八）
李元春時齋生。（清儒學案卷二〇六

蔡新攝兵部尚書、兼管國子監事務。（清史列傳卷二六）

汪中爲繁昌縣學後記。（容甫先生年譜）

彭紹升以省覲入京，舟中偶爲制義，得十餘篇，於四子書頗有所發明。（二林居集卷五）

程瑤田撰琴音記成，劉大魁爲之序。（程易疇先生年譜）

趙佑服闋，補福建道御史。（清史列傳卷二八）

戴震入都，會試不第，爲余蕭客作古經解鈎沈序。（戴東原先生年譜）

朱仕琇掌教鼇峰書院，蔡溟飛來游門下，並爲其父制義文乞序，有蔡孝廉制義序。（梅崖居士文集卷一九）

李文藻以謁選客京師，鈔校紀昀所藏惠棟古文尚書考，邵晉涵亦預參校。（見邵二雲先生年譜）

任大椿成進士，改庶吉士，授禮部儀制司主事。（注二一〇）

章學誠居父喪，舉家扶柩附湖北糧船北上。書箱爲漏水所浸，其父隨身之書數千卷，損失三分之一。是歲、始與任大椿相識。始交得汪輝祖。（章實齋先生年譜）

王鳴盛充福建鄉試正考官；尋，陞內閣學士、兼禮部侍郎。（碑傳集卷四二）

陸費墀散館，授編修。（清史列傳卷二六）

，清史列傳卷六七。）

李兆洛申耆生。（注七八）

黃乙生小仲生。（續碑傳集卷七六）

鄒漢勛叔績生。（注七九）

瞿中溶木夫生。（清史列傳卷七三，瞿木夫先生自訂年譜。）

諸錦襄七卒，年八十四。（清儒學案卷六五，清史列傳卷六八。）

范家相左南卒，年三十四。（見注六七）

盧文弨南歸養親，主講暨陽書院。（注二一一）
王杰擢少詹事，充武會試總裁。（清史列傳卷二六）
淩廷堪年十三，以家貧棄書學賈。（淩次仲先生年譜）
段玉裁再入都，謁戴震，事以師禮，戴氏始勉強從之。時朱
珪爲山西布政使，招戴氏及玉裁往，主講壽陽書院。是
歲、玉裁成詩經韻譜、羣經韻譜各一帙，以其書簡略、無
注釋不可讀。是年冬、寓都中清源寺側之蓮華庵，鍵戶燒
石炭，從邵晉涵借書，爲之注釋。每一部畢，邵氏輒取寫
其福，至次年二月成書。錢大昕以爲鑿破混沌，爲作序。
（注二一二）
秋、程晉芳請假南歸，胡元琢奉其父遺稿，訪程氏屬爲選
定，有胡穉威文集後序。（勉行堂文集卷二）
冬、朱珪始學道通任督脈，召先天眞炁轉河車得參同契悟眞
篇讀之，遂大悟徹，後數十年夜坐不臥，至老益精進不
衰。（知足齋全集附年譜）
二月、朱珪授山西布政使。（碑傳集卷三八，揅經室二集卷
三）
五月、洪亮吉應童子試，補湖陽學附生。（洪北江詩文集卷
首附年譜）
錢大昕與王鳴盛、吳竹嶼、吳岑渚、周松承遊虎邱山，有虎

邱山觀音殿題名。是月、又有記湯烈女事。（潛研堂文集卷一八、卷二二）
九月、趙懷玉有莊然乙詩序。（亦有生齋集文卷三）
十二月、趙佑命稽察通州西倉。（清史列傳卷二八）

三十五年庚寅（一七七〇）

盧文弨訪邵晉涵，錄得岑安卿栲栳山人詩集三卷。（見邵二雲先生年譜）
姚鼐充湖南鄉試副考官。（清史列傳卷七二）
孔繼涵舉於鄉。（復初齋文集卷一四）
汪中在太平太守沈業富幕。（容甫先生年譜，述學補遺）
劉台拱年二十一，舉鄉試，屢試禮部不第。（漢學師承記卷七，清史列傳卷六八）
朱仕琇撰鰲峰課藝尤雅編序。（梅崖居士文集卷一九）
畢沅擢陝西按察使。（清史列傳卷三〇）
徐養源年十三，隨父宦入京師，從一時名宿問業，於學術淵源，靡不洞曉。（續碑傳集卷七二，清史列傳卷六九。）
謝啓昆充河南鄉試正考官。（清史列傳卷三二）
錢大昕始讀說文，研究聲音、文字、訓詁之原，閒作篆隸書。（竹汀居士年譜）
陸錫熊充廣東鄉試正考官。（清史列傳卷二五）

丁履恒若士生。（續碑傳集卷七六吳育撰家傳、同卷包世臣撰墓碑。）
李黼平繡子生。（清儒學案卷一三二，清史列傳卷六九，續碑傳集卷七二梁廷枏撰墓誌銘。）
洪震煊百里生。（清史列傳卷六九）

程瑤田集所爲詩，顏曰濠上吟，劉大魁見而歎賞，勸梓行並爲作序。（程易疇先生年譜）

魯九皋舉鄉試。（惜抱軒文集卷一三）

陸費墀充順天鄉試同考官。（淸史列傳卷二六）

武億舉鄉試。（漢學師承記卷四）

紀昀自烏魯木齊釋還。（淸史列傳卷二八）

張雲璈舉鄉試，選湖南安福知縣，調湘潭；尋，謝病歸。（同上卷七二）

王昶自戊子從軍至是年正月，凡山川風土，行軍調發，一一記載，成滇行日錄三卷、征緬紀聞三卷。（述庵先生年譜）

焦循八歲，在阮賡堯家，與賓客辨壁上馮夷字，曰：「此當如楚辭讀皮冰切，不當讀如縫。」阮氏奇之，遂妻以女。（淸史列傳卷六九）

彭元瑞以上六旬萬壽，進萬福集成，讚十章，用唐懷仁所輯聖教序，晉王羲之書，排次成文。上嘉之，命以內府所宋搨本摹勒，頒賜內外臣工。（同上卷二六）

夏、程晉芳至揚州，與松江沈沃田昕夕過從，並互序所爲詩文，有學齋文集序。（勉行堂文集卷二）

正月、趙佑擢工科給事中。（同上卷二八）

二月、段玉裁撰韻譜成。（段懋堂先生年譜）
朱仕琇撰道南講授序。（梅崖居士文集卷一六）
三月、趙翼調守廣東廣州府。（清史列傳卷七二）
段玉裁部選得貴州玉屏縣。（段懋堂先生年譜）
四月、王元啓臥病經旬，爲撰恒星右移之數一篇，以示從游之士。（祇平居士集卷二）
七月、洪亮吉至江寧應鄉試，始與袁枚相識；始與董思駉、左輔訂交。（洪北江詩文集卷首附年譜）
陳宏謀以老病請解任；詔弗允。（清史列傳卷一八）
八月、陸燿遷雲南大理府知府，以親老改補近省。（清史列傳卷二四）
十月、趙佑命監視黃村賑廠。（同上卷二八）
十二月、陸燿調山東登州府知府。（同上卷二四）
杭世駿序哀鹽船文。（容甫先生年譜，述學補遺）

三十六年辛卯（一七七一）

姚鼐與謝啓昆同爲會試考官。（惜抱軒文集卷五）
韓夢周游淮安，謁任瑗。一見深相契，悉出所著屬爲參訂。（國朝學案小識卷一〇）
程瑤田乞劉大魁爲作宗祠碑記。是歲、應禮部試不第。（程易疇先生年譜）

金鶚風薦生。（碑傳集補卷四〇郭協寅撰傳，清史列傳卷六九。）
李鍾泗賓石生。（

褚寅亮丁父憂，時年近六十，哀毀盡禮如恒。（碑傳集卷六○）

錢大昕在部門，充一統志纂修官。是歲、撰次金石文跋尾六卷成，益都李文藻爲刋校；與族子錢坫校正白虎通、廣雅。（竹汀居士年譜）

魯九臯成進士，歸居十餘年，奉養祖母及父，遂益力爲學。（惜抱軒文集卷一三）

王杰充日講起居注官、南書房行走；晉內閣學士、兼禮部侍郞，充江西鄉試正考官；旋督學政。（清史列傳卷二六）

汪中在當塗朱筠學使幕。是秋、在江寧。（容甫先生年譜）

畢沅陞陝西布政使。（清史列傳卷三○）

王昶讀性理大全、語類或問、王文成公集，求天人、性命、修身、立行之要。（述庵先生年譜）

陸燿調濟南府知府。（清史列傳卷二五）

程晉芳成進士，授吏部主事。（復初齋文集卷一四）

趙紹祖年二十，應童子試，以經解冠八邑，受知於朱筠，拔入縣；旋補廩膳生。（續碑傳集卷七六）

朱筠充會試同考官，邵晉涵、周永年皆成進士。章學誠始識晉涵，欲因以訪永年，不果。（章實齋先生年譜）

孔繼涵成進士，官戶部主事，充日下舊聞纂修官，以母疾乞

碑傳集補卷四○焦循撰事狀）

朱爲弼右甫生。（續碑傳集卷二二）

呂鵬飛程九生。（注八○）

陳壽祺恭甫生。（注八一）

黃承吉謙牧生。（碑傳集卷四八）

陸耀遹紹聞生。（姜亮夫綜表。按清儒學案卷一一三作卒年六十三，則生乾隆三十九年矣，存參。）

姚範南青卒，年七十。（見注五三）

汪梧鳳在湘卒，年四十六。（見注五

歸養。（注二一三）

嚴長明擢侍讀。（惜抱軒文集卷一三，清史列傳卷七二。）

錢灃成進士，改庶吉士。（碑傳集卷五六，錢南園先生遺集卷首，清史列傳卷七二。）

丁杰中擧人。（復初齋文集卷一三）

淩廷堪年十五，能詩及詞。（淩次仲先生年譜）

周永年成進士，特召修四庫書，授編修。（國朝學案小識卷一四）

劉台拱擧江南鄉試。（揅經室二集卷二，劉端臨先生遺書三卷本卷首，劉端臨先生年譜。）

孔廣森成進士，改翰林院庶吉士；散館，授檢討。（注二一四）

邵晉涵擧禮部會試第一人（魯仕驥、周永年、孔繼涵、錢灃、孔廣森等，亦同時登第）。故事南省第一人，當在詞館之選，而邵氏獨罷歸。黃景仁有題邵氏姚江歸棹圖沁園春詞。時邵氏父年六十，因過錢大昕乞文爲壽，大昕有贈邵冶南序。是歲冬、邵氏與章學誠、洪亮吉、黃景仁等，同客太平使院。（邵二雲先生年譜及洪北江詩文集、卷施閣文甲集卷九並參）

李潢成進士。（清史列傳卷六九）

七）

桑調元伊佐卒，年七十七。（清儒學案卷四六，清史列傳卷六七。）

陳宏謀汝咨卒，年七十六。（碑傳集卷二七彭啓豐撰墓誌銘，清史列傳卷一八。）

秋、洪亮吉與汪中、顧九苞訂交於江寧；及入朱筠幕，又與邵晉涵、高文照、王念孫、章學誠、吳蘭庭交。由是識解益進，始從事諸經正義及說文、玉篇，每夕至三鼓方就寢。（洪北江詩文集卷首附年譜）

二月、陳宏謀病甚，始聽致仕，加太子太傅。（碑傳集卷二七，清史列傳卷一八）

崔述父卒，貧無以葬，越三年始克營葬。（碑傳集補卷三九，崔東壁年譜）

紀昀由烏魯木齊治裝東歸，途中追述風土，兼敘舊游，為詩百六十首，題曰烏魯木齊雜詩，有序。（紀文達公遺集卷九）

四月、趙翼陞貴州分巡貴西兵備道。（甌北先生年譜）

五月、彭元瑞擢詹事府少詹事。（清史列傳卷二六）

陸錫熊擢刑部員外。（同上卷二五）

六月、彭元瑞入直南書房；旋充江南鄉試正考官。（同上卷二六）

九月、彭元瑞奉命提督江蘇學政。（同上）

十月、王昶選授吏部考功司主事。（述庵先生年譜）

紀昀以上幸熱河，迎鑾密雲，試土爾扈特全部歸順詩，立成五言三十六韻以進；特旨優獎，復授編修。（清史列傳卷

	二八） 十一月、洪亮吉謁朱筠於安徽太平府，始延入其幕。（洪北江詩文集卷首附年譜）	
三十七年壬辰（一七七二）	盧文弨始主講鍾山書院。（盧抱經先生年譜） 錢灃授檢討，充國史館纂修官。（錢南園先生遺集卷首，碑傳集卷五六） 崔述持父行略至保定，乞汪師韓作墓誌銘。（崔東壁年譜） 劉大紳成進士，以知縣歸部選用。（清史列傳卷七三） 戴震主講浙東金華書院，刋自定水經注、孟子字義疏證（原稿名緒言），有壬辰菊月寫本，程瑤田於丙申影鈔。（戴東原先生年譜） 金榜舉進士第一，授翰林修撰；散館，即乞假歸。（碑傳集卷五〇，漢學師承記卷五） 謝啓昆授江蘇鎮江府知府；旋調揚州府知府。（清史列傳卷三一） 程晉芳應試第一，授內閣中書，乃悉棄產償宿逋，携家北上。是歲、翁方綱自粵東歸，始與程氏深交，往復劘切者十有二年。（復初齋文集卷一四） 趙佑遷鴻臚寺少卿。（清史列傳卷二八）	方東樹植之生。（方儀衞先生年譜） 武穆淳小谷生。（碑傳集補卷二三） 陸繼輅祁孫生。（續碑傳集卷七七李兆洛撰墓誌銘） 任德成象元卒，年八十九。（二林居集卷一〇彭紹升撰任君墓誌銘，清儒學案卷五三，馮先恕疑年錄釋疑。） 沈廷芳畹叔卒，年七十一。（逑學別錄汪中撰行狀）

劉台拱應禮部試不第歸。途經泰州汪中來訪，因與定交。是歲、始於京師，得交王念孫。（劉端臨先生年譜）

顏鳳毛年十一，通五經。（漢學師承記卷七，清史列傳卷六九。）

朱珪游五臺恒山，過訪張開東，投五言詩二十韻，留署中百餘日，相得極歡，如其韻和之贈別，並賦招隱篇。（知足齋全集附年譜）

春、錢大昕補翰林院侍讀學士，會試充磨勘官，殿試房充執事官；尋，充三通館纂修官。（竹汀居士年譜）

程晉芳移居朱筠椒花吟舫書齋，檢篋笥所藏有三物，一爲東井硯、一爲聖教序、一爲元人畫達摩像。乃扁小額於吟舫之旁，曰三長物齋，有記。（勉行堂文集卷三）

長夏、程晉芳臥病，有桂宦藏書序。（同上卷二）

多、洪亮吉以所負多，訪蔣士銓及汪端光於揚州。蔣、汪二氏解囊金助之，乃得歸，已迫除夕矣。（洪北江詩文集卷首附年譜）

王元啓客游東昌，太守胡氏以新輯濟寧志稿屬爲裁定，婉辭不獲，始勉爲之，書成分甲乙丙丁四集。（祗平居士集卷一九）

正月、朱筠因邵晉涵言書餘姚景烈婦事。（邵二雲先生年譜）

杭世駿大宗卒，年七十七。（見注四九）

盧文弨將南歸，董秉純爲序送之。（春雨樓初刪稿卷五）
三月、朱筠與章學誠等遊青山，有游記。（章實齋先生年譜）
五月、程晉芳應陶（西圃）之子竹泉屬，爲其父金陵舟中唱和草作序。（勉行堂文集卷二）
六月、洪亮吉歸里，與邵晉涵於懷寧城相別，各爲詩八百字以贈。（邵二雲先生年譜）
八月、陸燿擢甘肅西寧道。（清史列傳卷二四）
王元啓撰蓬萊閣閱水操記。（祇平居士集卷二一）
九月、陸燿調補山東運河道。（清史列傳卷二四）
十月、陸錫熊擢本部郎中；會開四庫全書館，命司總纂。（同上卷二五）
十一月、姚鼐爲張仲絜時文序。（惜抱軒文集卷四）
十二月、王昶陞吏部員外郎。（述庵先生年譜）

三十八年癸巳（一七七三）

程瑤田客武邑。（程易疇先生年譜）
畢沅授陝西巡撫。（清史列傳卷三〇）
汪中年三十，顓意經術，與李惇、王念孫、劉臺拱爲友，共討論之。是年、有朱先生學政記序。（容甫先生年譜）
蔡新調禮部尚書，充四庫全書館正總裁。（清史列傳卷二六）

李銳尚之生。（注八二）
洪飴孫孟慈生。（姜亮夫綜表）
迮鶴壽蘭宮生。（碑傳集補卷四九）

戴震以紀昀薦召至京師，充四庫全書纂修官；特命與會試中式者，同赴廷對。（戴東原先生年譜及碑傳集卷五〇幷參）

趙翼里居，奉養之暇，手一卷披閱，陔餘叢考諸書，約輯於此數年中。（甌北先生年譜）

程晉芳授命與修四書全庫。（復初齋文集卷一四）

祁韻士始應歲試，補增廣生。（鶴皐年譜）

任大椿充四庫全書總裁纂修官。（碑傳集卷五六）

四庫館開，鮑廷博命長子士恭進家藏善本六百餘種，大半宋元舊板宋本；又手自校讎，爲天下獻書之冠；蒙御賜古今圖書集成。（清史列傳卷七二）

丁履恒四歲，能升几作擘窠書，父奇愛之，以爲他日必以文名天下。（續碑傳集卷七六）

詔開四庫館，紀昀爲總裁。邵晉涵以劉統勳薦，特旨改庶吉士，充纂修官，與戴震、周永年、余集、楊昌霖等，同入館編校，士林慕之，稱五徵君。（注二一五）

洪亮吉以四庫館設局太平，搜採江浙遺書，聘總司其事；太平太守沈業富幷延兼管書記。是歲、著兩晉南北史樂府二卷。（洪北江詩文集卷首附年譜）

元旦、崔述作春王正月論五篇。及秋，復增損爲三篇，改名

葉維庚兩垞生。（續碑傳集卷四〇，清儒學案卷二〇二。）

嚴元照九能生。（碑傳集補卷四八）

端木國瑚子彝生。（續碑傳集卷七七宗稷辰撰墓表，太鶴山人年譜。）

吳玉搢籍五卒，年七十六。（碑傳集卷四五）

三正辨。是年、館於御河之陽。（崔東壁年譜）

仲春、盧文弨始得朋友爲助，鈔錄惠棟九經古義完竣，計原本之在其篋笥中，歷時已五年矣，遂復爲序，以述其始末。（抱經堂文集卷二）

夏、程晉芳著尚書今文釋義第二稿。（勉行堂文集卷二）

章學誠在寧波道署遇戴震。時戴氏年已五十，方主講浙東金華書院。學誠與戴氏論史不合。（章實齋先生年譜）

正月、錢大昕奉旨入直上書房，授皇子二子書寓澄懷。（竹汀居士年譜）

二月、命儒臣校覈明代永樂大典，詔求天下遺書，開四庫全書館，選翰林院官，專司纂輯。大學士劉統勳以紀昀名薦，充纂修官；又擧昀及提調郎中陸錫熊爲總辦。搜輯大典中，逸篇墜簡，及海內秘笈萬餘部，釐其應刊應鈔應存者，依經史子集部分類，聚撮其大凡，列成總目提要二百卷上之。昀以是授翰林院侍讀。（清史列傳卷二八）

陸費墀充四庫館總校官。（同上卷二六）

四月、段玉裁因公詿誤入都，見戴震於洪榜寓宅。出所著韻譜請益，戴氏以爲體例未盡善。未幾，奉命發四川候補。（段懋堂先生年譜）

王元啓撰公孫橋記。（祗平居士集卷二一）

六月、趙璞函殉難於金陵川，其子秉淵來迎其衣冠至京，將以翌年二月奉櫬南歸，乃裒集其生平詩作，屬程晉芳選定，幷索爲序。有趙璞函詩序。（勉行堂文集卷二）

王元啓有題程東崖訓子册後。（祗平居士集卷二三）

七月、錢大昕爲易稽覽圖序。（潛研堂文集卷二四）

八月、陸錫熊以所撰提要稱旨，改授翰林院侍讀。（碑傳集卷三五）

十月、彭元瑞遷內閣學士、兼禮部侍郎。（清史列傳卷二六）

陸費墀充日講起居注官。（同上）

十一月、王昶補授吏部稽勳司員外郎。（述庵先生年譜）

三十九年甲午（一七七四）

羅有高至揚州，寓高旻寺。（尊聞居士集卷八）

崔述以夏旱繕寫去歲撰成備荒策四則。（崔東壁年譜）

趙佑轉通政司參議。（清史列傳卷二八）

秦瀛年三十二，以貢生入京師。是歲，舉京兆試。（續碑傳集卷八）

彭元瑞受代回京，署工部右侍郎、兼管錢法堂事。（清史列傳卷二六）

洪亮吉始與孫星衍訂交。是歲、舉本省鄉試。（洪北江詩文

莊綬甲卿珊生。（注八三）

齊彥槐夢樹生。（續碑傳集卷七七方濬撰墓表，清史列傳卷七三。）

任瑗恕庵卒，年八十二。（國朝學案

集卷首附年譜，漢學師承記卷四。）
張惠言年十四，家貧，以童子教授里中。（碑傳集卷五一，
清史列傳卷六九。）
淩廷堪詩集始於是年，存靜女吟以下四首。（淩次仲先生年
譜）
錢林年十三，父官布政使，使之句稽庫帑，吏咸畏之。（玉
山草堂集卷首）
劉臺拱與汪中、朱彬同校大戴禮。（劉端臨先生年譜）
王杰署工部右侍郎。（清史列傳卷二六）
邵晉涵授翰林院編修，仍纂校四庫全書、彙輯續三通。（邵
二雲先生年譜）
陸費墀加恩以侍讀陞用。（清史列傳卷二六）
祁韻士科試，補廩膳生。（鶴皐年譜）
章學誠撰和州志四十二篇。編竣，因採州中著述有裨文獻，
及文辭典雅者，輯爲和州文徵八卷。州志後復刪爲二十
篇，名曰志隅。（章實齋先生年譜）
夏、陸燿撰就樹山房詩序。（切問齋集卷四上）
冬、崔述罷館歸漳上。（崔東壁年譜）
四月、王元啓撰嶗山觀日出記。（祗平居士集卷二二）
七月、上以總目提要卷帙繁，命紀昀輯簡明書一篇。（清史
小識卷一〇，清儒學案卷四九。）
汪師韓卒，年六十八。（清儒學
案卷六八）

	列傳卷二八） 錢大昕奉旨充河南鄉試正考官；旋復奉提督廣東學政。有河南鄉試錄序。（竹汀居士年譜，潛研堂文集卷二三。） 八月、趙佑充順天鄉試同考官。（清史列傳卷二八） 韓夢周復謁任瑗，時任氏已溝疾，掖出而歡談，並及經世之務，因以淮揚水患爲憂。（國朝學案小識卷一〇） 十月、趙佑擢太常寺少卿。（清史列傳卷二八） 十一月、王昶擢吏部郎中。（述庵先生年譜） 十二月、王杰轉刑部右侍郎。（清史列傳卷二六） 姚鼐自京師歷齊河、長清，穿泰山西北谷，越長城之限，抵泰安，遂與朱孝純作泰山之游，有記。（惜抱軒文集卷一四）	
四十年乙未（一七七五）	羅有高渡海禮普陀山；至蘇州，與彭紹升游洞庭。（尊聞居士集卷八） 邵晉涵編校舊五代史成；南歸，訪洪亮吉於里第不遇。（邵二雲先生年譜） 錢澧以昆明大水歸省；明年冬復入京復職。（錢南園先生遺集卷首） 陸費墀擢侍讀學士；尋，陞少詹事。（清史列傳卷二五） 劉臺拱復會試不第歸。（劉端臨先生年譜）	淩曙曉樓生。（續碑傳集卷七四，清儒學案卷一三一，清史列傳卷六九。） 包世臣慎伯生。（注八四） 汪家禧漢郊生。（碑

汪輝祖成進士，謁選得湖南永州府寧遠縣知縣（時年四十六）。（揅經室二集卷三）

陸燿擢山東按察使。（切問齋集卷首、行狀，清史列傳卷二四。）

瞿中溶七歲，從塾師陳燧讀經書，燈下課以唐詩，始習為聲韻之學。（瞿木夫先生自訂年譜）

張敦仁成進士。（清史列傳卷六九）

王念孫入都應試，程瑤田因與訂忘年交，晨夕過從，以古學相勵。是歲、王氏舉進士，改翰林院庶吉士；尋，乞假旋里，謝絕人事，居湖濱，力學四載。（程易疇先生年譜及碑傳集補卷三九並參）

戴震會試不第，奉命賜同進士出身，授翰林院庶吉士。（戴東原先生年譜及碑傳集卷五〇）

王杰充會試副總裁。（清史列傳卷二六）

章學誠復至京師，時任大椿為四庫館纂修，因得寬假胥務，校理之暇，借窺中秘儲藏四方奏上遺書、人間所希覯者，從而證定向所業編，得以益信。（碑傳集卷三二）

春、章學誠倦游，返會稽，初與宗人春社。（章實齋先生年譜）

夏、褚寅亮以病假歸；旋受聘主講常州龍城書院。（碑傳集補卷四八。）

何治運郊海生。（清儒學案卷一三〇）

沈欽韓文起生。（續碑傳集卷七六王鎏撰墓志銘，清儒學案卷一三五。）

林春溥立源生。（清儒學案卷一三四，清史列傳卷六九。）

林伯桐桐君生。（注八五）

胡世琦玉鐫生。（碑傳集卷一一〇）

俞正燮理初生。（碑傳集補卷四九，俞理初先生年譜。）

卷六〇，淸史列傳卷六八。）
秋、錢大昕督學廣東，招王鳴韶赴粵。（見王西莊先生年譜）
二月、陸錫熊擢右春坊右庶子；旋，授翰林院侍讀學士。（淸史列傳卷二五，碑傳集卷三五。）
三月、彭元瑞充三通館副總裁。（淸史列傳卷二六）
四月、彭元瑞充殿試讀卷官；旋丁本生母憂。（同上）
五月、朱珪入覲，授翰林院侍講學士，充明紀綱目館纂修。（知足齋全集附年譜，碑傳集卷三八。）
章學誠校編章格菴遺書，有序。又爲劉忠介公年譜作序。周永年以藉書名園，藏書近十萬卷，中多精本。學誠爲作藉書園書目敍。（章實齋先生年譜）
錢大昕試韶州畢，於南雄途中，得父訃聞，悲慟欲絕，乃星夜北歸，六月杪抵家。（竹汀居士年譜）
六月、王昶補吏部文選司郎中。是歲、編勞歌集成。（述庵先生年譜）
九月、段玉裁在南溪，改竄所著韻譜書成，改名曰六書音韻表。寄書戴震以寫本就正，且乞序。（段懋堂先生年譜）
十月、朱仕琇撰龍溪宮邊黃氏家廟祀田學田碑記於鰲峰書院。（梅崖居士文集卷五）
閏十月、陸錫熊充日講起居注官，又充文淵閣直閣事。（碑

梁章鉅閩中生。（碑傳集補卷一四林則徐撰墓志銘）
盛世佐肅三卒，年三十八。（淸史列傳卷六八）
楊開基履德卒，年六十三。（淸儒學案卷一〇，淸史列傳卷六七。）

	傳集卷三五，清史列傳卷二五。） 陸燿撰急救方序。（切問齋集卷四下）	
四十一年丙申（一七七六）	姚鼐主講揚州梅花書院，與遼東朱孝純、南康謝啓昆過從甚密，越三年而始歸。（惜抱軒文集卷四） 洪亮吉母猝病卒，時亮吉在浙江學使主幕，得病耗，馳歸里門。（注二一六） 蔡新再攝兵部尚書。（清史列傳卷二六） 錢大昕在家讀禮，髭鬢盡白。（竹汀居士年譜） 羅有高自浙東過蘇州，訪彭紹升，並爲二林居唱和詩跋。（尊聞居士集卷二） 王杰仍督學浙江。（清史列傳卷二六） 汪中在江寧府某氏幕中。是年、受知於侍郎謝墉，始食廩餼。撰表忠祠碑文序。（容甫先生年譜，述學外篇一。） 彭元瑞服闋，署工部左侍郎。（清史列傳卷二六） 程瑤田在京師，聞戴震、金榜論水地，以爲有未合，偶有所見，輒錄之，不以示人，是爲究心水地之始。後乃整比付梓，即禹貢三江攷也。（程易疇先生年譜） 王元啓有與胡書巢書。（祗平居士集卷一七） 錢林年十五，始肆力於詩古文詞。（玉山草堂集卷首）	潘諮誨叔生。（注八六） 劉衡詡堂生。（續碑傳集卷三四，清儒學案卷一三九，清史列傳卷七六。 佟景文敬堂生。（續碑傳集卷七一宗稷辰撰墓表） 胡承珙景孟生。（清儒學案卷一三八，續碑傳集卷七二胡培翬撰別傳。） 臧禮堂和貴生。（姜亮夫綜表） 劉逢祿申受生。（

趙佑稽察左翼宗學。（清史列傳卷二八）

程晉芳爲申南蘋詩稿序。（勉行堂文集卷二）

淩廷堪年二十，能曲及古文。（淩次仲先生年譜）

陸費墀充文淵閣直閣事。（清史列傳卷二六）

章學誠困居北京，援例授國子監典籍。（章實齋先生年譜）

許宗彥九歲，能讀經史，善屬文。侍郎王昶愛其才，作積卿字說贈之。（揅經室二集卷二，清史列傳卷六九。）

祁韻士僦居校尉營道院，讀書與曲沃張國翰、靜樂李清葵、介休劉錫五同筆硯。（鶴皐年譜）

春、秦瀛以高宗巡幸山東，獻賦行在，拔置一等，賜內閣中書；未幾，入直軍機。（續碑傳集卷八）

翁方綱與丁杰，晨夕過從，相質諸經說；見所校經義考，積數十條，錄之存於篋中。（復初齋文集卷一）

秋、程晉芳治尚書漸有端緒，乃取唐以前書，詳加校閱；其有關左傳者，皆摘錄之。又錄宋以降諸家數十種，補正高氏春秋地名考略三百餘條；歷時四載，成書三十二卷，命之曰春秋左傳翼疏，有序。（勉行堂文集卷二）

章學誠因朱筠、朱棻元、張方理之介，訪梁夢善於蠡縣，周震榮於曲陽。時震榮以清苑縣丞，署曲陽縣事，始與章氏深交。（章實齋先生年譜）

劉禮部集卷末尾附劉承寬等撰先府君行述，續碑傳集卷七二戴望撰行狀，清儒學案卷七五。）

正月、紀昀擢侍讀學士，充文淵閣直閣事。（清史列傳卷二八）
二月、段玉裁富順詩經小學三十卷成，又擬作書經小學、說文考證、古韻十七部表諸書。（段懋堂先生年譜）
三月、朱珪命尙書房行走。初置文淵閣官，特授直閣事；又主福建鄉試，進闈譔一篇。（知足齋全集附年譜，碑傳集卷三八，揅經室二集卷三。）
邵晉涵爲張廷枚撰姚江詩存序。（邵二雲先生年譜）
五月、王昶以在軍營著有勞績，陞授鴻臚寺卿，賞戴花翎，在軍機處行走。是月、上命纂金川方略，充總修官。（注二一七）
七月、洪亮吉往謁王杰於紹興，王氏一見如故，相偕往試臺州、處州。（洪北江詩文集卷首附年譜）
九月、紀昀復充日講起居注官。（清史列傳卷二八）
十月、朱仕琇撰梅崖居士續集序。（梅崖居士文集、外集卷四。）
十一月、陸燿撰蒿庵書院碑文。是年、署山東布政使，以事革職留任。（蒿菴集卷末尾附錄，切問齋集卷首行狀。）

四十二年丁酉（一七七七）

羅有高偕邵洪入都，與王昶定交於京師。（尊聞居士集卷八）

彭元瑞充浙江鄉試正考官；尋，奉視學浙江之命。（清史列傳卷二六）

顧廣圻年十二，隨舅氏陳源熹於京師。（顧千里先生年譜，續碑傳集卷七七。）

祁韻士舉選拔貢生。（鶴皐年譜）

程晉芳授翰林編修。是歲、嚴東有游淮陰，訪程晉芳，出其數年所得詩稿請序，有嚴東有詩序。（復初齋文集卷一四，勉行堂文集卷二。）

張惠言年十七，補縣學附生。（碑傳集卷五一）

陸燿以上東巡，恩旨開，復降革職處分。（清史列傳卷二四）

李文耕年十六，應童子試，未售。（喜聞過齋文集卷一三）

江量德選拔貢生。（漢學師承記卷七）

王杰回京，署禮部右侍郎，轉吏部右侍郎，仍兼署禮部右侍郎，命充四庫全書館暨三通館副總裁。（清史列傳卷二六）

許宗彥年十歲，即不從師，經史文章皆自習之。（揅經室二

呂璜禮北生。（碑傳集補卷四八）

姚椿春木生。（注八七）

王汝謙六吉生。（續碑傳集卷七一，清儒學案卷一六二。）

鄧顯鶴子立生。（曾文正公文集卷三，續碑傳集卷七八，楊彝珍撰傳、劉基定撰墓表，清儒學案卷一六七。）

戴震東原卒，年五十五。（碑傳集卷五〇錢大昕撰傳及王昶撰墓志銘、洪榜撰行狀，清儒學

集卷二）

邵晉涵修杭州府志。（邵二雲先生年譜）

李兆洛九歲，爲制擧文，操筆立就。（清史列傳卷七三）

春、章學誠因周震榮之介，主講定州定武書院。章氏復應震榮延主修永清縣志，以是年五月去定州，至永清。（章實齋先生年譜）

秋、王鳴盛門人金曰追撰儀禮經注疏正譌成，就正鳴盛，見儀禮經注疏正譌序。（王西莊先生年譜）

錢大昕有錢氏祠堂記。（潛研堂文集卷二一）

章學誠入京，應順天鄉試。主考官爲山陰梁國治。榜發，中式。友人洪亮吉北江詩集有贈詩，當是此年所作。詩有「自君居京華，令我嬾作文。君時陳六藝，爲我斧與斤。不善輒削除，善者爲我存。……我時感生言，一一以質君。君託左耳聾，高語亦不聞。君於文體嚴，……別君居三年，作文無百幅。以此厚怨君，君聞當瞪目。」是冬、始識羅有高。（章實齋先生年譜）

正月、戴震爲段玉裁作六書音韻表序，自京師寄示。是年、戴氏卒。（段懋堂先生年譜）

錢大昕有郭允伯金石史序。（潛研堂文集卷二五）

三月、王昶擢大理寺卿。是年以後，總以杏花春雨書齋名其

案卷七九，清史列傳卷六八，戴東原先生年譜。）

余蕭客仲林卒，年四十九。（清儒學案卷四三，馮先恕疑年錄釋疑。按清史列傳卷六八作生雍正十年，卒乾隆四十三年，年四十七。）

賈田祖稻孫卒，年六十四。（碑傳集補卷三九汪中撰賈君之銘）

	集，蓋取諸虞道園詞云。（述庵先生年譜） 四月、朱仕琇撰重刻鄭少谷先生集序。（梅崖居士文集卷一七） 五月、姚鼐爲劉海峰先生八十壽序於揚州。（惜抱軒文集卷八） 戴震卒於京師。程瑤田自京師歸歙。（程易疇先生年譜） 賈田祖試於泰州，一宿而卒。（述學外篇一） 六月、趙翼丁母憂。（甌北先生年譜） 姚鼐撰宋雙忠祠碑文。（惜抱軒文集卷一一） 七月、朱仕琇撰劉則宗制義序、蒼壁齋記。（梅崖居士文集卷一九、外集卷一。） 十月、王元啓爲山東武鄉試錄後序。（祗平居士集卷七） 十一月、洪亮吉以座師劉公權招於太平，偕孫星衍赴約。自是與星衍除校文外，並共爲三禮、訓詁之學，留太平度歲。（洪北江詩文集卷首附年譜）	李誠師林生。（姜亮夫綜表） 唐鑑栗生生。（曾文正公文集卷四，
四十三年戊戌（一七七八）	姚鼐主講揚州書院。（惜抱軒文集卷一四） 朱筠年五十，門人章學誠等，相與奉觴上壽。（碑傳集卷四九）	祁韻士成進士，改翰林院庶吉士。（鶴皐年譜）

江藩年十八，著爾雅正字一書，王鳴盛見之，深爲嘆賞。（注二一八）

王杰充會試副總裁。（清史列傳卷二六）

李文耕年十七，再應州試，爲府案冠軍；旋丁父憂。（喜聞過齋文集卷一三）

王元啓爲重修泗水橋碑記。（祇平居士集卷二一）

章學誠成進士，官國子監典籍。是年、丁母憂。（清史列傳卷七二）

王昶總纂重修一統志，邵晉涵及孔廣森等，常以談藝過從焉。（邵二雲先生年譜）

阮元年十五，始應童子試。（雷塘庵主弟子記）

夏、王鳴盛將儀禮注疏正譌草草題正，還之金曰追。（王西莊先生年譜）

正月、汪中至江寧，撰中山王墓種樹記、宋搨顏魯公多寶塔碑跋尾，未存藁。（容甫先生年譜）

三月、錢大昕應兩江總督高晉聘，主講江寧鍾山書院。（竹汀居士年譜）

盧文弨有春秋尊王發微跋。（注二一九）

四月、朱仕琇撰同安陳氏小宗祠記。（梅崖居士文集卷五）

五月、羅有高會試報罷，別王昶南歸。（尊聞居士集卷八）

續碑傳集卷一七，清儒學案卷一四〇。）

錢侗同人生。（碑傳集補卷四〇）

陳逢衡履長生。（注八八）

余元遴秀書卒，年五十五。（碑傳集卷一二九，清儒學案卷六三，清史列傳卷六七。）

李文藻素伯卒，年四十九。（潛研堂文集卷四三及南澗先生遺文卷末尾附錢大昕撰墓誌銘。）

六月、陸錫熊授光祿寺卿。（碑傳集卷三五）
閏六月、陸燿撰山東布政使。（清史列傳卷二四）
九月、朱仕琇爲芳潤堂詩鈔序。（梅崖居士文集、外集卷二○）
十月、段玉裁遣李志德致祭東原於京師，作祭文。是年、署巫山縣事。（段懋堂先生年譜）
十二月、陸燿以母老乞休回籍終養，許之。（清史列傳卷二四）

四十四年己亥（一七七九）

盧文弨始主講西湖書院。（盧抱經先生年譜）
段玉裁年四十六，以父老引疾歸，卜居蘇州之楓橋，鍵戶不問世事者三十餘年。是歲、在巫山，成毛詩故訓傳三十卷。（清史列傳卷六八，段懋堂先生年譜。）
翁方綱充江南鄉試副考官。（清史列傳卷六八）
錢塘舉江南鄉試，對策爲通場第一。（漢學師承記卷三，潛研堂文集卷三九。）
朱仕琇以疾歸，就敎於邑之濰川書院。（梅崖居士文集、外集卷八。）
江德量舉鄉試。（漢學師承記卷七）
章學誠遇危疾。是年，著有校讐通義。（章實齋先生年譜）
謝啓昆丁父憂，復奏留委用。（清史列傳卷三一）

徐璈六驤生。（儀衞軒文集卷一一）
許桂林同叔生。（清史列傳卷六九）
劉大魁才甫卒，年八十二。（碑傳集卷一一二，清史列傳卷七一。）
羅有高臺山卒，年四十六。（清史列傳卷七二，尊聞居士集卷八彭紹升撰王鳴盛尚書後案成書，凡三十卷（草創於乙丑，年二十四；
成於己亥，年五十八）。（王西莊先生年譜）
張惠言年十九，試高等補廩膳生。（碑傳集卷五一）
李惇舉鄉試。（揅經室續集卷二，漢學師承記卷七）
端木國瑚七歲，授以易經，能通其義，大父顧之色喜，益刻
苦自勵，鄉里稱爲養志。（注二二〇）
凌廷堪始志於學，出遊客儀徵，爲辨志賦。（凌次仲先生年譜）
陳壽祺九歲，通羣經，有異童目。（碑傳集卷五一）
錢大昕在江寧，訪求金石刻，手拓吳天璽紀功碑，及梁始
興、安成、吳平三碑，所得南唐宋元刻甚多。是歲、上元
談泰來從游，泰善算，因授以古今推步異同疏密之旨。（
竹汀居士年譜）
包世臣五歲，始讀書，父抱於膝上，授以句讀。（包愼伯先
生年譜）
春、朱珪充四庫全書館總閱。（知足齋全集附年譜）
二月、王杰轉吏部右侍郎。（清史列傳卷二六）
彭元啓授戶部左侍郎。（同上）
三月、王鳴盛撰錢大昭兩漢辨疑序。（王西莊先生年譜）
紀昀擢詹事府詹事。（清史列傳卷二八，紀曉嵐先生年譜。）
四月、紀昀擢內閣學士、兼禮部侍郎，至是始出翰林。（同

羅臺山述；又同卷
王昶撰墓志，則以
羅氏卒己亥，生雍
正癸丑，年四十六
，與列傳及羅臺山
述相差一年，恐誤
。）

	上） 五月、王杰奉旨添派閱看大清一統志。（清史列傳卷二六） 八月、洪亮吉應順天鄉試，不售。時翁方綱、蔣士銓、程晉芳、周厚轅、吳錫麒、張塤共結詩社，邀亮吉入會，每一篇出，人爭傳之，以是遇難甚困，而朋友之樂，以此二年爲最。（洪北江詩文集卷首附年譜） 王杰充浙江鄉試正考官。（清史列傳卷二六） 十月、趙佑轉大理寺少卿。（同上卷二八） 十二月、王昶補授都察院左副都御史；旋有旨授河南布政使，以戶部尚書梁國治奏請留之。（述庵先生年譜） 王杰充武黃殿總裁，同辦明史，充國史館副總裁。（清史列傳卷二六） 畢沅丁母憂去職。（同上卷三〇）	
四十五年庚子（一七八〇）	姚鼐爲漢廬江九江二郡沿革考。（惜抱軒文集卷二） 盧文弨還講紫陽書院。是年、入都，晤程晉芳，始校儀禮注疏。（注二二一） 莊述祖成進士，選山東昌樂縣知縣，調濰縣。（清史列傳卷六八） 孫星衍欲得職官表謄錄閣校，紀昀謂當以纂修薦，遂致不	杜煦春暉生。（續碑傳集卷七八宗稷辰撰墓志銘，清儒學案卷二〇二。） 管同異之生。（注八九）

就。（紀曉嵐先生年譜）
謝啓昆命署安徽寧國府知府，俟服闋再行實授。（清史列傳卷三一）
江量德舉進士第二人，授編修，改御史，歷掌浙江江西道。（漢學師承記卷七）
洪亮吉著三國疆域志二卷。（洪北江詩文集卷首附年譜）
錢塘成進士，改教職，選江寧府學教授。（清史列傳卷六八，漢學師承記卷三，潛研堂文集卷三九。）
彭紹升爲羅有高撰尊聞居士集敍。（二林居集卷六）
姚學塽年十五，爲學官弟子。（續碑傳集卷七〇）
武億成進士，以知縣用。時陽湖洪亮吉、黃景仁流寓日下，貧不能歸，偕飲於天橋酒樓，遇武億，並招之共席，始相識。（漢學師承記卷四）
吳嵩梁年十五，卽以文字爲金谿楊護所知，結忘年交。（續碑傳集卷七七）
邵晉涵充恩科廣西鄉試正考官，檢討錢灃副之。（邵二雲先生年譜，錢南園先生遺集卷首。）
李惇成進士，注選知縣，樸被南歸，不能家食，侍郎江蘇督學謝墉延主暨陽書院。（注二二二）
陸繼輅九歲，丁父憂。（續碑傳集卷七七，清史列傳卷七

劉燦星若生。（續碑傳集卷七一，清儒學案卷一五四。）
朱仕琇梅崖卒，年六十六。（梅崖居士文集外集卷八朱筠撰梅崖朱公墓誌銘，又魯仕驥撰朱梅崖先生行狀，碑傳集卷一一二，清儒學案卷六六，清史列傳卷七二。）
徐大椿靈胎卒，年七十九。（姜亮夫綜表）
張甄陶希周卒，年六十八。（碑傳集卷一〇六，清儒學案卷六六。）

二〇。）

王杰奏劾武英殿提調官、少詹事陸費墀遺失四庫全書各原本，奉旨所辦甚是，復奏命督學浙江。（淸史列傳卷二六）

齊彥槐七歲能文。（續碑傳集卷七七）

阮元受業於李道南，卽其家就讀。（雷塘庵主弟子記）

王念孫入都，散館，改工部主事，主都水司事，遂精心治河之道，爲導河議上下兩篇。（碑傳集補卷三九）

朱仕琇自訂文集成書。（梅崖居士文集、外集卷八。）

胡承珙五歲就傅，卽穎悟，誦讀倍常兒。（續碑傳集卷七二）

春、趙懷玉由召試一等，得入內閣。是冬、入都，以通門子修後進禮謁程晉芳，程氏一見喜甚。（亦有生齋集文卷二）

二月、姚鼐撰儀鄭堂記。（惜抱軒文集卷一四）

三月、王昶命授江西按察使。是歲、記隨蹕至赴任爲屬車雜誌二卷、豫章行程記一卷。（述庵先生年譜）

彭元瑞調江蘇學政。（淸史列傳卷二六）

四月、祁韻士散館，授編修。（鶴臯年譜）

五月、趙翼起文赴部，行至臺庄，忽兩臂中風不能擧，療治不癒，乃回舟。自是里居，息意榮進，專以著述自娛。（

甌北先生年譜）
錢大昕爲廿二史考異序。（潛研堂文集卷一四）
六月、陸錫熊授光祿寺卿。（清史列傳卷二五）
趙佑擢太僕寺卿；旋充山東鄉試正考官。（同上卷二八）
八月、朱珪督福建學政，臨行上五箴。（碑傳集卷三八，知足齋全集附年譜，揅經室二集卷三。）
九月、洪亮吉舉順天鄉試，座師爲蔡新。（洪北江詩文集卷首附年譜）
高宗以歷代官制沿革不一，有今古異名而職司無異，或古有其官，今無其官，古無其官，今有其官，命纂歷代職官表一書，陸費墀偕紀昀、陸錫熊、孫士毅等總其事。（清史列傳卷二六）
十月、陸燿撰申氏族譜序。（切問齋集卷四下）
孫星衍歸常州，遊吳門，以王鳴盛、江聲撰尚書，造門訪謁，與談鄭學。（見王西莊先生年譜）
崔述丁母憂。（碑傳集補卷三九）
十二月、程晉芳爲蔣仲和撰隸通序。（勉行堂文集卷二）

四十六年辛丑（一七八

凌廷堪客揚州，在詞曲館校讎，始與阮元訂交，撰元遺山先生年譜初稿。是年、始慕其鄉先江永、戴震之學。（凌次

周濟介存生。（續碑傳集卷七七丁晏

一）

仲先生年譜）
翁方綱擢國子監司業；尋，遷洗馬。是歲、爲錢棨撰三元詩序。（清史列傳卷六八，復初齋文集卷三。）
段玉裁返里侍養，與盧文弨、金榜、劉臺拱諸人訂交。（段懋堂先生年譜）
丁杰成進士，寧波府學教授。（復初齋文集卷一三，清史列傳卷六八。）
王鳴盛西沚居士集九，六十寫懷詩，有「故山翠色眞堪愛，一臥文園十九年」之句。自注云：癸未至辛丑。（王西莊先生年譜）
紀昀以提要成進御，上嘉其詳覈，命優敍。（清史列傳卷二八）
黃丕烈以十九名入長洲縣庠，學使爲侍郎彭元瑞。（黃蕘圃先生年譜）
蔡新乞歸修墓。（清史列傳卷二六）
盧文弨主講山西三立書院，有周易注疏輯正題辭。（盧抱經先生年譜、抱經堂文集卷七。）
鉅野姚學甲爲錢大昕續刻金石文跋尾七卷。（竹汀居士年譜）
李文耕服闋，復出應試，州府院考皆列第一，撥入府庠，仍爲案首。（喜聞過齋文集卷一三）

撰家傳）
徐松星伯生。（同上卷七八）
張澍伯瀹生。（關於張澍之生卒年，諸書所載不詳。清史列傳卷七三謂「嘉慶四年成進士，改翰林院庶吉士，時年甫十九，博聞麗藻，一時驚爲異人。」推得生於是年。卒年則據續碑傳集卷七七錢儀吉撰墓誌銘。）
朱筠竹君卒，年五十三。（見注五八）
金曰追對揚卒。（見王西莊先生年譜）

顧廣圻自京師歸里，與程世銓游長洲張思孝門。假館於程氏，不喜時藝，每問師讀書之法。程氏藏書甚富，因得徧覽其書，學者稱萬卷書生焉。（注二二三）

趙佑授山東學政，奏請重修曲阜縣沂河旁先賢有子墳墓，並肥城縣西北七十里有莊祠廟，以七十二世孫守業承襲五經博士，奉旨允行。（清史列傳卷二八）

包世臣七歲，從父讀書，受孟子。父戒以他日爲吏，勿爲流俗所污染，愼保其初心，遂字之曰愼伯。是年、始學爲文。（包愼伯先生年譜）

夏、程晉芳排纂尙書今文釋義第四稿成，復取梅賾尙書讀之。因孔、蔡二傳，略爲去取，參以別家之說，凡六閱月而成解略六卷，有尙書古文解略序。（勉行堂文集卷二）

冬、章學誠至大名，訪張維祺，至歲暮乃還。（章實齋先生年譜）

錢灃晉江南道監察御史，特派稽查通倉；尋，擢通政司參議。（錢南園先生遺集卷首，清史列傳卷七二，碑傳集卷五六。）

五月、洪亮吉至陜西西安，初入畢沅幕。（洪北江詩文集卷首附年譜）

六月、汪中以古劍贈程瑤田，見通藝錄桃氏爲劍考。（容甫

	先生年譜） 九月、祁韻士假滿還京供職，充武英殿纂修四庫全書分校官。（鶴臯年譜） 十一月、陸燿丁母憂。（清史列傳卷二四）	胡培翬載屏生。（研六室文鈔卷首胡培系撰族兄竹邨先生事狀、又汪士鐸撰墓志銘，續碑傳集卷七三，清儒學案卷九四。） 馬瑞辰元伯生。（續碑傳集卷七三） 余鵬翀少雲卒，年二十八。（見姜亮夫綜表。清儒學案卷一〇四作乾隆四十八年卒，存參。）
四十七年壬寅（一七八二）	洪亮吉著漢魏音四卷，又撰淳化、長武二縣志。（洪北江詩文集卷首附年譜） 阮元在家持服，因屏去舊作詩詞時藝，始究心於經學，得凌廷堪爲益友。（雷塘庵主弟子記） 彭紹升撰重修醫學四廟記。（二林居集卷九） 盧文弨在山西晉陽，校刻方言。（盧抱經先生年譜） 錢大昕居憂，足跡不出戶，撰次二十二史考異成，凡百卷。又撰次家藏金石刻目錄，以時爲次，凡八卷，名曰金石後錄。（竹汀居士年譜） 王杰授左都御史；旋京，充四庫館副總裁。（清史列傳卷二六） 瞿中溶初學作時文，聘里中錢大昕長女爲室。（瞿木夫先生自訂年譜） 彭兆蓀應順天鄉試，即聲名滿場。（清史列傳卷七三） 王引之年十七，補州學生。（續碑傳卷一〇）	

章學誠主講永平書院，自京師移家赴之。後此偶客北京，多依甄松年爲主。（章實齋先生年譜）

李元春年十四，得薛瑄讀書錄，益究性理之學，徧求程朱文集，熟讀精思。（清史列傳卷六七）

紀昀授兵部右侍郎，仍兼直閣事。（碑傳集卷三八，漢學師承記卷六，清史列傳卷二八。）

方東樹年十一，初學爲文，倣范雲作愼火樹詩，鄉先輩咸歎異之。（方儀衞先生年譜）

王紹蘭科試，以第一名入縣學。（碑傳集補卷一四）

顧廣圻年十六七，從長洲張白華游，假館於程念鞠家，讀書甚相得。（思適齋集卷九）

陳壽祺年十二，能文工駢體，見許於先輩。（碑傳集卷五一）

包世臣八歲，從父讀書白門，爲八比六韻。（包愼伯先生年譜）

冬、翁方綱校黃詩三集注上之；詔刋入聚珍版。（復初齋文集卷三）

正月、程瑤田家居，汪中自揚州又寄古劍至。是年三月、巴慰祖贈劍亦至，程氏藏劍至是凡四矣。因考其制作，爲桃氏劍考一卷，並圖其形於後。（注二二四）

孫景烈盂揚卒，年七十七。（碑傳集卷四八，淸史列傳卷六七。）

二月、王昶補授直隸按察使；施改調西安按察使。（述庵先生年譜）
崔述將葬母及弟，作先孺人行述。（崔東壁年譜）
四月、彭元瑞爲吏部右侍郎。（清史列傳卷二六）
王昶在西安，著適秦日錄一卷。（述庵先生年譜）
五月、陸錫熊轉大理寺卿。（清史列傳卷二八，碑傳集卷三五。）
六月、崔述病幾殆，及瘉，杖凡三月。（崔東壁年譜）
彭紹升爲羅有高尊聞居士集敍。（見尊聞居士集卷首）
七月、陸費墀擢內閣學士、兼禮部侍郎銜。（清史列傳卷二六）
陸錫熊撰四庫全書表文，進呈，得旨獎賚。（同上卷二五）
八月、陸燿撰桐鄉縣節孝錄序。（切問齋集卷四下）
九月、朱珪陞詹事府少詹事。（知足齋全集附年譜）
凌廷堪至京師，程晉芳、翁方綱見其所爲詩古文辭，極器重之，薦之校書，翁氏復以戴氏遺書見贈。（凌次仲先生年譜）

四十八年癸卯（一七八

邵晉涵丁父憂南歸。（邵二雲先生年譜）
紀昀轉左侍郎。（清史列傳卷二八，碑傳集卷三八。）

苗夔麓肅生。（曾文正公文集卷四，

李文耕應鄉試，不售。（喜聞過齋文集卷一三）
謝啓昆服闋，以病仍留本籍。（清史列傳卷三一）
洪亮吉著澄城縣志二十卷。（洪北江詩文集卷首附年譜）
李黼平年十四，精通樂譜，著傳奇曰桐花鳳，或擧示州牧，異之。（續碑傳集卷七二）
王杰丁母憂回籍。（清史列傳卷二六）
程瑤田是年以友人方矩，語曰：「子年近六十矣，鄉擧後屢上公車，苟當售卽不報罷，繼自今間客人矮屋中，何復太自苦？」程氏納其言不果行，著游楚草。（程易疇先生年譜）
陸燿命署山東布政使。（清史列傳卷二四）
秦瀛丁母憂。（同上卷三二）
翁方綱充順天鄉試副考官。（同上卷六八）
梁章鉅九歲，始學作小詩。（退菴自訂年譜）
陸費墀以母年九十，奏懇給假回籍省視；上允所請，並賜墀母御書扁額。（清史列傳卷二六）
崔述母喪既除，復痛弟篤學而年不永，所持以成先志者，孑然一身，益發憤自勵，始著考信錄。（崔東壁年譜）
劉大紳選山東新城縣，在任多惠政，民愛之若父母。（清史列傳卷七三）

清儒學案卷一〇七，續碑傳集卷七三曾國藩撰墓志銘。）
江承之安甫生。（碑傳集補卷四〇張惠言撰葬銘）
李貽德天彝生。（續碑傳集卷七六徐士芬撰傳）
張聰咸阮林生。（碑傳集卷一四一，清儒學案卷一三八。）
孫經世濟侯生。（清史列傳卷六九）
馮登府雲伯生。（注九〇）
錢儀吉靄人生。（碑傳集補卷一〇，

淩廷堪在京師，翁方綱敎以擧子業，始應試；讀戴氏遺書而好之。是年，始受業於翁氏之門。(淩次仲先生年譜)

惲敬中擧人，敎習官京師。與同郡莊述祖、莊獻可、張惠言、海鹽陳石麟、桐城王灼爲友。(清史列傳卷七二)

王引之年十八，入都侍父，因入成均。(王文簡伯申府君行狀)

春、章學誠臥病京師，病頗危急，邵晉涵載至其家，延醫治之。因與邵氏論修宋史，並詢邵立言宗旨，邵以維持宋學爲志。學誠則勉以「以班馬之業，而明程朱之道。」病癒後，復返永平，主講敬勝書院。與喬遷安論學課業三簡似在此年。(章實齋先生年譜)

冬、朱珪還朝。(碑傳集卷三八，揅經室二集卷三)

趙懷玉與陸鳧岡偕計北行，水驛山郵，同舟聯騎，酒酣耳熱，談議風生，尤好說古今可喜可愕之事。(亦有生齋集文卷四)

正月、王元啓撰太史鄭誠齋壽序。(祗平居士集卷一一)

二月、陸錫熊丁母憂。(清史列傳卷二五)

程晉芳有一詠軒詩草序。(勉行堂文集卷二)

三月、趙懷玉爲山陰尋墓圖記。(亦有生齋集文卷五)

四月、錢澧晉太常寺少卿。(錢南園先生遺集卷首，碑傳集

清史列傳卷七三。)

孔繼涵體生卒，年四十五。(復初齋文集卷一四翁方綱撰墓誌銘，清史列傳卷六八。)

卷五六）
五月、彭元瑞調兵部右侍郎。（清史列傳卷二六）
洪亮吉得黃景仁安邑臨終遺札，以後事相屬。乃由西安驛抵安邑，哭之於蕭寺，爲措資送其柩歸里。（洪北江詩文集卷首附年譜）
六月、姚鼐撰老子章義序。（惜抱軒文集卷三）
蔡新授文華殿大學士、兼吏部尚書。（清史列傳卷二六）
錢灃轉通政司副使。（錢南園先生遺集卷首，碑傳集卷五六）
趙佑遷太常寺卿。（清史列傳卷二八）
八月、錢灃以本官兼湖南學政。（錢南園先生遺集卷首，碑傳集卷五六）
十月、彭元瑞回京，充國史館、四庫全書館副總裁。（清史列傳卷二六）
十一月、朱珪稽察右翼覺羅學。（知足齋全集附年譜）
十二月、錢大昕服除，有司敦勸入都供職，而衰疾日臻，兩目昏眊，遂無出山之志矣。（竹汀居士年譜）

四十九年甲辰（一七八四）

崔述以授徒爲生。（崔東壁年譜）
洪亮吉著公羊穀梁古義二篇，又著漢魏音四卷成。（洪北江詩文集卷首附年譜，邵二雲先生年譜）

王筠貫山生。（續碑傳集卷七四，清儒學案卷一四五。）

翁方綱遷詹事府少詹事。（清史列傳卷六八）
盧文弨家居，校刻白虎通。是秋、主講婁東書院。（盧抱經先生年譜）
高宗南巡，行在發御製濟水考寄紀昀，命據各說經家及輿地家詳考之。是歲、充會試副考官、知武會試貢舉。（清史列傳卷二八，碑傳集卷三八）
李文耕赴會城育材書院肄業，山長李氏大加賞識。是歲、得交蘇喩之、羊次離。（喜聞過齋文集卷一三）
秦瀛丁父憂。（清史列傳卷三二）
章學誠就保定蓮池書院之聘。自永平携家赴保定。（章實齋先生年譜）
高宗南巡，顧鳳毛召試二等。（漢學師承記卷七）
包世臣年十歲，仍讀書白門，嗜嘉魚文。（包愼伯先生年譜）
端木國瑚年十二，或假以尚書，四日卽成誦。（清史列傳卷七三）
邵晉涵續修杭州府志。又以張廷枚所刻栲栳山人詩集，貽盧文弨。都中重修浙紹鄉祠，爲作祠記。（邵二雲先生年譜）
春、淩廷堪客揚州，再晤阮元，擬李太白大鵬遇希有鳥賦以

）
劉開明東生。（續碑傳集卷七六方宗誠撰墓表，又見馮先恕疑年錄釋疑。）
包世榮季懷生。（碑傳集補卷四一）
羅士琳次璆生。（清儒學案卷一五一，碑傳集補卷三一、卷四二，清史列傳卷六九。）
法坤宏鏡野卒，年八十七。（衎石齋記事稿卷六法閻韓三先生傳及碑傳集卷一三三，疑年錄彙編卷一一。清史列傳卷六七作乾

見志。是年、始專志禮經，作七戒。（淩次仲先生年譜，校禮堂文集卷三。）

冬、趙翼應兩淮鹺使全聽聘主安定書院講席。（甌北先生年譜）

淩廷堪再入京師，汪中介與江藩定交。（淩次仲先生年譜）

正月、朱珪以日講官扈從南巡，授內閣學士兼禮部侍郎。（注二二五）

陸費墀擢禮部右侍郎。（清史列傳卷二六）

彭元瑞調吏部右侍郎。（同上）

二月、陸費墀命充四庫全書館副總裁官。（同上）

錢大昕將往淮上，途中忽得風痺之疾，兩足不能行動。族弟希文善醫，投以東垣補中益氣湯，數劑後，漸有起色，病中自編年譜一卷。（竹汀居士年譜）

三月、王杰補授兵部尚書，仍在家守制，俟滿服來京供職。（清史列傳卷二六）

洪亮吉應禮部試，不售。（洪北江詩文集卷首附年譜）

四月、陸燿服闋，實授山東布政使。（清史列傳卷二四）

六月、程晉芳乞假至陝，即病不能起。畢沅與洪亮吉等，各為營畫醫藥；及歿，又躬視含斂之。（注二二六）

陸燿為祭產說。是歲、又為湖南巡撫題名碑記。（切問齋集

隆五十年卒，存參。）

孫希旦紹周卒，年四十九。（清儒學案卷一〇七）

程晉芳魚門卒，年六十七。（碑傳集卷五〇，清史列傳卷七二。）

卷五）
七月、陸燿擢湖南巡撫鹽務。（清史列傳卷二四）
八月、汪中爲漢雁足鐙槃銘釋文。（述學補遺）
十月、朱珪充武會試總裁官，副爲翰林院侍讀學士曹虎仁。（知足齋全集附年譜）
趙懷玉有遊西山記。（亦有生齋集文卷六）
十一月、彭元瑞、陸費墀同充經筵講官。（清史列傳卷二六）

五十年乙巳（一七八五）

邵晉涵著爾雅正義二十卷成，稿凡三四易始定。（邵二雲先生年譜）
劉臺拱授丹徒縣訓導。（揅經室二集卷二）
程瑤田居杭，館於汪氏，著武林草。（程易疇先生年譜）
陸錫熊以四庫全書告成，議敘加一級紀錄二次。（清史列傳卷二五）
盧文弨復主講鍾山書院。（盧抱經先生年譜）
紀昀晉左都御史。（碑傳集卷三八，漢學師承記卷六。）
包世臣年十一，仍讀書白門，誦選詩好之。（包愼伯先生年譜）
洪亮吉修固始縣志。（洪北江詩文集卷首附年譜）

姚瑩石甫生。（中復堂全集、遺稿附年譜。按俞理初先生年譜作乾隆五十八生，存參。）
方成珪國憲生。（清史列傳卷六九）
程恩澤雲芬生。（續碑傳集卷一〇阮元撰墓志銘）
賀長齡耦庚生。（

胡承珙年十歲，能文章。（續碑傳集卷七二）

淩廷堪作學齋二箴。（淩次仲先生年譜）

鄧顯鶴八九歲，即能爲詩。（續碑傳集卷七八）

錢大昕以巡道章攀桂延主婁東書院。（竹汀居士年譜）

陸費墀仍充文淵閣直閣事。（清史列傳卷二六）

梁章鉅年十一，隨父課讀於福州。（退菴自訂年譜）

夏、王元啓旅次四明，得印淞汀觀察手評韓文考異，有觀察印淞汀像贊並序。（祇平居士集卷二九）

王鳴盛撰甌北詩集序。（王西莊先生年譜）

錢大昕至鄞，爲竹初春星草堂詩集序。（潛研堂文集卷二六）

冬、章學誠自保定至京師，館編修潘庭筠家。與任大椿衡宇相望，談笑流連，互爲主客。（碑傳集卷三二）

正月、紀昀擢都察院左都御史。（清史列傳卷二八）

畢沅入覲，摩唐開成石經進，擬薦洪亮吉、孫星衍、江聲等書，爲當軸者所阻而止。（見洪北江詩文集卷首附年譜）

陸燿奏湖南省嶽麓、城南兩書院肄業者多額，設膏火有限，請將從前積存息銀三千兩，交商行息，以充膏火；報聞。（清史列傳卷二四）

唐確愼公集卷四唐鑑撰賀君墓志銘，續碑傳集卷二四，清儒學案卷一四〇。）

潘德輿彥輔生。（注九一）

李惇成裕卒，年五十一。（見注六四）

陸燿青來卒，年六十三。（見注五六）

曹庭棟楷人卒，年八十七。（清史列傳卷七二，清儒學案卷二〇一。）

二月、畢沅調撫河南，洪亮吉隨至開封。（見洪北江詩文集卷首附年譜）
汪中辟雍圜水告成，釋奠，講學作頌。（容甫先生年譜）
三月、彭元瑞進三大禮賦。（清史列傳卷二六）
蔡新乞致仕以旋里治病；從所請以原官致仕，並晉加太子太師，賜御詩以寵其行。（同上）
五月、朱珪扈蹕熱河。（知足齋全集附年譜）
六月、陸燿以病奏請解任，報允；旋卒。（清史列傳卷二四）
八月、王杰服闋進京，充三通館總裁。（同上卷二六）
朱珪隨駕往木蘭進哨。（知足齋全集附年譜）
十一月、王杰充經筵講官。（清史列傳卷二六）
姚鼐爲晚香堂集序。（惜抱軒文集卷四）

五十一年丙午（一七八六）

彭紹升撰節孝祠志敍。（二林居集卷六）
張惠言本省鄉試中式。（碑傳集卷五一）
淩廷堪客京師，再應京兆試不第。是冬、回板浦省親。（淩次仲先生年譜）
許宗彥舉鄉試。（揅經室二集卷二，碑傳集卷六〇）
陸費墀轉左侍郎；尋，丁毋憂。（清史列傳卷二六）

陳奐碩甫生。（續碑傳集卷七四戴望撰行狀，清儒學案卷一四八。）
陳時若木生。（碑傳集補卷四九馮桂

盧文弨在江寧，校刻逸周書及荀子。（盧抱經先生年譜）
汪龍舉鄉試。（清史列傳卷六八）
洪亮吉著東晉十六國疆域志，修登封縣志，爲友人改纂懷慶府志。（洪北江詩文集卷首附年譜）
翁方綱視學江西，携其黃氏三集注草稿於篋，又得寧州新本八卷，遂與舊本四卷，合寫爲一本，附以黃子耕譜，通爲五十六卷，時時與學官弟子論證。（復初齋文集卷三）
王灼舉人，官流縣敎諭。（清史列傳卷七一）
邵晉涵爲周廣業意林註撰序。（邵二雲先生年譜）
王引之年二十，應順天鄉試，未售。（王文簡伯申府君行狀）
劉大紳調曹縣。（清史列傳卷七三）
趙翼辭揚州講席歸，袁枚來訪，備談武夷、天臺、雁蕩諸勝，趙氏擬以明春往游。（甌北先生年譜）
曹仁虎督學廣東，遭母喪以哀毀卒。（注二二七）
劉逢祿年十一，從母氏歸省。時外王父莊述祖告歸田里，叩以所業，應對如響。歎曰：「此外孫必能傳吾學！」（注二二八）
章學誠仍在蓮池書院，有月夜遊蓮池記。（章實齋先生年譜）

芬撰家傳）
汪喜孫孟慈生。（注九二）
梅曾亮伯言生。（碑傳集補卷四九。清儒學案卷八八作咸豐四年卒，存參。）
王元啓宋賢卒，年七十三。（祗平居士集卷首附錄及復初齋文集卷一四翁方綱撰墓誌銘，碑傳集卷一〇七。）
孔廣森衆仲卒，年三十五。（碑傳集卷一三四，清史列傳卷六八。）

姚椿年十歲，即通聲律。（續碑傳集卷七八）
梁章鉅仍在厦門廳署，始學作八股文。（退菴自訂年譜）
夏、邵晉涵入都補官，洪亮吉在開封以詩送之。（邵二雲先生年譜）
正月、彭元瑞擢禮部尙書。（淸史列傳卷二六）
二月、朱珪授禮部右侍郞。（知足齋全集附年譜）
段玉裁作古文四聲韻跋；又著說文解字讀五百四十卷成，盧文弨爲序。（段懋堂先生年譜）
王昶修青浦縣志成五十卷，刻藏於署。（述庵先生年譜）
四月、王杰命充上書房總師傅。（淸史列傳卷二六）
六月、朱珪主江南鄉試，副爲編修戴心亨。（知足齋全集附年譜）
陸錫熊服闋，補光祿寺卿。（淸史列傳卷二五）
畢沅擢湖廣總督。（同上卷三〇）
趙佑轉大理寺卿。（同上卷二八）
八月、王昶奉旨授雲南布政使，仍令督捕。事竣，入都陛見，因撰商洛行程記一卷。（述庵先生年譜）
朱珪督學浙江。（知足齋全集附年譜）
彭元瑞充順天鄉試正考官。（淸史列傳卷二六）
汪輝祖籤掣湖南永州府寧遠縣知縣，邵晉涵贈序。（見邵二

雲先生年譜）

九月、陸錫熊提督福建學政。（清史列傳卷二五；碑傳集卷三五作十二月。）

十一月、阮元入都，謁邵晉涵，時有請問。（邵二雲先生年譜）

十二月、王杰在軍機大臣上行走。（清史列傳卷二六）

五十二年丁未（一七八七）

阮元會試下第，留館京師，著考工記車制圖解成。（揅經室一集卷七，雷塘菴主弟子記。）

孫星衍成進士，授翰林院編修，充三通館校理。（揅經室二集卷三，碑傳集卷八七。）

淩廷堪撰禮經釋例初稿，又作九慰。（淩次仲先生年譜）

金鶚年十七，受知於朱珪，補博士弟子員。（碑傳集補卷四〇）

王昶著銅政全書五十卷。（述庵先生年譜）

王紹蘭今明兩年科試皆第一，補廩膳生。（碑傳集補卷一四）

章學誠歲暮至河南謁畢沅，即任編輯史籍考事。（章實齋先生年譜，又見邵二雲先生年譜。）

呂飛鵬年十七，從淩廷堪治禮。廷堪器之，以爲能傳其學。

方申端齋生。（續碑傳集卷七三）

張金吾愼旃生。（碑傳集補卷四五，又見言舊錄。）

王文清九溪卒，年九十二。（姜亮夫綜表）

曹仁虎來應卒，年五十七。（潛研堂文集卷四三錢大昕撰墓誌銘，清儒學案卷七七。）

（清史列傳卷六九）

祁韻士充國史館提調兼總纂官。（鶴臯年譜）

齊彥槐年十四補博士弟子員，從姚鼐受作文法。（續碑傳集卷七七）

瞿中溶侍親蘇州，始應州縣試，又應院學試。手輯近年學作古今詩，名醉經樓藁。購得宋洪遵泉志讀之，遂有作續泉志之意。（瞿木夫先生年譜）

洪亮吉撰乾隆府廳州縣圖志。（洪北江詩文集卷首附年譜）

張惠言赴禮部會試，中中正榜，例充內閣中書，以特奏通榜皆報罷。是年、考取景山宮官學教習。（碑傳集卷五一）

包世臣年十三，讀書白門。見調駐防赴臺灣，慨然有志於權家，求其書於市，並得法家言治之。（包愼伯先生年譜）

王引之歸里侍母，始從事聲音、文字、訓詁之學。取爾雅、說文、方言、音學五書讀之，日夕研求。越四年復入都，以所得質於父，喜曰：「是可以傳吾學矣！」（王文簡伯申府君行狀）

梁章鉅年十三，從伯兄學舉子業。（退菴自訂年譜）

夏、王鳴盛撰任兆麟夏小正補注序。（王西莊先生年譜）

秋、錢大昕復至婁東，歲暮歸里。撰次古今文人生卒年壽可考者，始鄭康成訖戴東原，凡四卷；取左氏有與疑年使之

嚴長明道甫卒，年五十七。（惜抱軒文集卷一三，清史列傳卷七二，清儒學案卷八一。）

年語，名之曰疑年錄。（竹汀居士年譜）
王鳴盛撰畢沅新校正長安志序。（王西莊先生年譜）
仲冬、臧庸有書大學考異後。（拜經堂文集卷二）
冬、紀昀以校勘四庫全書至避暑山莊。是年、管鴻臚寺印鑰。（紀曉嵐先生年譜）
王鳴盛撰潛研堂金石文跋尾序。又刊十七史商榷成，凡百卷。（王西莊先生年譜）
正月、彭元瑞調兵部尚書，充武英殿三通館總裁。（清史列傳卷二六）
王杰授東閣大學士、兼管禮部事務。（同上）
紀昀遷禮部尚書，充經筵講官。（同上卷二八，紀曉嵐先生年譜。）
洪亮吉與孫星衍計偕北上入都。（洪北江詩文集卷首附年譜）
汪中謁朱珪侍郎於錢塘節署，朱氏詢以廣陵遺事（按汪氏博采周秦以來，廣陵軼事，爲撰廣陵史氏記長編，改名廣陵通典，次及楊吳而止，廑成書十卷，於後擷其精華成廣陵對）。（容甫先生年譜，述學外篇一。）
二月、陸錫熊授都察院左副都御史，仍留學政。（清史列傳卷二二五）
三月、淩廷堪客揚州，與謝啓昆定交。（淩次仲先生年譜）

王杰充會試正總裁，賞海淀直廬。（清史列傳卷二六）

洪亮吉應禮部試，不售。（洪北江詩文集卷首附年譜）

錢大昕往寧波府，撰鄞縣志三十卷，五閱月而告成。范上舍懋敏招登天一閣，觀所藏金石刻，因爲撰天一閣碑目二卷。（竹汀居士年譜）

五月、朱珪轉禮部左侍郎。（知足齋全集附年譜）

盧文弨爲嚴蔚撰春秋內傳古注輯序於鍾山書院之須友堂。（抱經堂文集卷三）

八月、淩廷堪由漢口往河南，客畢沅節署。（淩次仲先生年譜）

九月、程瑤田作程青溪江山臥遊圖書後，及舊拓原石夏承碑跋。著都門草。（程易疇先生年譜）

十一月、洪亮吉赴開封，重入畢沅幕。（洪北江詩文集卷首附年譜）

五十三年戊申（一七八八）

崔述五服異同彙考成。（崔東壁年譜）

顧鳳毛鄉試中式副榜。是年、顧氏卒，焦循爲經紀其喪，作亡友賦哭之。（漢學師承記卷七，清史列傳卷六九）

趙翼過蘇州，晤王鳴盛於閶門。是歲、再應聘主安定書院陪講席，自是常往來常、揚二郡。（見王西莊先生年譜，甌

李道平遵王生。（清儒學案卷二〇六）

朱駿聲豐芑生。（石隱山人自訂年譜

北先生年譜。）

趙佑充江西鄉試正考官，復稽察右翼宗學。（清史列傳卷二八）

錢大昕撰次金石文跋尾，復得六卷。（竹汀居士年譜）

王芑孫召試舉人，官華亭教諭。（清史列傳卷七二）

李兆洛年二十，始識陸繼輅於陸氏里第。（續碑傳集卷七七）

陳壽祺年十八，以臺灣平，撰上福康安百韻詩並序，沈博絕麗，時稱爲才子。（清史列傳卷六九）

張士元舉鄉試，七應禮部試，卒不遇。（續碑傳集卷七六及清史列傳卷七二並參）

祁韻士以本族宗祠落成，撰族譜一册寄藏祠中。（鶴皐年譜）

紀昀賜紫禁城騎馬，充武會試正考官。（紀曉嵐先生年譜）

梁履繩舉鄉試。（清史列傳卷六八）

包世臣年十四，讀書白門，誦選賦好之。（包愼伯先生年譜）

李文耕考試一等，得廩餼，與蘇喻之讀書於中和宮。是年、與羊次離赴成材書院肄業，並同行功過格，互相砥礪。（喜聞過齋文集卷一三）

，清儒學案卷一四九。）

薛傳均子韻生。（馮先恕疑年錄釋疑）

臧壽恭眉卿生。（清史列傳卷六九及續碑傳集卷七三合推得之）

王鳴韶夔律卒，年五十七。（清史列傳卷七三，並見王西莊先生年譜。）

翟灝大川卒。（碑傳集卷一三四，清史列傳卷六八，清儒學案卷九五。）

莊存與方耕卒，年七十。（清儒學案卷七三）

黃丕烈中舉人，官主事。（注二二九）
梁章鉅年十四，肄業鼇峰書院，山長爲孟超然。（退菴自訂年譜）
陸繼輅年十七，應學使者試。識丁履恒、吳廷敬，歸告母，母察之以爲賢，縱繼輅結客。先後交惲敬、莊曾詒、張琦、洪飴孫，學日益進，與兄子耀遹齊名，人稱二陸。（清史列傳卷七二）
劉逢祿年十三，讀十三經，及周秦古籍皆畢。嘗讀董仲舒傳而慕之，乃求得春秋繁露，遂發憤研公羊傳何氏解詁，不數月盡通其條例。（劉禮部集卷末尾）
胡承珙年十三，入府庠。（續碑傳集卷七二）
管同九歲，丁祖父憂，隨母夫人奉祖母歸里。（儀衞軒文集卷一一，續碑傳集卷七六。）
秋、淩廷堪入京，三應京兆試，中式。（淩次仲先生年譜）
翁方綱在南昌，重校經義考，欲彙成一册，而未暇爲之。（復初齋文集卷一）
冬、汪中、毛大瀛、方正樹、章學誠，先後抵畢沅官署，與洪亮吉相敍，談宴之樂，不減關中。（洪北江詩文集卷首附年譜）
三月、邵晉涵爲錢大昭撰補續漢書藝文志序。（邵二雲先生

顧鳳毛超宗卒，年二十七。（漢學師承記卷七）

	年譜） 五月、崔述訂段垣詩訂二卷。（崔東壁年譜） 八月、朱珪調吏部右侍郎。（知足齋全集附年譜） 畢沅擢督兩湖，洪亮吉偕行。（洪北江詩文集卷首附年譜） 十月、王昶至江西布政使任，著雪鴻再錄二卷。（述庵先生年譜） 十二月、汪中有題機聲鐙影圖序。（容甫先生年譜）	
五十四年己酉（一七八九）	姚鼐主講紫陽書院。（惜抱軒文集卷一〇） 王鳴盛患目疾，兩目失明。（王西莊先生年譜） 李文耕始得陸隴其三魚堂文集殘本及選本朱子古文半册，手鈔口誦，蚤夜服膺。是歲、舉鄉試第一。（喜聞過齋文集卷一三） 丁履恒丁父憂，三年不與歡宴。讀近思錄悅之，躬行實踐，造次不苟言笑。是年、補縣學生員。（續碑傳集卷七六） 淩廷堪中式本省舉人。（漢學師承記卷七） 孫星衍散館，補刑部直隸司主事。（揅經室二集卷三，碑傳集卷八七） 黃承吉始赴鄉試，與族姪黃永泉晤於金陵。（夢陔堂文集卷六）	夏炘心伯生。（清儒學案卷一五五，清史列傳卷六七。） 項名達步萊生。（碑傳集補卷四二，清史列傳卷七三。） 黃式三薇香生。（續碑傳集卷七三，清儒學案卷一五三。）

錢澧丁母憂，解任奔喪。（碑傳集卷五六）。

盧文弨主講常州書院，臧庸往受經學，抱其祖琳所著經義雜記質於盧氏，大驚異之。是歲、臧氏從文弨游，始知有劉臺拱。初見於江寧，後見於鎮江，過從十有七年之久。（拜經堂文集卷首、劉端臨先生遺書四卷本卷首。）

章學誠在太平，著文史通義內外二十三篇。（章實齋先生年譜）

張宗泰由廩膳生，選拔貢生。（續碑傳集卷七六）

秦瀛陞侍讀。（清史列傳卷三二）

李兆洛肄業龍城書院，盧文弨爲主講。（李申耆年譜）

姚學塽爲朱珪拔取選貢生。是秋、舉浙江鄉試第一。（續碑傳集卷七一）

王聘珍以翁方綱拔貢成均。（清史列傳卷六九）

李黼平始爲博士弟子。（續碑傳集卷七二）

包世臣侍父至郡應科試，始識翟翬。是年、仍讀書白門，得孫吳司馬三家之書，朝夕研求，講究兵學。（包愼伯先生年譜）

張澍九歲喪母，讀書過目輒記，文章鉅麗，傾絕一時。（續碑傳集卷七七）

桂馥舉鄉試。（漢學師承記卷六）

劉文淇孟瞻生。（續碑傳集卷七四，清儒學案卷一五二，清史列傳卷六九，劉孟瞻先生年譜。）

俞正禧鼎初生。（續碑傳集卷七八程鴻詔撰傳）

任大椿幼植卒，年五十二。（碑傳集卷五六章學誠撰別傳、同卷施朝幹撰墓表，惜抱軒文集卷一三，清史列傳卷六八。）

周濟九歲，能屬文。（續碑傳集卷七七，淸史列傳卷七二。）

姚文田以拔貢生領鄉薦。（續碑傳集卷八）

謝震中舉人，授順昌縣學敎諭。（淸史列傳卷六九）

李貽德七歲，賦柳絮詩，族人進士某一見目爲神童。延之家塾，爲剖析經義數十條，每覆解未嘗失一字。（續碑傳集卷七六）

王紹蘭充拔貢生。（碑傳集補卷一四）

秋、崔述復增次三正辨，改名曰三代正朔通考。（崔東壁年譜）

孟冬、臧庸爲錄爾雅漢注序。（拜經堂文集卷二）

冬、段玉裁入都，時邵晉涵、王念孫皆在焉。玉裁復因王氏識陳鱣。（段懋堂先生年譜）

正月、錢大昕至蘇州，主講紫陽書院。是春、校勘應劭風俗通義，並刺取他書所引逸文補之。（竹汀居士年譜）

二月、王昶授刑部右侍郎。（述庵先生年譜）

三月、彭元瑞調吏部尚書，管理國子監。（淸史列傳卷二六）

洪亮吉應禮部試，不售。（洪北江詩文集卷首附年譜）

王杰充會試正總裁。（淸史列傳卷二六）

四月、阮元成進士，改翰林院庶吉士。（雷塘庵主弟子記）

朱珪樂府正義十五卷梓刻。（知足齋全集附年譜）

任大椿授陝西道監察御史，甫一月而卒。（注二三〇）

六月、趙佑充江西鄉試正考官；旋授江西學政。（清史列傳卷二八）

七月、趙懷玉有書文苑英華後。（亦有生齋集文卷七）

八月、朱珪置蕭山祭田百畝，作圭田記。（碑傳集卷三八，揅經室二集卷三，知足齋全集附年譜並參）

洪亮吉應常州太守李廷敬延修府志，並選唐人百家詩。九月進署，十二月返舍。（洪北江詩文集卷首附年譜）

十二月、阮元散館，入庶常讀書。（雷塘庵主弟子記）

五十五年庚戌（一七九〇）

崔述洙泗考信錄成。（崔東壁年譜）

姚鼐主講鍾山書院。（國朝學案小識卷五）

王引之以所著尙書古義寄質汪中，驚嘆不已。（容甫先生年譜）

桂馥始謁阮元於京師。是歲、成進士，選教授。（注二三一）

謝啓昆病痊赴京，引見，命仍發江南，以知府用；旋特擢江南河庫道。（清史列傳卷三一）

方履籛彥聞生。（姜亮夫綜表）

錢塘學淵卒，年五十六。（見注六五五）

陸費墀丹叔卒，年六十。（清儒學案卷八〇，清史列傳王引之入都侍父，始著經義述聞，又為經傳釋詞十卷，作太歲考與周秦名字解詁。是歲、引之以所著尚書古義寄質汪中，驚嘆不已。（王文簡伯申府君行狀、容甫先生年譜。）

李兆洛補武進學生。是年、與江陰祝百十定交。（李申耆年譜）

翁方綱擢內閣學士。（清史列傳卷六八）

盧文弨刻鍾山札記。（盧抱經先生年譜）

李賡芸成進士，以知縣用，分發浙江；旋補孝豐縣知縣，調德清，再調平湖。（清史列傳卷七五）

段玉裁赴武昌，謁督部畢沅，始識章學誠於畢氏幕中，有與邵二雲書。（段懋堂先生年譜）

張宗泰朝考二等一名，交部以知縣用。宗泰以父年高，請願就教職，引見，准改選授泗州天長縣。（續碑傳集卷七六）

姚瑩六歲始入學，與大兄同師方蘭蓀。（中復堂全集附年譜）

李文耕赴會試不第歸，遂復應試十餘年。（喜聞過齋文集卷一三）

祁韻士擢右春坊右中允。（清史列傳卷七二，鶴皐年譜。）

劉逢祿年十五，始治公羊春秋條例之學，舅氏莊述祖為言夏

卷二六。）

褚寅亮擢升卒，年七十六。（碑傳集卷六〇任兆麟撰墓表，清史列傳卷六八。按漢學師承記卷二作乾隆五十三年卒，恐誤。）

時之等，並出所著說義初本示之。（劉禮部集卷二）
洪亮吉應禮部試，舉進士，主考爲大學士王杰、朱珪，授職翰林院編修；旋充國史館纂修官。（洪北江詩文集卷首附年譜）
潘德輿五六歲，以母病行坐不安，視母而哭，母食乃食。父患咯血疾，每進藥必跪牀下。既而割臂肉以進，父察其色，動泣曰：「固知兒有是也！」（清史列傳卷七三）
是歲、趙翼復至蘇州，晤王鳴盛、錢大昕。甌北詩集三四吳門晤王西莊、錢竹汀詩，有「後來良晤知猶幾，海內名流漸不多。」之句。（見王西莊先生年譜）
春、顧廣圻始執贄請業於江聲之門，十年得惠棟遺學，盡通經小學之義。（思適齋集卷五，顧千里先生年譜）
冬、章學誠風雪羈旅懷人，因追述與任大椿相交始末，撰爲別傳。是年、在武昌，編史籍考，並襄助畢沅輯續資治通鑑。（碑傳集卷五六，章實齋先生年譜）
二月、淩廷堪成進士。（淩次仲先生年譜，漢學師承記卷七。）
三月、王杰充會試正總裁。（清史列傳卷二六）
七月、朱珪奉命巡撫安徽。（知足齋全集附年譜）
姚鼐爲香巖詩稿序。（惜抱軒文集卷四）

	八月、趙懷玉有劉先主祠堂碑記。(亦有生齋集文卷一五) 十一月、王杰加太子太保銜；彭元瑞加太子少保。(清史列傳卷二六)	
五十六年辛亥(一七九一)	程瑤田乞病歸。(程易疇先生年譜) 武億授山東博山縣知縣。(清史列傳卷六八，漢學師承記卷四) 汪中手寫管子弟子職、急就篇，授子喜孫讀於問禮堂西偏。(容甫先生年譜) 錢大昕在紫陽書院，讀洪氏翰苑羣書，因爲補唐學士年表、五代學士年表、宋學士年表各一卷，撰次元氏族表四卷、補元藝文志四卷。(竹汀居士年譜) 紀昀再調左都御史。(清史列傳卷二八) 端木國瑚年十九，補弟子員。(太鶴山人年譜) 孫星衍轉員外郎，洊陞郎中。(注二三二) 梁章鉅年十七，入長樂縣庠。(退菴自訂年譜) 翁方綱按試漕沂、登萊諸郡，門人王聘珍來謁，並襄助其重校經義考。因錄所補正，凡千八十八條，爲十二卷，有經義考補正序。(復初齋文集卷一) 淩廷堪作手鈔諸經跋，改擬連珠等篇。(淩次仲先生年譜)	董祐誠方立生。(清儒學案卷一五六，清史列傳卷七三。) 劉寶楠楚楨生。(續碑傳集卷七三，劉楚楨先生年譜。) 錢泰吉輔宣生。(甘泉鄉人年譜) 周永年書昌卒，年六十二。(清史列傳卷六八及碑傳集卷五〇並參) 洪騰蛟鱗雨卒，年六十六。(清史列

瞿中溶購得漢碑數種，始留心金石文字。讀許氏說文中引地名甚多，可與漢書地理、郡國二志，互相證明，錄成一卷，名說文地名考異。（瞿木夫先生自訂年譜）

李兆洛補廩膳生員。（李申耆年譜）

黃丕烈得叢書堂鈔本孟子注疏解經。（黃蕘圃先生年譜）

仲春、臧庸取其師盧文弨周易注疏輯正，錄其切要可據者，爲周易注疏校纂三卷，書成，又自爲序。（拜經堂文集卷二）

春、趙翼在蘇州，因見王鳴盛兩目皆盲，歸乃作反瞎目篇，祝其再明，詩載甌北詩集三四。（見王西莊先生年譜）

趙懷玉復爲莊然乙詩後序。（亦有生齋集文卷三）

秋、趙翼得王鳴盛書，知目疾竟已霍然，能視書作字，不禁自喜，以爲己詩頌禱之功，復作詩以賀，有「得不歸功我，一詩挽化工。」之句。（見王西莊先生年譜）

多、趙懷玉有兵祠銅爵賦並序。（亦有生齋集文卷一）

正月、王杰奉命仍充上書房總師傅。（清史列傳卷二六）

二月、邵晉涵御試翰詹列二等，擢左春坊左中允，遷侍講，轉補侍讀。（洪北江詩文集、卷施閣文甲集卷九）

陸錫熊命稽察左翼宗學。（清史列傳卷七五）

三月、王鳴盛延醫針治，目疾始痊。（王西莊先生年譜）

傳卷六七，清儒學案卷六三。）

四月、祁韻士以大考翰詹籤分戶部，在雲南司主事上行走。（注二三三）

五月、王鳴盛七十初度，自壽詩有「休嗤一目強名罷，皆視差開耶律陀，賀我爭稱開瞽樂，看人翻笑兩目多。」之句。（王西莊先生年譜）

七月、周永年卒，章學誠爲撰傳。（章實齋先生年譜）

八月、段玉裁爲王念孫撰廣雅疏證序。是歲、著古文尚書撰異三十卷成，蓋屬草於戊申至是乃竟。（段懋堂先生年譜）

十月、彭元瑞遷工部尚書。（清史列傳卷二六）

瞿中溶隨婦往嘉定歸寧，始從外舅錢大昕問史學。（瞿木夫先生自訂年譜）

十一月、鈕樹玉訪顧廣圻借戴震所校孟子注。（見顧千里先生年譜）

十二月、彭元瑞以太學石刻十三經暨石鼓文，命充副總裁。（清史列傳卷二六）

五十七年壬子（一七九二）

段玉裁至蘇州，顧廣圻始與之相遇。（見顧千里先生年譜）

蔡新以壬子鄉試，重赴鹿鳴宴。（清史列傳卷二六）

畢沅續資治通鑑修成。（見章實齋先生年譜，邵二雲先生年

方坰思臧生。（清儒學案卷一五七）

宗稷辰滌甫生。（

譜。）
謝啓昆遷浙江按察使。（清史列傳卷三一）
瞿中溶作見聞錄。（瞿木夫先生自訂年譜）
王紹蘭擧順天鄉試。（碑傳集補卷一四）
盧文弨重游泮水。（盧抱經先生年譜）
趙佑擢都察院左副都御史，調安徽學政。（清史列傳卷二八）
淩廷堪作與焦里堂論路寢書。（淩次仲先生年譜）
李貽德初習擧子業，每一藝出，輒冠其曹。（續碑傳集卷七六）
陸錫熊抵奉天省城；旋卒。（清史列傳卷二五）
汪中寫定述學內篇三卷、外篇一卷，刊行於世。是年、寫定鄭氏周易、詩本音，衞、包未改古文尚書、儀禮、喪服、子夏傳，教授其子喜孫於問禮堂。（容甫先生年譜）
武億以任性濫責平民劾罷去。（清史列傳卷六八）
趙懷玉補官入都，時東生以就養邸舍，與懷玉所居相距廛半里許，晨夕過從；東生以所著聽鐘樓詩鈔，屬爲訂定，有聽鐘樓詩鈔序。（亦有生齋集文卷四）
包世臣年十八，見新雕日知錄出版，繙閱首卷，極愛其書，力不能購；又以父病痔歸里，無生計，因租屋旁地十畝，藝蔬果，鬻於市，以給饘粥湯藥，因究農家利病。（包愼

注九三）
姚配中仲虞生。（清儒學案卷一五二）
龔自珍玉爾生。（定庵年譜藁本，碑傳集補卷四九。）
汪縉大紳卒，年六十八。（清儒學案卷四二，清史列傳卷七二。）
顧鎭佩九卒，年七十三。（姜亮夫綜表）
陸錫熊建男卒，年五十九。（碑傳集卷三五墓誌銘）

伯先生年譜）
兪正燮侍父在句容學署讀書，與王喬年同撰陰律疑，是爲著述之始。（兪理初先生年譜）
夏、王鳴盛撰徐文范東晉南北朝輿地表序。（王西莊先生年譜）
秋、祁韻士兼管捐納房；尋，隨大宗伯紀昀覆校文淵、文源兩閣四庫書。（鶴皐年譜）
崔述候詮京師，陳履和方留滯都門，偶於逆旅中，與崔氏相遇，獲讀上古洙泗考信錄，及正朔禘祀通考，大好之，乃浼朱芴山爲先容，請師事崔氏，至於再四，乃許之，受業兩月餘，師弟相視如父子。（注二三四）
冬、趙翼辭講席歸，自此不復應聘。（甌北先生年譜）
臧庸致書王鳴盛。（見王西莊先生年譜）
四月、王昶隨幸山西五臺還京師，著臺懷隨筆一卷。（述庵先生年譜）
六月、段玉裁編刻東原文集十二卷，並爲序。（段懋堂先生年譜）
阮元爲儀禮石經校勘記序。（揅經室一集卷二）
八月、紀昀復遷禮部尙書，仍署左都御史。（清史列傳卷二八）

洪亮吉充順天鄉試同考官，奉命視學貴州。（洪北江詩文集卷首附年譜）

王昶充順天鄉試主考官，有貴介子擯斥忤當軸，遂乞假南歸，有終焉之志。（碑傳集卷三七）

十月、彭元瑞授翰林院掌院學士，充經筵日講起居注官。（清史列傳卷二六）

秦瀛遷戶部江西司郎中。（同上卷三二）

十一月、王鳴盛撰狄道吳鎮松厓松花菴詩序。（王西莊先生年譜）

十二月、崔述還魏，陳履和作詩送別。（崔東壁年譜）

祁寯藻叔穎生。（續碑傳集卷四秦緗業撰神道碑銘，鶴皐年譜）

吳廷棟彥甫生。（續碑傳集卷一二，清儒學案卷一五九，吳竹如先生年譜。）

五十八年癸丑（一七九三）

洪亮吉在貴州，著意言二十篇。（洪北江詩文集卷首附年譜）

盧文弨復主講紫陽書院。（盧抱經先生年譜）

齊彥槐年二十，以詩謁隨園老人（袁枚），驚爲曠世逸才，以遠大期之。（續碑傳集卷七七）

趙佑調福建學政。（清史列傳卷二八）

方東樹在江寧，時同里姚鼐主講鍾山書院，遂稟學焉。與梅曾亮、管同、劉開爲姚氏所最稱許，世目爲姚門四傑。是歲、入縣學補弟子員。（方儀衞先生年譜）

王紹蘭成進士，授貴州，改福建題補屏南知縣。（碑傳集補卷一四）
淩廷堪在都，與江藩、王埥講求象緯之學，作縣象賦、小歙硯銘等篇。（淩次仲先生年譜）
陳履和父萬里赴京會試。（崔東壁年譜）
秦瀛出爲溫處兵備道，調杭嘉湖兵備道，擢浙江按察使，調湖南按察史。（注二三五）
桂馥復謁阮元於歷下，阮氏叩其所學，馥因出舊稿晚學集相眎，阮氏爲撰序。（注二三六）
姚學塽丁父憂。（續碑傳集卷七一）
劉大紳病痊，仍發原省，以知縣用，補文登縣；未抵任，值新城縣修城，大吏徇士民請，檄大紳督工。（清史列傳卷七三）
胡承珙年十八，始食餼。（續碑傳集卷七二）
臧庸在蘇州，從錢大昕、王昶、段玉裁講學；錢王二氏爲薦於湖廣總督畢沅，授其孫蘭慶經。（拜經堂文集卷首）
杜煦年十四，入庠讀書。（續碑傳集卷七七）
梁章鉅始學作詩、賦、雜文。（退菴自訂年譜）
劉逢祿年十八，補府學弟子員。（劉禮部集卷末尾，續碑傳集卷七二。）

錢載坤一卒，年八十六。（碑傳集卷三六）
江德量成嘉卒，年四十二。（清儒學案卷一〇二，清史列傳卷六八，述學別錄。）
梁履繩處素卒，年四十六。（清儒學案卷一〇三，清史列傳卷六八。）

包世臣撰兩淵十六篇五千餘言；又爲論古兵事得失，亦五千餘言。以知兵名於時。（包愼伯先生年譜）

劉寶楠三歲，解吟詩。（劉楚楨先生年譜）

仲冬、臧庸撰錄華嚴經音義序。（拜經堂文集卷二）

正月、魯九皋出宰翠巖，政務之暇，擇其案牘文字有關風教者，釐爲三卷，名曰翠巖雜稿，並自序之。（翠巖雜稿卷首）

三月、瞿中溶應院試，始輯所得金石文字目錄，作石經辨證、續漢金石古文、孝經三書。（瞿木夫先生自訂年譜）

五月、邵晉涵病初起，校閱舊鈔本東南紀聞一過。（邵二雲先生年譜）

七月、錢澧服除北上，加恩以主事用，比選戶部江南司主事，引見，復特旨以員外郞用，補戶部河南司員外；旋擢湖廣道御史。（碑傳集卷五六，錢南園先生遺集卷首。）

八月、姚鼐撰金焦同遊圖記。（惜抱軒文集卷一四）

十月、段玉裁著周禮漢讀考成，自爲之序，又作經義雜記序。（段懋堂先生年譜）

侍郞江德量卒於家，汪中爲經紀其喪，檢理所藏金石書畫，手訂目錄，付與其孤。（容甫先生年譜）

顧廣圻校影宋鈔本文苑英華辨證畢，跋之。（顧千里先生年

譜）

十二月、王昶乞歸修墓；旋還京以病乞休，遂以原品休致。上鑒其老，諭以歲暮寒，俟春融歸（自丙申至是十八年詩，編爲杏花春雨書齋集）。（碑傳集卷三七，揅經室二集卷三及述庵先生年譜並參）

五十九年甲寅（一七九四）

淩廷堪禮經釋例二稿。（淩次仲先生年譜）

胡培翬年十三，受業於從叔祖匡憲，爲治經之始。（研六室文鈔卷首）

孫星衍陞廣東司郎中。（揅經室二集卷三，碑傳集卷八七。）

盧文弨有公祭汪容甫父。（盧抱經先生年譜）

張澍應陝西鄉試，主考錢儀吉世父及父得張氏卷，驚歎目爲異人（錢儀吉與張氏相識當在是年）。（續碑傳集卷七七）

洪亮吉著釋歲、釋舟二篇。（洪北江詩文集卷首附年譜）

高宗幸淀津，姚文田由舉人召試一等一名，授內閣中書；尋，充軍機章京。（清史列傳卷三四）

包世臣丁父憂家居。（包慎伯先生年譜）

錢澧撰城西堰塘記。（錢南園先生遺集、補遺）

姚椿年十八，以國子生應順天鄉試，才名藻京師，一時所與遊者，皆前輩績學之士。（續碑傳集卷七八）

丁晏儉卿生。（續碑傳集卷七四，清儒學案卷一六〇。）

魏源默深生。（注九四）

汪遠孫久也生。（注九五）

馬國翰竹吾生。（清儒學案卷一九六）

梅植之蘊生生。（續碑傳集卷七七，清史列傳卷一五二淩曙年二十爲童子師，問業於包世臣。世臣示以張惠言所輯四子書、漢說數十事，曙乃稽典禮、考故訓，爲四書典故覈六卷。（清史列傳卷六九）

劉逢祿年十九，從舅氏莊述祖自濟南乞養歸，有意治公羊，遂輟他業從之，受夏時等例及六書古籀之學。（劉禮部集卷末尾）

張惠言以教習期滿引見，聞母疾請急歸，遂居母喪。（碑傳集卷五一）

紀昀爲黎君易註序。（紀文達公遺集卷八）

朱駿聲七歲承庭訓，始誦五經。（石隱山人自訂年譜）

劉大紳修新城縣城工竣；尋，以曹縣任內舊案，被議革職，發往軍臺効力贖罪，新城曹縣民爲捐金贖罪得免歸。（清史列傳卷七三）

錢泰吉四歲，隨母北上，途中見名人扁聯，皆默識之，書而藏於櫝，人咸以爲異。（甘泉鄉人年譜）

錢儀吉年十二，效選體作山賦千言。張問陶見之，擊節稱賞。（清史列傳卷七三）

是歲、王昶年七十致仕歸，名其堂曰春融，居青浦原籍。時錢大昕主講紫陽書院，與青浦相距不百里，而王鳴盛居憂家里，三人每興至輒扁舟互訪，聚首之歡，不啻同官京華

，嵇庵文集卷首劉文淇撰墓志銘。）

汪中甫容卒，年五十一。（見注六九）

魯九臯絜非卒，年六十三。（惜抱軒文集卷一三）

時也。吳中文酒宴會，每延三先生爲領袖，有江南三老之目。（注二三七）
春、錢大昕校刊廿二史考異至新舊五代史。（竹汀居士年譜續編）
長夏、涂二餘來京師，出近作眎錢灃，錢氏爲撰涂二餘靜寧紀事詩序。（錢南園先生遺集卷四）
秋、梁章鉅舉鄉試。（退菴自訂年譜，碑傳集補卷一四）
臧庸以劉臺拱之介始往謁阮元。（劉端臨先生遺書四卷本卷首）
正月、朱珪以上賜通志堂經解，及欽定歷代職官表，乃建御書樓於節廳之東偏貯之。（知足齋全集附年譜）
四月、朱珪調補廣東巡撫。（同上）
姚鼐爲朱子潁海愚詩鈔序。（惜抱軒文集卷四）
九月、石經告成。彭元瑞恭編考文提要十卷，得旨褒獎，晉太子少保，賜賚有加。（清史列傳卷二六）
十月、凌廷堪部選得寧國府教授，始與盧文弨相識。是年、作學勤齋時文序。（同上）
祁韻士赴熱河，覆校文津閣四庫書，十二月還京。（鶴皐年譜）
汪中游杭州，寓梁氏葛嶺園。（述學別錄）

瞿中溶以洪遵泉志刻本多闕僞，因輯泉志補考。（瞿木夫先生自訂年譜）

十一月、汪中撰江君墓誌銘，未及終篇而卒。（述學別錄）

六十年乙卯（一七九五）

焦循過顧之逵於秦淮。（見顧千里先生年譜）

崔述唐虞考信錄脫稿，其他尚未訂正成卷。（崔東壁年譜）

王引之應京兆試，以官生舉孝廉。（王文簡伯申府君行狀）

盧文弨著儀禮注疏詳校成，距初治此經時，相去已五十餘年，始克成編。是歲、年七十九爲淩廷堪校禮堂初稿撰序。（抱經堂文集卷三，校禮堂文集卷首）

顧廣圻始識彭兆蓀。（顧千里先生年譜）

王紹蘭充福建鄉試同考官，調補惠安縣，未至任，復調閩縣。（碑傳集補卷一四）

洪亮吉著貴州水道考三卷，門下士爲校刋，附鮚軒卷施閣二集。（洪北江詩文集卷首附年譜）

謝啓昆授山西布政使。（清史列傳卷三一）

紀昀纂八旗通志，因欲倣漢書藝文志例，蒐求四庫遺籍。（紀曉嵐先生年譜）

劉逢祿年二十，作招隱賦。（劉禮部集卷一）

程瑤田門人洪受嘉請編程氏歷年所爲文付梓，許之；總得若

夏炯仲文生。（清史列傳卷六七）

淩堃仲訥生。（續碑傳集卷七三戴望撰墓志銘）

柳興恩賓叔生。（續碑傳集卷七四，清史列傳卷六九，清儒學案卷一五二。）

干首，名曰非能編，並爲自序。（程易疇先生年譜）
朱彬中舉人。（淸史列傳卷六九）
馮登府年十三，私學爲文，下筆崢嶸有奇氣。（馮柳東先生年譜）
程恩澤年十一，丁父憂，哀毀力學。（續碑傳集卷一〇）
鮑廷博借顧廣圻所校文苑英華辨證，刻入知不足齋叢書。（見顧千里先生年譜）
錢大昕自春至夏覆校宋史考異付刻。（竹汀居士年譜續編）
董祐誠五歲，已曉九九數。（淸史列傳卷七三）
錢泰吉五歲，始入塾從海鹽何氏課讀。（甘泉鄉人年譜）
是歲、張其錦肄業敬亭書院，淩廷堪至寧國府教授，其錦卽應父命受業門下。（淩次仲先生年譜）
春、盧文弨編次自著文集，至冬十一月，已刻成二十五帙，尙未定卷次先後猝卒。（抱經堂文集卷首、目錄附識。）
夏、錢澧扈蹕灤陽。（錢南園先生遺集卷首，碑傳集卷五六）
紀昀爲郭茗山詩集序。（紀文達公遺集卷九）
季夏、臧庸著孟子言伯夷論、夫死適人及出妻論、魯惠公夫人子氏考。（拜經堂文集卷一）
秋、姚鼐爲劉念臺先生淮南賦跋尾。（惜抱軒文集卷五）

陳慶鏞乾翔生。（淸儒學案卷一四六）
錢澧東注卒，年五十六。（錢南園先生遺集卷首袁文揆撰錢南園先生別傳、又同書同卷程含章撰墓志銘，碑傳集卷五六。）
。）
盧文弨紹弓卒，年七十九。（淸儒學案卷七二，復初齋文集卷一四翁方綱撰墓誌銘，淸史列傳卷六八，漢學師承記卷六，盧抱經先生年譜。）

多、謝啓昆著調補浙江布政使。（清史列傳卷三二）

段玉裁病舊作說文解字讀繁冗，乃爲刪訂。（段懋堂先生年譜）

阮元撰重修表忠觀記。（揅經室三集卷四）

正月、淩廷堪在杭州臬署將回徽，盧文弨撰校禮堂初稿序贈之，並乞淩氏爲其儀禮注疏詳校作序。（淩次仲先生年譜）

閏二月、朱珪補授都察院左都御史，暫留巡撫任。（注二三八）

三月、王鳴盛以袁枚八十誕辰，有祝隨園先生八十壽序；又爲孫星衍撰問字堂集序。（王西莊先生年譜）

五月、孫星衍奉旨授山東兗沂曹濟道。（揅經室二集卷三，碑傳集卷八七）

八月、彭元瑞充順天鄉試正考官。（清史列傳卷二六）

十月、朱珪補授兵部尚書，仍留巡撫任。（知足齋全集附年譜）

十二月、洪亮吉任滿還京，抵辰州晤畢沅。（洪北江詩文集卷首附年譜）

仁宗嘉慶元年丙辰（一七九六）

淩廷堪撰元遺山先生年譜成，序之；又作讀孟子、書唐文粹後等篇。（淩次仲先生年譜）

姚學塽成進士，授內閣中書。（續碑傳集卷七一）

李兆洛撰歷代略句四言，始於秦朝，終於明代。（李申耆年譜）

詔舉孝廉方正，邑人以汪輝祖應，固辭得免。（清史列傳卷七五）

程瑤田增刻其所著通藝錄，約二百餘葉。（程易疇先生年譜）

臧庸歸里，遂丁父憂。（拜經堂文集卷首）

顧廣圻始補博士弟子員。（注二三九）

李文耕議修族譜，閱一歲而刻成。（喜聞過齋文集卷一三）

劉文淇八歲，始出就外傅，居貧力學。（劉孟瞻先生年譜）

詔舉孝廉方正，督學阮元稱浙中經學，以陳鱣爲最深，手摹漢隸孝廉二字，以顏其居，復爲書士鄉堂額贈之。（清史列傳卷六九）

鄧顯鶴年二十，補諸生。（注二四〇）

趙懷玉爲鴻詞所業序。（亦有生齋集文卷二）

王杰骸疾乞退上書房、南書房、軍機處，及兼管禮部各任；

汪文臺南士生。（碑傳集補卷五〇朱師轍撰傳）

梁廷枏章冉生。（清儒學案卷一三三，清史列傳卷七三。）

蔣湘南子瀟生。（清儒學案卷一五八）

邵晉涵二雲卒，年五十四。（潛研堂文集卷四三錢大昕撰墓誌銘，碑傳集卷五〇，清儒學案卷九八，清史列傳卷六八，邵二雲先生年譜。）

彭紹升允初卒，年

得旨允如所請，專在內閣看章疏。（清史列傳卷二六）

包世臣服闋遊蕪湖，侍郎程世淳面試冰賦，奇其才，薦於徽寧道宋鎔。（包慎伯先生年譜）

莊述祖歸自沛南，劉逢祿始從事於尚書，今文古文家法及二十八篇敍議。（劉禮部集卷九）

阮元撰胡朏明先生易圖明辨序。（揅經室一集卷一一）

高宗紀元周甲授受禮成，邵晉涵撰迎日推策記一篇上之。（邵二雲先生年譜）

錢大昭、江聲以詔舉孝廉方正薦，賜六品頂戴。（注二四一）

江承之年十四，始從張惠言學時文。（碑傳集補卷四〇）

瞿中溶閉戶讀禮，復以唐石經校勘，作三禮石經辨證。（瞿木夫先生自訂年譜）

周中孚選舉拔貢生。（續碑傳集卷七二）

朱駿聲九歲，十三經以次讀畢，兼讀古文。（石隱山人自訂年譜）

錢林始入學爲附生，阮元以侍郎督學浙江，以本朝兵制策問，林對策洋洋數千言，阮氏歎賞不置，試第一。尋，肄業詁經精舍（時年三十五）。（玉山草堂集卷首）

杜煦以廩貢就職。（續碑傳集卷七八）

五十七。（清史列傳卷七二）

阮元典學至括郡，以桃花畫虎兩賦試端木國瑚。是歲、國瑚肄業敷文書院，從秦瀛受學。（太鶴山人年譜）

孟春、臧庸著弟婦釋。（拜經堂文集卷一）

夏、洪亮吉撰惠定宇先生後漢書訓纂序。（洪北江詩文集、卷施閣文甲集卷九。）

朱珪授兩廣總督、兼署巡撫。（碑傳集卷三八）

仲夏、臧庸爲妾服緦議並釋。（拜經堂文集卷一）

秋、阮元刪訂山左金石志書成，凡若干卷，錢大昕爲撰序。（見竹汀居士年譜續編）

冬、趙翼著廿二史劄記成。（甌北先生年譜）

正月、趙佑命稽察右翼覺羅學，充殿試讀卷官；旋授工部右侍郎。（清史列傳卷二八）

崔述選福建羅源縣知縣。（碑傳集補卷三九）

阮元徵刻淮海英靈集，撰小滄浪筆談。（雷塘庵主弟子記）

趙懷玉自三泖之濱赴千叟宴，與王昶相遇於旅邸，並爲其雪鴻紀跡圖作跋。（亦有生齋集文卷九）

二月、章學誠自揚州歸會稽，復往湖北。在揚州時所作文，統名曰邗中草。是歲、所作文史通義稿，名爲丙辰山中草，凡十六篇。（章實齋先生年譜）

六月、紀昀調兵部尚書，充會試正考官。（紀曉嵐先生年

譜）

八月、朱珪補安徽巡撫。（知足齋全集附年譜）

九月、朱珪去任，僚屬餞於漪園，又餞於花埭，老弱送者盈路，有詩曰：「記取斯民原直道，他時清夢繞羊城。」皖人來迓者多，又有句云：「粵人送我五嶺北，皖人迎我三水南。」（同上）

十一月、紀昀復調左都御史。（注二四二）

十二月、顧廣圻代從兄之逵撰列女傳序，又爲考證附於後，多采段玉裁說，以段君曰別之。是月、顧氏始識吳鼒於吳下。焦循至顧之逵書室，始得睹其藏書。（顧千里先生年譜）

二年丁巳（一七九七）

李兆洛爲正人心論。（李申耆年譜）

江承之年十五，讀江永鄉黨圖考，始奮然治經。（碑傳集補卷四〇）

彭元瑞命管理詹事府。（清史列傳卷二六）

洪亮吉命在上書房行走。是年、首刊東晉疆域志成。（洪北江詩文集卷首附年譜）

錢大昕撰五硯樓記。（潛研堂文集卷二二）

包世臣客朱珪節署，始見十三經注疏，盡九月之力讀之一

管庭芳培蘭生。（清儒學案卷一四三）

畢沅秋帆卒，年六十八。（清儒學案卷八一，清史列傳卷三〇。）

王鳴盛鳳喈卒，年

過。（包愼伯先生年譜）
劉寶楠七歲，從從叔劉臺拱受學，辨別古今音韻。既而入家塾，又從喬德謙肄業。是歲、劉臺拱爲重修鎭江府學記。（劉楚楨先生年譜，劉端臨先生遺書卷四。）
凌廷堪撰寧國凌氏宗譜序、懷遠宮氏族譜序等篇。（凌次仲先生年譜）
劉開年十四，上書姚鼐，自道其爲學之志趣。姚氏大奇之，挈歸，盡授以詩古文法。（注二四三）
馮登府年十五，館徐氏破樓，爲童子師凡八年，而就他處焉。（馮柳東先生年譜）
紀昀奉銓解洛神賦語，有覆奏摺子。（紀曉嵐先生年譜）
多、臧庸過吳門，應袁又愷招，與顧廣圻、鈕樹玉等輩，會飲於漁隱小圃，有記。（拜經堂文集卷四）
紀昀爲積靜逸先生經義序。（注二四四）
正月、阮元始修經籍纂詁，始纂疇人傳。（雷塘庵主弟子記）
二月、祁韻士題補雲南司主事。（鶴皐年譜）
錢大昕過黃丕烈家，又相偕顧廣圻往謁程瑤田，求書學耕堂扁額，丕烈取案頭鈔本吳都文粹四冊報之。是歲、錢氏讀洪武實錄，因補校四史朔閏考，又手校金史考異付刻。爲兩湖制軍畢沅校刻續資治通鑑，未蔵事而畢氏卒，遂以其

七十六。（清儒學案卷七七，清史列傳卷六八，碑傳集卷四二王昶撰傳，潛研堂文集卷四八錢大昕撰墓誌銘，王西莊先生年譜。）
孟超然朝擧卒，年六十七。（清儒學案卷六六）

本歸畢氏子。（顧千里先生年譜，竹汀居士年譜續編）
三月、朱珪補授兵部尚書，仍著兼攝安徽巡撫。（知足齋全集附年譜，碑傳集卷三八）
四月、陳履和在南昌，刻崔述上古洙泗二錄，及正朔禘祀二考成。（見崔東壁年譜）
五月、錢儀吉出都，以弟逵吉輕躁卞急性成，乃作訓弟遺言，以爲勸勉。（衎石齋記事稿卷五）
七月、姚鼐撰方正學祠重修建記。（惜抱軒文集卷一四）
朱珪重修黃閣河朱氏宗譜八卷刻成。（知足齋全集附年譜）
八月、紀昀遷禮部尚書。（清史列傳卷二八，紀曉嵐先生年譜）
趙佑轉工部左侍郎。（清史列傳卷二八）
阮元修禊蘭亭，端木國瑚與同人賦秋禊詩，阮氏爲撰蘭亭秋禊詩序。（揅經室四集卷二，太鶴山人年譜）
九月、朱珪調補吏部尚書，仍留安徽巡撫。（知足齋全集附年譜）
十一月、顧廣圻爲黃丕烈撰汪本隸釋刊誤，並爲作序及後序，復自爲後序。（顧千里先生年譜）
十二月、趙佑調吏部右侍郎。（清史列傳卷二八）
兪正燮撰唐律疏義跋。（癸巳類稿卷一二）

三年戊午（一七九八）

黃承吉是年領鄉薦，此後遂不復至金陵。（夢陔堂文集卷六）
方東樹館江右新城陳用光家，講授石經。（方儀衛先生年譜）
錢坫著史記補注百三十卷成（約成於是年）。（淸史列傳卷六八）
洪亮吉刻十六國疆域志成。（洪北江詩文集卷首附年譜）
李元春舉鄉試。（淸史列傳卷六七）
姚瑩年十四，與吳廋同學於家維藩，好爲詩歌。（中復堂全集附年譜）
端木國瑚隨阮元按臨各屬，歷游鴈蕩、天臺諸名勝，有紀遊詩數十篇。是秋，舉本省鄉試。（太鶴山人年譜）
阮元爲泰山志序，又撰曾子十篇注釋序於浙江使院。（揅經室二集卷七、一集卷二）
馮登府館徐氏，始赴童子試。（馮柳東先生年譜）
洪飴孫中舉人，爲湖北東湖縣知縣。（淸史列傳卷六九）
淩廷堪作擊蒙書室雜銘，與王蘭泉侍郎書等篇。是歲、王昶索淩廷堪刻辭稿錄一卷，寄之。（淩次仲先生年譜）
梅植之五歲，父口授四聲，使日誦古詩。（嵇庵文集卷首）

沈垚敦三生。（落帆樓文集卷首汪曰楨撰沈子敦著述總錄，碑傳集補卷四九孫燮撰哀辭。又碑傳集補同卷夏寅官撰沈垚傳，則作辛年四十四，存參。）
侯康君模生。（續碑傳集卷七七，淸儒學案卷一三三。）
李棠階樹南生。（續碑傳集卷一二王軨撰李文淸公行實，淸儒學案卷一六二。）
余廷燦卿雯卒，年

陳鱣舉鄉試，在公車時，與錢大昕、翁方綱、段玉裁，質疑問難。（清史列傳卷六九）
包世臣客武昌，與東湖錢氏相唱和，並出入楚詩稿相質，錢氏亦以己作相示。（包愼伯先生年譜）
夏、阮元撰惠半農先生禮說序。（揅經室一集卷一一）
秋、崔述寄陳履和唐虞考信錄六卷、三代經界通考一卷，復言三代考信錄當續寄之，並屬履和不得輕率以未定稿付梓。（崔東壁年譜）
冬、劉逢祿以冬日多暇，撮其舅氏莊述祖所著考釋注補音義等書大要，爲箋一卷，曰夏時等例說，有序。（劉禮部集卷二）
正月、洪亮吉命擬征邪教疏，指陳規劃，慷慨數千言。（清史列傳卷六九）
阮元修淮海英靈集成。（雷塘庵主弟子記）
三月、趙佑轉吏部左侍郎。（清史列傳卷二八）
四月、阮元撰輶軒錄成，兩浙十一郡，得詩三千餘家。（雷塘庵主弟子記）
姚鼐撰峴亭記。（惜抱軒文集卷一四）
五月、紀昀扈從灤陽。（紀曉嵐先生年譜）
洪亮吉詣蘇州哭畢沅於其墓。（洪北江詩文集卷首附年譜）

六十四。（見姜亮夫綜表。按清儒學案卷八六及清史列傳卷六八均作卒年七十，存參。）
周廣業勤補卒，年六十九。（清儒學案卷八七）
韓夢周公復卒，年七十。（見注五九）

姚鼐爲金藥中禮箋序。（惜抱軒文集卷四）
八月、趙佑充順天鄉試副考官；尋，授順天學政。（清史列傳卷二八）
阮元補授兵部右侍郎；旋調補禮部右侍郎，撰經籍纂詁一百六十卷成。（雷塘庵主弟子記）
姚鼐爲謝蘊山小學考序。（惜抱軒文集卷四）
九月、臧庸助修經籍纂詁成，並爲後序。（拜經堂文集卷二）
孫星衍丁母憂南歸，過微山湖，大風舟覆，載書數千簏及書畫均沉沒。（見顧千里先生年譜）
十月、姚鼐撰常熟歸氏宗祠碑記。（惜抱軒文集卷一四）

四年己未（一七九九）

凌廷堪禮經釋例三稿。是年、有禮經釋例序、與孫淵如觀察書，又著周官九拜九祭解成。（凌次仲先生年譜）
姚文田成進士，授修撰。（續碑傳集卷八，清史列傳卷三四。）
趙翼廿二史劄記刻成。（甌北先生年譜）
阮元爲重建揚州會館碑銘、己未科會試錄後序。（揅經室四集卷二、二集卷八）
張惠言成進士，以吏部尚書朱珪奏薦，改庶吉士，充實錄館

侯度子琴生。（續碑傳集卷七七）
王柏心子壽生。（清儒學案卷一八四，續碑傳集卷八〇，郭嵩燾撰墓志銘。）
黃汝成庸玉生。（

纂修官、武英殿協修官。（碑傳集卷五一，清史列傳卷六九）

馮登府補博士弟子員。是年、仍館徐氏。（馮柳東先生年譜）

翁方綱左遷鴻臚寺卿。（清史列傳卷六八）

王引之成進士，授翰林院編修。（王文簡伯申府君行狀，續碑傳集卷一〇。）

紀昀充高宗實錄館副總裁，充武會試正考官。（清史列傳卷二八、碑傳集卷三八）

陳壽祺成進士，座主爲朱珪、阮元。（碑傳集卷五一）

包世臣見邑人翟金蘭作書善之，即請教之。金蘭授以東坡西湖詩帖，曰：「學此以肥爲主，肥易掩醜也！」世臣用其言習兩月，作書逼似金蘭。（包愼伯先生年譜）

郝懿行成進士，授戶部主事。（清史列傳卷六九，漢學師承記卷六）

王紹蘭以知州用，借補泉州府馬家巷通判。（碑傳集補卷一四）

張澍成進士，改翰林院庶吉士，充實錄館纂修（時年甫十九）。（續碑傳集卷一七，清史列傳卷七三）

王念孫命巡淮安，及濟寧漕，授直隸永定河道。（清史列傳

續碑傳集卷七七葛其仁撰傳，同卷毛嶽生撰墓志銘。）

顧廣譽維康生。（清史列傳卷六七）

顧觀光賓王生。（碑傳集補卷四二，清儒學案卷一七二。）

江聲叔雲卒，年七十九。（清儒學案卷七六，清史列傳卷六八。）

武億虛谷卒，年五十五。（清儒學案卷一〇四，漢學師承記卷四，清史列傳卷六八。）

蔡新次明卒，年九十三。（清儒學案

卷六八）

許宗彥成進士，官兵部車駕司主事。（碑傳集卷六〇）

李黼平舉鄉試（時年三十）。（續碑傳集卷七二）

江承之年十七，從張惠言如京師，始受儀禮。（碑傳集補卷四〇）

姚椿見王昶於杭州，王氏以其能詩，叩以所得。椿曰：「以諷諭爲主，以音節爲輔，以獨造爲境，以自然爲宗。」王氏激賞之，贈以詩，有「文章名節無窮事」之句；尋，應父命從姚鼐游，始從事程朱之學。（續碑傳集卷七八）

胡秉虔成進士，官刑部主事。（碑傳集補卷四〇）

龔自珍八歲，得舊登科錄讀之，是蒐輯二百年科名掌故之始。（定庵年譜藁本）

冬、祁韻士選授河南員外郎，坐辦雲南司事。（鶴臯年譜）

正月、朱珪命直南書房，管理戶部三庫事務。（知足齋全集附年譜）

端木國瑚北上會試不第，自運河歸。時阮元、朱珪主會試，以未得國瑚爲憾，人皆以此高之。（太鶴山人年譜，續碑傳集卷七七）

錢大昕校定臧氏經義雜記。（竹汀居士年譜續編）

二月、王杰充實錄館總裁。（清史列傳卷二六）

卷六〇，清史列傳卷二六。按姜亮夫綜表作卒年九十。）

陳詩庭令華卒。（清儒學案卷八四）

朱珪加太子少保銜，充實錄館正總裁、國史館副總裁。（知足齋全集附年譜）
三月、阮元調補戶部左侍郎，充經筵講官、會試副總裁，闈中閱卷之暇，作衡文瑣言。（雷塘庵主弟子記）
朱珪命充經筵講官，又充會試總裁官。（知足齋全集附年譜）
兪正燮爲王喬年頤正堂文序。（兪理初先生年譜）
方東樹自訂少時所作文字，名櫟社雜篇，序之。（方儀衞先生年譜）
四月、彭元瑞充高宗純皇帝實錄副總裁，專司編纂。（清史列傳卷二六）
崔述調署上杭縣。（碑傳集補卷三九）
六月、孫星衍丁母憂歸後，僑居金陵祠屋。（揅經室二集卷三，碑傳集卷八七）
八月、朱珪命管理武英殿御書處事務。（知足齋全集附年譜）
段玉裁作周禮讀考書後。（段懋堂先生年譜）
九月、洪亮吉以違例奏陳時政，遣戍伊犂。（洪北江詩文集卷首附年譜）
彭元瑞以高宗奉安禮成，晉太子太保。（清史列傳卷二六）
江聲卒，顧廣圻檢其遺札十餘通，爲書其後。（顧千里先生

年譜）
臧庸有四庫全書通俗文字跋。（拜經堂文集卷二）
十月、趙佑擢都察院左都御史。（清史列傳卷二八）
朱珪調戶部尚書，作丁卯同年會紀以詩。（知足齋全集附年譜）
黃丕烈撰明道本國語札記成，序之。（黃蕘圃先生年譜）
程瑤田解字小說付刻，門人洪印綬跋其後；中有嬴轉語四卷最精，以草創未定不果刊。（程易疇先生年譜）
十二月、朱珪命爲上書房總師傅。（知足齋全集附年譜）
阮元刻經籍籑詁成。（雷塘庵主弟子記）

五年庚申（一八〇〇）

凌廷堪撰梅邊吹笛譜序。（凌次仲先生年譜）
嚴可均舉鄉試，官建德縣敎諭，引疾歸。（清史列傳卷六九）
洪亮吉著天山客話二卷、紀程二卷、外家紀聞二卷。（洪北江詩文集卷首附年譜）
姚文田充廣東鄉試正考官。（清史列傳卷三四）
趙翼編陸放翁年譜一卷成（時年七十四）。（甌北先生年譜）
吳嵩梁舉鄉試，官內閣中書。名振都下，王昶、翁方綱、秦瀛、法式善、吳錫麒並相推重，篇什流播及於海外。（續

夏燮謙甫生。（清儒學案卷一五五）
譚瑩玉生生。（續碑傳集卷八〇）
何紹基子貞生。（注九六）
徐有壬君青生。（清儒學案卷一六四）

碑傳集卷七七）

阮元巡撫浙江，築詁經精舍於西湖。復延臧庸至精舍，補訂纂詁，校勘注疏。（拜經堂文集卷首）

劉逢祿擧拔貢生；旋入京應朝考，謁張惠言，問虞氏易、鄭氏三禮（時年二十五）。（續碑傳集卷七二）

姚瑩始授學業。（中復堂全集附年譜）

梁章鉅輯東南嶠外書畫錄二十卷，自爲序。（退菴自訂年譜）

錢林擧於鄉。（玉山草堂集卷首）

趙懷玉與韓是升同居都下，始爲韓氏洽隱園三友圖作記。（亦有生齋文卷六）

陸繼輅擧江南鄉試，官合肥縣訓導，八試禮部不售。（續碑傳集卷七七，清史列傳卷七二）

馮登府年十八，著石經閣詩略第一卷焚餘草，編年自此始。（馮柳東先生年譜）

李貽德爲縣學生，試高等，食餼。（續碑傳集卷七六）

王昶重游泮宮（時年七十七）。（注二四五）

劉寶楠年十歲，常請益於兄寶樹，攻苦力學，有同成人。（劉楚楨先生年譜）

朱爲弼擧鄉試。（續碑傳集卷二二）

趙佑啓人卒，年七十四。（清儒學案卷七八，清史列傳卷二八。）

江承之安甫卒，年十八。（碑傳集補卷四〇張惠言撰葬銘）

李騰蛟力貞卒，年七十。（紀文達公遺集卷一四紀昀撰墓表）

章宗源逢之卒，年四十九。（清儒學案卷一一〇）

梅植之七歲，父命爲五言。（嵇庵文集卷首）

劉大紳以保薦送部，引見；旋得旨，仍發山東，以知縣用；嗣補朝城縣。（清史列傳卷七三）

朱駿聲年十三，受許氏說文，一讀卽通曉。（同上卷六九）

春、祁韻士題授福建司郎中，充則例館提調，仍坐辦雲南司事。（鶴皐年譜）

端木國瑚客溫州。是歲、阮元巡撫江浙，邀至其署；舟至孟家堰，遇潮幾覆，有詩紀事。（太鶴山人年譜）

夏、黃丕烈爲錢大昕訂補元史藝文志。（黃蕘圃先生年譜）

孟秋、臧庸著五岳釋、小爾雅徵文。（拜經堂文集卷一、卷二。）

四月、彭元瑞充實錄館正總裁。（清史列傳卷二六）

阮元在浙江，大計學劾薦賢能官，得杭嘉湖道秦瀛等十一人；重修會稽大禹陵廟成，作碑紀事；訂定香亭筆談成；立緝匪章程七則。（雷塘庵主弟子記）

閏四月、秦瀛升按察使。（清史列傳卷三二）

五月、顧廣圻校經典釋文卷二、周易音義。（顧千里先生年譜）

八月、朱珪兼署吏部尚書。（知足齋全集附年譜）

九月、王杰以病乞休；奉旨慰留，並許扶杖入內右門。（清

史列傳二六）

洪亮吉釋放抵里，與親故話舊，幾如隔世，因自號更生居士。（洪北江詩文集卷首附年譜）

趙懷玉有再遊西山記。（亦有生齋集文卷六）

十月、秦瀛調湖南按察使。（清史列傳卷三二）

黃丕烈刊汲古閣珍藏秘本書目成。（黃蕘圃先生年譜）

十一月、孫星衍自蘇州歸金陵，顧廣圻與段玉裁、鈕樹玉、黃丕烈、李銳等餞孫氏於虎邱之一榭園。（見顧千里先生年譜）

六年辛酉（一八〇一）

趙翼著唐宋以來十家詩話，共十卷。（甌北先生年譜）

焦循舉鄉試。（清史列傳卷六九）

崔述復檢閱訂正五服異同彙考錄成。（崔東壁年譜）

王念孫以河隄漫口罷；特旨留督辦河工，工竣賞主事銜。（清史列傳卷六八）

方東樹授經同里汪志伊家。（方儀衞先生年譜）

陳用光成進士，改翰林院庶吉士。（清史列傳卷三四）

紀昀為鶴街詩稿序。（紀文達公遺集卷九）

黃丕烈入都，晤王引之。是歲、王引之散館，簡放貴州正考官。（黃蕘圃先生年譜，王文簡伯申府君行狀。）

湯鵬海秋生。（續碑傳集卷二〇，清儒學案卷一六一）

鄭獻甫小谷生。（續碑傳集卷七九陳澧撰傳，清儒學案卷一七五。）

錢熙祚錫之生。（清儒學案卷一七二）

徐養源為浙江副貢生。（清史列傳卷六九及續碑傳集卷七二並參）

張惠言散館，特奏，改授翰林院編修。（碑傳集卷五一）

李鍾泗舉鄉試。（碑傳集補卷四〇）

顧廣圻始與郭麐相識。（思適齋集卷一三）

丁履恒選拔萃科（選拔貢太學生，時年三十二）。（續碑傳集卷七六）

端木國瑚留居京師，以身弱多病，作嚇病鬼詩。（太鶴山人年譜）

李賡芸陞處州府同知。（清史列傳卷七五）

趙懷玉省親南還，為婦弟金德輿撰桐華館詩集序。（亦有生齋集文卷四）

林伯桐舉於鄉。（續碑傳集卷七七，清史列傳卷六九。）

孫志祖掌教紫陽書院，越一月而卒。（碑傳集卷五七）

馬宗槤成進士。（清史列傳卷六九）

張澍散館，選知黔之玉屏縣。（續碑傳集卷七七）

胡承珙膺選拔貢生。是年、舉江南鄉試（時年二十六）。（同上卷七二，研六室文鈔卷一〇）

洪頤煊以拔貢生，為山東督糧道孫星衍撰孫氏書目及平津館讀碑記十二卷。（清史列傳卷六九）

蘇惇元厚子生。（清史列傳卷六七）

金榜輔之卒，年六十七。（碑傳集卷五〇吳定撰墓誌銘，清儒學案卷五八。）

孫志祖詒穀卒，年六十五。（見注六八）

章學誠實齋卒，年六十四。（清儒學案卷九六，章實齋先生年譜。）

陳壽祺散館，授編修。（碑傳集卷五一）
王紹蘭充福建鄉試內監試官，補授泉州府知府，洊擢興泉永道福建按察使，洊擢福建布政使、福建巡撫，再署閩浙總督、兼理鹽政。（碑傳集補卷一四）
是歲、阮元撫浙，延顧廣圻及臧庸、何元錫同輯十三經校勘記，寓武林之紫陽別墅，廣圻始與楊文蓀訂交。是歲、阮氏始爲兩浙輶軒錄撰序。（見顧千里先生年譜，揅經室二集卷八）
夏、劉開隨姚鼐至皖江。（劉孟塗集、文集卷七）
正月、阮元立詁經精舍於西湖，又撰兩浙防護錄成。（注二四六）
三月、黃丕烈爲錢大昕刋元史藝文志成，並爲作後序。是年、長興令邢澍延錢大昕、錢大昭兄弟總纂修縣志。大昭留館邢署，大昕則於課暇，泛舟苕谿，商榷條例，聯床笑語，至夜分不寐，老年兄弟，姜被重溫，爲天倫樂事。乃取眉山故事，繪對床風雨圖。是歲、阮元爲刋三統術衍。（竹汀居士年譜續編）
四月、朱珪命充會典館副總裁。（知足齋全集附年譜）
阮元在西湖詁經精舍，選文行兼長之士，讀書其中，孫星衍及王昶等輩，先後主講。是月、撰經籍纂詁補遺成。（揅經室二集卷三、碑傳集卷八七、雷塘庵主弟子記並參。）
五月、淩廷堪仍官寧國府教授。時姚鼐主敬敷書院講席，爲題校禮圖。（淩次仲先生年譜）
錢大昕爲黃丕烈跋元本祖庭廣記。（黃蕘圃先生年譜）
六月、姚文田充福建鄉試正考官。（淸史列傳卷三四）
七月、彭元瑞管理御書處，充會典館總裁。（同上卷二六）
鈕樹玉有說文繫傳跋。（匪石先生文集卷下）
八月、姚文田命提督廣東學政。（淸史列傳卷三四）
九月、王杰充順天鄉試正考官。（同上卷二六）
十月、王杰充會典館正總裁。（同上）
程瑤田刻杜門程生、小名千兒二章，兩爲之記。千兒，程氏小名也。（程易疇先生年譜）
十一月、俞正燮丁父憂。（俞理初先生年譜）
錢大昕爲黃丕烈跋宋本東家雜記。（見黃蕘圃先生年譜）
十二月、阮元入天竺山祈雪，卽日得雪出山；過詁經精舍，訪顧廣圻、臧庸作詩。（雷塘庵主弟子記，顧千里先生年譜）

七年壬戌（一八〇二）

秦瀛引疾歸。（續碑傳集卷八，淸史列傳卷三二）
王念孫攝永定河道。（續碑傳集卷七二）

桂馥多卉卒，年七十。（見注六二）

李文耕成進士，以知縣用，分發山東，補鄒平縣知縣。是歲、嘗歸里省親。（清史列傳卷七六、喜聞過齋文集卷一三）

方東樹客阜陽王約齋大令署中。（方儀衞先生年譜）

陳奐爲馬遠林集韻校勘記序。（三百堂文集卷上）

李鍾泗舉進士不第歸。（碑傳集補卷四〇）

紀昀充會試正考官。（紀曉嵐先生年譜）

劉逢祿年二十七，入朝考下第。是年、始識張惠言於京師，與語周易、三禮之學。旋省親於山東書院而歸。（劉禮部集卷末尾）

朱珔成進士，改翰林院庶吉士；與幸翰林院，柏梁體聯句，宴賜什物。散館，授編修。（清史列傳卷六九）

臧庸歸常州故里。（拜經堂文集卷首）

梁章鉅成進士，改翰林院庶吉士。（碑傳集補卷一四，退菴自訂年譜）

洪亮吉自塞外歸，主講旌德洋川書院。迂道往訪淩廷堪，留宿學齋數日乃去。是歲、著左傳詁二十卷。（注二四七）

陳用光散館，授編修。（清史列傳卷三四）

黃丕烈遷居縣橋，構專室以貯宋刻本書，名之曰百宋一廛，顧廣圻爲百宋一廛賦（按賦成於甲子冬）。（思適齋集卷

馬宗槤器之卒。（清史列傳卷六九）

胡匡憲懋中卒，年六十。（研六室文鈔卷九胡培翬撰行狀）

張惠言皋蘭卒，年四十二。（碑傳集卷五一惲敬撰墓誌銘，清儒學案卷一一七，清史列傳卷六九。）

謝啓昆蘊山卒，年六十六。（清史列傳卷三一）

一）

劉文淇年十四，肄業梅花書院，主講洪梧，仍因窮勉學。（劉孟瞻先生年譜）

林春溥成進士，改翰林院庶吉士；散館，授編修。（清史列傳卷六九）

姚瑩與同里張元林、方遵道、吳庾，族兄姚全學古歌詩，有蔗林五子詩鈔。（中復堂全集附年譜）

王昶目疾愈甚，以生平所撰金石萃編、詩文兩集，及湖海詩傳、續詞綜、天下書院志諸書，卷帙浩繁，尙待編排校勘，不能審視。因延請朱文藻、彭兆蓀，及門人陳興宗、錢侗、陶梁各分任之。校其舛誤，及去取之未當者，刻日排纂。（述庵先生年譜）

包世臣遊常州，主李兆洛家。包氏出所著說儲稿本示兆洛，兆洛手爲繕清。以其說多與日知錄相出入，因盡讀日知錄三十卷。始識鄧石如於鎭江，過從十餘日，縱談書法。石如曰：「字畫疎處可以走馬，密處不使透風，常計白以當黑，奇趣乃出。」（包愼伯先生年譜）

春、崔述辭官歸里。（崔東壁年譜）

夏、程瑤田至杭州，以所著儀禮喪服足徵記示阮元，阮氏爲之序。（程易疇先生年譜）

多、俞正燮始識成瓘於河南。（俞理初先生年譜）
黃丕烈跋校本靖康孤臣泣血錄。（黃蕘圃先生年譜）
淩廷堪作復禮三篇。是年、有復姚姬傳先生書。（淩次仲先生年譜）
正月、阮元著浙江圖考成。（雷塘庵主弟子記）
五月、俞正燮在滋陽，撰古本大學石刻記。（俞理初先生年譜）
朱駿聲年十五，始入紫陽書院附課肄業。時錢大昕主講席，錢氏亦十五歲入泮，是年重游泮宮。初謁時，有傳衣鉢之語，極蒙獎借，以國士目之，並許受業。（注二四八）
阮元爲孫蓮水春雨樓詩序。（揅經室三集卷五）
七月、王杰以病請致仕，得旨，允其致仕，加太子太傅銜，在籍食俸。（清史列傳卷二六）
程瑤田左目瞽，作鑄鐘記略記之；又爲阮元作寶和鐘律中夾鐘記，復成樂器三事能言一卷。（程易疇先生年譜）
八月、朱珪以戶部尚書協辦大學士，仍加太子少保銜。（注二四九）
九月、阮元撰焦山定陶鼎考。（揅經室二集卷七）
十一月、阮元仿照帑鹽定例爲收鹽章程十二條，撰集皇清碑版錄。（雷塘庵主弟子記）

八年癸亥（一八〇三）

程瑤田通藝錄將刻成，元日，自爲之序。（程易疇先生年譜）

包世臣與錢坫始相識於蘇州府署。（安吳四種卷一五）

淩廷堪撰燕樂考原六卷。是歲、有覆錢曉徵先生、又與阮侍郎書等篇。（淩次仲先生年譜）

王引之擢侍講；尋，命充日講起居注官。（王文簡伯申府君行狀）

李賡芸調署臺州府知府。（清史列傳卷七五）

端木國瑚教授蓮城書院，十屬赴課生甚衆。（太鶴山人年譜）

龔自珍從外大父段玉裁受許氏部目。是生平以經說字，以字說經之始。是歲、始與袁琴南訂交。（定庵年譜藁本）

洪亮吉於宅西西圃小築泉石，創曙華臺、更生齋。板刻乾隆府廳州縣圖志五十卷，著比雅十二卷。（洪北江詩文集卷首附年譜）

錢泰吉年十三，侍母沈氏復至大興官廨，從武進吳蔭暄讀。初學時藝，信筆爲詩文，縱橫馳騁，吳氏大爲歎異。（甘泉鄉人年譜）

梅植之年十歲，父命學琴，出就外傅。（嵇庵文集卷首）

汪遠孫年十歲，侍祖父受經通大義。（清史列傳卷六八）

朱琦伯韓生。（注九七）

余龍光黼山生。（清史列傳卷六七）

吳嘉賓子序生。（清儒學案卷一七八。）

吳東發侃叔卒，年五十七。（清史列傳卷六八）

吳夌雲得青卒，年五十。（清儒學案卷七七）

彭元瑞掌仍卒，年七十三。（清史列傳卷二一六）

夏、洪亮吉謁周怡遺祠，深表其傾慕之意，見周恭節公文集序。（周訥谿文集卷首）

秋、劉逢祿聞訃，奔父喪至濟南，扶櫬歸里，以貧不克舉葬。（劉禮部集卷末尾）

正月、梁章鉅至寧化學署。（退菴自訂年譜）

瞿中溶預修長興志成。（瞿木夫先生自訂年譜）

阮元四十初度，避客於海塘，用白傅四十歲白髮韻賦詩；又立安瀾書院於海寧。（雷塘庵主弟子記）

三月、朱珪奉派閱大考翰詹卷。（知足齋全集附年譜）

四月、梁章鉅扶父櫬柩歸葬福州，輯父翼齋公遺詩文兩卷、行狀一卷，又輯家譜四卷。（退菴自訂年譜）

六月、朱珪兼翰林院掌院學士，並以原銜充日講起居注官。（知足齋全集附年譜）

十二月、錢大昕始刊養新錄手定本，凡二十卷；後所得爲養新餘錄三卷。是年、自春至秋，疾屢作，尤以夏秋間爲然。考定西遼傳世歲數，金石跋尾四集刊成，長興縣志成。（竹汀居士年譜續編）

九年甲子（一八〇四）

淩廷堪禮經釋例四稿。是歲、作燕樂考原序。（淩次仲先生年譜）

湯球伯玕生。（碑傳集補卷五〇朱師

李兆洛舉江南鄉試。（李申耆年譜）
包世臣再游揚州，始識淩曙，復因淩氏得交劉錫瑜父子（按劉氏子即文淇，時年十六），時相過從。（注二五〇）
程恩澤年二十，至江寧應鄉試，始與梅曾亮相識。是歲、舉鄉試中式，居京師益勤於學，天算、地志、六書、訓詁、金石皆精究之。（程侍郎遺集卷首）
吳德旋以祿不逮養，遂棄科學業，專志於學。（續碑傳集卷七七）
秦瀛病痊，補廣東按察使。（清史列傳卷七二）
周濟舉鄉魁。（續碑傳集卷七七）
孫星衍至都吏部奏請，奉旨仍發山東以道員用。（揅經室二集卷三，碑傳集卷八七）
臧庸入京應順天甲子鄉試，王引之、桂芳皆引重之。桂氏並命其桂葛從之游。是秋、以主司抑之不第。（拜經堂文集卷首）
鄧顯鶴舉於鄉。（曾文正公文集卷三，續碑傳集卷七八）
祁韻士以局庫虧銅事，遣戍伊犂；未幾赦還。（清史列傳卷七二）
龔自珍年十三，對宋璠問知與覺之辯，有水僊華賦篇。（定庵年譜藁本）

輶撰懿三先生傳）
王壽同子蘭生。（三百堂文集卷下陳奐撰墓誌銘）
魯一同通甫生。（注九八）
謝震甸男卒，年四十。（碑傳集卷一三五，清史列傳卷六九。）
宋大樽左彝卒，年五十九。（姜亮夫綜表）
錢大昕曉徵卒，年七十七。（碑傳集卷四九，漢學師承記卷三，清史列傳卷六八，竹汀居士年譜。）

張鑑擧副貢生。（清史列傳卷七三）
朱駿聲在家教授生徒。自是至甲戌年，共十一載。（石隱山人自訂年譜）
祁寯藻年十二，父以事繫刑部獄，隨侍讀書不少輟，並賦春草詩以見志。（續碑傳集卷四）
夏、張鑑爲儀禮集編序。（冬青甲乙集、乙集卷五）
冬、段玉裁兩與王念孫書言刻說文注事。（段懋堂先生年譜）
顧廣圻撰百宋一廛賦成。（顧千里先生年譜）
正月、朱珪晉太子太傅。（知足齋全集附年譜）
三月、臧庸應順天鄉試，舟過寶應訪劉臺拱，送之河干始別去。（劉端臨先生遺書四卷本、卷首）
瞿中溶著家譜脫稿。（瞿木夫先生自訂年譜）
黃丕烈刋校博物志成，又跋其後。（黃蕘圃先生年譜）
六月、王引之授右春坊右庶子；旋蕳放湖北正考官。（王文蕳伯申府君行狀）
七月、朱珪命暫署管理國子監事務。（知足齋全集附年譜）
八月、阮元撰積古齋鐘鼎彝器款識十卷，至是刻成。（雷塘庵主弟子記，揅經室三集卷三）
九月、阮元修家廟成，作揚州阮氏家廟碑，又爲嘉禾圖跋。（雷塘庵主弟子記）

十年乙丑（一八〇五）

十月、顧廣圻作五硯樓賦。（思適齋集卷二）

十二月、阮元輯海運考二卷。（雷塘庵主弟子記）

崔述夏商豐鎬等錄脫稿，始爲讀風偶識。（崔東壁年譜）

劉逢祿服闋，應聘主兗州講席。（劉禮部集卷末尾）

顧廣圻客揚州，始爲韓非子識誤。（思適齋集卷九）

胡承珙成進士，選翰林院庶吉士；散館，授編修。（研六室文鈔卷一〇，續碑傳集卷七二）

李文耕分發山東，以終養告准，仍居鄉授徒爲業。作勵學雜諸詩，著憤悱錄，又輯孝弟錄訓學徒。（喜聞過齋文集卷一三）

周濟成進士，改淮安府學教授。（注二五一）

孫星衍委署登萊青道，補山東督糧道。（揅經室二集卷三）

李黼平成進士，選庶常；假歸，主講越華書院。（續碑傳集卷七二）

王引之奉母喪自山東濟寧旋里。（王文簡伯申府君行狀）

徐松成進士，改翰林院庶吉士；散館，授編修。（清史列傳卷七三）

方東樹授經六安。（方儀衞先生年譜）

陳奐年二十，始學爲功令文於塾中。見徐（乾學）氏讀禮通

張穆石州生。（石州年譜）

戴煦鄂士生。（碑傳集補卷三二及卷四二）

吳敏樹本深生。（續碑傳集卷八〇杜貴墀撰傳、郭嵩燾撰墓表。）

楊德亨仲乾生。（清史列傳卷六七）

王杰偉人卒，年八十一。（清儒學案卷六四，清史列傳卷二六。）

紀昀曉嵐卒，年八十二。（清儒學案

考、秦（蕙田）氏五禮通考諸書，纂要鈎玄，私自過錄。
由是得關爲學塗徑。（續碑傳集卷七四）

黃承吉成進士，補廣西興安知縣，調攝岑溪。（注二五二）

馮登府館楓溪盛氏，有楓溪雨餘晚步寄溪上諸友詩。（馮柳東先生年譜）

朱爲弼成進士，爲兵部主事，充會典館協修官。（續碑傳集卷二二）

錢林考取正學錄。（玉山草堂集卷首）

鄧顯鶴試春官報罷歸，築聽雨山房於南村之旁，閉戶讀書，講求經濟之學。（續碑傳集卷七八）

馬瑞辰成進士，改翰林院庶吉士；散館，授工部營繕司主事。（清史列傳卷六九）

朱珪召包世臣入都，不赴；自庚申至乙丑，凡得朱氏札十數通，招世臣竟不一赴。（見包愼伯先生年譜）

李賡芸擢嘉興府，以嘉興水災，賡芸賑以粥，全活甚衆。（清史列傳卷七五）

方坰年十四，爲邑諸生。（悔過齋文集卷六）

趙翼重游泮宮，賦詩紀事。（甌北先生年譜）

祁寯藻年十三，父遺戍伊犂，請從行不許，遂奉母歸里。（續碑傳集卷四秦緗業撰神道碑銘）

卷八〇，碑傳集卷三八朱珪撰墓誌銘，清史列傳卷二八，漢學師承記卷六。）

鍾懷保岐卒，年四十五。（清儒學案卷一二〇，清史列傳卷六九。）

劉臺拱端臨卒，年五十五。（揅經室二集卷二，劉端臨先生遺書三卷本卷首朱彬撰行狀，清史列傳卷六八，劉端臨先生年譜。）

臧禮堂和貴卒，年三十。（鐵橋漫稿卷七臧和貴別傳，清史列傳卷六八）

劉寶楠年十五，應試郡城畢。訪苗西御相見甚歡，翦蕉題詩布路而別。（劉楚楨先生年譜及念樓集卷六並參）

梅植之年十二，能爲古近體詩。是年秋、病幾殆。（嵇庵文集卷首）

劉大紳署武定府同知，奉檄捕蝗，並查辦沿河賑務。事竣，以母年八十，請終養歸；旋丁母憂，遂不出，以詩文教授鄉里。（淸史列傳卷七三）

孟春、臧庸撰錄唐釋湛然輔行記序。（拜經堂文集卷二）

春、阮元在杭州，與程瑤田、李銳共鑄學宮之樂鐘。是春、有海運考跋。（揅經室一集卷五、二集卷八）

冬、臧庸於郡中得段玉裁書，驚聞劉臺拱下世，哭之甚哀。（劉端臨先生遺書四卷本、卷首）

顧廣圻客江寧，黃丕烈以札來告，將謀刻易林。（思適齋集卷九）

正月、朱珪以門人阮元選刻其所作詩二十卷進呈御覽，賜題石君大學士知足齋詩集。是月、補授體仁閣大學士，管理工部事務。（知足齋全集附年譜）

紀昀以禮部尙書，協辦大學士，加太子少保，管國子監事。（淸史列傳卷二八，碑傳集卷三八）

李兆洛成進士，授翰林院庶吉士。（李申耆年譜）

二月、紀昀病，朱珪過門視疾；尋，紀氏卒。（紀曉嵐先生年譜）

祁韻士以局庫虧銅案，發往伊犂効力。（鶴臯年譜）

兪正燮與成瓘會於京師。（兪理初先生年譜）

梁章鉅服闋，改禮部主事，入儀制司行走。輯南省公餘四卷，謝振定爲之序，後復拓爲八卷付梓。是秋、以病請假歸里。（退菴自訂年譜）

四月、兪正燮爲成瓘篛園日札序。（兪理初先生年譜）

朱珪充會典館、國史館正總裁。（知足齋全集附年譜）

五月、姚瑩補安慶學附生。（中復堂全集附年譜）

閏六月、秦瀛擢浙江布政使。（清史列傳卷三二）

八月、張鑑作若雨先生畫像記。（冬青甲乙集、乙集卷四）

九月、黃丕烈手鈔百宋一廛賦刊成。（黃蕘圃先生年譜）

十月、秦瀛入覲，上以其年逾六旬，精神漸遜，命以三四品京堂補用。（清史列傳卷三二）

十一月、王昶金石萃編一百六十卷刊成。（述庵先生年譜）

十二月、阮元於揚州建隋文選樓成，張鑑爲撰隋文選樓銘。

（雷塘庵主弟子記及冬青甲乙集、乙集卷八並參）

秦瀛補光祿寺卿；旋調太常寺卿。（清史列傳卷三二）

錢泰吉丁父憂。（甘泉鄉人年譜）

十一年丙寅（一八〇六）

姚鼐惜抱軒詩文集重刻於粵秀書院。（惜抱軒文集卷首）

臧庸南歸過揚州，伊秉綬延修廣陵圖經。（拜經堂文集卷首）

劉逢祿歸營葬事；旋以構訟又不克葬。（劉禮部集卷末尾）

梁章鉅家居，輯長樂詩話八卷，自爲之序。（退菴自訂年譜）

洪亮吉著六書轉注錄八卷，編纂涇縣志三十二卷。（洪北江詩文集卷首附年譜）

崔述移居安陽西山，又遷彰德府城。數値歲荒，典衣而炊，著作自娛。（崔東壁年譜）

姚鼐主講敷敬書院，姚瑩始從學，並得文章學之要。是歲、瑩與同里朱雅、方東樹、徐璈、劉開等爲文章道義交。（見中復堂全集附年譜）

趙翼以年屆八十，有自壽詩八首；京華故人、大江南北名流，皆寄詩文稱祝。（甌北先生年譜）

阮元居憂嬰濕疾，兼有瘡癬。以墓廬在雷塘，故曰雷塘庵主。（雷塘庵主弟子記）

焦循以書乞程瑤田爲撰父太學君誌，文成，命姪嗣茂書之。（見程易疇先生年譜）

姚文田充日講起居注官。（清史列傳卷三四）

鄭珍子尹生。（續碑傳集卷七四，清儒學案卷一六九，鄭子尹年譜。）

朱珪石君卒，年七十六。（碑傳集卷三八陳壽祺撰神道碑、阮元撰神道碑，揅經室二集卷三，清儒學案卷八五，知足齋全集附年譜。）

王昶德甫卒，年八十三。（碑傳集卷三七神道碑及墓誌銘，揅經室二集卷三，馮先恕疑年錄釋疑。）

錢坫獻之卒，年六

劉寶楠應試爲縣學生；與江都汪喜孫訂交。（劉楚楨先生年譜）
黃承吉作我園記。（夢陔堂文集卷九）
李兆洛授徒家塾，顏其堂曰耕樂，書塾曰辨志，並爲之銘。（李申耆年譜）
錢泰吉年十六，嘗從李甃游。（甘泉鄉人稿卷一九）
劉文淇始設帳授徒。（劉孟瞻先生年譜）
龔自珍年十五，詩編年由此始。（定庵年譜藁本）
是歲、黃丕烈更號復翁。（黃蕘圃先生年譜）
孟春、臧庸爲子夏易傳序。（拜經堂文集卷二）
春、趙懷玉與焦循同客揚州，輯揚州圖經，晨夕過從，得讀其所爲詩，有焦里堂詩序。（亦有生齋集文卷四）
仲冬、錢儀吉有跋壺天玉露。（衎石齋記事稿卷五）
冬、瞿中溶家譜刻成。（瞿木夫先生自訂年譜）
元旦、王昶得鄧夢琴書，寄示麗澤講習一册，並以甲子鄉試重赴鹿鳴賦詩見寄。（述庵先生年譜）
四月、秦瀛擢順天府府尹。（清史列傳卷三二）
錢泰吉侍母氏扶父喪歸。（甘泉鄉人年譜）
趙懷玉有三賢祠圖卷跋。（亦有生齋集文卷九）
六月、李文耕丁母憂。（喜聞過齋文集卷一三）

十六。（清史列傳卷六八，馮先恕疑年錄釋疑。）
朱文藻映屑卒，年七十二。（見注六六）

王昶病甚，口授謝恩表，自定喪禮，屬阮元撰神道碑文。（碑傳集卷三七）

七月、錢泰吉應伯祖爲賦一詩，乃大喜，命與從兄儀吉共學。由是文譽日起，郡人交稱曰錢氏二石。（甘泉鄉人年譜）

九月、段玉裁爲潛研堂集序。（段懋堂先生年譜）

十月、阮元纂刻十三經校勘記二百四十三卷成。（雷塘庵主弟子記）

十二月、崔述訂正讀風偶識。（崔東壁年譜）

朱珪臨卒，作留獻詩云：「天道神難測，民心惟一中，知人可安衆，居所自持公。如惡無偏黨，江河日蕩平，昊窮鑒信順，三寶一精誠。」手書草稿，蓋絕筆也。（知足齋全集附年譜）

十二年丁卯（一八〇七）

阮元在揚州，撰隋文選樓銘。（揅經室四集卷二）

臧庸復應阮元招至杭州，讀書於北關署中。（拜經堂文集卷首）

唐鑑舉於鄉。（曾文正公文集卷四）

洪亮吉編纂寧國府志五十卷。（洪北江詩文集卷首附年譜）

賀長齡與唐鑑同舉於鄉，以文章相切劘。（唐確愼公集卷首）

竇垿蘭泉生。（姜亮夫綜表）

王振綱重三生。（馮先恕疑年錄釋疑。）

朱次琦稚圭生。（

段玉裁刪訂說文注成，王念孫寄四十金以佐刻資，有與王懷祖兩書。（段懋堂先生年譜）

汪喜孫舉鄉試，由內閣中書，洊陞戶部員外郞，補河南懷慶府知府。（清史列傳卷六八）

劉文淇受知於會稽莫晉，與薛均傳同補博士弟子，同肄業梅花書院。（劉孟瞻先生年譜及續碑傳集卷七二並參）

顧廣圻爲唐律疏義後序。（思適齋集卷八）

朱珔充山東鄉試副考官；尋，擢贊善，遷侍講、預修明鑑，以事降編修。（清史列傳卷六九）

沈欽韓舉於鄉，爲安徽寧國府訓導。（續碑傳集卷七六及清史列傳卷六九並參）

祁韻士在伊犁，創纂伊犁總統事略十二卷；別摘山川疆域，爲西域釋地二卷。（鶴皐年譜）

何治運爲舉人。（清史列傳卷六九）

趙懷玉自通州歸里養痾，莊達甫以其所著春覺軒詩，來屬爲訂定，有春覺軒詩序。（亦有生齋集文卷四）

方東樹在江寧書院，姚鼐邀往課其長孫誦。（方儀衞先生年譜）

臧壽恭舉鄉試。（清史列傳卷六九）

劉逢祿舉順天鄉試，編修孔昭虔得卷大驚。座主戴氏、桂

碑傳集補卷三八，清儒學案卷一七一，朱九江先生集卷首附年譜。）

郭柏蔭彌廣生。（清儒學案卷一七八）

羅澤南仲嶽生。（注九九）

丁杰升衢卒，年七十。（復初齋文集卷一三翁方綱撰傳，清儒學案卷七二，清史列傳卷六八）

汪光爔晉蕃卒，年四十三。（碑傳集補卷四〇焦循撰傳，清儒學案卷一二〇）

氏、蔣氏皆以國士遇之。（劉禮部集卷末尾）

龔自珍識錢塘夏璜，是平生有朋友之始。讀四庫提要，是平生爲目錄學之始。（定庵年譜藁本）

杜煦與弟春生同登賢書，聞報閉戶對泣，悲不逮親也。（續碑傳集卷七八）

春、淩廷堪歸歙，主講城南紫陽書院。（淩次仲先生年譜）

冬、阮元撰曲江亭記。（揅經室三集卷二）

正月、阮元編瀛舟書記成。（雷塘庵主弟子記）

秦瀛陞刑部右侍郞。（淸史列傳卷三二）

四月、姚鼐惜抱軒詩文集刻成，姚原綬序之。（惜抱軒文集卷首）

孫星衍重刻唐律疏義，及洗寃集錄，顧廣圻爲之經營，並撰後序。（見顧千里先生年譜）

顧廣圻校刻段玉裁所撰釋拜一篇於江寧。（同上）

五月、王引之服闋入都補原官。（王文簡伯申府君行狀）

六月、孫星衍署布政司。（揅經室二集卷三，碑傳集卷八七）

七月、汪光爔應省試歸，病復作遂卒。（注二五三）

姚文田充山東鄉試正考官。是年、官起居注。（淸史列傳卷三四，續碑傳集卷八。）

王引之仍充日講起居注官。（王文簡伯申府君行狀）

汪輝祖煥曾卒，年七十八。（碑傳集卷一〇八，揅經室二集卷三，淸儒學案卷二〇一）

七月、姚瑩赴試金陵，館鍾山書院。是月、鄉試中式。（中復堂全集附年譜）

八月、劉寶楠自郡城歸，復至揚州，肄業安定書院。（劉楚楨先生年譜）

王引之簡放河南學政。（王文簡伯申府君行狀）

九月、嚴可均爲京氏易敍。（鐵橋漫稿卷五）

十月、姚文田丁父憂。（清史列傳卷三四）

十三年戊辰（一八〇八）

淩廷堪禮經釋例五稿成。是歲、有與阮中丞論克己書、章酌泉遺稿序。（淩次仲先生年譜）

李兆洛散館，謁選，爲安徽鳳臺縣知縣。（李申耆年譜）

陳用光充河南鄉試正考官。（清史列傳卷三四）

錢林成進士，改庶吉士，充國史館纂修；散館，試第一，授翰林編修。（玉山草堂集卷首）

嚴可均以開全唐文館，召主其事。（鐵橋漫稿卷六）

賀長齡成進士，改翰林院庶吉士。（清史列傳卷三八）

孫星衍乞假省迎父老於江南，至江寧與族人置田，爲孫子祠肖孫子及齊將臏像。（揅經室二集卷三，碑傳集卷八七。）

王聘珍著大戴禮記解詁，淩廷堪爲作跋。（見淩次仲先生年譜）

吳昆田雲圃生。（碑傳集補卷一一黃雲鵠撰墓表）

張文虎孟彪生。（續碑傳集卷七五，清儒學案卷一七二。）

錢儀吉成進士，改翰林院庶吉士；散館，授戶部主事。（清史列傳卷七三）

姚學塽爲貴州鄉試副考官，事竣聞母訃回籍。（續碑傳集卷七一）

李文耕服闋，赴補山東濟南府鄒平縣。（喜聞過齋文集卷一三）

齊彥槐舉鄉試。（續碑傳集卷七七）

董祐誠年十八，與同里張成孫共治算學，盡通諸家法。（清史列傳卷七三）

錢泰吉服闋，初應試，以經義古學置第一，入縣庠。（甘泉鄉人年譜）

張作楠成進士，由處州府教授，選江蘇桃源知縣，調陽湖。（清史列傳卷七三）

黃承吉撰闈中紀事。（夢陔堂文集卷一〇）

程瑤田是年右目亦瞽，日親枕蓆。然猶以著述爲事，口授孫等成琴音記續編，以示門人方彰。因請刋行，許之。命彰書序言並其端。（程易疇先生年譜）

錢侗充文潁館校錄。（清史列傳卷六八）

劉文淇始從友人借得毛詩疏，手自繕寫。包世臣以文淇好詩，勸治毛鄭詩，因識包世榮。（劉孟瞻先生年譜）

陳貽德年二十六，謁孫星衍於江寧，事以師禮。星衍與論上下古今，窮晝夜不息，屬分纂十三經佚注，貽德因著春秋左氏傳賈服注輯述二十卷。（清史列傳卷六九）

丁履恆以仁宗巡幸淀津，召試二等，充文穎館謄錄官。（續碑傳集卷七六）

龔自珍始見石鼓，是見石刻之始。（定庵年譜藁本）

是歲、孫星衍乞假歸，招黃丕烈燕集一榭園。（見黃蕘圃先生年譜）

春、姚瑩入都試禮部，成進士。（中復堂全集附年譜）

劉逢祿會試下第，方歸營葬，復丁內艱。（劉禮部集卷末尾）

趙懷玉至石渚講舍，得晤陸𥠖岡子鏞於通州。鏞以其父遺稿乞序，有樽湖齋存稿序。（亦有生齋集文卷四）

秋、嚴可均始草創廣搜藏家秘笈、金石文字，起上古迄於隋唐，作者三千四百九十五人，分代編次，爲十五集，合七百四十六卷，肆力九年始粗定；又肆力十八年始竣事。書成，復爲撰全上古三代秦漢三國六朝文總敍。（鐵橋漫稿卷六）

冬、臧庸始見淩廷堪於浙撫署齋，淩氏出示校禮堂文稿，並屬題跋，有題淩次仲教授校禮圖。（拜經堂文集卷四）

仲冬、臧庸著克己復禮解、仁舊貫解。（同上卷一）
正月、黃丕烈以黃梅花詩，錄於元本梅花百詠卷端，並跋。（黃蕘圃先生年譜）
五月、王引之轉左庶子。（王文簡伯申府君行狀）
王念孫爲段玉裁作說文注序，玉裁爲書謝之。是歲、玉裁主講婁東書院。（見段懋堂先生年譜）
六月、陳履和刻崔述唐虞考信錄，又致書彰德求書。（崔東壁年譜）
臧庸有書劉端臨先生遺書目錄後。（劉端臨先生遺書四卷本、卷首）
七月、祁韻士効力期滿，蒙恩釋令回籍。（鶴皐年譜）
八月、陳履和刻唐虞考信錄成，乃跋其後，以識崔氏著書之原委。（崔東壁年譜）
十月、祁韻士由伊犁啓行，明年三月抵里。是役也，馳驅萬里，備述所經。有萬里行程記、濛池行稿，及西陲百詠詩刻。（鶴皐年譜）
十二月、王引之晉侍講學士。（王文簡伯申府君行狀）
顧廣圻與段玉裁第二書，辨禮記王制四郊事。（顧千里先生年譜）

十四年己巳（一八〇九）

阮元在杭州，立書藏靈隱，並爲之記。（揅經室三集卷二）

姚椿別姚鼐於金陵而西上；旋丁父憂。（續碑傳集卷七八）

焦循年四十七，病危，以易學三書未成爲憾。乃誓於先聖先師，盡屏他業，專致力於易，凡四易稿乃成。（清史列傳卷六九）

唐鑑成進士，改翰林院庶吉士；散館，授檢討。（曾文正公文集卷四及清史列傳卷六七並參）

劉寶楠始作寶應圖經。（劉楚楨先生年譜）

李賡芸丁繼母憂。（清史列傳卷七五）

趙翼以目半明半眛，耳半聰半聾，喉音半響半啞，因自號三半老人。（甌北先生年譜）

顧廣圻返里，易林刻成，黃丕烈屬爲序，有刻易林序（時年四十三）。（思適齋集卷九）

齊彥槐成進士，改庶吉士；散館，選江蘇金匱縣知縣。在任嘗創立圖振法，又修泰伯墓。（續碑傳集卷七七，清史列傳卷七三）

端木國瑚教授中山書院，有新修中山書院記。（太鶴山人年譜）

賀長齡散館，授編修。（清史列傳卷三八）

方潛魯生生。（清史列傳卷六七）

陳立卓人生。（廣經室文鈔劉恭冕撰墓誌銘，續碑傳集卷七四，清儒學案卷一三一。）

周悅讓孟白生。（姜亮夫綜表）

陳喬樅樸園生。（注一〇〇）

馮桂芬林一生。（續碑傳集卷一八，清儒學案卷一七三。）

蘇源生泉沂生。（續碑傳集卷七一，清史列傳卷六七。）

梁章鉅主講南浦書院，輯東南嶠外詩文鈔若干，陳壽祺爲序。（退菴自訂年譜）
臧庸歸里得病。是年季春、著頌釋。（拜經堂文集卷首）
王引之轉侍讀學士，秩滿旋京，適父以河溢能永定河任，遂迎養於京邸。（王文簡伯申府君行狀）
魯一同六歲，通五音四聲。（續碑傳集卷七九）
冬、劉逢祿與同里臧庸、莊綬甲相約，分治五經。臧氏爲詩，莊氏爲尚書，逢祿自治易、春秋。臧莊二氏，皆未成書而中輟。（劉禮部集卷九）
趙懷玉門人石蘭持其曾祖樊山賜經堂詩來謁，乞序，有賜經堂詩序。（亦有生齋集文卷四）
正月、秦瀛補光祿寺卿。（清史列傳卷三二）
三月、秦瀛授都察院左副都御史，充會試知貢舉。（同上）
顧廣圻與段玉裁第二札，辨王制四郊事。是月、校汪師韓文選理學權輿。（顧千里先生年譜）
四月、秦瀛授倉場侍郎。（清史列傳卷三二）
段玉裁作聲類表序。（段懋堂先生年譜）
五月、秦瀛著以二品頂帶，仍補都察院左副都御史。（清史列傳卷三二）
六月、秦瀛遷內閣學士、兼禮部侍郎銜；尋，擢兵部右侍

李鍾泗濱石卒，年三十九。（碑傳集補卷四〇焦循撰事狀）
洪亮吉稚存卒，年六十四。（亦有生齋集文卷一八趙懷玉撰墓誌銘，洪北江詩文集卷首附年譜，清儒學案卷一〇五，漢學師承記卷四，清史列傳卷六九。）
凌廷堪次仲卒，年五十三。（見注七四）

郎。（同上）
七月、姚瑩抵粵，入督粵百百齡幕。（中復堂全集附年譜）
十一月、秦瀛轉兵部左侍郎。（清史列傳卷三二）
十二月、黃承吉撰味雪寄廬詩偶存序。（夢陔堂文集卷六）

十五年庚午（一八一〇）

阮元自編錄十三經經郛。（雷塘庵主弟子記）
姚鼐重赴鹿鳴宴，恩加四品銜。（清史列傳卷七二）
李兆洛在鳳臺，新修縣署成，有記。（李申耆年譜）
胡承珙爲廣東鄉試副考官；尋，遷御史，轉給事中。（續碑傳集卷七二，清史列傳卷六九）
包世臣居揚州，作策河四略。（包慎伯先生年譜）
祁寯藻舉鄉試。（續碑傳集卷四）
陳奐年二十五，從江沅治小學。江氏爲介段玉裁，遂從段氏游。（續碑傳集卷七四）
臧庸復應順天鄉試，不中式。吳編修延之修中州文獻書籍。（拜經堂文集卷首）
賀長齡充廣西鄉試副考官。（清史列傳卷三八）
胡培翬舉於鄉。（研六室文鈔卷首）
趙翼重赴鹿鳴筵宴，賞賜三品頂戴。（甌北先生年譜）
黃承吉自粵西旋里。（夢陔堂文集卷六）

徐鼒彝舟生。（碑傳集補卷二四，清儒學案卷二〇〇，敝帚齋主人年譜。）
陳澧蘭甫生。（續碑傳集卷七四，清儒學案卷一七四，陳東塾先生年譜。）
邵懿辰位西生。（續碑傳集卷五四，清儒學案卷二〇四。）
李善蘭秋紉生。（

錢侗擧鄉試，議敍知縣。（清史列傳卷六八）
梁章鉅仍在南浦書院，輯夏小正通釋四卷、南浦詩話四卷，祖之望爲之序。（退菴自訂年譜）
江藩年五十，以易筮之，得坎之節，乃思守所傳之經，終老於家，因自號節甫。（清史列傳卷六九）
顧廣圻里居，友人王涓始爲其寫錄韓非子識誤，間有所得，輒加增定。（思適齋集卷九）
李文耕以疾去官。（清史列傳卷七六）
馮登府在孤山，謁林處士墓。鄉試薦卷。孫星衍爲書石經閣篆額。漢石經考異成，用昌黎石鼓詩韻紀之。（馮柳東先生年譜）
姚椿扶父喪歸里。（續碑傳集卷七八）
端木國瑚服闋，念祖父及乃父遺言，始究心易學。（太鶴山人年譜）
汪文臺年十五丁父憂，居喪哀毀如成人。（碑傳集補卷五〇）
劉寶楠補廩膳生。（劉楚楨先生年譜）
陳壽祺丁父憂歸。（碑傳集卷五一）
龔自珍中副貢生，始學倚聲塡詞。（定庵年譜稾本）
仲春、臧庸著昆弟兄釋異。（拜經堂文集卷一）

注一〇一）
伊樂堯遇龔生。（續碑傳集卷五四）
吳定殿麟卒，年六十六。（清史列傳卷七一）

夏、趙懷玉有諸葛武侯祠碑跋。（亦有生齋集文卷八）
正月、秦瀛實授刑部右侍郎。（清史列傳卷三二）
二月、瞿中溶錄到湘所作詩，得百首，題曰楚游吟稿。（瞿木夫先生自訂年譜）
三月、陳履和隨父還滇，在貴州道中，致崔述兩函，述其養親省師之志。（崔東壁年譜）
五月、姚文田遷右春坊右中允，復充日講起居注官。（清史列傳卷三四）
六月、阮元撰儀禮喪服大功章傳注舛誤考。（揅經室一集卷二）
姚瑩赴香山，主講欖山書院。（中復堂全集附年譜）
顧廣圻爲鮑氏知不足齋叢書序。（思適齋集卷一二）
崔述作七月篇解。（崔東壁年譜）
七月、姚瑩有游欖山記。（中復堂全集附年譜）
八月、姚文田命提督河南學政。（清史列傳卷三四）
九月、張鑑撰兩浙賑災記成。（見雷塘庵主弟子記）
十一月、顧廣圻有重刻宋元檢驗三錄後序。（思適齋集卷八）

十六年辛未（一八一一）

李兆洛在鳳臺，始編纂縣志。（李申耆年譜）
姚椿營父葬於佘山。（續碑傳集卷七八）

鄧瑤伯昭生。（注一〇二）

程恩澤成進士，改翰林院庶吉士；散館，授編修。（同上卷一〇，程侍郎遺集卷首。）

阮元爲葉氏廬墓詩文卷序，又爲惜陰日記序。（揅經室四集集卷二、三集卷五）

李元春改大理寺評事。（淸史列傳卷六七）

方東樹在江寧，太守新安呂氏延修府志分纂。（方儀衞先生年譜）

張宗泰丁父憂去官。（續碑傳集卷七六）

梅植之年十八，集自十三歲至是年詩四卷，爲趨庭集。（嵇庵文集卷首）

徐松督學湖南，因事戍伊犂。（淸史列傳卷七三）

王引之分敎庶吉士；旋派隨扈木蘭，賡和之作甚多。（王文簡伯申府君行狀）

祁韻士是年有平舒山莊六景詩刻。（鶴皐年譜）

梁章鉅復入張撫部幕，與陳壽祺分纂御製史詩註六十四卷。仍赴南浦書院講席，校補倉頡篇三卷，選輯閩文典制鈔四卷。（退菴自訂年譜）

冬、朱次琦始入塾受書。（朱九江先生集卷首附年譜）

顧廣圻自辛未迄甲戌秋，在孫星衍治城山館，幾及三年，爲孫氏校刻續古文苑、華陽國志、抱朴子內篇、古文尙書考

莫友芝子偲生。（續碑傳集卷七九）

曾國藩滌生生。（注一〇三）

劉書年僊石生。（碑傳集補卷二四，淸儒學案卷一七七，淸史列傳卷六九。）

李潢又璜卒。（姜亮夫綜表）

臧庸在東卒，年四十五。（拜經堂文集卷首阮元撰別傳、宋翔鳳撰亡友臧君誄，淸儒學案卷四五，淸史列傳卷六八。）

異、紹熙雲間志等書。（思適齋集卷一一）

閏三月、劉寶楠丁母憂。（劉楚楨先生年譜）

四月、阮元經郛編錄成，凡一百餘卷。（雷塘庵主弟子記）

端木國瑚下第，自京師歸。過闕里訪孔壁古文；上嶧山，觀李斯刻石處；游蜀岡，登焦山，訪友硎，撫古鼎；訪瘞鶴銘而還。（太鶴山人年譜）

五月、姚文田遷侍講。（清史列傳卷三四）

六月、鈕樹玉游揚州，始與汪喜孫訂交。喜孫出其家藏趙松雪正書急就篇墨跡見示，因手錄一通，並爲跋。（匪石先生文集卷下）

阮元編漢延熹西嶽華山碑考四卷成，又編四庫未收百種書提要成。（雷塘庵主弟子記）

七月、馮登府以廩生貢入成均。（馮柳東先生年譜）

祁韻士授讀於陝甘制府那繹堂約至署。（鶴臯年譜）

孫星衍告病南歸，寓金陵城東麓烈愍祠。（孶經室二集卷三，碑傳集卷八七）

八月、馮登府舉鄉試。（馮柳東先生年譜）

鈕樹玉游廣陵，汪喜孫舉其父汪中所著述學內外篇以贈，鈕氏爲書其後於淮安舟次。（匪石先生文集卷下）

九月、姚文田轉侍讀。（清史列傳卷三四）

十二月、黃丕烈跋新刊成藏書紀要。（黃蕘圃先生年譜）

十七年壬申（一八一二）

包世臣謁桐城姚鼐於白門鐘山書院，請問為學之要。（包慎伯先生年譜）

孫星衍招同方維甸、胡克家、彭兆蓀及顧廣圻集飲隨園。（見顧千里先生年譜）

段玉裁刻說文解字注，王念孫序。（清史列傳卷六八）

方東樹授經安徽巡撫胡克家幕中。（方儀衞先生年譜）

姚文田擢右庶子。（清史列傳卷三四）

陳奐為縣學生。是冬、始受業於段玉裁，校毛詩傳，游歷齊、魯、燕、趙，與四方學者交，聞見漸博。（續碑傳集卷七四，段懋堂先生年譜，三百堂文集卷上）

龔自珍校書武英殿，是平生為校讎學之始。（定庵年譜藁本）

李賡芸服闋，補福建汀州府知府。（清史列傳卷七五）

祁韻士兼充蘭山書院山長。（鶴皋年譜）

王引之授通政使副使。是年、命稽查右翼宗學。（王文簡伯申府君行狀）

錢泰吉列高等食餼。（甘泉鄉人年譜）

羅澤南六歲從從父受學，讀書過目成誦，日可千餘。（羅忠

薛壽介伯生。（續碑傳集卷七九劉壽曾撰家傳，又見劉孟瞻先生年譜。）

胡林翼貺生生。（續碑傳集卷二五，養知書屋文集卷一七郭嵩燾撰行狀，胡文忠公遺集卷首附年譜，清儒學案卷一七八。）

陳壽熊獻青生。（續碑傳集卷七一，清儒學案卷二〇〇。）

高均儒伯平生。（注一〇四）

葉名澧潤臣生。（

節公年譜）
陳澧三歲，咳嗽幾死。（陳東塾先生年譜）
春、黃丕烈再跋元本梅花百詠。（黃蕘圃先生年譜）
姚瑩編輯姚範援鶉堂詩文筆記。是夏，有勵志賦。（中復堂全集附年譜）
夏、趙懷玉在關中講席，始與盛孟巖再晤，聯觴唱詠。有關中書院主講題名碑記。（亦有生齋集文卷四、卷一五）
劉逢祿門人張潤手錄其五經考異，並為梓刻，逢祿又自敍其始末於卷首。（劉禮部集卷九）
仲秋、錢儀吉撰諸葛忠武故事序。（衎石齋記事稿卷三）
正月、錢儀吉有世父戶部府君年譜跋。（同上卷五）
五月、顧廣圻為隋李播天文大象賦後序。（思適齋集卷一〇）
六月、黃丕烈重刻宋本輿地廣記成，記緣起於首。（黃蕘圃先生年譜）
九月、晦日，黃丕烈擬易號知非子。是日、六跋金刻中州集。（同上）
十月、黃丕烈敍新刊成宋本輿地廣記，並附刊校勘札記成。（同上）
十一月、江藩撰校禮堂文集序。（見校禮堂文集卷首）

注一〇五）錢伯坰魯思卒，年七十五。（姜亮夫綜表）

十八年癸酉（一八一三）

包世臣游歷下河，作下河水利說。（包愼伯先生年譜）

馮登府三家詩異文考證成，張堯民爲序。（馮柳東先生年譜）

鮑廷博年八十六，著加恩賞舉人，俾其世衍書香，廣刊秘籍。（清史列傳卷七二）

胡培翬與胡承珙定交於都中。是歲、培翬爲燕寢考未就，因先撮其大略，爲東房西室疑問，請正於山陽汪氏及高郵王氏。（研六室文鈔卷六、卷首。）

陳履和欲北上省崔述，乃五月其封翁病歿，不克如願。遂於十二月致崔氏書，請墓誌銘及所未見之書。（見崔東壁年譜）

錢林充順天鄉試同考官。（玉山草堂集卷首）

張琦擧鄉試，以謄錄議敍知縣。（清史列傳卷七六）

羅澤南所居丹崖堂成。（羅忠節公年譜）

李誠以拔貢生官雲南姚州州判。（清史列傳卷六八）

梅曾亮撰民論、士說諸篇。（柏梘山房文集卷一）

陳用光陞江南道監察御史。（清史列傳卷三四）

梅植之年二十，學駢麗之文。博覽經史，工書善琴。是歲、集自十九歲至是年與舅氏相唱和之詩四卷，爲墅游集。（

方金彪寅甫生。（清儒學案卷一五七）

左宗棠季高生。（注一〇六）

汪曰楨剛木生。（清史列傳卷七三）

劉熙載伯簡生。（注一〇七）

汪萊孝嬰卒，年四十六。（研六室文鈔卷九胡培翬撰行略，碑傳集卷一三五，清史列傳卷六九。）

吳騫槎客卒，年八十一。（碑傳集補卷四五，清儒學案卷八七，清史列傳續碑傳集卷七七，稆庵文集卷首。）

劉寶楠居憂，授徒里中，纂輯劉氏淸芬集。（劉楚楨先生年譜）

洪震煊以拔貢生赴京應試；旣廷試，貧不能歸，入直隸督學幕。（淸史列傳卷六九）

朱次琦七歲，能爲詩。（朱九江先生集卷首附年譜）

趙懷玉主關中講席，程晉芳子瀚來謁，乞爲其父遺稿撰序，有勉行堂五經說序。（注二五四）

二月、姚文田遷國子監祭酒，召回京。（淸史列傳卷三四）

三月、方履籛偕友人吳育、李慶來、周儀暐、儀萬、儀顥、管遹羣，訪唐荆川讀書舊館陶園，有春暮遊園序。（萬善花室文稿卷三）

四月、方履籛爲綠玉詞序。（同上）

六月、張其錦編次其師淩廷堪遺文爲三十六卷，顏曰校禮堂文集，刋之。（見校禮堂文集卷首）

八月、王引之授太僕寺卿。（王文簡伯申府君行狀）

九月、李文耕出仕之意始決。與梯山詩有云：「知難六載臥明湖，纓冕重牽笑故吾，才力就衰名亦老，剩將心事問冰壺。」蓋亦感慨之作也。（喜聞過齋文集卷一三）

十月、姚文田入直南書房。（淸史列傳卷三四）

卷七二。）

錢大昭晦之卒，年七十。（碑傳集卷四九；淸史列傳卷六八。）

王引之轉大理寺卿。（王文簡伯申府君行狀）
十一月、姚文田疏言奏入，報聞；尋，遷詹事，充文淵閣直閣事。（清史列傳卷三四）

十九年甲戌（一八一四）

黃丕烈始刊儀禮鄭注。（黃蕘圃先生年譜）
方履籛自京師至柳城省親，並游柳城之網山，有網山賦並序。（萬善花室文藁卷一）
祁寯藻成進士，改翰林院庶吉士。（續碑傳集卷四，清史列傳卷四六。）
顧廣圻再客揚州，值全椒學士吳氏重刊宋本韓非子，因舉識誤附於末刻之，有序。（思適齋集卷九）
汪喜孫應禮部試，以其父汪中所箸述學，索序於王念孫。（述學卷首）
劉逢祿成進士，改翰林院庶吉士。是秋，乞假南歸，在籍二載。（劉禮部集卷末尾）
阮元撰是程堂集序。（揅經室三集卷五）
胡培翬在都，館於胡承珙邸。時承珙方草創儀禮疏，昕夕與培翬談論。（研六室文鈔卷一〇）
姚學塽充會試同考官，轉典籍。（續碑傳集卷七一）
胡世琦成進士，改翰林院庶吉士。（清史列傳卷六九）

雷浚深之生。（清儒學案卷七六）
周壽昌宏甫生。（續碑傳集卷八〇周禮昌撰行狀，清儒學案卷一七八。）
戴鈞衡存莊生。（續碑傳集卷七九方宗誠撰戴存莊權厝志）
趙翼耘松卒，年八十八。（清儒學案卷八一，甌北先生年譜。按清史列傳卷七二作卒年八十六，存參。）

劉文淇歲試揚州，擢置一等第一，補廩膳生。（劉孟瞻先生年譜）

李文耕病痊，仍補原缺。在任五年，以清訟息爭、戢暴安良爲務。（清史列傳卷七六）

王引之簡放山東學政。（王文簡伯申府君行狀）

徐璈成進士，授戶部雲南司主事；後以迎養，乞改官浙江；知壽昌臨海縣事。（儀衞軒文集卷一一，清史列傳卷七三。）

錢儀吉應馮俊焯請，爲撰馮母刲肱圖記。（衎石齋記事稿卷一）

吳廷棟補縣學生。（吳竹如先生年譜）

龔自珍侍文徽州守，任徽討文獻之役；自編文集始於是年，有明良論、保甲正名，與徽州府志局纂修諸子書等篇。（定庵年譜藁本）

齊彥槐遷蘇州府同知，擢知府。（清史列傳卷七三）

鄭珍九歲從父歸自於陵，家中藏書，皆已烏有。（鄭子尹年譜）

季秋、錢儀吉有重刻栟櫚先生集序。（衎石齋記事稿卷一）

冬、趙懷玉自關中扶疾歸，泝江東下，道經峴山抵里，有半畝山房詩序。（亦有生齋集文卷四）

張聰咸阮林卒，年三十二。（碑傳集卷一四一，清儒學案卷一三八。）

程瑤田易疇卒，年九十。（清儒學案卷八二，清史列傳卷六八，程易疇先生年譜。）

鮑廷博以文卒，年八十七。（清儒學案卷一二五）

冬、姚瑩在從化，自敍後湘詩集。（中復堂全集附年譜）
閏二月、姚文田遷內閣學士、兼禮部侍郎銜。（清史列傳卷三四）
陳用光命巡視西城。（同上）
李賡芸調漳州府。（同上卷七五）
祁韻士在保陽那繹堂官署課讀，兼充蓮池書院山長。（鶴皐年譜）
三月、崔述得陳履和書，遂作墓誌銘寄去，並帶去書七種。（崔東壁年譜）
俞正爕在京師寓拜斗殿，撰注韓方向程途、書讀史方輿紀要後。（俞理初先生年譜）
李兆洛纂鳳臺縣志成。（李申耆年譜）
五月、姚文田教習庶吉士。（清史列傳卷三四）
錢儀吉有之滇行程圖序。（衎石齋記事稿卷三）
七月、孫星衍至揚州，應鹽政阿公聘校刻全唐文。（見顧千里先生年譜，𦊆經室二集卷三。）
胡培翬爲張聰咸校訂左傳杜注辯證書成，有書後。（研六室文鈔卷七）
八月、陳用光轉掌廣東道監察御史。（清史列傳卷三四）
劉寶楠纂輯寶應詩文，爲象求集成，有序。（劉楚楨先生年

二十年乙亥（一八一五）

譜，念樓集外集卷一）

九月、李賡芸陞汀漳龍道。（清史列傳卷七五）

江藩撰扁舟載酒詞一卷，顧廣圻為序（按序作於是年中秋後五日）。（見顧千里先生年譜）

祁寯藻丁父憂。（清史列傳卷四六）

馮登府著石經閣詩略第二卷閒居草。（馮柳東先生年譜）

劉逢祿散館，改授禮部主事。（續碑傳集卷七二）

黃丕烈刊梅花喜神譜。（黃蕘圃先生年譜）

梅曾亮年三十，始有志於漢、唐、宋諸君子之作。（柏梘山房文集卷首）

姚文田擢兵部右侍郎。（清史列傳卷三四）

端木國瑚選湖州府歸安縣教諭。（太鶴山人年譜）

錢林奉命廣東副考官。（玉山草堂集卷首）

鄭獻甫年十五入州學。（續碑傳集卷七九）

陳澧六歲，讀表兄徐達夫時文。（陳東塾先生年譜）

郝懿行以養痾輟爾雅業，瀏覽晉宋史書，撰書故瑣語補志，又鈔晉文百數十首。（研六室文鈔卷一〇）

李棠階補郡庠生。（續碑傳集卷一二）

徐鼒六歲，從父授毛詩。（敝帚齋主人年譜）

姚鼐姬傳卒，年八十五。（碑傳集卷一四一，清史列傳卷七二。）

周春松靄卒，八十七。（清史列傳卷六八）

錢侗同人卒，年三十八。（碑傳集補卷四〇姚椿撰墓誌銘）

祁韻士鶴皋卒，年六十五。（程侍郎遺集卷八程恩澤撰神道碑銘，清史列傳卷七二，鶴皐年譜。）

是歲、姚椿復至金陵，時姚鼐（先生之師）有疾，椿爲視醫藥者數月，及卒，又親視含殮，哀輯其遺書；既歸，杜門力學，不復應學。（續碑傳集卷七八沈日富撰行狀）

春、黃丕烈宋嚴州本儀禮經注刊成，敍記。（黃蕘圃先生年譜）

夏、包世臣與黃乙生同客揚州，乙生攻書較包氏更力，年亦較深，日相切磋，而書日進。（包愼伯先生年譜）

秋、包世臣游海州，見海州之屬鎭集數百，以青口爲大。建議不如於淮關分口內，移於一處青口，乃作青口稅議。（同上）

正月、王念孫敍汪中述學（時年七十二）。（述學卷首）

三月、姚瑩自里往浙，過金陵，省姚鼐於鍾山書院，有贈管異之、酬馬湘帆等詩。（中復堂全集附年譜）

五月、段玉裁說文注刻成。是年、阮元延主杭州敷文書院；未幾卒，王念孫爲誌其墓。（段懋堂先生年譜）

六月、嚴可均撰孝經鄭氏注敍。（鐵橋漫稿卷五）

錢儀吉爲蒜布雜記序。（衎右齋記事稿卷三）

八月、李賡芸陞按察使；尋，署布政使。（清史列傳卷七五）

九月、嚴可均撰南越志敍。（鐵橋漫稿卷五）

洪震煊百里卒，年四十六。（清史列傳卷六九）

段玉裁若膺卒，年八十一。（段懋堂先生年譜，清史列傳卷六八。按清儒學案卷九一作卒年八十二。）

崔述自念衰病日甚，乃聚其書爲九函，作遺囑，命其妾藏焉。（碑傳集補卷三九陳履和撰行略）

十月、曾國藩五歲受學於庭，誦讀穎悟，曾祖竟希公鍾愛之。（曾文正公年譜）

立冬日、嚴均可撰風土記。（鐵橋漫稿卷五）

十二月、錢泰吉丁母憂。（甘泉鄉人年譜）

二十一年丙子（一八一六）

俞正燮在上元皇甫巷，始與嚴可均相識。（俞理初先生年譜）

阮元撰江蘇詩徵序。（揅經室二集卷八）

錢林充廣東鄉試副考官。（清史列傳卷七三）

趙懷玉始主愛山講席。（亦有生齋集文卷五）

王紹蘭福建鄉試監臨官、武鄉試主試官。（碑傳集補卷一四）

唐鑑爲贈嚴樂園太守歸所治序。（唐確愼公集卷二）

劉文淇始於薛均傳所識汪穀。（劉孟瞻先生年譜）

賀長齡放山西學政。（清史列傳卷三八）

馮登府著唐石經誤字辨一卷成，刻種芸詞二卷於崑山梅花溪漁唱紫、述花館，體物集也。（馮東柳先生年譜）

汪遠孫舉鄉試，官內閣中書。（清史列傳卷六八）

成孺芙卿生。（碑傳集補卷三八馮煦撰墓誌銘及行狀。按清儒學案卷一八〇作光緒二十七年卒，則生道光十四年，可參。）

劉蓉孟容生。（續碑傳集卷二七，清儒學案卷一七八。）

崔述武承卒，年七十七。（碑傳集補

黃丕烈汪本隸釋刊誤刊成。（黃蕘圃先生年譜）
梁章鉅考取軍機章京；旋入直。（碑傳集補卷一四）
李賡芸授布政使。（清史列傳卷七五）
錢儀吉居京師，撰瓶谷筆記序。（衎石齋記事稿卷三）
梅曾亮有記日本國事。（柏梘山房文集卷一〇）
許桂林舉鄉試。（清史列傳卷六九）
龔自珍侍父蘇松太道任，凡關甄綜人物，搜輯掌故之役，未嘗不與焉。（定庵年譜藁本）
金鶚選充優貢生，需次抵都，館尚書汪氏家。（續碑傳集卷七四）
方坰舉於鄉。（悔過齋文集卷六）
吳昆田九歲授論語，欣然歸語家人曰：「我願效顏子簞瓢陋巷，不改其樂。」（碑傳集補卷一一）
李棠階食廩餼。（李文清公遺書卷首）
春、姚瑩謁選，得福建平和縣知縣；赴官過錢塘，謁汪廷珍。（中復堂全集附年譜）
夏、孫星衍主講鍾山書院。（見顧千里先生年譜）
秋、阮元刻宋本十三經注疏成，有書後。（雷塘庵主弟子記，揅經室三集卷二。）
冬、王引之任滿旋都，遷都察院左副都御史。（王文簡伯申

卷三九陳履和撰行略，清儒學案卷九七，清史列傳卷六八，崔東壁年譜。）
汪家禧漢郊卒，年四十二。（碑傳集補卷四八，清史列傳卷七三。）
洪飴孫孟慈卒，年四十四。（清史列傳卷六九。）
莊述祖葆琛卒，年六十七。（碑傳集卷一〇八，清儒學案卷七四。）
楊鳳苞傳九卒，年六十三。（見注七二）

府君行狀）
二月、陳澧入塾，徐達夫爲師，授讀論語、唐詩。（陳東塾先生年譜）
四月、姚文田調禮部右侍郎。（清史列傳卷三四）
阮元撰焦氏雕菰樓易學序。（揅經室一集卷五）
六月、姚文田調戶部右侍郎。（清史列傳卷三四）
閏六月、方東樹丁父憂。（方儀衞先生年譜）
七月、阮元撰江西改建貢院號舍碑記。（揅經室三集卷二）
八月、顧廣圻爲孫星衍分校全唐文於揚州，事畢將返吳門，又應孫氏屬爲其弟所著廣復古編作序。（注二五五）
嚴可均撰爾雅圖贊敍，又爲山海經圖贊敍。（鐵橋漫稿卷五）
九月、顧廣圻丁母憂，奔喪回里。（顧千里先生年譜）
十一月、鈕樹玉有盤銘跋。（匪石先生文集卷下）
十二月、阮元有恭進十三經注疏校勘記摺子。（揅經室二集卷八）

二十二年丁丑（一八一七）

陳奐入都謁王念孫，遂成忘年交。（續碑傳集卷七四）
顧廣圻應胡克家屬刻元刊本資治通鑑。（顧千里先生年譜）
姚文田會試正副考官。（續碑傳集卷八）

何桂珍丹畦生。（續碑傳集卷五八曾國藩撰何君殉難碑

李兆洛主講懷遠眞儒書院，始編纂懷遠縣志。（李申耆年譜）

劉寶楠僑居郡城，孫彥之寓北城蕭寺中，著四書說苑脫稿。時寶楠始著毛詩詳注，日夕過從，互質所得。（念樓集卷六）

方東樹旅困金陵，賃居靑溪祇樹僧舍。（方儀衞先生年譜）

沈垚始與孫燮訂交。（碑傳集補卷四九）

龔自珍與江藩書言其所著漢學師承記，名目有十不安，勸改爲經學師承記。（定庵年譜藁本）

鈕樹玉在上海道署度歲，與龔自珍相遇，遂約游洞庭。（匪石先生文集卷下）

方茶山入覲，時胡培翬以禮部試在都，晨夕招往客舍談論，臨行又邀同遊水西。（研六室文鈔卷七）

朱爲弼授職方司主事。（續碑傳集卷二二）

鄭珍年十二，授句讀於塾師張氏。（鄭子尹年譜）

王引之派充會試知貢擧，未入闈，會閩省署龍溪令朱履中誣李賡芸受賄事；旋平反罪獄。（王文簡伯申府君行狀）

陸繼輅大挑二等，選合肥縣學訓導。（續碑傳集卷七七）

徐鼒八歲，隨父還居舊宅，始授尚書。（敝帚齋主人年譜）

春、姚瑩在平和任，建九和書院。（中復堂全集附年譜）

仲夏、馮登府輯暴書亭外集詩五卷，並爲之序；又著石經閣

記及李元度撰何文貞公別傳）

李銳尙之卒，年四十五。（見注八二）

惲敬子居卒，年六十一。（姜亮夫綜表）

陳鱣仲魚卒，年六十五。（碑傳集補卷四八，清儒學案卷八七，清史列傳卷六九。）

王芑孫念豐卒，年六十三。（碑傳集補卷四七，清儒學案卷一九八。按清史列傳卷七二作嘉慶二年卒，存參。）

	詩略第三卷北游前草。（馮柳東先生年譜） 冬、阮元始至粵。（揅經室三集卷五） 姚瑩調官龍谿知縣。（中復堂全集附年譜） 紀昀撰積靜逸先生經義序。（紀文達公遺集卷九） 正月、翁方綱撰秦篆殘字記序。（復初齋文集卷二） 二月、陳履和刻其師崔述考信錄於太谷縣署。（碑傳集補卷三九） 三月、姚文田充會試副考官；尋，轉左侍郎、兼管錢法堂事務。（清史列傳卷三四） 五月、劉逢祿自庶吉士，改禮部祠祭司兼儀制司事，有禮無二適一文；散館，改禮部主事。（劉禮部集卷三、卷末尾） 九月、張鑑爲蕉雪菴詩鈔序。（冬青甲乙集、乙集卷五）	李賡芸生甫卒，年六十四。（碑傳集卷八七。按清史列傳卷七五作嘉慶二十一年卒，存參。） 嚴元照九能卒，年四十五。（碑傳集補卷四八。按清史列傳卷六九作卒年三十五，存參。）
二十三年戊寅（一八一八）	俞正燮再晤嚴可均於上元皇甫巷，相與檢文及目。（俞理初先生年譜） 江藩國朝漢學師承記八卷，刻於阮元廣州節院。（見揅經室一集卷一一） 金鶚以優貢入都，始與陳奐相識。（續碑傳集卷七四） 方東樹客宿州，著考正感應篇暢隱，序之。（方儀衛先生年	徐壽雪村生。（碑傳集補卷四三，清儒學案卷一八六。） 方宗誠存之生。（注一〇八）

譜）

唐鑑遷浙江道御史。（清史列傳卷六七）

劉寶楠徙居郡城，始與劉文淇訂交。時同訪包世臣於小倦遊閣，苗西御及其弟句生，皆座上客，自是交益密。（注二五六）

陳用光充明鑑總纂官。（清史列傳卷三四）

馮登府著論古貢疑二卷，校張孝廉先民遺集，繪前塵十幀圖。（馮柳東先生年譜）

方履籛舉鄉試。是歲、有鄧漢中德政錄跋。（萬善花室文藁續集）

包世臣家居，見黃修存藏亭林遺書十種，因假歸讀之。（包愼伯先生年譜）

李貽德舉於鄉，對策爲浙士冠，得進呈；嗣是六上春官，屢薦不售。（續碑傳集卷七六）

顧廣圻撰先考碣陰記。（顧千里先生年譜）

方成珪舉鄉試，官海寧州學正，陞寧波府教授。（清史列傳卷六九）

吳廷棟科試列高等，食餼。（吳竹如先生年譜）

趙懷玉有顧端文家藏手牘跋。（亦有生齋集文卷八）

龔自珍舉浙江鄉試。（定庵年譜藁本）

李續賓迪菴生。（續碑傳集卷五六）

郭嵩燾伯琛生。（虛受堂文集卷九，續碑傳集卷一五，清儒學案卷一八二。）

劉傳瑩實甫生。（續碑傳集卷七一，曾文正公文集卷二，清儒學案卷一七八。）

劉毓崧松厓生。（廣經室文鈔劉恭冕撰墓誌銘，續碑傳集卷七，並見劉孟瞻先生年譜。）

鍾文烝朝美生。（碑傳集卷四一）

許宗彥積卿卒，年

蘇源生年十歲，即知守身之義。（清史列傳卷六七）

王引之轉禮部左侍郎。是年、命充恩科浙江正考官。（王文簡伯申府君行狀）

董祐誠舉鄉試。（清史列傳卷七三）

鄭珍肄業郡城湘川書院。是秋、自郡城還鄉。（鄭子尹年譜）

陳澧九歲，始學作詩及時文。（陳東塾先生年譜，清史列傳卷六九）

春、陳奐之山東東平顧竹海舅官舍。（三百堂文集卷上）

仲春、方履籛薄游江上，寄寓東流，適李兆洛及張彥惟應邑人邀聘爲修方志，遂約爲蘭江亭之游，有蘭江亭記。（萬善花室文藁卷四）

秋、陳奐入都，謁王念孫於旃壇寺。王氏詢以近日所學，因勸先治毛詩，後治集韻；又以學者著書，必於所託者尊，並日定課程，而後有成，勉之別去。（三百堂文集卷上）

冬、黃丕烈重雕嘉靖本周禮鄭注校刊成，並附札記、跋記。（黃蕘圃先生年譜）

正月、孫星衍卒，吳鼒招顧廣圻至揚州，料理星衍遺書殘稿，移寓西園側之斗母道宮，累數晨夕。（見顧千里先生年譜）

二月、鈕樹玉與葉小梧偕龔自珍同游洞庭湖，有記游洞庭。（匪石先生文集卷下）

五十一。（碑傳集卷六〇陳壽祺撰墓誌銘，清史列傳卷六九。）

孫星衍淵如卒，年六十六。（揅經室二集卷三及碑傳集卷八七阮元撰傳，清儒學案卷一一〇，清史列傳卷六九。）

翁方綱正三卒，年八十六。（清史列傳卷六八）

閏三月、沈垚有與張淵甫書。（落帆樓文集卷二）

四月、梁章鉅充軍機章京。（清史列傳卷三八）

七月、李兆洛編纂懷遠縣志成。（李申耆年譜）

九月、阮元赴任兩廣總督。（清史列傳卷六九）

梁章鉅以失察禮部，頒發科場條例，文字譌誤，降一級留任。（同上卷三八）

朱駿聲舉鄉試，官黟縣訓導。肆力著述，諸生造門請業者常數十人，官舍至容不下。俞正燮歎曰：「朱君眞名士也！」（同上卷六九）

十月、阮元撰綠天書舍存草序。（揅經室三集卷五）

十一月、阮元奏纂廣東通志。（雷塘庵主弟子記）

十二月、瞿中溶預修湖南通志成。（瞿木夫先生自訂年譜）

阮元爲江藩撰國朝漢學師承記序於桂林行館。（揅經室一集卷一一）

二十四年己卯（一八一九）

劉寶楠與劉文淇、丁晏同舉優行貢生。（劉楚楨先生年譜）

龔自珍始從武進劉逢祿受公羊春秋。（定庵年譜藁本）

李棠階中式河南鄉試。（李文清公遺書卷首）

阮元撰桂林隱山銘並序。（揅經室四集卷二）

胡承珙充順天鄉試同考官。（續碑傳集卷七二）

孫鼎臣子餘生。（續碑傳集卷一八，清儒學案卷一七八。）

鄭伯奇特夫生。（

祁寯藻散館，授編修。（清史列傳卷四六）
端木國瑚有上阮相國書。（太鶴山人年譜）
朱爲弼擢員外郎。是秋、充順天鄉試同考官。（續碑傳集卷二二）
馮登府著石經閣詩略第四卷北游後草，又有懷人詩七絕四十八首。（馮柳東先生年譜）
王引之命兼署兵部左侍郎，教習庶吉士；尋，左遷通政使。（王文簡伯申府君行狀）
胡培翬成進士，官內閣中書，充實錄館詳校官；書成，擢戶部廣東司主事。（研六室文鈔卷首，清史列傳卷六九）
包世臣與張翰風同客濟南，得北朝碑版甚夥，因爲歷下筆談，又作論書十二絕句。（包愼伯先生年譜）
李文耕入簾差竣，調任東昌府冠縣知縣。（喜聞過齋文集卷一三）
錢林充四川鄉試正考官，以大考一等，洊陞翰林院侍讀學士，左遷庶子。（清史列傳卷七三）
陳奐有與王伯申書，論其經傳釋詞。謂始知經傳中有實義字而爲助語者，亦有虛義字而爲數訓者，昔人多未了悟，讀其書乃釋然云。（三百堂文集卷下）
林伯桐選授德州學正。（清史列傳卷六九）
錢儀吉奉母歸葬南旋，錢儀吉始得與其朝夕共讀，益肆力於

清史列傳卷六九）
王灼明甫卒，年六十八。（同上卷七一）
金鶚風薦卒，年四十九。（碑傳集補卷四〇郭協寅撰傳，清史列傳卷六九）
梁玉繩曜北卒，年七十六。（清儒學案卷一〇三）

經史。（甘泉鄉人年譜）

鄒漢勳年十五，通左氏義，佐伯兄纂左氏地圖說。（注二五七）

朱次琦謁制府阮元，命作黃木灣觀海詩。阮氏驚曰：「老夫當讓此子出一頭地，過予彩旗門作矣！」（朱九江先生集卷首附年譜）

李善蘭年十歲，讀書家塾，始閱九章，自此遂好算。（李善蘭年譜）

是歲、曾國藩九歲，讀五經畢，始爲時文帖括之學。（曾文正公年譜）

胡林翼八歲，始就外傅。（胡文忠公年譜）

春、姚瑩調官臺灣。（中復堂全集附年譜）

夏、顧廣圻爲龔自珍賦葉小鸞眉子研，調寄浪淘沙。（顧千里先生年譜）

秋、顧廣圻料理孫星衍遺書畢歸里。（同上）

仲秋、黃丕烈作月明秋思圖。（黃蕘圃先生年譜）

冬、胡承珙授福建分巡延建邵道；尋，調補臺灣道。（研六室文鈔卷一〇，清史列傳卷六九）

正月、朱駿聲入都會試不第，明年五月自都中旋里。（石隱山人自訂年譜）

三月、方東樹赴粵東，兩廣總督阮氏延其分纂廣東通志，越

二十五年庚辰（一八二〇）

一月，以所任纂者告竣辭去，阮氏復挽留屬總纂事。（方儀衛先生年譜）

五月、陳澧以暑病幾殆，服大承補氣湯乃瘉。（陳東塾先生年譜）

七月、陳奐游學至京師，謁胡承珙於萬柳堂；復會羣賢禮鄭康成，各為詩文以表鄭學。（三百堂文集卷下、續碑傳集卷七四）

八月、陳用光充順天鄉試同考官。（清史列傳卷三四）

九月、姚文田命提督江蘇學政。（同上）

黃承吉撰胡丙臯詩序。（夢陔堂文集卷六）

十二月、賀長齡充文淵閣校理；尋，記名以御史用。（清史列傳卷三八）

黃丕烈與顧廣圻齟齬，竟絕交。（顧千里先生年譜）

朱珔充會試同考官。（清史列傳卷六九）

程家子用全祖望年華錄一書，博搜深考，為之補正，更名人壽金鑑，顧廣圻序之。（見顧千里先生年譜，思適齋集卷一一）

李文耕擢膠州知州。（清史列傳卷七六）

劉逢祿（申受）以學使錢氏賞其文，乃由廩生拔貢。時與同

馬三俊命之生。（續碑傳集卷六九方宗誠撰傳，又清史列傳卷六九。）

焦循里堂卒，年五十八。（碑傳集卷一三五阮元撰傳，

邑李兆洛（申耆）齊名，號常州二申。是歲、劉氏以睿皇帝升遐，遂居署數旬，晝夜討論，口諮手錄，因成庚辰大禮記注長編十二卷，自始事以至奉安山陵，典章具備。（劉禮部集卷末尾）

郝懿行補江南司主事。（清史列傳卷六九）

龔自珍入都，得內閣中書。爲西域置行省議，東南罷番舶議，有謀合刋之者。（定庵年譜藁本）

魯一同年十七，補博士弟子。（續碑傳集卷七九）

春、劉文淇赴京朝考後就職候選訓導；尋歸。（劉孟瞻先生年譜）

夏、劉文淇自都南還，與丁晏偕行。（同上）

冬、王引之特命充仁宗實錄總裁官，閱四年而書成。（王文簡伯申府君行狀）

正月、馮登府成進士，改翰林庶吉士，充武英殿協修官。著石經閣詩略第五卷北游三草，自爲序於壖河舟次。（馮柳東先生年譜）

二月、劉文淇上自撰左傳舊疏考正序。（劉孟瞻先生年譜）

八月、黃承吉爲族姪永泉詩序。（夢陔堂文集卷六）

劉開撰劉氏支譜後序。（劉孟塗集、文集卷八）

九月、胡林翼隨母湯氏赴京師。（胡文忠公年譜）

清儒學案卷一二〇，清史列傳卷六九。）

	十一月、賀長齡充日講起居注官。（清史列傳卷三八） 李兆洛在粵選錄駢體文鈔，分上中下三編。（李申耆年譜） 十二月、賀長齡陞詹事府、左春坊左贊善。（清史列傳卷三八）	
宣宗道光元年辛巳（一八二一）	方東樹主粵東廉州海門書院。（方儀衞先生年譜） 梅植之始以汪雲溪介，往游黃承吉之門。（嵇庵文集卷首） 江藩復重加刪訂所著爾雅正字，爲爾雅小箋三卷（時年六十一）。（清史列傳卷六九） 詔舉孝廉方正之士。松郡及友人彭兆蓀以姚椿首名薦，力辭得免（時年四十五）。是秋、奔叔父喪於明州。（續碑傳集卷七八） 端木國瑚周易指始屬藁。（太鶴山人年譜） 王筠舉鄉試，游京師，與何紹基、陳慶鏞、許瀚諸人，商榷古今，相與論學。（清史列傳卷六九） 魏源撰大學古本敍於京師，又爲孝經集傳序、曾子章句序。（古微堂外集卷一） 程恩澤命在南書房行走；旋奉敕校刻養正書屋集。是年、充四川正考官。（程侍郎遺集卷首） 錢泰吉屢困場屋，至是秋試又報罷，乃援例以訓導候選。（	俞樾蔭甫生。（續碑傳集卷七五，清儒學案卷一八三。） 曾釗敏修生。（碑傳集補卷四一，清儒學案卷一三二。按清史列傳卷六九不載年壽，存參。） 李元度次青生。（虛受堂文集卷九，續碑傳集卷三九。） 龍文彬筠圃生。（

甘泉鄉人年譜）

彭兆蓀以薦舉孝廉方正，未就而卒。（清史列傳卷七三）

黃丕烈刻顧鳳藻夏小正集解成，又跋明刻本揭文安公文粹。（黃蕘圃先生年譜）

祁寯藻入直南書房。（續碑傳集卷四，清史列傳卷四六。）

鄭珍師舅氏黎恂，始見張楊園先生集，讀而愛之。（鄭子尹年譜）

賀長齡授江西南昌府知府。（清史列傳卷三八）

詔舉孝廉方正，鄉人以張宗泰薦，力辭不就。（續碑傳集卷七六）

俞正燮舉鄉試。（清史列傳卷六九）

宗稷辰上春官不第，主虎溪濂溪講席，以佐尸饔。（注二五八）

朱珔入直上書房，屢蒙宣宗嘉獎，有品學兼優之褒。（清史列傳卷六九）

包世臣就江蘇提刑誠氏之聘。（包慎伯先生年譜）

梁章鉅補主客司主事；尋，擢儀制司員外郎。（碑傳集補卷一四）

劉開以亳州聘修邑乘，寓佛寺中，陡得疾而卒，年四十一。（注二五九）

清儒學案卷二〇〇，清史列傳卷六七。）

秦瀛淩滄卒，年七十九。（續碑傳集卷八陳用光撰墓志銘）

何治運郊海卒，年四十七。（清儒學案卷一三〇，清史列傳卷六九。）

許桂林同叔卒，年四十三。（清史列傳卷六九。按姜亮夫綜表作卒年四十四，存參。）

彭兆蓀湘涵卒，年五十四。（見注七七）

黃乙生小仲卒，年

鄒漢勳佐伯氏纂博物隨鈔，仲氏纂山經集譜諸書。（續碑傳集卷七四）

徐松特用內閣中書，轉禮部主事，洊陞郎中，補御史，授陝西榆林府知府。（清史列傳卷七三）

馮登府居梅里，杜門讀禮，重修宗祠，續修宗譜，輯淸芬集八卷，勺園詩話附於後，續輯暴書亭外集詩一卷，北宋嘉祐石經考異成，刪前種芸詞二卷，合通籍後重訂，仍得二卷，曰花墩琴疋。（馮柳東先生年譜）

朱爲弼授河南道監察御史、協理京畿道，轉掌道。（續碑傳集卷二二）

胡林翼年十歲，在京從季父達湝讀書。（胡文忠公年譜）

陸耀遹舉孝廉方正試二等，選授阜寧縣敎諭，之任百日卒，年六十三。（注二六〇）

陶澍博采輿論特檄舉趙紹祖爲縣令，親詣敦促始就道；尋，奏名第一，自揣衰齡難北上；會修安徽通志，遂留任纂輯事。（續碑傳集卷七六）

周壽昌八歲，即能爲詩，下筆驚老宿。（同上卷八〇）

丁晏舉於鄉。（清史列傳卷六九）

是歲、李兆洛在粵校刊張惠言所著虞氏易禮二卷、周易鄭荀義三卷、易義別錄十四卷、虞氏易變動表一卷、易圖條辨

五十三。（續碑傳集卷七六）

一卷，並臧庸所著孔子年表、孟子年略等書。（李申耆年譜）
春、姚璧攝嘕瑪蘭通判事。（中復堂全集附年譜）
春、龔自珍選錄懷人館詞三十二首、影事詞六首。（定庵年譜藁本）
夏、黃丕烈以預纂蘇州府志，訪書常熟。（黃蕘圃先生年譜）
正月、李文耕陞膠州知州。（喜聞過齋文集卷一三）
二月、劉文淇撰舅氏淩曉樓所著公羊問序。是歲、劉寶楠以其先人行狀及遺書來請銘。（劉孟瞻先生年譜）
四月、陳澧始作時文成篇。（陳東塾先生年譜）
八月、王引之充國史館副總裁。（王文簡伯申府君行狀）
九月、李文耕卸冠縣事，欲赴膠州，適委署蒲臺縣查辦案事，又爲立榮蒲書院。（喜聞過齋文集卷一三）
十月、朱駿聲以帥承瀛薦，掌教浙江嵊山書院。（石隱山人自訂年譜）
端木國瑚爲長洲顧沅作賜研堂叢書序。（太鶴山人年譜）
十一月、朱次琦丁母憂，居喪默思三年不忘。（朱九江先生集卷首附年譜）
十二月、王引之充經筵講官。（王文簡伯申府君行狀）
董祐誠自序三統術衍補。（見李善蘭年譜）

二年壬午（一八二二）

李兆洛在揚州，搜集上自漢魏下迄隋八代全文，又編輯皇朝文典。（李申耆年譜）

朱珔充會試同考官；尋，以母病乞歸。告歸後，主鍾山、正誼、紫陽書院，垂三十年。（清史列傳卷六九）

端木國瑚纂周易葬說。（太鶴山人年譜）

梅曾亮成進士，不樂外吏，以貲入爲戶部。（注二六一）

黃丕烈自號抱守老人。（黃蕘圃先生年譜）

李棠階成進士，改翰林院庶吉。（李文清公遺書卷首，續碑傳集卷一二，清史列傳卷四七。）

劉寶楠徙家歸里，獨赴京師。是歲、在都中，館汪喜孫家；始得讀程瑤田通藝錄所載九穀考。（劉楚楨先生年譜及念樓集卷六並參）

馮登府著小檇李詩，錄第一卷暫假集。是冬、題竹垞太史手書宛央湖棹歌卷。（馮柳東先生年譜）

陳用光陞國子監司業。（清史列傳卷三四）

鄒漢勳纂六國春秋。（注二六二）

李文耕陞濟寧道直隸州知州。（清史列傳卷七六）

龔自珍以不戒於火，所蒐羅七閣未收之書，燼者什之八九，自後歲以酒醢祭亡書。（定庵年譜藁本）

夏鑾翔紫笙生。（碑傳集補卷四二，清儒學案卷一五〇。）

莊有可大久卒，年七十九。（續碑傳集卷七二左輔撰傳）

程恩澤補春坊中允，校刻御製詩文初集。（程侍郎遺集卷首，續碑傳集卷一〇）

魏源舉順天鄉試，入貲爲內閣中書，改知州。（清史列傳卷六九）

朱駿聲揀選以知縣用，嵊縣令葉桐封聘，主剡山書院講席。（石隱山人自訂年譜）

魯一同舉副貢生。（注二六三）

劉熙載年十歲，喪父哭踊如禮，鄉里異之。（續碑傳集卷七五）

鄭珍補郡學弟子員；旋食廩餼。舅氏知非小就才，令多讀古籍；未幾，以俗學爲不足尙，自忖非潛心宋五子之學，無以求聖人之至道。由是專一程朱，精研性理，德業大進。（鄭子尹年譜）

是歲，包世臣在都下，過胡量（眉峰）。時量臥病破氈不能起，而詩集刻成。適包氏至，遂執手語曰：「愼伯知我，爲我序之！」（包愼伯先生年譜）

春、龔自珍選錄無著詞四十五首。是年、勒所塡詞爲六卷。（定庵年譜藁本）

夏、顧廣圻校刻汪中所撰廣陵通典，因著校例。（顧千里先生年譜）

仲秋、梅植之與王氏兄弟鄉試既畢，買舟將歸，游於秋城石橋，有秋橋唱和詩序。（毬庵文集卷二）
冬、王引之以顧廣圻所校淮南各條刻成，寄廣圻。（見顧千里先生年譜）
包世臣就直隸承宣使之聘，因撮現行水道大要，爲直隸水道記。（包愼伯先生年譜）
正月、錢儀吉有書張楊園先生傳後。（衎石齋記事稿卷五）
二月、梁章鉅以京察一等記名，以道府用。（注二六四）
李文耕至膠州任，先後修靈山衛州書院，延師教讀，又整理珠山書院。（喜聞過齋文集卷一三）
王引之以顧廣圻所校淮南各條附刋石臞淮南雜志後。（見顧千里先生年譜）
三月、阮元修廣東通志成。（雷塘庵主弟子記）
王引之轉吏部左侍郎。（王文簡伯申府君行狀）
閏三月、梁章鉅授湖北荆州府知府。（淸史列傳卷三八）
阮元撰重修廣東省通志序。（揅經室二集卷八）
李兆洛客揚州，顧廣圻時館洪瑩家，爲汪喜孫校刻其父遺著廣陵通典，比隣而居，故得朝夕相敘。（見顧千里先生年譜及續碑傳集卷七七李兆洛撰墓志銘並參）
五月、祁寯藻充廣東鄉試正考官。（淸史列傳卷四六）

六月、張鑑有包山葛氏澂波皓月樓藏書記。（多青甲乙集、甲集卷四）

阮元撰改建廣東鄉試闈舍碑記。（揅經室三集卷二）

七月、賀長齡陞山東兗沂曹濟道。（唐確愼公集卷四）

劉文淇應省試赴金陵。（劉孟瞻先生年譜）

八月、王引之署刑部左侍郎。（王文簡伯申府君行狀）

劉文淇丁母憂，作先母淩孺人行略。（劉孟瞻先生年譜）

九月、方東樹應羅月川太守聘，復適粵。（方儀衛先生年譜）

三年癸未（一八二三）

劉寶楠自京師歸，復徙家儀徵。纂寶應圖經成。（劉楚楨先生年譜）

姚文田充經筵講官。（清史列傳卷三四）

汪喜孫刻其父所著廣陵通典，顧廣圻爲序。（思適齋集卷一二）

程恩澤放貴州學政，補翰林院侍講，轉侍讀。（程侍郎遺集卷首）

馮登府著小槜李詩，錄第二卷玉堂春夢集；又著金屑石餘錄成，朱椒堂侍御題詩於卷首。（馮柳東先生年譜）

李兆洛主講暨陽書院。（李申耆年譜）

王引之命敎習庶吉士，又充武會試正總裁。（王文簡伯申府

張裕釗廉卿生。（碑傳集補卷五一，淸儒學案卷一七七。）

黃彭年子壽生。（碑傳集補卷一七）

汪龍辰叔卒，年八十二。（碑傳集卷一四三，續碑傳集卷七二，淸史列傳

君行狀）

沈欽韓選授安徽寧國縣訓導。（續碑傳集卷七六）

方東樹主粵東韶州韶陽書院。（方儀衞先生年譜）

湯鵬成進士，年甫二十，豪於文，負氣自喜，下筆震爍奇特，當世目爲異才，以禮部主事入直軍機處。（柏梘山房文集卷一四，清史列傳卷七三）

朱爲弼擢禮科給事中。（續碑傳集卷二二）

陸繼輅以疾乞休。（清史列傳卷七二）

鄭珍始受業莫與儔之門。是年、莫與儔至遵義府學教授，子友芝時年二十三，亦以侍父至所，由是始相識。（鄭子尹年譜）

張琦分發山東，署鄒平縣。（清史列傳卷七六）

龔自珍五經大義終始論成。（定庵年譜藁本）

梁章鉅擢江蘇淮海道。（清史列傳卷三八）

徐鼒年十四，始應童子試。（敝帚齋主人年譜）

李棠階散館，授編修。（李文清公遺書卷首，續碑傳集卷一二）

高均儒年十二，以嘉興府驛丞李初白介謁沈玨，沈氏以重刻三魚堂校本、程氏讀書分年日程相贈，讀之茫茫無所得，惟略識勉齋句讀例。（續東軒遺集卷一）

卷六八。）

趙懷玉憶孫卒，年七十七。（碑傳集卷一一一）

董祐誠方立卒，年三十三。（萬善花室文藁卷五方履籛撰董方立誄並序，清儒學案卷一五六，清史列傳卷七三。）

	正月、李文耕補授泰安知府。（喜聞過齋文集卷一三，清史列傳卷七六） 阮元揅經室集刻成。（注二六五） 二月、馮登府服闋還京；散館，授福建將樂縣知縣。（馮柳東先生年譜。） 四月、陳用光遷右春坊右中允。（清史列傳卷三四） 五月、祁寯藻提督湖廣學政。（同上卷四六） 龔自珍自編次甲戌以還所作文字，爲文集三卷、餘集三卷、少作一卷。（定庵年譜藁本） 六月、阮元重修族譜成。（雷塘庵主弟子記） 七月、龔自珍居母憂，自此至乙酉十月無詩，有阮尚書年譜第一叙、與江居士箋等篇。（定庵年譜藁本） 八月、劉文淇撰鶴汀詩鈔序。是年、始與黃承吉相識。（劉孟瞻先生年譜） 九月、劉逢祿撰狼煙臺記。（劉禮部集卷一二） 十一月、陳用光陞翰林院侍講。（清史列傳卷三四）	
四年甲申（一八二四）	方東樹授經阮元幕中，著漢學商兌四卷。（方儀衛先生年譜） 陳奐至武林，始與汪喜孫訂交。（三百堂文集卷上）	劉庠慈民生。（續碑傳集卷八一王耕心撰墓志銘）

李兆洛始綜輯江陰詩人，爲江干香草集，比其年次，附以小傳，以備此掌故。（李申耆年譜）

胡承珙以病乞假歸里調理。（研六室文鈔卷一〇）

朱爲弼擢順天府府丞人，又擢府尹。是歲、充文武鄉試監臨官。（續碑傳集卷二二）

包世臣著書品，分五品。曰神品、曰妙品、曰能品、曰逸品、曰佳妙品。以降各分上下兩等，共九等，凡九十一人，悉有清一代書家。（包愼伯先生年譜）

姚椿應河南長吏聘，主講夷山書院。取廣昌太守黃永年所作范文正公論張示講堂，使學者知以名節自重（時年四十八）。（續碑傳集卷七八）

龔自珍始與仁和曹籀訂交。（定庵年譜藁本）

胡秉虔自甘入覲，以所著甘州明季成仁錄，屬其姪胡培翬校梓。（碑傳集補卷四七）

張穆點定翰苑集注並修改凡例數條。（石州年譜）

劉逢祿補儀制司主事，凡十有二年。（劉禮部集卷末尾）

阮元撰學海堂集序。（揅經室續集卷四）

李善蘭年十五，讀舊譯幾何原本六卷，卽通其義。（李善蘭年譜）

陳澧年十五，府試第八名，學院試以墨汙卷不取。自是胡徽

何秋濤願船生。（清儒學案卷一六六，續碑傳集卷二〇、卷七九。）

曾國荃沅浦生。（曾忠襄公年譜）

賀瑞麟角生生。（清儒學案卷二〇六，清史列傳卷六七。）

劉恭冕叔俛生。（注一〇九）

劉開明東卒，年四十一。（續碑傳集卷七六方宗誠撰墓表）

施國祁非熊卒，年七十九。（見注七一）

張士元翰宣卒，年

麟命澧專攻時文，不授經書。是年、總督阮元建學海堂於粵秀山，以經史詞章課士。（陳東塾先生年譜）

俞樾四歲，遷居仁和之臨平鎮，母夫人口授四子書，過目不忘。（續碑傳集卷七五）

歐陽凝祉與曾國藩友善，常至家塾，見曾國藩所爲試藝，亟賞之；曾父請試以題，歐陽氏以共登青雲梯命爲試律詩成。歐陽氏覽而稱善，曰：「是固金華殿中人語也！」因以女許字焉。是歲、始從父至長沙應童子試。（曾文正公年譜）

春、梁廷枏始見李黼平於順德城南石湖舟次。（續碑傳集卷七二）

秋、馮登府刪前所刻石經閣詩略五卷之七，爲玉堂分韻集；刪小檇李亭詩錄兩卷，爲南劍種花集；總名爲拜竹詩，堪詩初存集自此始。（馮柳東先生年譜）

冬、顧廣圻至揚州，與陳逢衡嘗數晨夕，獲見所注逸周書二十二卷。（顧千里先生年譜）

阮元撰四書文話序。（揅經室續集卷三）

二月、李文耕奏調沂州府。（喜聞過齋文集卷一三）

朱次琦服闋，肄業羊城書院，山長謝里甫教以爲書八法。（朱九江先生集卷首附年譜）

七十。（續碑傳集卷七六錢儀吉撰傳、姚文田撰墓志銘，清史列傳卷七二。）

四月、賀長齡署山東按察使。（清史列傳卷三八）
陳用光遷右春坊右庶子。（同上卷三四）
五月、劉寶楠爲四書說苑後序。（念樓集卷六）
阮元撰兩浙金石志序於嶺南節院之定靜堂。（雷塘庵主弟子記）
六月、瞿中溶修訂家譜刻本。（瞿木夫先生自訂年譜）
陳用光陞翰林院侍講學士；尋，充日講起居注官。（清史列傳卷三四）
顧廣圻刊彭甘亭全集成，並爲之序。（思適齋集卷一二）
七月、姚文田擢左都御史。（清史列傳卷三四）
梁廷枏艤舟東莞珊瑚洲，謁李黼平於講院。（續碑傳集卷七二）
閏七月、李文耕陞兗沂道，刻從政遺規、呻吟語分送各屬。（喜聞過齋文集卷一三）
賀長齡授廣西按察使。（清史列傳卷三八）
八月、方東樹撰待定錄自序。（儀衞軒文集卷五）
九月、賀長齡調江蘇按察使。（注二六六）
沈欽韓爲劉文淇撰左傳舊疏考正序。（見劉孟瞻先生年譜）
十一月、王引之署戶部左侍郎。（王文簡伯申府君行狀）
十二月、陳用光充咸安宮總裁。（清史列傳卷三四）
阮元建學海堂成。（雷塘庵主弟子記）

五年乙酉（一八二五）

方東樹著書林揚觶二卷。（方儀衞先生年譜）
姚文田充順天鄉試副考官。（清史列傳卷三四）
包世臣刻所著言河鹽漕之書三卷，曰中衢一勺。（包愼伯先生年譜）
王念孫赴重宴鹿鳴，賞給四品銜。（清史列傳卷六八）
阮元撰堯典四時東作南僞西成朔易解。（揅經室續集卷一）
程恩澤補春坊右庶子。（續碑傳集卷一〇，程侍郎遺集卷首。）
端木國瑚注易指六十四卦具。（太鶴山人年譜）
陳用光持節校士於兩江，試畢，將返京師，出授經圖示梅曾亮，梅氏爲作授經圖記。（柏梘山房文集卷一〇）
馮登府論語異文疏證六卷成、補遺二卷、續補遺二卷，屬門人史詮校錄。（馮柳東先生年譜）
王引之充大考翰詹閱卷大臣。（王文簡伯申府君行狀）
張宗泰再選廬州合肥縣教諭。（續碑傳集卷七六）
徐璈在壽昌，爲浙江鄉試同考官。（儀衞軒文集卷一一）
陳澧始肄業於羊城書院，院長爲謝蘭生。（陳東塾先生年譜）
夏炘舉鄉試，以武英殿校錄議叙，官吳江婺源教諭。（清史

胡澍亥甫生。（續碑傳集卷七九胡培系撰事狀，清儒學案卷九四。）
陳倬培之生。（姜亮夫綜表）
倪模頂掄卒，年七十六。（同上）
徐養源新田卒，年六十八。（見注七五）
郝懿行恂九卒，年六十九。（見注七三）
戚學標翰芳卒，年八十四。（姜亮夫綜表）
陳履和介存卒，年六十五。（姜亮夫

列傳卷六七）
朱珔爲昌道言序。（小萬卷齋文稿卷八）
蔣湘南選拔貢生。（碑傳集補卷五〇）
吳廷楝應選拔科，取第一名，貢太學。（吳竹如先生年譜）
陳喬樅中舉人。（清史列傳卷六九）
陳用光典試江南，力拔管同舉人；尋，同館同邑鄧氏家。（續碑傳集卷七，儀衞軒文集卷一一）
張琦補館陶。（清史列傳卷七六）
鄭獻甫年二十五，以拔貢舉鄉試。（續碑傳集卷七九）
曾釗以拔貢生官合浦縣教諭，調欽州學正。（清史列傳卷六九）
是歲、龔自珍著古史鉤沈論七千言，宣究周以前家法，具藁本寫定。是冬、小客崑山，得漢趙婕伃玉印得地十笏於玉山之側，擬構寶燕閣居之。（定庵年譜藁本）
孟夏、錢儀吉有跋滑臺新驛記。（衎石齋記事稿卷四）
夏、李兆洛纂集八代全文成，凡二部，一以時次，一以類分。（李申耆年譜）
冬、程恩澤補侍講學士。（續碑傳集卷一〇）
劉寶楠至瓜洲曲江亭，訪求遺書，得邑人劉玉麐甓齋遺稿，爲作序。（劉楚楨先生年譜）

綜表）
黃丕烈蕘圃卒，年六十三。（清儒學案卷一二五，黃蕘圃先生年譜。）

二月、羅澤南應童子試罷歸，授徒石坤蕭宅。（羅忠節公年譜）
四月、賀長齡陞江蘇布政使。（唐確愼公集卷四）
八月、陳逢衡刻逸周書告竟，屬顧廣圻撰序。（顧千里先生年譜）
九月、李棠階任雲南提督學政。是月、在雲南遇佟景文講程朱之學，李氏與之論要旨，毅然以聖人爲可學而至。（李文清公遺書卷首）
十月、梁章鉅授山東按察使、兼署布政使。（碑傳集補卷一四，清史列傳卷三八。）
十二月、李文耕補授浙江鹽運使，在任期間，刻四禮翼、松陽講義，印發三書院諸生。（喜聞過齋文集卷一三）

六年丙戌（一八二六）

方東樹自粵歸里；旋往浙右。（方儀衛先生年譜）
姚文田署工部尚書。（清史列傳卷三四）
劉寶楠自儀徵遷揚州，於丁丑戊寅，僑居郡城，九年之間，宅凡四遷，因作江淮泛宅圖記之，並屬劉文淇爲之序。是歲、劉氏師喬德謙卒，復屬文淇爲立傳，有寶應喬君傳。（劉楚楨先生年譜，劉孟瞻先生年譜）
阮元撰平樂府重建至聖廟碑記。（揅經室續集卷二）
鄧顯鶴大挑二等，官寧鄉縣訓導，增輯明季周伯孔楚寶四十

包世榮季懷卒，年四十三。（碑傳集補卷四一，並見劉孟瞻先生年譜。）
余龍光鱗山卒，年二十四。（清史列傳卷六七）
胡秉虔伯敬卒。（

五卷。（續碑傳集卷七八，曾文正公文集卷三）
馮登府家居秋夕園成，八月自爲之記，著西域平定雅及消夏錄一卷，風懷詩補注一卷、梵雅二卷、全唐詩未備書目一卷、小謫仙館摭言十卷。（馮柳東先生年譜）
張鑑倦游歸里。（冬靑甲乙集、乙集卷五）
程恩澤調湖南學政回京；詔充春秋左傳纂修官，補國子監祭酒。（程侍郎遺集卷首，續碑傳集卷一〇）
錢泰吉纂輯錢氏族譜成。（甘泉鄉人年譜）
方履籛以知縣分發福建，署永定縣事，調署閩縣。（清史列傳卷七三，萬善花室文藁卷末尾，柏梘山房文集卷一三）
許鶴壽成進士，選池州府教授。（清史列傳卷六九）
朱珔爲同邑唐氏續修宗譜序。（小萬卷齋文稿卷一〇）
龔自珍與同年戶部胡培翬集同人祀鄭司農於寓齋，禮成，作祀議一篇。（定庵年譜藁本）
朱爲弼御門左轉府丞，派稽察右翼宗學。（續碑傳集卷二三）
羅澤南肄業漣濱書院。（羅忠節公年譜）
吳廷棟入都應朝考，取一等，以七品小官簽分刑部學習，遂留京，師事六安沈巍及姚學塽。（吳竹如先生年譜）
曾國藩應長沙童子試，取前列第七名。（曾文正公年譜）
春、李兆洛刊縮本輿地圖，又繪皇朝內府一統輿地圖。（李

注一一〇）
姚學塽鏡塘卒，年六十一。（見注七六）

中耆年譜）

仲夏、梁廷枏將駐南海學署，致書李黼平欲得一叙。（續碑傳集卷七二）

仲冬、魏源撰皇朝經世文編叙。（古微堂外集卷三）

正月、祁寯藻召還京，命仍在南書房行走。（清史列傳卷四六）

二月、鄭珍以拔貢赴京應禮部試。（鄭子尹年譜）

六月、瞿中溶作孔廟配享從祀諸儒考。（瞿木夫先生自訂年譜）

七月、陳澧考取縣學生員，督學爲翁心存。（陳東塾先生年譜）

八月、鄭珍試禮部不第歸，入湖南學政程恩澤幕。始與鄧顯鶴相識，把酒論詩，犄角爭奇，甚爲相得。（鄭子尹年譜）

十月、李文耕補授山東鹽運使。（喜聞過齋文集卷一三）

十一月、錢儀吉爲曹劍亭先生聽泉圖記。（衎石齋記事稿卷一）

十二月、賀長齡調山東布政使。（清史列傳卷三八，唐確愼公集卷四）

梁章鉅調江西按察使，未行，遷江蘇布政使。（清史列傳卷

三八，碑傳集補卷一四）
是月、姚瑩丁母憂。（中復堂全集附年譜）

七年丁亥（一八二七）

方東樹主廬州廬陽書院。（方儀衞先生年譜）
張宗泰引疾歸里（時年七十八）。（續碑傳集卷七六）
端木國瑚易指十翼及圖象具。（太鶴山人年譜）
十月、郭麐年六十，名其菴曰老復丁，自爲之記；又畫圖索友輩題詠，顧廣圻爲序。（注二六七）
馮登府著勺園集，共詩九十首；編鄭硯詩一卷。是冬、刋清芬集八卷，爲何烈女立傳及重修暴書亭記。（馮柳東先生年譜）
丁履恒選授山東肥城縣知縣（時年五十八）。（續碑傳集卷七六）
劉文淇與薛傳均、柳興恩、包愼言等校包世臣所著詩禮徵文。是歲、舅氏淩曙臥病董子祠，文淇爲代授陳立學。（劉孟瞻先生年譜）
俞正燮作客門正義。（俞理初先生年譜）
龔自珍錄辛巳夏至丁亥十月詩百二十八篇，爲破戒草一卷；又存餘集五十七篇，亦一卷；錄詩以掃徵公塔詩終；成羽琌山館金石墨本記五卷。（定庵年譜藁本）

姚文田秋農卒，年七十。（續碑傳集卷八劉鴻翺撰墓志銘，清史列傳卷三四。按淸儒學案卷一一五作道光五年卒。）
鈕樹玉匪石卒，年六十八。（碑傳集補卷四〇）

羅士琳撰演元九式一卷。（見李善蘭年譜）
王引之擢授禮部尙書。（王文簡伯申府君行狀）
陳澧科試第一名，補增生；旋補廩生。初謁張維屏，得澧詩大賞之，教以詩法與讀書法。（陳東塾先生年譜）
祁寯藻充文淵閣校理。（清史列傳卷四六）
朱次琦補邑弟子員。（朱九江先生集卷首附年譜）
徐鼒試童子，舉第二名。（敝帚主人年譜）
錢泰吉選授杭州府海寧州學訓導。（甘泉鄉人年譜）
是歲、劉寶楠得邑人喬萊諫濬下河疏，並其子崇德（介夫）紀事稿，裝池以示包世臣；包氏作書喬介夫紀事文稿後，載中衢一勺，寶楠亦有喬介夫下河事宜紀事考，載念樓集。（劉楚楨先生年譜）
春、張穆始入省肄業。（石州年譜）
仲春、錢儀吉爲記烏石山赤嶺二祠。（衎石齋記事稿卷一）
秋、方坰臥病兩月，聞子金彪讀伊川易傳有會心，遂程易課，越五歲而始成讀易日識六卷。（悔過齋文集卷六）
梁廷枏重至東莞，留旬日，候李黼平揚舲南下，來敘於藤花亭，宿菊盡而去。（續碑傳集卷七二）
仲冬、錢儀吉撰紫雲先生年譜序。（衎石齋記事稿卷三）
三月、阮元著塔性說成。（雷塘庵主弟子記）、

朱駿聲就館揚州謝司寇第。（石隱山人自訂年譜）

五月、錢儀吉至官，偶讀仇山村金淵集，有「官冷身閒可讀書」之句，因以名學廨之室，曰可讀書齋。（甘泉鄉人年譜）

閏五月、賀長齡署山東巡撫。（清史列傳卷三八）

黃承吉爲焦循孟子正義序。（夢陔堂文集卷五）

顧廣圻作洞庭徐漱坡孝行錄序。（顧千里先生年譜）

七月、姚文田擢禮部尚書。（清史列傳卷三四）

顧廣圻作張月霄愛日廬書目序。（顧千里先生年譜）

王引之充武英殿正總裁。（王文簡伯申府君行狀）

八月、胡培翬爲郝懿行春秋說、春秋比刻成，有郝氏春秋二種序。（研六室文鈔卷六）

十月、陳用光授詹事府詹事。（清史列傳卷三四）

李文耕補山東按察使。（注二六八）

賀長齡調江寧布政使，以母老請量移近省；得旨，所奏著不准行。（清史列傳卷三八；唐確愼公集卷四作九月）

十二月、陳用光充文淵閣直閣事。（清史列傳卷三四）

八年戊子（一八二八）

朱駿聲仍館揚州，著六十四卦經解。（石隱山人自訂年譜）

鄧瑤年十八，補郡學弟子員。（陶樓文鈔卷四）

王棻子莊生。（注一一一）

方東樹主亳州泖湖書院。（方儀衞先生年譜）
王引之署吏部尚書。（王文簡伯申府君行狀）
莫友芝侍父與儔教授遵義，始與鄭珍訂交。（鄭子尹年譜）
劉寶楠應鄉試不第，始作論語正義。是歲二月、作修建寶應祀典議。（注二六九）
馮登府輯閩中訪碑錄十卷、閩中金石志十四卷、上阮雲臺尚書書。（馮柳東先生年譜）
潘德輿中舉人。（清史列傳卷七三）
龔自珍成尚書序大義一卷、大誓答問一卷、尚書馬氏家法一卷，又定李白眞詩百二十二篇，有最錄李白集等篇。（定庵年譜藁本）
錢泰吉始輯清芬世守錄。（甘泉鄉人年譜）
朱次琦赴鄉試，報罷，讀書囂囂自若，曰：「朱子云：非科舉累人，人自累耳！」（朱九江先生集卷首附年譜）
陳澧肄業於粵秀書院。（陳東塾先生年譜）
是歲、周濟去揚州，寓金陵之春水園，盡屏豪蕩技藝，折節著述。乃成說文字系四卷、韻原四卷，輯平日古今體詩二卷、詞二卷、雜友二卷，又成晉略十冊，以寓平生經世之學，借史事以發其遐識渺慮之見。（注二七〇）
春、阮元撰學蔀通辨序。（揅經室續集卷三）

汪泉芙生生。（續碑傳集卷八一陳寶箴撰墓志銘）
董沛孟如生。（同上卷八一董綰祺撰行狀）
黃以周元同生。（清儒學案卷一五四，續傳集卷七五繆荃孫撰墓志銘。）
趙坦寬夫卒，年六十四。（姜亮夫綜表）
錢林叔雅卒，年六十七。（玉山草堂集卷首汪喜孫撰墓表，碑傳集補卷八。）
張作楠讓之卒。（清儒學案卷一二八

孟夏、錢儀吉有大父秋涇集書後。（衎石齋記事稿卷五）

夏、沈垚撰新疆私議。（落帆樓文集卷一）

秋、劉文淇與友人梅植之、劉寶楠、包愼言、薛傳均、柳興恩門人陳立等偕赴金陵，同寓應試不第。至是始與寶楠等爲約，各治一經，加以疏證。文淇任左傳，寶楠任論語，陳立任公羊。試後，與薛傳均、包愼言、柳興恩等游金焦山，因寶楠有疾，得與其族人劉翬相識。（劉孟瞻先生年譜）

多、錢林臥病，掇檢平日所著詩文，手授門人程恩澤，以謀校刻。（玉山草堂集卷首）

二月、祁寯藻陞詹事府右春坊右中允。（清史列傳卷四六）

瞿中溶輯魏石經遺字學正一卷稿成。（瞿木夫先生自訂年譜）

陳用光擢內閣學士、兼禮部侍郎銜。（清史列傳卷三四）

三月、瞿中溶輯春秋三禮經異文備考畢。（瞿木夫先生自訂年譜）

鄭珍生日，適在零陵，有永州廿三初度詩；旋隨程恩澤視學道州，校士郴州。（鄭子尹年譜）

五月、劉寶楠撰應圖經序。（念樓集卷六）

六月、鄭珍從程恩澤於長沙；旋辭歸。（鄭子尹年譜）

七月、方東樹爲梅曾亮柏梘山房文集後序。（見柏梘山房文

，清史列傳卷七三。）

莊綬甲卿珊卒，年五十五。（淸儒學案卷七四）

葉維庚兩垞卒，年五十六。（續碑傳集卷四〇，清儒學案卷二〇二。）

劉大紳寄菴卒，年八十二。（碑傳集卷一〇四，清儒學案卷二〇八，清史列傳卷七五。）

集卷末尾）
八月、馮登府纂修福建鹽法志三十卷。（馮柳東先生年譜）
羅澤南初遊南嶽。（羅忠節公年譜）
陳用光提督福建學政。（清史列傳卷三四）
十月、顧廣圻跋方履籛所撰金石萃編補正四卷。（顧千里先生年譜）
十一月、唐鑑撰重修天和觀碑記。（唐確愼公集卷三）

九年己丑（一八二九）

方東樹客宣城，五月旋里。（方儀衞先生年譜）
沈垚編定家譜三卷。（落帆樓文集卷首）
程恩澤丁母憂歸歙。（程侍郎遺集卷首，續碑傳集卷一〇）
馮登府著玉臺書史八卷。（馮柳東先生年譜）
鄧瑤年十八九，叔父鄧顯鶴常給筆札，侍坐酬答。（碑傳集補卷五〇）
張穆與兄同讀書十柏山房。（石州年譜）
黃承吉始錄舊日詩藁爲四十卷。（夢陔堂文集卷五）
龔自珍會試中式。（定庵年譜藁本）
倭仁成進士，改翰林院庶吉士。（續碑傳集卷五，清史列傳卷四六）
薛傳均卒於閩，訃至，劉文淇檢其遺篋，得閩游草一卷、文

李慈銘悉伯生。（碑傳集補卷一〇，清儒學案卷一八五。）
唐仁壽端甫生。（舒藝室雜著甲編卷下張文虎撰別傳，碑傳集補卷五一張裕釗撰墓誌銘。）
淩曙曉樓卒，年五十五。（清儒學案卷一三一，清史列

選古字通疏證十二卷等書，與劉寶楠、包愼言相約，纂輯繕副以付其家。（劉孟瞻先生年譜）

祁寯藻陞詹事府右春坊右庶子。（清史列傳卷四六）

宗稷辰始援例入內閣，迎母就養都中。（碑傳集補卷一七）

徐有壬成進士，爲戶部主事。（清史列傳卷四三）

陳澧仍肄業粵秀書院，時與楊榮緒在樓中讀書作文。（陳東塾先生年譜）

孫鼎臣年十一，作西王母賦，驚其長老。（清史列傳卷七三）

俞樾九歲，戲爲書，自注其下，著述等身，篤老不倦，實兆於此。（續碑傳集卷七〇）

夏、包世臣以兩淮鹽政使者，馳書詢鹽政近況，乃著小倦游閣雜說答之。（包愼伯先生年譜）

冬、羅澤南讀書雙峰書院。（羅忠節公年譜）

唐鑑起赴銓部，居旅舍，汪喜孫以其尊人（容甫）畫見示，唐氏不勝景仰，有題汪容甫先生書、諸葛武侯戒子書後。（唐確愼公集卷三）

正月、朱次琦丁父憂，執喪不爲詩文，血誠致哀，三年如一日。（朱九江先生集卷首附年譜）

二月、李兆洛家祠成，卜日致祭，並記之。（李申耆年譜）

傳卷六九，續碑傳集卷七四。）

胡世琦玉鐎卒，年五十五。（碑傳集卷一一〇）

張金吾愼旃卒，年四十三。（碑傳集補卷四八）

張雲璈仲雅卒，年八十三。（清儒學案卷一〇三。按清史列傳卷七二作嘉慶九年卒。）

劉逢祿申受卒，年五十四。（劉禮部集卷末尾劉承寬等撰先府君行述，清儒學案卷七五。按續碑傳集卷七二戴望撰行狀，又同卷

六月、包世臣由都返揚，有閘河日記。（包愼伯先生年譜）

八月、包世臣養痾寓園，日與劉孟開論古文節目，作文譜。（同上）

九月、顧廣圻有校刊輿地碑記目序錄。（思適齋集卷八）

朱駿聲游梅花嶺，仰止史閣部墓。（石隱山人自訂年譜）

梁章鉅輯吳中唱和集八卷，自爲之序；又作小滄浪七友畫卷，刻石滄浪亭壁，朱珔爲序。（退菴自訂年譜）

十月、龔自珍與顧廣圻訂五年相見，顧氏報書云：「敢不忍死以待！」後自珍竟爽約。（見顧千里先生年譜）

梁章鉅護理巡撫。（清史列傳卷三八）

李兆洛撰傳，清史列傳卷六九皆作卒年五十六，存參。）

薛傳均子韻卒，年四十二。（續碑傳集卷七二劉文淇撰墓志銘，馮先恕疑年錄釋疑。按清史列傳卷六九及劉孟瞻先生年譜作卒年四十一，存參。）

十年庚寅（一八三〇）

王引之調禮部尙書，著經義述聞成，凡三十二卷。（王文簡伯申府君行狀）

蘇惇元年三十，好朱子之學，師事方東樹，名其堂曰儀宋。（清史列傳卷六七）

錢泰吉輯清芬世錄守成，凡二十六卷，並自爲序。（甘泉鄉人年譜）

祁寯藻以母夫人有疾，乞假歸省。（續碑傳集卷四）

譚獻仲修生。（碑傳集補卷五一夏寅官撰傳）

華蘅芳若汀生。（清儒學案卷一八六，碑傳集補卷四三。）

馮登府教授涌東，以胡安定之敎法爲宗，有芩錢梅溪論石刻論語、孝經、大學書。（馮柳東先生年譜）
丁履恒以足疾棄官，値母夫人計至，遂歸里。（續碑傳集卷七六）
劉文淇與沈欽韓有書往復，文淇復書論左氏杜注，並爲舅氏淩曙所撰公羊禮疏作序。（劉孟瞻先生年譜）
沈欽韓丁母憂。（續碑傳集卷七六）
包世臣回籍奉郡學公遷葬江寧縣南鄉吉山之麓，擬居白門，編小倦遊閣文集三十卷。（包愼伯先生年譜）
苗夔主講翼經書院。（曾文正公文集卷四）
宣宗改卜壽陵，那彥成恩禧以端木國瑚所著地理元文注獻上，將以知縣用，不願，乃特授內閣中書。（清史列傳卷七三）
梁章鉅始徧游吳下諸山，各有詩册畫卷以記之。（退菴自訂年譜）
蘇源生年二十二，丁母憂，居喪務守古禮，不徇世俗。（記過齋藏書卷首）
陳澧鄉試不中，督學徐士芬考選爲優行貢生，同學者譚瑩、楊懋建，皆有時名。（陳東塾先生年譜）
曾國藩肄業於衡陽唐氏家塾，從汪氏學。（曾文正公年譜）

是歲、方坰攝武義縣訓導。武義屬金華，有何基、王柏、金履祥、許謙、章懋諸儒之緒論，而久不講。坰至以小學、近思錄爲教，反覆曉解，士子翕然信從，執經問業。（清史列傳卷六七，悔過齋文集卷六。）

春、梁廷枬復見李黼平於會垣寓齋，追陪杖履，如坐春風。（續碑傳集卷七二）

秋杪、張文虎薄游平湖，於錢夢廬叟處，始得讀乾坤體義。（覆瓿集、舒藝室雜著甲編卷下。）

正月、張鑑爲重修南潯東藏寺記。（冬青甲乙集、乙集卷四）

黃承吉失火舊錄詩藁皆燼。（夢陔堂文集卷五）

三月、張鑑有洞庭游草序。（冬青甲乙集、乙集卷五。）

四月、吳廷棟丁父憂。（吳竹如先生年譜）

五月、方東樹客宣城，著未能錄，序之。（方儀衞先生年譜）

劉寶楠爲吳貢士集序。（念樓集卷六）

八月、李文耕再調貴州按察使，立紡織局，使民織棉布，以敦節儉，家喻戶曉，萬痒不辭。（淸史列傳卷七六及喜聞過齋文集卷一三並參）

十月、朱駿聲傷悼亡室徐氏，蒼黃歸家，大病幾殆，兩月始瘳。（石隱山人自訂年譜）

十一月、賀長齡請開缺回籍養親；旋丁母憂。（注二七一）
劉寶楠館郡城江氏，撰漢石例序。（劉楚楨先生年譜及念樓集卷六並參）

十一年辛卯（一八三一）

陳奐又有與王伯中書，復論及其經傳釋詞。（三百堂文集卷下）
方東樹主宿松松滋書院。（方儀衛先生年譜）
王念孫讀書雜志凡八十二卷始刊竣。（王文簡伯申府君行狀）
程恩澤主講鍾山書院，復與梅曾亮相見，過從益親，夜過其邢氏寓園，坐水檻中，盡讀其別後所作詩文。是歲、起服入都，仍在南書房行走。（程侍郎遺集卷首及續碑傳集卷一〇並參）
李兆洛應鄒氏屬刋道鄉先生集，手自編校，取李氏長編及名臣奏議，補其缺遺，並刪輯其年譜，序之。（李申耆年譜）
陳用光陞禮部右侍郎。（清史列傳卷三四）
唐鑑出守登州數月，量移濟南行部，過張爾岐里門，低徊留連始去。（國朝學案小識卷三）
馮登府官涌東象山縣令，請修縣志。（馮柳東先生年譜）
顧廣譽與方堒同館吳江之盛澤，自辛卯至壬辰兩年。是冬、

李鴻裔眉生生。（續碑傳集卷三七，清儒學案卷一七七。）
黃以恭質庭生。（姜亮夫綜表）
江藩子屏卒，年七十一。（續碑傳集卷七四，清史列傳卷六九。）
郭麐祥伯卒，年六十五。（碑傳集補卷四七，清史列傳卷七三。）
管同異之卒，年五十二。（見注八九）

顧氏應方垌屬，重訂楊園先生年譜成，有跋。（悔過齋文集卷六、卷四）
劉寶楠應鄉試，又不第。（劉楚楨先生年譜）
鄧顯鶴始與劉基定訂交於寧鄉縣署。（續碑傳集卷七八）
鄭珍應鄉試不售；莫友芝舉鄉試。（鄭子尹年譜）
管同偕邑人鄧公子入都，道卒於旅次。（續碑傳集卷七六）
曾國藩自衡陽還家塾，肄業於本邑漣濱書院。（曾文正公年譜）
薛壽年二十，補江都附學生員。（續碑傳集卷七九）
邵懿辰舉鄉試，考取內閣中書，洊陞刑部員外郎，入直軍機處。（清史列傳卷六七）
朱爲弼授通政司副使，轉太常寺卿。（續碑傳集卷二二）
徐鼒舉鄉試不第。（敝帚齋主人年譜）
李棠階充順天鄉試同考官。（續碑傳集卷一二，清史列傳卷四七）
端木國瑚恩賞六品戴頂，以內閣中書陞用。（太鶴山人年譜）
淩堃舉順天鄉試。（續碑傳集卷七三，清史列傳卷六九）
周壽昌年十八，補縣學生。時父官漵水，視事甫六月，卽以勤民遘疾卒。凶聞至，壽昌鬻產，攜一老僕，匍匐千里，

方履籛彥聞卒，年四十二。（萬善花室文藁卷末尾梅曾亮撰墓表，柏梘山房文集卷一三。）
沈欽韓文起卒，年五十七。（續碑傳集卷七六王鎏撰墓志銘，清儒學案卷一三五，劉孟瞻先生年譜，清史列傳卷六九。）
周中孚信之卒，年六十四。（續碑傳集卷七二戴望撰外王父周先生述）
鄒漢勛叔績卒，年六十三。（見注七九）

奉以歸葬。（續碑傳集卷八〇）

苗夔舉優等貢生，高郵王念孫父子聞其名，與暢論音學源流，由是譽望日隆。（曾文正公文集卷四）

王引之復署工部尚書。（王文簡伯申府君行狀）

董沛四歲入塾，客指几上文竹命對，應聲曰武松；客大嘆賞曰：「是何異王瓜后稷也？」（續碑傳集卷八一）

秋、劉文淇與劉寶楠赴金陵，應鄉試不第，因賦別號舍詩以示寶楠。（劉孟瞻先生年譜）

祁寯藻入都補原官。（續碑傳集卷四；淸史列傳卷四六作九月）

朱琦擧鄉試，始與馬翁相識，翁出所爲圖索詩於朱氏。（怡志堂文集卷四）

正月、瞿中溶重輯宋元印志及歷代官印稿成。（瞿木夫先生自訂年譜）

二月、張穆訪祁寯藻於壽陽。（石州年譜）

四月、阮元署西建小臺成，名曰碧鷄臺，作記。（雷塘庵主弟子記）

朱駿聲選授安徽旌德縣訓導，以正月丁父憂，守制，未赴任。（石隱山人自訂年譜）

馮登府象山縣志二十四卷成。（馮柳東先生年譜）

五月、方東樹著進修家譜錄，序之。（方儀衞先生年譜）

六月、瞿中溶集官印考證成。（瞿木夫先生自訂年譜）

八月、程恩澤爲甘氏撰金石題詠彙編序。（程侍郞遺集卷七）

九月、張穆以優行貢成均。（石州年譜）

吳廷棟丁母憂。（吳竹如先生年譜）

方東樹爲朱字綠先生文集序。（方儀衞先生年譜）

十月、瞿中溶泉志補考寫畢，凡二十卷。（瞿木夫先生自訂年譜）

十二月、瞿中溶輯泉志續編成，自宋迄明末，所收泉二千餘品，亦分爲二十卷，並作叙。（瞿木夫先生自訂年譜）

吳廷棟丁祖母憂。（吳竹如先生年譜）

十二年壬辰（一八三二）

李兆洛鋟輿地一統全圖版成，又刊輿地略兩卷。（李申耆年譜）

張文虎試禮部不第，館錢熙祚家。時錢氏輯守山閣叢書，屬爲校訂，自是館錢氏家凡三十年。（續碑傳集卷七五）

倭仁散館，授編修。（續碑傳集卷五，清史列傳卷四六）

朱次琦肄業越華書院，山長陳蓮史一見異之，曰：「天下士也！」（朱九江先生集卷首附年譜）

章耒韶之生。（清儒學案卷一三九）

牟庭默人卒，年七十四。（清史列傳卷六九）

丁履恒若士卒，年六十三。（續碑傳

郭柏蔭成進士，改翰林院庶吉士。（清史列傳卷五五）
程恩澤以候補祭酒未與考差，特放廣東正主考官。是歲、在廣東得士番禺陳澧、溫訓等。（續碑傳集卷一〇，程侍郎遺集卷首）
李貽德會試報罷，遘疾歿於京師。（續碑傳集卷七六）
姚瑩權武進知縣事。（中復堂全集附年譜）
朱爲弼授宗人府府丞；尋，御門授都察院左副都御史，充文武會試鄉試副考官。（續碑傳集卷二二）
蘇源生年二十四，入邑庠。（記過齋藏書卷首）
吳敏樹舉鄉試，教諭瀏陽。（續碑傳集卷八〇，清史列傳卷七三）
夏、大旱，詔求直言，蒙古富俊五度訪龔自珍。自珍陳當世急務八條，富氏讀至汰冗濫一條，動色以爲難行，餘頗欣賞。是歲、龔經寫官答問成，又寫定司馬法，有最錄司馬法等篇。（定庵年譜藁本）
秋、胡培翬往鍾山書院，過宗兄承珙家。時承珙病痺，慮其病不起，乃以所著毛詩後箋，及所作雜文，屬爲刪定付梓。（研六室文鈔卷六）
陳澧舉鄉試，爲河源縣訓導。是歲、陳鴻墀來粵掌教粵華書院，澧與梁梅、侯康、譚瑩兄子宗元從受業。時粵之名士

集卷七吳育撰家傳，同卷包世臣撰墓碑。）
方金彪寅甫卒，年二十。（清儒學案卷一五七）
王念孫懷祖卒，年八十九。（見注七〇）
李貽德天彝卒，年五十。（續碑傳集卷七六徐士芬撰傳，清史列傳卷六九。）
李黼平貞甫卒，年六十三。（續碑傳集卷七二梁廷枏撰墓誌銘，清儒學案卷一三二，清史列傳卷六九。）

吳蘭修、曾釗亦常與游。鴻墀築亭於書院，曰載酒亭，環植花木，與諸人論辨書史，酬酢歡暢，間述乾、嘉時賢碩儒言行，咸憤時慷慨激烈。（陳東塾先生年譜）

冬、俞正燮館新城陳用光家，為校顧祖禹讀史方輿紀要。（俞理初先生年譜）

正月、王引之丁父憂，扶柩歸里，卜葬江蘇六合縣之北郊。（王文簡伯申府君行狀）

張穆始復入都，考取白旗漢人教習。（石州年譜）

二月、祁寯藻遷翰林院侍講學士，復充日講起居注官。（清史列傳卷四六）

方東樹自編詩二卷，名半字集，後同里胡方朔太守為刊於廣州。（方儀衞先生年譜）

四月、梁章鉅復護理巡撫。（清史列傳卷三八）

姚瑩以先集四種及其所著東槎紀略，郵示李兆洛，並以惜抱書錄稿本及所著詩文，乞校正付刊。兆洛與山生甫共參其事，有惜抱軒書錄序、東溟文集序。（李申耆年譜）

方東樹再適粵東，訪按察使某氏不遇；旋歸。（方儀衞先生年譜）

六月、祁寯藻署國子監祭酒。（清史列傳卷四六）

汪喜孫扶母喪歸自京師，問喪禮於劉寶楠。（見劉楚楨先生

武穆淳小谷卒，年六十一。（碑傳集補卷二三）

胡承珙景孟卒，年五十七。（續碑傳集卷七二胡培翬撰別傳，清史列傳卷六九，清儒學案卷一三八。）

孫經世濟侯卒，年五十。（清史列傳卷六八）

張宗泰登封卒，年八十三。（續碑傳集卷七六薛壽撰家傳）

年譜）

陳用光署戶部右侍郎、兼管錢法堂事務。（清史列傳卷三四）

梁章鉅因病陳請開缺。是歲、輯葑江別話四卷。又修葺宅右小樓，榜曰黃樓，與同里諸耆舊，以詩酒相往來，輯三山唱和集十卷。（清史列傳卷三八及退菴自訂年譜並參）

七月、祁寯藻因母病疏請開缺，得旨賞假一月。（清史列傳卷四六）

八月、方東樹舟過韶州曲江江口墮水，對月遣悶，雜書絕句十四首。（方儀衞先生年譜）

九月、羅澤南再遊南嶽。（羅忠節公年譜）

劉寶楠將赴保定阮常生太守幕，先送妻孥歸，纂輯劉氏清芬集成。（劉楚楨先生年譜）

閏九月、劉文淇作送楚楨游保定詩並序。是冬、為楚楨江淮泛宅圖序。（劉孟瞻先生年譜）

十月、祁寯藻授通政使司副使。（清史列傳卷四六）

十二月、程恩澤命在上書房行走。（續碑傳集卷一〇）

十三年癸巳（一八三三）

方東樹有書惜抱先生墓誌後。（方儀衞先生年譜）

兪正爕春闈下第，侍郎程恩澤為編刻癸巳類稿凡十五卷，並

張琦翰風卒，年七十。（柏梘山房文

爲序。（俞理初先生年譜）
賀長齡服闋；尋患病。（清史列傳卷三八）
胡培翬復至胡承珙家，時胡氏已卒，其遺文並經朱蘭坡爲之編次。是歲、刻鍾山書院課藝成，有序。（研六室文鈔卷六）
馮登府編學易菴初集，輯浙西後六家詞十卷、梅里詞輯八卷，刻浙江磚錄四卷。（馮柳東先生年譜）
程恩澤擢內閣學士，充文淵閣直閣事、兼禮部侍郎。（續碑傳集卷一〇，程侍郎遺集卷首）
張穆與許瀚排次俞正燮癸巳類稿十五付梓。（石州年譜）
郭柏蔭散館，授編修。（清史列傳卷五五）
高均儒年二十二，授誦金華，從德清楊道生學，始粗知讀書門徑。（續東軒遺集卷一）
汪遠孫爲吳氏校刻杭郡詩輯，陳奐館宿其家。（三百堂文集卷上）
朱次琦與邑人徐台英訂交。是歲、錢儀吉至粵，時年已七十，聞次琦名，就見於西郊，並爲其詩作序。（朱九江先生集卷首附年譜）
龔自珍成左氏春秋服注補義一卷；其劉歆竄益顯然有迹者，爲左氏決疣一卷；又成西漢君臣稱春秋之義考一卷；六經

集卷一四梅曾亮撰墓誌銘）
洪頤煊旌賢卒，年六十九。（姜亮夫綜表）
趙紹祖繩伯卒，年八十二。（續碑傳集卷七六陶澍撰墓誌銘、同卷朱珔撰傳，清儒學案卷二〇〇。）

正名論成；古史鈎沈論又成。（定庵年譜藁本）

朱爲弼轉兵部左侍郎，派庶吉士；散館，會試覆試閱卷大臣、殿試讀卷大臣，權倉場侍郎；尋直授。（續碑傳集卷五）

胡林翼年二十二，由江南攜眷赴京師省親。（胡文忠公年譜）

是歲、湖陽張翰風卒，十一月櫬舟過揚州，包世臣往哭之。（見包愼伯先生年譜）

左宗棠年二十一，與兄宗植並舉於鄉。三試禮部不第，遂絕意仕進，究心輿地兵法，討論國聞，名在公卿間。（桐城吳先生文集卷二）

李棠階遇新鄭王孝廉鈐於京邸，語連日夜，覺所學未得其要，乃相與講王文成、羅念菴之學。（李文淸公遺書卷首）

胡澍從胡培系父授讀，時培系年十二，自此至弱冠，讀書作文，飲食居處，無不與共。（續碑傳集卷七九）

黃以周六歲入塾，識說文部首字，遂讀經；先禮、次詩書、次春秋易；每一業畢，輒條分節目，疏通大義。（同上卷七五）

春、唐鑑撰新建五源書院碑記。（唐確愼公集卷三）

夏、李文耕里居無事，選朱子古文讀本中之愜意者百餘篇刻之，以惠滇中諸同人，有摘鈔朱子古文序；又刻明辨錄成，序之。（喜聞過齋文集卷五）

冬、朱琦爲潘紱庭古文稿序。（小萬卷齋文稿卷一一）

正月、陳用光提督浙江學政。（清史列傳卷三四）

鄭珍爲莫友芝題所藏文衡山西湖圖。（鄭子尹年譜）

陳澧謁陳鍾麟於杭州，招游西湖，有詩四首。（陳東塾先生年譜）

二月、祁寯藻陞光祿寺卿。（清史列傳卷四六）

倭仁陞右春坊右中允。（續碑傳集卷五，清史列傳卷四六。）

李兆洛自涇川返常至里門，招江陰徐泰能爲製天球，並自爲文釋之。（李申耆年譜）

黃承吉有書姚惜抱先生崇祀鄉賢錄後。（夢陔堂文集卷八）

方東樹赴常州，時同里姚瑩爲武進令，延聘方氏編校其曾祖姚範（薑塢）援鶉堂筆記。是年、同里蘇惇元來受業門下。（方儀衞先生年譜）

三月、阮元入會闈錄異才三數人，端木國瑚適在選，已官內閣加六品秩，以縣令用，仍請回直閣中。按端木氏周易指約當成於此三數年內。（續碑傳集卷七七）

四月、包世臣自跋草書問答於小倦游閣。（包愼伯先生年譜）

祁寯藻擢內閣學士、兼禮部侍郎銜。（清史列傳卷四六）
方東樹有書史忠正公家書後。（儀衞軒文集卷六）
五月、李兆洛始校刋顧氏日知錄。（李申耆年譜）
七月、倭仁陞翰林院侍講，充日講起居注官。（續碑傳集卷五）
陳用光轉禮部左侍郎，仍留學政任。（淸史列傳卷三四）
八月、姚瑩重刻東溟文集、後湘詩集成，李兆洛、毛嶽生爲編後。是冬、調署元和知縣。（中復堂全集附年譜）
張鑑撰見山樓記。（冬青甲乙集、乙集卷四）
鄭珍著說文新附考成。（鄭子尹年譜）
九月、倭仁陞詹事府右春坊右庶子。（續碑傳集卷五）
瞿中溶以家藏書畫，自唐迄乾隆初諸家，倣江村銷夏錄之例鈔輯，以書畫錄名之，十月稿畢。（瞿木夫先生自訂年譜）
十一月、倭仁轉左庶子。（續碑傳集卷五）
黃承吉撰吳少文詩序。（夢陔堂文集卷六）
瞿中溶補作金石文編。（瞿木夫先生自訂年譜）
十二月、李文耕著以原品休致。（喜聞過齋文集卷一三）
丁晏丁母憂。（見劉孟瞻先生年譜）
倭仁陞翰林院侍講學士。（續碑傳集卷五）

十四年甲午（一八三四）

包世臣移居白門。（續碑傳集卷八四）

祁寯藻丁母憂回壽陽，一慟幾絕。（同上卷四，清史列傳卷四六。）

方東樹客姚氏官廨中，時姚氏爲元和令。（方儀衞先生年譜）

朱爲弼轉漕運總督，以疾乞休；邀優，允寓京養疾。（續碑傳集卷二二）

陳澧始著漢地理圖。（陳東塾先生年譜）

張敦仁校刊其所著開方補記六卷成。（清史列傳卷六九）

蔣湘南舉鄉試中副榜。（碑傳集補卷五〇）

曾國藩肄業嶽麓書院，是科領鄉薦。（曾文正公年譜）

程恩澤授工部右侍郞、兼管錢法堂。（續碑傳集卷一〇）

唐鑑撰五原學舍圖記。（唐確愼公集卷三）

吳昆田年二十七，舉京兆試，夏課京師，與師潘德輿、友魯一同共勵學。（注二七二）

何桂珍舉鄉試。（續碑傳集卷五八）

高均儒年二十三，交桐城蘇惇元，得讀三魚堂所著經說文集，始知陸隴其刻程氏書之意。蓋謂讀書法程，莫善於此也。（續東軒遺集卷一）

李棠階陞國子監司業。（注二七三）

李文田仲約生。（碑傳集補卷四，清儒學案卷一八八。）

方坰恩臧卒，年四十三。（悔過齋文集卷六顧廣譽撰行略，清儒學案卷一五七。）

朱彬武曹卒，年八十二。（碑傳集卷三九，清史列傳卷六九）

王引之伯申卒，年六十九。（續碑傳集卷一〇湯金釗撰墓誌銘）

吳嵩梁蘭雪卒，年六十九。（續碑傳

郭嵩燾年十七，與同年吳西喬讀書仰高書院。（養知書屋文集卷七）

龔自珍成干祿新書，有自序。（定庵年譜藁本）

俞樾年十四，侍父讀書南蘭陵。（春在堂襍文、六編卷八）

倭仁署文淵閣直閣事。（清史列傳卷四六）

錢儀吉省裴山兄大梁間，訪趙宋遺跡，並欲游艮嶽，以事遽行不果。是歲、有新修環碧圖記。（衎石齋記事稿、續稿卷一）

沈垚以優行貢成均。（碑傳集補卷四九）

梁章鉅輯退菴隨筆二十卷，自爲之序；後復加增刪擴爲二十四卷，賀長齡序之。（退菴自訂年譜）

方坰選授錢塘訓導，未抵任卒。（清史列傳卷六七）

吳廷棟服闋，入都供職。（吳竹如先生年譜）

董沛七歲能詩。（續碑傳集卷八一）

錢泰吉博考明以來禾郡人官海昌學博者，爲海昌學職禾人考，以示景仰先哲之意。（甘泉鄉人年譜）

胡培翬移講涇川，乃取胡承珙毛詩後箋等書，次第校讀，復請陳奐來共校，以付梓刻；又自爲訂定遺文凡九卷，名曰求是堂文集，並爲作序。（研六室文鈔卷六）

是歲、徐鼒應鄉試又不第，有書懷示內詩云：「兩字科名春

集卷七七，清史列傳卷七二。）

張敦仁古餘卒，年八十一。（續碑傳集卷四〇，清史列傳卷六九。）

陳壽祺恭甫卒，年六十四。（見注八一）

陸繼輅祁孫卒，年六十三。（續碑傳集卷七七李兆洛撰墓誌銘。按清儒學案卷一一三及清史列傳卷七二皆作卒年六十一，存參。）

夢老，一年心事落花縈」之句，父見之大訶責，因焚其稿。（敝帚齋主人年譜）

夏、王引之服闋，入都供職。（王文簡伯申府君行狀）

陳奐應胡承珙子先翰、先頖招，至其里第，爲任校讎其父遺書，時胡氏已歿二年。（三百堂文集卷上）

秋、鄭珍應鄉試不售歸里。（鄭子尹年譜）

劉文淇應試赴金陵，不第。是年、爲汪喜孫撰江都汪氏兩孝子祠記。（劉孟瞻先生年譜）

仲秋、張鑑有秀水計氏澤存樓藏書記。（冬青甲乙集、甲集卷四。）

四月、李兆洛刻日知錄成。（李申耆年譜）

鄭珍以舅氏赴京，託上書程恩澤，述爲學之要恉；尋，又上書程氏，求爲外祖撰墓誌，又有書與鄧顯鶴。（鄭子尹年譜）

七月、方坰以銓授錢塘縣訓導赴選，卒於省邸。（悔過齋文集卷六）

李兆洛刻所見帖成。（李申耆年譜）

八月、阮元著石畫記四卷成。（雷塘庵主弟子記）

十一月、曾國藩入都，始見劉蓉松朱氏學舍，與語大悅，因爲留信宿乃別。（曾文正公年譜）

王引之署工部尚書；尋卒。（王文簡伯申府君行狀）

十五年乙未（一八三五）

龔自珍寫定南唐五百字。（定庵年譜藁本）

沈垚與姚燮相識於京師，有姚野橋梅花册跋。（落帆樓文集卷二四）

程恩澤會試知貢擧，調戶部右侍郎，管理錢法堂，充殿試讀卷官。（程侍郎遺集卷首）

姚瑩爲淮南監掣同知，方東樹偕之往眞州。（方儀衞先生年譜）

朱琦成進士，官編修，改官御史。（續碑傳集卷七九）

潘德輿以大挑知縣分發安徽，未幾卒。（注二七四）

陳澧撰三統術詳說四卷。（陳東塾先生年譜）

鄭獻甫成進士，爲刑部主事（時年三十五）。（續碑傳集卷七九）

俞正燮應兩湖總督林則徐聘，纂湖北通志成。（俞理初先生年譜）

侯康擧鄉試。（淸史列傳卷六九）

張文虎年二十八，始就婚於金山姚氏。（續碑傳集卷七五）

梁章鉅病痊，授甘肅布政使。（淸史列傳卷三八）

魯一同擧本省鄉試。（注二七五）

蕭穆敬孚生。（清儒學案卷一八九）

吳大澂淸卿生。（續碑傳集卷三二，春在堂襍文六編卷五。）

王紹蘭南陔卒，年七十六。（碑傳集補卷一四王端履撰墓志）

紀慶曾思詒卒。（碑傳集補卷四九沈垚撰事略）

陳用光碩士卒，年六十八。（淸史列傳卷三四，柏梘山房文集卷一二梅曾亮撰墓誌銘。）

錢儀吉作史忠正公像贊。（衎石齋記事稿卷九）
呂賢基成進士，改翰林院庶吉士。（清史列傳卷四一）
李棠階陞詹事府右中允。是年十二月、丁外艱。（注二七六）
徐鼒始擧鄉試。（敝帚齋主人年譜）
俞樾年十六，補縣學生。（續碑傳集卷七五）
李文耕病初瘉，不能觀書，因數生平行事，命其子德蕙筆錄之，以爲家訓（時年七十四）。（喜聞過齋文集卷一三）
朱次琦受學肄業學海堂，以疾辭不赴。（朱九江先生集卷首附年譜）
蔣湘南擧鄉試。（碑傳集補卷五〇）
是歲，曾國藩以會試不售，寓京師長郡館。讀書研窮經史，尤好昌黎，慨然思躡而從之，治古文自此始。（曾文正公年譜）
仲春、李文耕有摘鈔三魚堂集序。（喜聞過齋文集卷五）
是夏、黃承吉寄書劉文淇，滔滔二萬餘言，說述左氏傳字義四條，文淇答之。（劉孟瞻先生年譜）
是夏、莫友芝撰傳薾譜序。（郘亭遺文卷一）
秋、周濟復起爲淮安府校官。（續碑傳集卷七七）
劉寶楠擧江南鄉試；旋應郡守劉源灝聘，主講廣陵書院。（

顧廣圻千里卒，年七十。（清儒學案卷一二五，顧千里先生年譜，馮先恕疑年錄釋疑。又清史列傳卷六八及續碑傳集卷七七李兆洛撰墓志銘，皆作卒道光十九年，年七十，存參。）

劉楚楨先生年譜）
張文虎在西湖敬觀文瀾閣，復得乾坤體義讀之，並爲之跋。（覆瓿集、舒藝室雜著甲編卷下。）
正月、鄭珍至京師，謁程恩澤，程氏爲點定說文新附考，將歸，程氏步月送之。（鄭子尹年譜）
三月、倭仁充會試同考官。（續碑傳集卷五）
程恩澤以其師錢林遺文，謀諸同門友，程芝雲飭工剞劂，凡閱二稔而成。（玉山草堂集卷首）
四月、賀長齡病痊奉召入都，授福建布政使。（唐確愼公集卷四）
黃承吉爲劉文淇撰左傳舊疏考正序。（見劉孟瞻先生年譜）
五月、瞿中溶輯廿四孝考成，並作敍。（瞿木夫先生自訂年譜）
鄭珍以自京師携歸雙鈎石經殘字，乞莫友芝書兩漢金石記。（鄭子尹年譜）
六月、瞿中溶作唐石經明人補闕辨。（瞿木夫先生自訂年譜）
閏六月、倭仁轉侍讀學士。（續碑傳集卷五）
瞿中溶作石經考異集證敍。（瞿木夫先生自訂年譜）
八月、倭仁充順天鄉試同考官。（續碑傳集卷五）
方東樹校援鶉堂筆記畢，並書其後。（方儀衞先生年譜）

胡林翼恩科中式，舉本省鄉試。（胡文忠公年譜）

梁章鉅由運河北上，舟次輯北行酬唱集四卷。（退菴自訂年譜）

九月、莫友芝應鄭珍請書兩漢金石記，依其字樣，眞寫一通，並跋其後。（見鄭子尹年譜）

十月、梅植之撰野哭集序。（嵇庵文集卷二）

十六年丙申（一八三六）

朱次琦館邑六榕寺。（朱九江先生集卷首附年譜）

端木國瑚著周易指成，梓之。（太鶴山人年譜）

姚椿以兩湖總督林則徐聘，主荊南書院。（續碑傳集卷七八）

梅植之嵇菴詩刋行，黃承吉序之。（夢陔堂文集卷六）

程恩澤復充殿試讀卷官。（續碑傳集卷一〇）

馮登府編漫興初集。（馮柳東先生年譜）

何紹基成進士，改翰林院庶吉士；散館，授編修。（清史列傳卷七三）

蔣湘南入都應朝考，與陳用光、魏源、龔自珍、俞正燮諸人游。（碑傳集補卷五〇）

方東樹命門人蘇惇元重編張楊園先生年譜。（方儀衞先生年譜）

佟景文敬堂卒，年六十一。（續碑傳集卷七一宗稷辰撰墓表）

汪遠孫久也卒，年四十三。（見注九五）

陸耀遹紹聞卒，年六十六。（姜亮夫綜表。按清儒學案卷一一三作卒年六十三；又清史列傳卷七二作道光元年

郭柏蔭記名以御史用。（清史列傳卷五五）
張穆審定祁韻士太史西域釋地，又校訂西陲要略四卷。（石州年譜）
祁寯藻服闋，未補原官，即擢兵部右侍郎，轉左侍郎。（注二七七）
莫友芝下第還鄉，寄書鄭珍至滇（時鄭氏在滇故也）。（見鄭子尹年譜）
吳廷棟學習期滿，改官主事廣西司行走。（吳竹如先生年譜）
蘇源生食餼，時年二十八。（記過齋藏書卷首）
龔自珍官宗人府主事。（定菴年譜藁本）
李棠階回籍守制。是年六月、復丁內艱，喪葬動依古禮。（續碑傳集卷一二，李文清公遺集卷首。）
錢泰吉在海昌，宜與吳德旋來訪，留學舍三日，縱論文事，樂甚，別後復寓書論文，又有書與馮登府，兩書皆略及其生平爲學宗旨及出處大旨。（甘泉鄉人年譜）
梁章鉅奉召入都，授甘肅布政使；抵蘭州不三月，調直隸布政使；途次，拜巡撫廣西之命。（注二七八）
賀長齡調直隸布政使；旋陞貴州巡撫。（注二七九）
胡林翼由金陵至京，會試中式，成進士，改翰林院庶吉士。

卒，年六十三，存參。）

（胡文忠公年譜）

俞樾年十六，作春秋絕筆獲麟說。（春在堂襍文、六編卷八。）

是歲、劉寶楠應禮部試不第歸。與金望欣定交於京師。（劉楚楨先生年譜）

春、李文耕購得南充唐學全所纂文廟通錄一集，與門人楊勳更加增損，考核釐正，成文廟增輯通錄若干卷，有序。又集古今箴銘規誡之辭，及各體詩歌之切於訓學者得若干首，存家塾俾幼學歌之，曰啓蒙韻言，有序。（喜聞過齋文集卷五）

劉寶楠應試赴都，劉文淇與友人梅植之、劉熙載、王句生、楊季生餞於湖上，賦詩送別。（劉楚楨先年譜，劉孟瞻先生年譜）

孟夏、何紹基及弟紹業宴客於陶然亭，有許瀚、姚燮、汪堯、沈垚等諸人，沈垚爲撰丙申四月陶然亭燕集記。（落帆樓文集卷七）

夏、梅植之爲補題江淮泛宅圖。（見劉楚楨先生年譜）

正月、徐鼒偕同年吳家楣、沈樾赴試禮部，下第，父寄書責留京師。因館史致儼家，得梅曾亮、馬沅、鄧爾恒、陳立、張曜孫、陳金城、賴其英等，自是讀書專經，不爲駢

體之文。（敝帚齋主人年譜）

二月、梅植之編次往日雜文，得五卷，名曰嵇庵集，刻之，有序。（嵇庵文集卷首）

三月、倭仁充會試同考官。（清史列傳卷四六）

四月、汪遠孫與陳奐同治國語，共立課程，炷香刻度；旋汪氏得齒疾，猶自注釋，密勿無已。（三百堂文集卷上）

劉寶楠與葉紹本、黃爵滋、徐寶善、黃琮、汪喜孫、陳慶鏞，四十二人，展禊於江亭。（劉楚楨先生年譜）

五月、梁章鉅赴廣西任、兼廣西學政，輯宣南贈言二卷。（退菴自訂年譜）

七月、黃承吉撰梅蘊生詩序。（夢陔堂文集卷六）

八月、朱駿聲選授安徽黟縣訓導。（石隱山人自訂年譜）

李兆洛校刋胡承諾繹志。（李申耆年譜）

黃承吉撰丙申中秋日書載酒堂事。（夢陔堂文集卷一〇）

十月、羅澤南館流南塘陳宅，時與王簫雲同館授徒，常論爲學之要。因取性理一書讀之，遂究洛閩之學，改號悔泉，作號悔泉說。（注二八〇）

十七年丁酉（一八三七）

程恩澤充經筵講官。（續碑傳集卷一〇）

羅澤南仍館陳宅，著常言，後改定爲人極衍義。（羅忠節公

戴望子高生。（注

一一二）

年譜）

郭嵩燾舉鄉試。（虛受堂文集卷九）

陳澧館於張維屏家，其子祥晉從學。是歲、始著切韻考。（陳東塾先生年譜）

呂賢基充順天鄉試同考官。（清史列傳卷四一）

曾國藩自京師歸，過長沙遇劉蓉與郭嵩燾，相見甚歡，縱談古今，昕夕無間，留月餘始別去。（曾文正公年譜）

俞樾副榜貢生，始應鄉試。（續碑傳集卷七五及春在堂襍文六編卷九並參）

梁章鉅輯論語集注旁證二十卷、孟子集注十四卷。（退菴自訂年譜）

郭柏蔭補浙江道監察御史。（清史列傳卷五五）

葉名澧舉鄉試，官內閣侍讀。（續碑傳集卷七九，碑傳集補卷五〇）

張穆撰說文答問疏證敍。按說文答問疏證一篇，乃錢大昕所著，文載潛研堂集第十一卷。（石州年譜）

倭仁充福建鄉試正考官。（續碑傳集卷五，清史列傳卷四六。）

方宗誠年二十，始獲從玉峰許鼎游。許氏示以小學、近思錄、性理纂要、朱子文集、薛文清讀書錄、唐宋大家文

張之洞孝達生。（注一一三）

黎庶昌蒓齋生。（碑傳集補卷一九）

侯康君模卒，年四十。（續碑傳集卷七七，清儒學案卷一三三，清史列傳卷六九。）

程恩澤雲芬卒，年五十三。（程侍郎遺集卷首阮元撰墓志銘，續碑傳集卷一〇阮元撰墓志銘。）

黃汝成庸玉卒，年三十九。（續碑傳集卷七七葛其仁撰傳、同卷毛嶽生撰墓志銘。）

選，自是始知有程朱之學、韓歐曾之文。（柏堂遺書、輔仁錄卷一）

鄧瑤與弟仲權同充選貢生。（陶樓文鈔卷四）

俞正禧舉於鄉，選知縣軍功五品。（續碑傳集卷七八）

鄒漢勳補郡學生。（同上卷七四）

春、龔自珍以京察一等引見，蒙記名，奉旨充玉牒館纂修官，草章未竟。（定庵年譜藁本）

夏、程恩澤忽語梅曾亮曰：「吾庭中樹鴉數百，夜噪而飛拔巢去，此何祥也？」未幾而病卒。（程侍郎遺集卷首）

秋、鄭珍舉鄉試。（鄭子尹年譜）

唐鑑撰永寧節孝吳楊氏傳。（唐確慎公集卷四）

劉文淇赴金陵應鄉試，落第，此後遂不復試。是年、撰揚州水道記四卷，寄書阮芸臺論古地志。子劉毓崧入縣學。（劉孟瞻先生年譜）

正月、俞正燮客兩湖總督林則徐幕，爲參訂其先人舊稿，校訂海國紀聞。（俞理初先生年譜）

祁寯藻視學江蘇，俞正燮爲校宋本說文繫傳。是月、祁氏署戶部左侍郎。（淸史列傳卷四六及俞理初先生年譜並參）

程恩澤爲人日游龍院寺詩序。（程侍郎遺集卷一〇）

二月、方東樹復赴粵東，客總督鄧嶰筠尚書幕中。（方儀衞

端木國瑚子彝卒，年六十五。（續碑傳集卷七七宗稷辰撰墓表，太鶴山人年譜。）

先生年譜）
鄭珍自滇歸黔，抵遵義。長白德亨攝縣事，延主啓秀書院講席。（鄭子尹年譜）
三月、龔自珍改禮部祠祭司主事。（定庵年譜藁本）
李兆洛刻繹志成，凡十九卷，六十一篇，序之。（李申耆年譜）
四月、程恩澤聘張穆爲校訂其父遺文，既成，又自爲安玩堂藏稿後跋。（程侍郎遺集卷七）
方東樹有馬一齋先生遺書後二首。（儀衞軒文集卷六）
龔自珍補主客司，仍兼祠祭司行走。以佛書入震旦後校讎者希，乃爲龍藏考證七卷；又以妙法蓮華經，爲北涼官中所亂，乃重定目次，分本迹二部，删七品存廿一品，是年春成。（定庵年譜藁本）
六月、朱駿聲刻自著說文通訓定聲一書，門人朱鏡蓉主其事。（石隱山人自訂年譜）
方東樹編校其父方績（展卿先生）鶴鳴集，同里光聰諧爲刊行。（方儀衞先生年譜）
李兆洛刻抱經詩鈔成。（李申耆年譜）
七月、程恩澤以暑疾卒於京師，卒之翌月，阮元、何紹基等，集龍泉寺爲檢其遺書，戴熙作龍泉寺檢書圖。（見鄭

子尹年譜）
李兆洛印歷代地理韻編成，凡二十卷。（李申耆年譜）
鄭珍樗繭譜刻成，有莫友芝音釋疏注。（鄭子尹年譜）
八月、祁寯藻調戶部右侍郎、兼管錢法堂事務；尋，提督江蘇學政。（清史列傳卷四六）
鄭珍交舒其鏴，其鏴時客遵義府幕。（鄭子尹年譜）
九月、阮元撰揚州水道記序。（見劉孟瞻先生年譜）
九月、姚瑩署臺灣道。（中復堂全集附年譜）
十月、陳奐取所著毛詩傳疏語，爲胡氏著補綴成書，有毛詩後箋序。（三百堂文集卷上）
朱駿聲養痾，讀王逸離騷注不滿，始爲補注。（石隱山人自訂年譜）
方東樹爲重編張楊園先生年譜序。（方儀衞先生年譜）
十一月、梅植之代撰重修揚州府縣學宮記。（嵇庵文集卷二）
十二月、祁寯藻轉左侍郎、兼管三庫事務。（注二八一）
鄭珍與莫友芝乘馹由省入京，赴明年春闈。（鄭子尹年譜）

十八年戊戌（一八三八）

劉寶楠授館郡城，成勝朝殉揚錄三卷。（劉楚楨先生年譜）
羅澤南與邑人劉蓉始訂交，作悔過銘。是歲、三遊南嶽。（羅忠節公年譜）

于蔭霖次棠生。（碑傳集補卷一五）
劉壽曾恭甫生。（

薛壽舉揚州歲試第一。（續碑傳集卷七九）

曾國藩成進士，改翰林院庶吉士。是歲、著順性命之理論。（曾文正公年譜、文集卷一。）

鄧瑤入京應廷試，從弟孟華送之行；報罷，從弟仲權南歸，孟華與其留太學肄業。（陶樓文鈔卷四，碑傳集補卷五〇）

馮登府編漫興三集，拜竹詩堪詩存十卷，自此始。（馮柳東先生年譜）

郭柏蔭轉掌山西道。（清史列傳卷五五）

李元度年十八，爲諸生，食廩餼。（虛受堂文集卷九）

胡澍丁母憂，哀毀如成人。（續碑傳集卷七九）

吳嘉賓成進士，改翰林院庶吉士；散館，授編修。（清史列傳卷六七）

蔣湘南始入陝，著西征述。（春暉閣雜著卷首）

倭仁充文淵閣直閣事。（續碑傳集卷五，清史列傳卷四六）

錢泰吉著曝書雜記二卷。己亥春、蔣光煦、管廷芬均有跋尾，見文集卷八。（甘泉鄉人年譜）

何桂珍成進士，授翰林院庶吉士。（何文貞公遺書卷首）

黃承吉有送蟢子文。（夢陔堂文集卷一〇）

李兆洛刻歷代輿地沿革圖成。（李申耆年譜）

續碑傳集卷七五劉恭晃撰家傳及汪士鐸撰墓志銘）

薛福成叔耘生。（碑傳集補卷一三夏寅官撰傳，清儒學案卷一七七。）

江沅子蘭卒，年七十二。（姜亮夫綜表）

呂璜禮北卒，年六十二。（碑傳集補卷四八）

李文耕心田卒，年七十七。（喜聞過齋文集卷首王贈芳撰行狀，續碑傳集卷三四，清儒學案卷二〇八，清史列傳卷七六。）

劉光蕡以政變新法，憂宗國，傷黨禍，隱居築煙霞草堂，講學其中。萬山岑寂，天地蕭寥，至悲歌痛飲，泣下沾襟。（碑傳集補卷五二）

梁章鉅校梓文選旁證四十六卷，阮元、朱珔各爲序；又輯國朝臣工言行記十二卷。（退菴自訂年譜）

四月、胡林翼散館，授編修。（胡文忠公年譜）

程鴻詔入蜀，始爲夏小正集說。（有恆心齋集、夏小正集說卷四後敍。）

董沛年十一，始學古文，不爲經生藝，應縣試卽爲縣令所賞。（續碑傳集卷八一）

陳澧切韻考成，始著說文聲統。是歲、館於功德禪院，虞必芳十餘人來受學。（陳東塾先生年譜）

李慈銘年十歲，好讀唐人詩。以父督課經甚急，不得攜詩塾中，乃私置於閣中，暇卽取讀，且倣爲之，是爲學詩之始。（越縵堂文集卷二）

孫衣言應廷試至京，蘇源生方主戶部汪喜孫家，衣言因喜孫始識蘇氏。是歲、蘇源生廷試報罷，從嘉興錢儀吉受經學。（記過齋藏書卷首）

春、徐鼒會試不第南歸，游揚州，與劉文淇、劉寶楠、羅士琳、陳立、梅植之、薛壽訂交。著戴記呂覽蔡氏月令異同

疏解四卷成。（敝帚齋主人年譜）
唐鑑作楹語記，有「亭前日暖常留鶴，池上風清獨愛蓮。」之句。（唐確愼公集卷三）
夏、錢儀吉撰新修句容縣學宮記。（衎石齋記事稿、續稿卷一。）
仲夏、朱駿聲著古今韻準成。（石隱山人自訂年譜）
孟秋、沈垚有王約甫文稿序。（落帆樓文集補遺）
正月、劉文淇始刊行春秋左氏傳舊疏考正八卷。（劉孟瞻先生年譜）
龔自珍上書堂上官論四司政體宜沿革者二千言。嘗恨許叔重見古文少據商周彝器秘文，說其形義，補說文一百十七字，四月成書。詩編年終於是歲，勒成二十七卷。（定庵年譜藁本）
二月、鄭珍至京應試，與莫友芝逆旅對床，閉門析賞，又馳念老母，遂有思親操之作；尋，春闈榜發，珍與友芝均下第歸。（鄭子尹年譜）
黃承吉爲王子卿太守八十壽序。（夢陔堂文集卷六）
四月、劉文淇爲揚州水道記後序。（劉孟瞻先生年譜）
黃承吉撰金棕亭先生集序。（夢陔堂文集卷五）
六月、瞿中溶著三江五湖辨。（瞿木夫先生自訂年譜）

七月、朱駿聲刻說文通訓定聲全書告成。（石隱山人自訂年譜）

八月、方東樹刻援鶉堂筆記刊誤，序之。（方儀衞先生年譜）

九月、李兆洛七十壽辰，會者數百人。（李申耆年譜）

方東樹應粵海關監督豫氏預修粵海關志。其所著漢學商兌、書林揚觶刊後，方氏檢其中尙宜改正者，輯成刊誤補義二卷。（方儀衞先生年譜）

十月、鄭珍受聘主修遵義府志，莫友芝佐之。（鄭子尹年譜）

黃承吉撰同年任君傳。（夢陔堂文集卷一〇）

方東樹爲刊誤補義序而刻之，又校勘管同七經紀聞，時鄧尙書任爲刊行，方氏於其致疑朱子者，附說於後，以正其誤。（方儀衞先生年譜）

劉文淇致書黃承吉論洗寃錄，並告以李璋煜受代。是月、代李璋煜撰洗寃錄辨正序。其子毓崧是年以左氏傳舊疏考正過訪康發祥，康氏賦詩贈其父。（劉孟瞻先生年譜）

是月、方東樹敍管同七經紀聞，又定族譜義例。（方儀衞先生年譜）

年代	事蹟	生卒
十九年己亥（一八三九）	曾國藩是歲始爲日記。（曾文正公年譜） 何紹基充福建鄉試正考官。（清史列傳卷七三） 徐鼒輯周易舊注若干卷。（敝帚齋主人年譜） 蔣湘南復入陝，著後西征述一卷。（春暉閣雜著卷首） 李棠階入都，仍補詹事府右中允。（續碑傳集卷一二） 羅澤南以七應童子試不售，至是始以郡試第一，補弟子員。（羅忠節公年譜） 莫友芝以遵義郡乘之役，始得見張楊園全集，亟謀重刻，公諸同志。（郘亭遺文卷一） 馮登府十三經詁問答六卷成，編禾帆集，是爲拜竹詩堪詩續集第一卷。（馮柳東先生年譜） 宗稷辰補官，考取軍機章京，轉起居注主事，再轉戶部山東司員外郎，考取御史記名。（碑傳集補卷一七） 鄭珍於去今兩年間，嘗輯生平所爲詞，曰經巢窼語一卷，莫友芝序之。（鄭子尹年譜） 鄧瑤以從弟孟華卒護喪歸，途次記脊令之慟，行旅之難，著潞河紀程。（陶樓文鈔卷四） 劉熙載舉鄉試。（續碑傳集卷七五） 龔自珍乞假南游，及秋九月，復北上迎眷屬，歸於羽琌之	曾紀澤劼剛生。（春在堂襍文五編卷五俞樾撰墓誌銘，續碑傳集卷一五。） 周濟介存卒，年五十九。（古微堂外集卷四魏源撰傳，續碑傳集卷七七丁晏撰家傳。） 潘德輿彥輔卒，年五十五。（見注九一）

山。是歲、成漢官捐益上下二篇、百王易從論一篇、平生師友小記百六十一則，又爲己亥雜詩三百十五首。（定庵年譜藁本）

劉傳瑩舉鄉試，官國子監學正。（清史列傳卷六七）

胡培翬講學雲間。是秋、游寓西湖，與張若雲弟嘯山寓鄰居，時相過從，嘯山詢以乃兄所輯守山閣叢書，胡氏爲撰守山閣叢書序。（研六室文鈔補遺）

俞正燮爲江蘇學政祁寯藻校寫上古六朝文目，聘掌敎惜陰書舍。（注二八二）

鄧顯鶴自寧鄉引疾歸，主朗江、濂溪兩書院講席。主朗江時，編輯資江耆舊集六十四卷，其南村詩文集總四十四卷。主濂溪時，編輯沅湘耆舊集二百卷，續編八十卷。（注二八三）

劉文淇撰娛景堂集序。（劉孟瞻先生年譜）

郭柏蔭巡視西城，轉京畿道。（清史列傳卷五五）

夏、朱琦始至京師，卽從梅曾亮游。（怡志堂文集卷四）

秋、梅植之舉鄉試，偕劉寶楠北上赴試禮部。（續碑傳集卷七七）

陳奐與錢泰吉訂交於西湖江氏寓樓。（甘泉鄉人年譜）

顧廣譽撰湖舫秋集圖記。（悔過齋文集卷五）

朱次琦與伯兄同學於鄉，時人稱之曰：「南海明珠同時入貢矣！」（朱九江先生集卷首附年譜）
張文虎始晤胡培翬於武林，一見如故，遂訂忘年交。（覆瓿集、舒藝室雜著甲編卷下）
冬、羅澤南修墨譜成。（羅忠節公年譜）
正月、阮元築南萬柳堂成。（雷塘庵主弟子記）
張穆著俄羅斯補輯一卷。（石州年譜）
三月、黃承吉撰金雪舫文學賦鈔序。（夢陔堂文集卷六）
四月、劉寶楠爲退菴筆記序。（念樓集卷六）
方東樹著昭味詹言十卷，論詩要旨。又校刊同里胡虔柿葉軒筆記，因撰其行歷並及同里先輩與父展卿先生尤厚者，爲先友記。（方儀衞先生年譜）
七月、羅士琳撰算學啓蒙識誤及後記。（見李善蘭年譜）
八月、方東樹序昭味詹言。（方儀衞先生年譜）
九月、祁嶲藻調吏部右侍郎，留學政任。（淸史列傳卷四六）
十月、兪正燮有校刋宋本說文繫傳序。（兪理初先生年譜）
十一月、胡林翼充國史館協修。（胡文忠公年譜）
張鑑撰靑來草堂記。（冬靑甲乙集、乙集卷四。）
劉寶楠爲研秋齋筆記序、暫園吟序。（念樓集卷六）

二十年庚子（一八四〇）

羅澤南肄業城南書院，著周易朱子本義衍言。（羅忠節公年譜）

劉光蕡以聯軍陷京師，北望乘輿，朝夕哭嘔血幾殆。（碑傳集補卷五二）

馮桂芬成進士，授翰林院編修。（清史列傳卷七三）

程鴻詔自蜀如京師，時俞正禧應試禮部，鴻詔始獲從俞氏學科舉業。（續碑傳集卷七八）

徐鼒成老子校勘記，輯四書廣義若干卷。（敝帚齋主人年譜）

何桂珍散館，授編修。（何文貞公遺書卷首）

龔自珍僑寓吳下滄浪亭，與王子梅諸君談藝，子梅以敎主目之，爲庚子雅詞一卷。（定庵年譜藁本）

陳奐著詩毛氏傳疏三十卷成，自屬稿至今，凡六年而定稿（時年五十五）。（續碑傳集卷七四）

吳廷棟在刑部，公暇時與唐鑑、倭仁、曾國藩、何桂珍、竇垿相爲師友，日夕切磋。是年、有郎事賦呈唐鑑海先生詩八章。（吳竹如先生年譜）

周壽昌以優行貢，七遇考錄，輒冠其曹。（續碑傳集卷八〇）

吳汝綸摯甫生。（續碑傳集卷八一馬其昶撰墓志銘）

柯劭忞鳳孫生。（清儒學案卷一九四）

孫葆田佩南生。（碑傳集補卷二六。按清儒學案卷一九四作卒年七十三，存參。）

趙元益靜涵生。（碑傳集補卷四三）

方申端甫卒，年五十四。（續碑傳集卷七三劉文淇撰傳。按清史列傳卷六九作卒年五十，存參。）

陳澧著說文聲統十七卷成，其後更名說文聲表。（陳東塾先生年譜）
蘇源生年三十四，中河南鄉試副榜，以母年高，謝絕科舉，無意仕進，益潛心篤志程朱之學。（注二八四）
劉寶楠成進士，授直隸文安縣知縣。（劉楚楨先生年譜）
梁章鉅輯楹聯叢話十二卷，陳繼昌為序。（退菴自訂年譜）
馮登府三家詩遺說八卷成。（馮柳東先生年譜）
劉文淇撰項羽都江都考。（劉孟瞻先生年譜）
春、朱次琦北上，次德州作塵沙詩；尋，會試報罷，旅食都門。（朱九江先生集卷首附年譜）
張穆寫就玉局心儀一冊付梓行世，後附黃石齋跋一通。（石州年譜）
劉毓崧學優貢生。（見劉孟瞻先生年譜）
夏、方東樹歸里，文漢光、戴鈞衡及從弟宗誠，俱受業於門下。著大意尊聞，以教諸孫讀書、行己、制心、處事之要道。（方儀衞先生年譜）
秋、李兆洛江陰縣志成，有序。（李申耆年譜）
冬、方中易學五書稿本甫定，以疾遽卒，乃以序文託劉毓崧，有方氏易學五書序。（通義堂文集卷二）
正月、曾國藩散館，授檢討。（曾文正公年譜）

沈垚敦三卒，年四十三。（碑傳集補卷四九孫燮撰哀辭、同卷夏寅官撰沈垚傳作卒年四十四，此據落帆樓文集卷首汪曰楨撰沈子敦著述總錄。）
朱為弼右甫卒，年七十。（續碑傳集卷二二楊峴撰墓表）
吳德旋仲倫卒，年七十四。（清史列傳卷七二，續碑傳集卷七七姚椿撰墓志銘。）
俞正燮理初卒，年六十六。（碑傳集補卷四九，俞理初

莫友芝撰桃谿遊歸記。（郘亭遺文卷六）
劉寶楠纂釋穀四卷成，序之。（念樓集卷六）
二月、祁寯藻陞兵部尚書。（清史列傳卷四六）
三月、劉寶楠與金嵋谷等復修禊於江亭，作江亭感舊圖。（劉楚楨先生年譜）
劉文淇爲黃白山義府字詁序。（劉孟瞻先生年譜）
四月、唐鑑召爲太常寺卿。（曾文正公文集卷四）
阮元序羅士琳續疇人傳。（見李善蘭年譜）
五月、李棠階陞翰林院侍講。（續碑傳集卷一二）
鄭珍以母卒具母行狀，致書莫友芝，乞撰墓銘；又述母教言，成母教錄一卷，凡六十八條，八月敍而刋之。（鄭子尹年譜）
六月、李棠階充教習庶吉士。（續碑傳集卷一二）
郭柏蔭轉掌京畿道，遷刑科給事中、稽查戶部銀庫；尋，授甘肅涼道。（清史列傳卷五五）
七月、李棠階充山西鄉試正考官，以發題錯誤，自行檢舉；部議革職，奉旨留任。（續碑傳集卷一二）
唐鑑編次文集成，賀長齡序之。（唐確愼公集卷首）
八月、胡林翼充江南鄉試副考官，以失察正考官文慶攜帶舉人熊少牧入闈閱卷，降一級調任。（清史列傳卷四二）

先生年譜，有恒心齋集卷八程鴻詔撰黟兩先生傳；按清史列傳卷六九作道光十九年卒，存參。）

	李堂階轉侍讀。（續碑傳集卷一二） 阮元自訂揅經室再續集，以穀梁傳學序冠其首。（雷塘庵主人弟子記） 九月、張鑑撰小滄浪消夏圖記。（冬青甲乙集、乙集卷四） 黃承吉爲萸山問齒圖序。（夢陔堂文集卷六） 十月、錢泰吉五十初度，兄儀吉自大梁寄邵康節小像，並錄康節清風長吟於上方，以爲祝釐。（甘泉鄉人年譜） 沈垚以手錄所撰漳南滱北諸水考，及施北研元遺山詩箋初印本貽張穆，未及一月而卒。（碑傳集補卷四九） 十一月、陳澧學海堂學長，自是遂爲學長數十年。（陳東塾先生年譜）	
二十一年辛丑（一八四一）	羅澤南授徒州上朱宅。（羅忠節公年譜） 曾國藩撰朱心垣先生五十六壽序。（曾文正公文集卷一） 徐鼒是歲自天長歸家；旋之皖復還，成楚辭劄記一卷。（敝帚齋主人年譜） 胡澍與邑中名士結社相酬唱。（續碑傳集卷七九） 邵懿辰由舉人考取內閣中書；尋，補官。（清史列傳卷六五） 張穆著魏延昌地形志、水經注表。（石州年譜）	徐璈六驤卒，年六十三。（儀衞軒文集卷一一） 劉衡訒堂卒，年六十六。（續碑傳集卷三四，清儒學案卷一三九，清史列傳卷七六。）

劉光蕡奏舉經濟特科，不赴。（碑傳集補卷五二）
呂賢基充文淵閣校理。（清史列傳卷四一）
莫友芝校刊張楊園先生集成，有敍。（郘亭遺文卷一）
鄧瑤丁父憂，侍疾衣帶不解者數月。（碑傳集補卷五〇）
徐有壬陞員外郎。（清史列傳卷四三）
蘇源生以河決祥符，民被重災，因撰救荒十二策，獻於州守鄒鳴鶴。（記過齋藏書卷首）
胡林翼丁父憂，服闋，改捐中書，並捐陞知府。（清史列傳卷四二）
李棠階充日講起居注官。（續碑傳集卷一二）
方東樹著續昭味詹言，專論七言律詩。（方儀衞先生年譜）
汪琭年十四，從童潤齋游，授以文選及唐宋八家文，教以行文作法，未久即舍去弗學。（隨山館叢稿卷首）
張之洞入塾，從何養源受讀，詳詢字義，必索解乃止。（張文襄公年譜）
是歲，祁寯藻還京師，醵金刻苗夔所著說文聲訂若干卷、說文聲讀表七卷、毛詩韻訂十卷、建首字讀一卷。（曾文正公文集卷四）
夏，梁章鉅調江蘇巡撫，兼理兩江總督。（碑傳集補卷一四）

李兆洛申耆卒，年七十三。（見注七八）

馮登府雲伯卒，年五十九。（馮柳東先生年譜。按碑傳集補卷四八作卒年六十二。）

齊彥槐夢樹卒，年六十八。（續碑傳集卷七七方濬撰墓表，清史列傳卷七三。）

龔自珍爾玉卒，年五十。（碑傳集補卷四九，定庵年譜藁本。）

秋、龔自珍游淮上，有鴻雪因緣圖記敍等篇。（定庵年譜藁本）

朱次琦南歸。（朱九江先生集卷首附年譜）

張鑑爲重修梅堰顯忠寺記。（冬青甲乙集、乙集卷四）

冬、鄭珍修遵義府志成，全書梓就。又與莫友芝同節著書俸，刻張楊園集，有序。（鄭子尹年譜）

羅澤南撰遊石門記、夢覺軒記。（羅忠節公年譜）

是冬、劉文淇撰舍是集序。又與子毓崧同校勘宋元鎭江府志。是年、友人汪喜孫督餉兩淮，因與文淇及汪廷儒首倡請旌明末揚州殉難貞烈婦女千餘人，建坊入祠，歲時奉祀。是年、有遺經堂集序。（劉孟瞻先生年譜）

正月、陳澧初謁阮元於揚州。（陳東塾先生年譜）

閏三月、祁寯藻調戶部尚書。（清史列傳卷四六）

梁章鉅調江蘇巡撫。（同上卷三八）

四月、劉文淇撰夢陔堂文說序。（劉孟瞻先生年譜）

六月、方東樹序續昭味詹言。（方儀衞先生年譜）

七月、張穆從永樂大典畫出元經世大典西北地圖，以貽魏源，刻入所輯海國圖志。（石州年譜）

唐鑑由江寧入官太常寺卿。曾國藩始來游，唐氏專以義理之學相勗。國藩遂以朱子之書爲日課，始肆力於宋學。（見

曾文正公年譜）

八月、張穆從永樂大典十二先元字韻中，寫出元朝秘史譯文十五卷。（石州年譜）

張鑑撰金山錢氏守山閣藏書記。（冬青甲乙集、乙集卷四）

九月、梁章鉅仍回蘇州辦理糧臺。（碑傳集補卷一四）

祁寯藻命在軍機大臣上行走。（清史列傳卷四六）

十月、曾國藩充國史館協修官。（曾文正公年譜）

十二月、梁章鉅自陳病患乞罷，允之。（清史列傳卷三八）

二十二年壬寅（一八四二）

陳澧撰切韻考自序。（陳東塾先生年譜）

譚獻應童子試，讀書敷文書院。（碑傳集補卷五一）

錢儀吉復至大梁，作艮嶽之游，有留雲峰記。（衎石齋記事稿、續稿卷一）

李棠階接任廣東學政。（李文清公遺書卷首，續碑傳集卷一二）

朱次琦居南沙陳氏賓館，嘗語諸生曰：「處子耿介，守身如玉，谷暗蘭薰，芳菲自遠。」聞者佩爲名言。（朱九江先生集卷首附年譜）

倭仁擢詹事府詹事。（續碑傳集卷五，清史列傳卷四六）

黃承吉撰顏程二君得文昌帝君陰騭文石刻移奉焦山碑記。（

王先謙益吾生。（虛受堂文集卷一六，清儒學案卷一九〇，葵園自訂年譜。）

朱孔彰仲我生。（碑傳集補卷五三尹炎武撰傳）

黃承吉謙牧卒，年七十二。（碑傳集卷四八，清史列傳

夢陔堂文集卷九）
徐有壬陞郎中。（清史列傳卷四三）
張鑑撰墨溪俞氏臯園記。（多青甲乙集、乙集卷四。）
龔自珍子抱其父遺書赴揚州，就正於魏源。魏氏爲校正其章句，凡得文若干篇，爲十二卷，題曰定盦文錄；又輯其考證雜著詩詞十二卷，題曰定盦外錄，有定盦文錄敍。（古微堂外集卷三）
唐仁壽年十四，補諸生，不喜舉子業，讀書好古，究極名理。（覆瓿集、舒藝室雜著甲編卷下）
是歲、曾國藩益致力程朱之學，同時倭仁、吳廷棟、吳昆明、何桂珍、竇垿、邵懿辰及陳源兗等往復討論，以實學相砥礪，又訂課程十二條：一曰主敬、二曰靜坐、三曰早起、四曰讀書不二、五曰讀史、六曰謹言、七曰養氣、八曰保身、九曰日知所亡、十曰無忘所能、十一曰作字、十二曰夜不出門。（曾文正公年譜）
多、張曉瞻奉其母夫人自益來豫，始與錢儀吉相識。（衎石齋記事稿、續稿卷一）
正月、呂賢基轉湖廣道監察御史。（清史列傳卷四一）
四月、劉文淇代阮元撰校刊宋元鎮江府志序。是月、宋元鎮江府志校勘事竣，因成宋元鎮江府志校勘記四卷，並自爲

卷六九。）
瞿中溶木夫卒，年七十四。（清史列傳卷七三，瞿木夫先生自訂年譜。）

	序。（劉孟瞻先生年譜） 五月、方東樹作病榻罪言。（儀衞軒文集卷四） 六月、莫友芝厝生母於五英岡，奉治命以貞定嫡配在獨山，不敢祔願在別阡故也。因立五英岡阡權表。（見鄭子尹年譜） 梁章鉅輯楹聯續話四卷、巧對錄四卷，皆自爲序。（退菴自訂年譜） 七月、呂賢基轉掌山道監察御史。（清史列傳卷四一） 九月、羅澤南撰遊龍山記。（羅忠節公年譜） 十月、呂賢基陞禮部科給事中。（清史列傳卷四一） 十二、莫友芝葬父與儔於遵義縣東青田山，鄭珍嘗往助之。（見鄭子尹年譜）	
二十三年癸卯（一八四三）	唐鑑始輯國朝學案小識。（見學案卷末尾） 張文虎偕錢熙祚游京師，熙祚卒於京邸，遂載其柩南歸。（續碑傳集卷一五） 馮桂芬充順天鄉試同考官。（清史列傳卷七三） 羅澤南撰陳氏墨譜序。（羅忠節公年譜） 李元度舉鄉試，選黔陽縣教諭。（清史列傳卷七六） 曾國藩撰烹阿封卽墨論。（曾文正公文集卷一）	馮煦夢華生。（碑傳集補卷一五魏家驊撰行狀，清儒學案卷一八〇。） 宋書升晉之生。（清儒學案卷一九四）

何秋濤舉於鄉。（一鐙精舍甲部藁卷首）
張穆著顧亭林先生年譜。（石州年譜）
梅植之適外館，歲終歸里。是年、有重刻舊唐書後敘。（嵇庵文集卷二）
王柏心舉於鄉試。（續碑傳集卷八〇）
仲春、莫友芝撰學宮圖考序。（郘亭遺文卷一）
夏、胡培翬以學海堂刻本燕寢考篇帙錯亂，郵示張文虎原稿，並屬爲校訂，錢錫之通守爲編入指海。（覆瓿集、舒藝室雜著甲編卷下）
秋、朱琦爲守山閣叢書並指海合序。（小萬卷齋文稿卷九）
胡培翬疽發於背；尋，治癒，自是精力稍衰。（研六室文鈔卷首）
胡培系父膺疾，胡澍與培系星夜走二十里求醫藥，及歿，又與兄弟於苫凷中同起臥，以盡古人所謂心喪者。（續碑傳集卷七九）
冬、劉寶楠築勝方堰成。（劉楚楨先生年譜）
包世臣再過鄱陽，至陳伯游家，見韓文考異，假歸讀之，日盡兩卷，凡讀三過。是歲、魏源作聖武記成，寄包氏屬爲審定。（包愼伯先生年譜）
正月、祁寯藻充經筵講官。（清史列傳卷四六）

劉光蕡煥唐生。（碑傳集補卷五二）
呂鵬飛程九卒。年七十三。（見注八〇）
秦恩復近光卒，年八十四。（續碑傳集卷八）
梅植之蘊生卒，年五十。（嵇庵文集卷首劉文淇撰墓志銘，續碑傳集卷七七劉文淇撰墓志銘，清儒學案卷一五二。）
嚴可均景文卒，年八十三。（碑傳集補卷二七。按清史列傳卷六九作卒年八十二。）

二月、鄭珍爲古本大學說序。（鄭子尹年譜）
徐有壬京察一等記名，以道府用。（清史列傳卷四三）
陳澧撰等韻通自序。（陳東塾先生年譜）
三月、阮元福壽第燬於火，文選樓所藏盡灰燼。（見劉孟瞻先生年譜）
劉寶楠築春雨堂成。（劉楚楨先生年譜）
五月、徐有壬授四川成綿龍茂道。（清史列傳卷四三）
張穆著閻潛邱先生年譜。（石州年譜）
七月、劉文淇爲門人陳立撰句溪雜著序。（劉孟瞻先生年譜）
閏七月、劉文淇代阮元爲重刻舊唐書序。（同上）
八月、呂賢基轉禮部掌印給事中。（清史列傳卷四一）
十月、汪遠孫弟适孫繼乃兄遺書請任校讐之役，書始成，忽得舌強疾遽卒，未及鋟版。（三百堂文集卷上）
黃承吉夢陔堂文集及續刻詩集十五卷刻成，子必慶跋之。（文集卷末尾）
劉文淇爲夏荃所輯海陵文徵後序，又代阮元撰張穆所著魏延昌地形志序。（劉孟瞻先生年譜）
十一月、祁寯藻管理戶部三庫事務。（清史列傳卷四六）
李棠階陞太常寺少卿，仍留任廣東學政。（續碑傳集卷一二，清史列傳卷四七）

十二月、黃承吉夢陔堂文集刻成，劉文淇撰序。（文集卷首）

劉文淇爲汪廷儒所編廣陵思古編序，又爲黃承吉著夢陔堂文集序。是歲、張穆致書劉文淇論魏延昌地形志，並求爲序。（劉孟瞻先生年譜）

二十四年甲辰（一八四四）

羅澤南館善化賀修齡宅，著姚江學辨。是歲、始與湘陰郭嵩燾兄弟定交。（羅忠節公年譜）

馮桂芬充廣西鄉試正考官。（清史列傳卷七三）

劉熙載成進士，改翰林院庶吉士。（續碑傳集卷七五）

鄧瑤送從弟仲權北上，遂留京兆試，又罷歸。（陶樓文鈔卷四）

吳樹敏入都試禮部，時梅曾亮倡古文義法於京師，敏樹所序歸文別鈔爲瑞安項傅霖攜去，以達梅郎中，由是有古文名。（續碑傳集卷八〇）

方東樹取古人格言，去其膚傅，約其警切，成書一卷，名曰山天衣聞，以示三孫。（方儀衞先生年譜）

何紹基充貴州鄉試副考官。（清史列傳卷七三）

周壽昌恩科中順天鄉試舉人，聯捷成進士，入翰林授職編修。（續碑傳集卷八〇）

郭慶藩孟純生。（虛受堂文集卷一〇，清儒學案卷一八二。）

繆荃孫炎之生。（碑傳集補卷九，清儒學案卷一八八，藝風老人年譜。）

李誠師林卒，年六十七。（姜亮夫綜表）

湯鵬海秋卒，年四十四。（柏梘山房文集卷一四梅曾亮

俞樾始作新安之游。是歲、恩科舉人。（春在堂襍文、四編卷六及續碑傳集卷七五）
梁章鉅自訂年譜，又輯稱謂拾遺十卷，自爲之序。（時年七十）。（退菴自訂年譜）
魏源成進士，發江蘇，以知州用，權東臺興化縣事。（清史列傳卷六九）
胡澍與胡培系兄弟讀書郡城之紫陽書院。是歲、補徽州府學生。（續碑傳集卷七九）
陳喬樅以大挑知縣，分發江西。（清史列傳卷六九）
何秋濤成進士，官刑部主事；以侍郎李嘉端巡撫安徽，奏辟自隨。（注二八五）
譚獻年十五，始讀春秋。是年、就宗父義塾讀書，補弟子員。（碑傳集補卷五一）
王柏心成進士，爲刑部主事；旋乞歸養。（續碑傳集卷八〇，清史列傳卷七三）
馬釗舉於鄉。（續碑傳集卷七九）
包世臣主旌德譚氏講席，裒生平著述，爲管情三義，齊民四術，並舊刻中衢一勺、藝舟雙楫，更加增益，名曰安吳四種，先用聚珍板印行五百本。（包愼伯先生年譜）
林伯桐選授德州學正。（續碑傳集卷七七）

撰墓志銘，續碑傳集卷二〇，清儒學案卷一六一，清史列傳卷七三。）
李道平遵王卒，年五十七。（清儒學案卷二〇六）
汪文臺南士卒，年四十九。（有恒心齋集卷八程鴻詔撰黟兩先生傳，碑傳集補卷五〇朱師轍撰傳。）
林伯桐桐君卒，年七十。（見注八五）
姚配中仲虞卒，年五十三。（清儒學案卷一五二，清史列傳卷六九，劉孟

譚瑩中舉人。（東塾集卷六）
季秋、何桂珍自敍訓蒙千字文於尙友齋。（何文貞公遺書、訓蒙卷首）
孟冬、唐鑑爲何桂珍作訓蒙千字文序。（同上）
多、胡培翬復寓書張文虎，屬爲燕寢考撰序，有燕寢考序。（覆瓿集、舒藝室雜著甲編卷下）
四月、倭仁稽察右翼覺羅學。（清史列傳卷四六）
方東樹敍山天衣聞，刻之。（方儀衞先生年譜）
五月、張穆著會稽莫公事略。（石州年譜）
陳澧再謁阮元於揚州，承贈以新刻再、續集，有鎭江柳氏穀梁大義述序，澧乃知海內有此學者，爲之喜慰，並請書憶江南館額，因號江南倦客，以寄思念故鄉之意。（陳東塾先生年譜）
八月、倭仁陞大理寺卿。（續碑傳集卷五，清史列傳卷四六）
十月、劉寶楠爲十經齋文集序。（劉楚楨先生年譜，念樓集卷六）

瞻先生年譜。）
錢熙祚錫之卒，年四十四。（清儒學案卷一七二）

二十五年乙巳（一八四

羅澤南仍館賀宅，著孟子解。（羅忠節公年譜）
郭嵩燾謁唐鑑於京師，見其所著省身日課，因與論君子三戒

朱大韶仲鈞生。（清儒學案卷一九九

五）

之義。（養知書屋文集卷五）
劉熙載散館，授編修。（續碑傳集卷七五）
張穆覆審祁韻士太史藩部要略十八卷，覆校藩部世系表四卷。（石州年譜）
邵懿辰充軍機章京。（清史列傳卷六五）
曾國藩爲王蔭之之母壽序。（曾文正公文集卷一）
張之洞九歲讀畢四書五經。（張文襄公年譜）
劉文淇與同人成舊唐書校勘記六十六卷，又代阮元撰江甘貞孝節烈總坊錄序。（劉孟瞻先生年譜）
孫鼎臣成進士，改翰林院庶吉士。（清史列傳卷七三）
陳澧著穀梁春秋條例。是歲，與鄒伯奇訂交，伯奇告以墨子經上、經下二篇之算法，因爲撰讀墨子一文。（陳東塾先生年譜）
戴望九歲從程慶餘游，程氏授以周易、尙書，爲之正文字，明音讀，由是始知向學。（續碑傳集卷七九）
汪遠孫國語校注三種梓刻，陳奐爲序。（三百堂文集卷上）
黃彭年爲貢士。（注二八六）
錢泰吉以修學餘資，延應時良、鍾繼芸、管廷芬、曹錦堂、潘詒穀、程菊孫分修海昌州志，泰吉總其事。（甘泉鄉人年譜）

）
陶方琦子珍生。（續碑傳集卷八一譚廷獻撰家傳）
廖廷相澤羣生。（清儒學案卷一七五）

譚獻爲童子師。（碑傳集補卷五一）

俞樾館於休寧汪氏凡五年。（春在堂襍文、四篇卷六。）

是歲、姚椿始自楚中歸里，主本郡景賢書院，以足疾自稱蹇道人，或稱樗寮病叟，或稱東佘老民，下帷著書，不接外事（時年六十九）。（續碑傳集卷七八）

胡培翬病偏中，右手不握管，乃以左手著書。（研六室文鈔卷首）

劉寶楠至京師；尋，署直隸寶坻縣知縣，又署直隸固安縣知縣。是春、劉氏應汪廷儒招，與徐玉豐、孫宗孔、汪和、汪承元、劉倬集清源寺，寺僧靜涵出紙墨屬廷儒爲圖，同人賦詩，寶楠有題南城小集圖序。（劉楚楨先生年譜）

孟夏、唐鑑輯國朝學案小識成，自爲之序。（見學案卷末尾及卷首）

秋、吳昆田與魯一同過訪譚祖同，始與高均儒相識，自是時相過從。（續東軒遺集卷首）

羅澤南修灤洲祠成。是歲、有羅氏宗祠記、思孝堂記。（羅忠節公年譜）

孟冬、何桂珍有跋唐鏡海先生學案小識後。（何文貞公遺書卷二）

多、江藩敍何夢瑤算迪八卷，由粵雅堂刻行。(見李善蘭年譜)

二月、鄭珍權黎平府古州廳訓導、兼掌榕城書院。(鄭子尹年譜)

四月、賀長齡陞雲貴總督，請入覲；旋因病賞假調理。(清史列傳卷三八)

劉文淇著江西撫署揚州水道記四卷。(劉孟瞻先生年譜)

吳廷棟與曾國藩論省察之學。(吳竹如先生年譜)

五月、劉文淇撰文學方君傳。(劉孟瞻先生年譜)

八月、賀長齡兼署雲南巡撫。(清史列傳卷三八)

方東樹爲孫蘇門詩序。(儀衞軒文集卷五)

九月、曾國藩陞授翰林院侍講學士。是歲、李鴻章入都會試，受業於曾氏門下，大器重之。(曾文正公年譜)

十一月、唐鑑乞假回湖南，曾國藩爲校刊其所著國朝學案小識一書。(同上)

十二月、曾國藩校訂唐鑑國朝學案小識成，以之梓行，有書學案小識後，何桂珍亦有跋。(見學案卷末尾)

二十六年丙午(一八四

羅澤南撰恥不逮齋記。(羅忠節公遺集卷五)

曾國藩與漢陽劉傳瑩訂交。是歲、有送唐先生南歸序。(曾

朱一新蓉生生。(續碑傳集卷一九，

六）

文正公年譜，曾文正公文集卷一）
倭仁充考試漢御史閱卷大臣。（清史列傳卷四六）
陳澧著漢書地理志水道圖說，穀梁春秋條例遂輟業。是歲、張維屏築聽松園成，招澧與諸名士觴詠其中。澧即席撰聽松園記，一時爭相傳誦。（陳東塾先生年譜）
何桂珍提督貴州學政；旋晉侍講，入直上書房。（續碑傳集卷五八）
劉文淇與子毓崧，始為岑建功從事輿地紀勝校勘。（劉孟瞻先生年譜）
祁寯藻充順天鄉試正考官。（續碑傳集卷四，清史列傳卷四六）
錢儀吉為張母支太夫人課子圖記。（衎石齋記事稿、續稿卷一）
邵懿辰陞起居注主事。（清史列傳卷六五）
張之洞年十歲，讀畢九經，始學為詩古文詞。（張文襄公年譜）
胡林翼分發貴州。（清史列傳卷四二）
張穆編次四川公事輯，跋廣洗心詩墨蹟，纂蒙古游牧記十六卷。（石州年譜）
董沛年十九，補博士弟子員。（續碑傳集卷八一）

清儒學案卷一八五。）
陶濬宣心雲生。（清儒學案卷一八五）
黃嗣東小魯生。（同上卷二〇六）
夏炯仲文卒，年五十二。（清史列傳卷六七）
臧壽恭眉卿卒，年五十九。（清史列傳卷六九及續碑傳集卷七三合推得之）

錢泰吉偕同人采訪志事，成采訪日記四卷。（甘泉鄉人年譜）
黃以周補諸生。（續碑傳集卷七五）
胡澍偕胡培系就試金陵，櫂邗江，覽紅橋、竹西諸勝。乃取道吳門，溯錢塘，泛西湖，經月而返。是歲、始購得洪亮吉、孫星衍、黃景仁諸人文集。（續碑傳集卷七九）
劉寶楠授直隸元氏縣知縣。（劉楚楨先生年譜）
夏、包世臣以安吳四種寄桐城姚柬之。（包愼伯先生年譜）
顧廣譽奉諱讀禮，因出所著家行四禮，以爲參覽，又增減詮次，爲四禮榷疑八卷。（悔過齋文集卷四）
仲夏、莫友芝爲葑煙亭詞草序。（郘亭遺文卷二）
正月、江有誥家失火，所鐫板及未刻稿，悉爲煨燼。（碑傳集補卷四〇）
二月、張鑑撰徐俟齋先生畫像記。（冬青甲乙集、乙集卷四）
三月、梅曾亮與宣城宰王廉普創十賢祠成，有記。（柏梘山房文集卷一一）
三月、姚瑩在成都，著康輶紀行十五卷成，另附中外四海地形圖說一卷。（中復堂全集附年譜）
四月、劉熙載以訪友至泰州，寓泰州東原，有寓東原記。（昨非集卷二）
五月、朱琦有楊忠愍公承恩圖序書後。（怡志堂文集卷五）

閏五月、莫友芝作娛靄臺記。（郘亭遺文卷六）
六月、梅曾亮撰程春海先生集序、正氣閣記。（柏梘山房文集卷一一，程侍郎遺集卷首）
八月、賀長齡降補河南布政使。（清史列傳卷三八）
張文虎有守山閣賸稿序。（覆瓿集、舒藝室雜著乙編卷上）
九月、朱琦爲梅氏所藏通典後記。（怡志堂文集卷五）
劉寶楠改求象集名寶應文徵。（念樓集、外集卷一）
十一月、莫友芝撰魚梁江源流記。（郘亭遺文卷六）
劉文淇代阮元撰劉開所著廣列女傳序。（劉孟瞻先生年譜）

二十七年丁未（一八四七）

方東樹著一得拳膺錄。（方儀衞先生年譜）
郭嵩燾成進士，改翰林院庶吉士。（虛受堂文集卷九）
陳奐著毛詩傳疏成，凡三十卷，有自序。（三百堂文集卷上）
唐鑑與羅澤南相遇於會垣，時相過從。（唐確愼公集卷一）
梁章鉅在溫州東甌官署，撰戲彩亭唱和集。（碑傳集補卷一四）
賀長齡由河南病免歸里，復以雲南回案落職。（清史列傳卷三八）
曾國藩撰君子愼獨論。（曾文正公文集卷二）
包世臣以安吳四種授大興范麟，麟因請爲學之要。（包愼伯

張澍伯瀹卒，年六十七。（續碑傳集卷七七錢儀吉撰墓志銘，不載年壽，此據清史列傳卷七三合推得。）
汪喜孫孟慈卒，年六十二。（見注九二）

先生年譜）
徐有壬署按察使。（清史列傳卷四三）
張穆著說文屬。（石州年譜）
黃彭年改翰林院庶吉士；散館，授編修。（清史列傳卷七六）
劉文淇父子纂輯輿地紀勝校勘記，成書五十二卷。（劉孟瞻先生年譜）
賀瑞麟年二十四，聞李元春講學朝邑，乃往從之游，遂棄舉子業，致力於先儒之書。（清史列傳卷六七）
吳廷棟補刑部江西司主事，以拙修名其讀書室。是年仲夏、有寄呈唐鏡海先生詩二章。（吳如竹先生年譜）
董沛年二十，補增生，泛濫四部，徧讀家藏書，復求之煙嶼樓、抱經樓、天一閣等藏書讀之，由是學極淹貫。（續碑傳集卷八一）
吳嘉賓以人事謫戍軍臺，越四年始釋歸。（清史列傳卷六七）
吳大澂年十三，已能爲文。（春在堂襍文、六編卷五）
莫友芝會試公車報罷，與曾國藩邂逅於琉璃廠書肆，偶舉論漢學門戶，曾氏大驚，卽語劉傳瑩，爲置酒虎坊橋，造榻訂交。（拙尊園叢稿卷四，續碑傳集卷七九）
王先謙六歲，學爲詩文。父命名曰先謙，字曰益吾。（葵園

自訂年譜）

春、顧廣譽應友人黃鶴樓請，爲撰扁舟訪友圖序。（悔過齋文集卷四）

朱次琦與伯兄北行會試，舉進士，用知縣分授山西，嘗書趙甌北年譜詩云：「男兒自有千秋業，堪笑平生志大魁。」（朱九江先生集卷首附年譜）

冬、李慈銘與王星誠同讀書於塾，甚相得。星誠爲希有鳥賦贈慈銘，李氏賦大鵬行以答之。（越縵堂文集卷八）

仲冬、莫友芝撰盧橘說。（郘亭遺文卷六）

正月、祁嶲藻視學江蘇，以祁大夫字說示何秋濤，秋濤跋其三篇；旋祁氏復以字說試諸生。（一鐙精舍甲部藁卷五）

陳澧撰摹印述自序。（陳東塾先生年譜）

二月、倭仁充各省舉人覆試閱卷大臣。（清史列傳卷四六）

姚瑩在蓬州，始建玉環書院於州城北，是歲、著寸陰叢錄四卷。（中復堂全集附年譜）

陳澧撰水經注西南諸水考自序。（陳東塾先生年譜）

四月、徐鼒散館，授檢討。（敝帚齋主人年譜）

羅澤南撰遊天井峯記。（羅忠節公遺集卷五）

六月、曾國藩陞授內閣學士、兼禮部侍郎。（曾文正公年譜）

錢泰吉刻海昌備志五十二卷、附錄一卷成。（甘泉鄉人年譜）

八月、方東樹撰望溪先生年譜序。（儀衞軒文集卷五）

九月、倭仁充武殿試讀卷官。（淸史列傳卷四六）

鄭珍至黔西州城，曾參與州人釋奠陽明觀禮，有陽明祠觀釋奠記。（鄭子尹年譜）

十一月、胡林翼委署安順府事。（胡文忠公年譜）

陳澧撰考正胡氏禹貢圖自序。（陳東塾先生年譜）

劉寶楠訪得漢延熹封龍山碑，遂命遷漢祀三公山碑、漢三公山神碑、漢三公山碑，合此四石，同置於元氏文淸書院之東廂。（劉楚楨先生年譜）

十二月、劉毓崧代父撰輿地紀勝校勘記序。

劉寶楠刊文安隄工錄成。（劉楚楨先生年譜）

二十八年戊申（一八四八）

羅澤南仍館左宅，與賀長齡、唐鑑交游，論學甚洽，著小學韻語成。（羅忠節公年譜）

邵懿辰由軍機處奏保，以員外陞用分刑部；尋補官。（淸史列傳卷六五）

曾國藩撰送劉君椒雲歸序。（曾文正公文集卷二）

徐有壬遷廣東鹽運使。（淸史列傳卷四三）

王頌蔚芾卿生。（寫禮廎遺著卷首附錄王季烈撰事略）

孫詒讓仲容生。（碑傳集補卷四一，淸儒學案卷一九二

吳廷棟題補刑部福建司員外郎，總辦秋審處。（吳竹如先生年譜）
胡林翼署安順府知府。（清史列傳卷四二）
繆荃孫五歲，從母口授，識字數千，並誦唐人小詩。（藝風老人年譜）
春、程鴻詔有幽憂之之疾，輒憶往日游迹及所記錄，叢雜鈔之，以當七發，時在雞澤，因題雞澤脞錄名篇。（有恒心齋集、脞錄卷首）
仲秋、李善蘭自序麟德術解三卷。（李善蘭年譜）
正月、黃彭年著大別山考。（陶樓文鈔卷二）
陳澧撰漢書地理志水道圖自序。（陳東塾先生年譜）
朱琦舟次長沙，應太史李氏招飲論詩，因爲敏求齋集書後。（怡志堂文集卷五）
二月、張穆校定何願船所著王會篇箋釋並譔序。（石州年譜）
劉傳瑩移疾歸里，曾國藩爲文送之。（曾文正公年譜）
五月、朱琦爲族子春臺遺稿序。（怡志堂文集卷四）
七月、方東樹作思適居鈐語序（是書取經史所載古今流傳而義未安者，爲之辨論，凡四卷）。方氏晚年詩名考槃集，隨時刊刻，起癸巳訖戊申，五言詩二卷、七言律詩一卷。（方儀衞先生年譜）

，孫詒讓年譜。）
曾紀鴻栗誠生。（清儒學案卷一七七）
徐松星伯卒，年六十八。（續碑傳集卷七八）
賀長齡耦庚卒，年六十四。（唐確慎公集卷四唐鑑撰賀君墓志銘，續碑傳集卷二四，清儒學案卷一四〇，清史列傳卷三八。）
劉傳瑩實甫卒，年三十一。（曾文正公文集卷二，柏梘山房文集卷一五梅曾亮撰墓表，續碑傳集卷七一，清儒

十月、劉恭冕撰寶應圖經書後。（廣經室文鈔）

劉傳瑩卒於家，曾國藩設位哭之，爲墓志一篇、家傳一篇刻石寄其家。（曾文正公年譜）

十一月、朱琦爲永瞻室圖書後。（怡志堂文集卷五）

學案卷一七八，清史列傳卷六七。）

二十九年己酉（一八四九）

羅澤南仍館左宅，著西銘講義成。是秋、四遊南嶽。（羅忠節公年譜）

呂賢稽察西倉。（清史列傳卷四一）

何紹基充廣東鄉試副考官。（同上卷七三）

徐鼒著務本論二卷。（敝帚齋主人年譜）

孫鼎臣充貴州鄉試正考官。（清史列傳卷七三）

劉文淇總纂重修儀徵縣志。（劉孟瞻先生年譜）

戴鈞衡擧江南鄉試第四人。（續碑傳集卷七九）

曾國藩爲江岷樵之父母壽序。（曾文正公文集卷二）

胡林翼卸安順府事。（胡文忠公年譜）

祁寯藻充上書房總師傅，以戶部尚書協辦大學士。是冬、使甘肅鞫案，事竣，請假回籍省墓。（注二八七）

譚獻年二十，以觀風詩賦，受知學使萬氏，得食餼於庠。是年、始讀董子，刻化書堂集三卷。（碑傳集補卷五一）

李棠階主講河朔書院，謁王汝謙，一見如故，因得讀所著四

桂文燦子白生。（姜亮夫綜表）

葉昌熾鞠裳生。（馮先恕疑年錄釋疑）

劉嶽雲佛青生。（碑傳集補卷五三章梫撰墓志銘）

阮元伯元卒，年八十六。（通義堂文集卷六劉毓崧撰傳，雷塘庵主弟子記，續碑傳集卷三，清儒學案卷一二一。）

書記悟。（李文清公遺書卷四）

程鴻詔以憂去官南歸，讀禮，又合集說釋文爲一書，將以付刻而燬於兵燹。是年、擧鄉試。（有恒心齋集、夏小正集說卷四後敍，碑傳集補卷五〇）

繆荃孫六歲始入塾，從族祖讀書。（藝風老人年譜）

夏、朱琦有先大夫遺札書後。（怡志堂文集卷五）

仲冬、宗稷辰北行，杜煦與同人祖餞於王文成公祠，手卮酒飲之曰：「吾老矣！願子出而有濟於時。」（續碑傳集卷七八）

正月、曾國藩陞授禮部右侍郎。（曾文正公年譜）

錢儀吉爲世母金恭人名元孫記。（衎石齋記事稿、續稿卷一）

朱次琦之官山西。（朱九江先生集卷首附年譜）

陳澧選授河源縣學訓導。是歲，刻東塾類稿，魏源來粵，澧以舊作書海國圖志後示源，魏氏大悅，遂訂交，並屢改其書焉。（陳東塾先生年譜）

三月、姚瑩赴金陵應李星沅招，値李氏以疾去，繼任陸建瀛邀留編海運紀略後編成二卷。（中復堂全集附年譜）

四月、徐有壬署按察使。（清史列傳卷四三）

閏四月、胡林翼接署鎭遠府。（胡文忠公年譜）

張穆編山右碑目二卷，爲兪正燮撰癸巳存稿序。（石州年

張穆石州卒，年四十五。（石州年譜，並見劉孟瞻先生年譜。）

劉燦星若卒，年七十。（續碑傳集卷七一，清儒學案卷一五四。）

胡培翬載屏卒，年六十八。（研六室文鈔卷首胡培系撰族兄竹邨先生事狀，續碑傳集卷七三，汪士鐸撰墓志銘，清儒學案卷九四，清史列傳卷六九。）

梁章鉅閎中卒，年七十五。（碑傳集補卷一四，清史列

譜）
劉恭冕爲元氏移置漢碑記。（廣經室文鈔）
五月、莫友芝有校刊中庸集解序。（郘亭遺文卷一）
七月、魏源撰小學古經敍於揚州絜園。（古微堂外集卷一）
八月、曾國藩兼署兵部右侍郎。（曾文正公年譜）
鄭珍爲胡長新題趙奕桃源圖，又題周東村竹林七賢圖後。（鄭子尹年譜）
九月、張文虎爲記高麗人書畫。（覆瓿集、舒藝室雜著二編卷下）
十月、胡林翼充武鄉試監試官。（胡文忠公年譜）

傳卷三八，退菴自訂年譜。）

三十年庚戌（一八五〇）

羅澤南館汪家坤孔宅，著皇輿要覽會。（羅忠節公年譜）
鄭獻甫遇賊於途，盡劫衣物及所著書。（續碑傳集卷七九）
徐鼒撮敍唐桂二王本末之諭，始爲小腆紀年，時年四十一。（敝帚齋主人年譜）
徐有壬陞雲南布政使。（清史列傳卷四三）
程鴻詔自雞澤歸里，重得與俞正禧朝夕相討。（續碑傳集卷七八）
方東樹考大意尊聞，述其怡趣。（注二八八）
蘇惇元舉孝廉方正，辭不就。（清史列傳卷六七）

皮錫瑞鹿門生。（皮鹿門年譜）
王約簡夫卒。（續碑傳集卷七一）
杜煦春暉卒，年七十一。（續碑傳集卷七八宗稷辰撰墓志銘，清儒學案卷二〇二。）

陳奐爲金鶚求古錄禮說跋。（三百堂文集卷上）

何桂珍命在上書房行走，授孚郡王讀。（何文貞公遺書卷首）

黃式三仿唐韓愈作五箴，時年六十二。（續碑傳集卷七三）

陳澧始與柳興恩相見，贈以所著穀梁大義述一帙，徵澧之說，且徵爲序；又與莫友芝相晤於書肆中。（陳東塾先生年譜）

李棠階仍主講河朔書院，邑人王繼成來訪，並乞爲撰文，有丁先生祠記。（李文清公遺書卷三）

劉寶楠移境內白婁村魏凝禪寺三級浮圖頌碑於文清書院，與諸漢碑並立。（劉楚楨先生年譜）

蘇源生應鄒氏屬爲刋道齊正軌。（記過齋藏書卷首）

錢泰吉籖分吏部文選司學習。（甘泉鄉人年譜）

魯一同試禮部，居淮安館舍，數屏騶從，就問天下事。時曾國藩爲禮部侍郎，例鈐榜，言於衆曰：「淮安魯通甫若成進士，天下幸也！」及見榜無名，懊喪若失左右。（續碑傳集卷七九）

俞樾舉禮部試，覆試一等第一名；殿試二甲，賜進士出身，改翰林院庶吉士；覆詩題爲澹煙疏雨落花天，首句云「花落春仍在」，爲曾國藩所賞，後遂以春在堂名其全書，以

朱琦玉存卒，年八十二。（柏梘山房文集卷一五梅曾亮撰墓誌銘，續碑傳集卷一八，清史列傳卷六九。）

張鑑秋水卒，年八十三。（續碑傳集卷七三）

方成珪國憲卒，年六十六。（清史列傳卷六九）

項名達步萊卒，年六十二。（碑傳集補卷四二，清史列傳卷七三。）

錢儀吉衎石卒，年六十八。（碑傳集補卷一〇，清史列傳卷七三。）

誌知遇也。（續碑傳集卷七五）
春、鄧瑤除廳陽縣教諭；尋，丁母憂。（碑傳集補卷五〇，陶樓文鈔卷四）
夏、何桂珍復爲其訓蒙千字增減，並分注於下，以便讀者閱覽。（何文貞公遺書、蒙訓卷末）
冬、劉文淇有懷人六絕句；寄劉寶楠，和詩載念樓集。（劉楚楨先生年譜）
正月、文宗御極，呂賢基應詔奏陳四條：一懋聖學，請將大學章句、大學衍義補及朱子全書，分日進呈；一正人心，請愼擇學校之官，上自成均，下逮各省府州縣學，皆精其選；一育人才，請培養於平時，激勵於臨事；一卹民隱，請敕各督撫查劾地方官之累民者，並將江蘇浙江等省，捐米例停止；疏入，惟分日進書一條，部議寢之，餘如所請。（清史列傳卷四一）
二月、祁寯藻充實錄館總裁。（同上卷四六）
呂賢基陞鴻臚寺卿。（同上卷四一）
倭仁應詔陳言，略曰：「行政莫先於用人，用人莫先於嚴辨君子小人。」疏入，上稱其辨君子小人之分，言甚切直；諭嗣後大小臣工有所見聞，剴切直陳，宜以倭仁爲法。（清史列傳卷四六）

	三月、禮部侍郎曾國藩奏陳用人三策，上復憶倭仁言，手諭同褒嘉焉。（同上） 四月、祁寯藻稽察欽奉上諭事處。（同上） 六月、祁寯藻授體仁閣大學士。（同上） 曾國藩兼署工部左侍郎。（曾文正公年譜） 徐有壬陞四川按察使。（清史列傳卷四三） 劉寶楠自訂詩文集，凡八卷；其子恭冕有念樓集書後。（念樓集卷末尾） 九月、胡林翼委署思南府事，興學校，捐膏火。（胡文忠公年譜） 十月、祁寯藻充實錄館監修總裁。（清史列傳卷四六） 曾國藩兼署兵部左侍郎。（曾文正公年譜） 十一月、徐鼒充實錄館協修官。（敝帚主人年譜） 倭仁賞副都統銜，充葉爾羌幫辦大臣。（續碑傳集卷五） 十二月、祁寯藻充文淵閣領閣事。（清史列傳卷四六） 姚瑩奉旨授湖北鹽法道。（中復堂全集附年譜）	
文宗咸豐元年辛亥（一八五一）	梅曾亮主講梅花書院，彭士望十七世孫雲稺過揚州，以文集來贈，並詩十六卷，屬為序，有恥躬堂文集敍。（柏梘山房文集卷七）	簡朝亮竹居生。（清儒學案卷一七一）

曾國藩選錄古今體詩凡十八家，又選錄古文辭百篇，以見體要。（曾文正公年譜）

陳奐辭詔舉孝廉方正不赴。（續碑傳集卷七四）

黃彭年乞假侍親歸黔。（清史列傳卷七六）

伊樂堯舉孝廉方正，辭不就。是年、舉鄉試。（續碑傳集卷七一）

魏源撰說文擬雅敍。（古微堂外集卷一）

顧廣譽薦舉孝廉方正，會寇難未赴廷試。（清史列傳卷六七）

鄧顯鶴復主講濂溪書院，又續纂寶慶府志百五十七卷。（續碑傳集卷七八）

吳大澂年十七，入縣學，卽慨然有經世之志。（春在堂襍文、六編卷五）

鄒漢勳舉鄉試。（續碑傳集卷七四，清史列傳卷六九。）

包世臣安吳四種重付剞劂，印二百部，版存於金陵。（包愼伯先生年譜）

朱駿聲以截取知縣入都，進呈所著說文通訓定聲四十卷。（清史列傳卷六九）

宗稷辰補山東道監察御史，乞病假歸。（碑傳集補卷一七）

詔舉孝廉方正，郡邑以蘇源生薦，力辭始免。是年、修文清書院及朱子祠成，奉栗主於正室。（記過齋藏書卷首）

方東樹植之卒，年八十。（方儀衞先生年譜，清史列傳卷六七。）

江有誥晉三卒。（姜亮夫綜表）

鄧顯鶴子立卒，年七十五。（曾文正公文集卷三，續碑傳集卷七八。）

禮部侍郎曾國藩疏薦吳廷棟，學宗五子，暗室不欺，深識遠謀，可當大任。時刑部尙書周祖培亦疏薦之。是歲、廷棟有答徐鏡希司馬論學書。（吳竹如先生年譜）

劉庠舉鄉試，官內閣中書，充國史方略館校勘官。（續碑傳集卷八一）

羅士琳詔舉孝廉方正，未就試。（清史列傳卷六九）

繆荃孫八歲，始讀畢四書，遂讀經。（藝風老人年譜）

馬三俊以優行第一貢太學。（續碑傳集卷六九）

是歲、羅澤南館善化賀長齡宅，以賀氏遺命其子延以爲師。始致書曾國藩，稱其用人行政議禮汰兵等疏，言皆切當。曾氏覆書，謂其書適與己疏若合符節，萬里神交，有不可解者。（羅忠節公年譜）

冬、徐鼒充實錄館纂修官、兼國史館協修官。（敝帚齋主人年譜）

正月、祁寯藻管理工部事務。（清史列傳卷四六）

呂賢基超擢工部左侍郎。（同上卷四一）

二月、方東樹應祁門大令唐治聘，主東山書院，門人文漢光、甘紹盤隨侍。（方儀衞先生年譜）

三月、祁寯藻兼署戶部事務。（清史列傳卷四六）

何桂珍撰補輯大學講義序。（何文貞公遺書、補輯卷首。）

五月、曾國藩兼刑部左侍郎。（曾文正公年譜）

唐鑑入都，召見十餘次，極耆儒晚遇之榮。是歲、進所著畿輔水利書。（注二八九）

姚瑩奉旨校廣西按察使。（中復堂全集附年譜）

六月、呂賢基充浙江鄉試正考官。（清史列傳卷四一）

莫友芝撰雪鴻堂詩蒐逸序。（邵亭遺文卷二）

胡林翼卸思南府事，補授黎平府知府。時粵寇日熾，上憲飭令辦理防堵事宜，胡氏爲安輯之法，禦外寇莫如團練，清內匪莫如保甲。（胡文忠公年譜）

八月、徐鼒充順天鄉試同考官。（敝帚齋主人年譜）

十月、朱琦爲鄒撫軍所藏林文忠公遺詩後。（怡志堂文集卷五）

何桂珍有進呈補輯朱子大學講義疏。（何文貞公遺書、補輯卷首。）

十一月、朱駿聲抵京，進呈說文通訓定聲一書，賞加國子監博士銜。（石隱山人自訂年譜）

二年壬子（一八五二）

梅曾亮以寇亂江南，挈家避淮上。（柏梘山房文集卷末尾）

羅澤南撰重刻呻吟語節要序。（羅忠節公遺集卷四）

李元度隱名上書曾國藩，凡數千言，曾氏韙之，引爲規劃軍

鄭杲東父生。（碑傳集卷七五，清儒學案卷一九四。）

事。（虛受堂文集卷九）
張之洞應順天鄉試，中式第一名舉人。（張文襄公年譜）
鄒漢勳試禮部報罷，東之淮上，訪同郡魏源於高郵，互出所
著，相與參訂。（續碑傳集卷七四）
劉文淇重修儀徵縣志五十卷成。（劉孟瞻先生年譜）
倪文蔚成進士，改翰林院庶吉士。（清史列傳卷五九）
兪樾散館，授編修，以博物閎覽，稱於輦下名輩。（續碑傳
集卷七五）
鄭珍有書上蔡語錄後。（鄭子尹年譜）
左宗棠在張亮基、駱秉章幕，洊保同知直隸州知州。（清史
列傳卷五一）
祁寯藻以慕陵奉安禮成，加太子太保。（續碑傳集卷四）
何紹基提督四川學政，崇學敦教，士皆悅服。（清史列傳卷
七三）
繆荃孫始學作詩。（藝風老人年譜）
孫鼎臣擢侍讀，充日講起居注官。（清史列傳卷七三）
周壽昌大考二等，超擢侍講，轉侍讀，充日講起居注官。（
續碑傳集卷八〇，清史列傳卷七三）
劉熙載入直上書房，與倭仁以操尚相友重，論學則有異同。
倭仁宗程朱，熙載兼取陸王，以愼獨主敬爲宗，而不喜學

王壽同子蘭卒，年
四十九。（三百堂
文集卷下墓誌銘）
姚瑩石甫卒，年六
十八。（中復堂全
集、遺稿附錄姚濬
昌編年譜。）

蔀通辨以下，掊擊已甚之談。（清史列傳卷六七）
汪曰楨舉人，官會稽教諭。（同上卷七三）
張文虎有書古文尙書考辨後。（覆瓿集、舒藝室雜甲編卷下。）
郭嵩燾避亂山中，讀王船山禮記章句，欲取其義恉，與大學、中庸合爲一書，以還戴記之舊，著禮記質疑，有序（按序作於光緒十六年六月，以王先謙取爲梓刻，始爲之也）。是年、有三禮通釋序。（養知書屋文集卷三、卷七）
春、錢泰吉大病幾殆，子應溥在京師，聞信擬單騎馳歸，已接手諭，謂病已瘉乃止。（甘泉鄉人年譜）
秋、莫友芝將北行，鄭彩繼主湘川書院講席。（鄭子尹年譜）
冬、黎庶昌以諸生應詔陳言，特旨以知縣發江蘇，交兩江總督曾國藩差遣委用。（見鄭子尹年譜）
正月、曾國藩兼署吏部左侍郎。（曾文正公年譜）
宗稷辰歸拜杜煦於影堂，淚下不止。（續碑傳集卷七八）
呂賢基兼署刑部左侍郎。（清史列傳卷四一）
劉寶楠調署直隸三河縣知縣。（劉楚楨先生年譜）
三月、吳廷棟補授直隸保定府遺缺知縣，召見，奉旨改爲直隸候補知府。（吳竹如先生年譜）

	五月、倭仁在葉爾羌上敬陳治本疏。（續碑傳集卷五） 六月、吳廷棟署理河間府知府。（吳竹如先生年譜） 七月、杜煦遺孤以張某所撰行狀，請銘於宗稷辰。（續碑傳集卷七八） 八月、呂賢基充順天鄉試副考官。（清史列傳卷四一） 九月、祁寯藻命管理戶部事務。（同上卷四六） 呂賢基署工部錢法堂事務，充順天鄉試覆試閱卷大臣。（同上卷四一） 莫友芝郘亭詩鈔刻就，計自道光甲辰以下八年詩，經鄭珍爲刪次存者，至是鄭氏復爲之序。（見鄭子尹年譜） 十一月、莫友芝赴都勻省墓，得道謁唐樹義於待歸草堂，並爲作後記。（郘亭遺文卷六） 十二月、吳廷棟補授河間府知府。是年、有懷人詩五章。（吳竹如先生年譜）	
三年癸丑（一八五三）	陳澧著漢書地理志水道圖說七卷成。（陳東塾先生年譜） 魏源以遼史及尙書未定稿，予鄒漢勳，並促其間道歸長沙（時江寧陷賊）。（續碑傳集卷七四） 朱駿聲自訂年譜絕筆於此年，後五年事，係門人程朝儀據桃源日記訂補。（石隱山人自訂年譜）	姚椿春木卒，年七十七。（見注八七） 潘諮誨叔卒，年七十八。（見注八六）

李元度爲曾國藩調理營務。（清史列傳卷七六）
何秋濤隨李嘉端侍郎巡撫安徽。（一鐙精舍甲部槀卷首）
李裳階舉辦河北民間鄉村團練，名之曰友助社。（續碑傳集卷一二）
包世臣安吳四種版燬於兵燹。（包愼伯先生年譜）
倪文蔚散館，以主事用籤分刑部。（清史列傳卷五九）
蘇源生倣陳確菴聖學入門，置日省簿，以記敬怠、善過、省察、密克、治嚴者，分爲十卷，名曰省身錄。是歲、刻記過齋文稿二卷、師友札記四卷、貞壽堂贈言一卷。（記過齋藏書卷首）
郭柏蔭在籍會辦本省團練，克廈門，以員外郎選用。（清史列傳卷五五）
祁寯藻以宿疾發，連章請告。（續碑傳集卷四）
李元春以勸捐出力，奉旨賞知州同銜。（清史列傳卷六七）
劉熙載以文宗召對稱旨，奉命直上書房；久之，上嘉其閉戶讀書，書性靜情逸四大字賜之。（注二九〇）
粵匪陷金陵，馮桂芬奉特旨，與程廷桂、韓崇、胡清綬，同辦團練勸捐事。（清史列傳卷七三）
是歲、唐鑑始自浙還湘，卜居於寧鄉之善嶺山；深衣疏食，泊然自怡；著讀易識，編次朱子全集，別爲義例，以發紫

呂賢基鶴田卒。（續碑傳集卷五四，清史列傳卷四一。）
馬瑞辰元伯卒，年七十二。（續碑傳集卷七三。按清史列傳卷六九作卒年七十九，存參。）
羅士琳次璆卒，年七十。（碑傳集補卷三一、卷四二，清儒學案卷一五一，清史列傳卷六九。）

陽之藴。（曾文正公文集卷四）
春、陳奐避居錫邑芙蓉山八字橋東側，訪杏林書屋，有跋。（鄭子尹年譜）
鄭珍因唐樹義赴鄂之便，以巢經巢詩鈔，屬乞王柏心序。（三百堂文集卷上）
秋、顧廣譽爲椿庭永慕圖序。（悔過齋文集卷四）
正月、羅澤南始赴長沙，會見曾國藩。是月、曾氏在長沙督辦團練，羅澤南、李續賓等隸焉。（羅忠節公年譜及曾文正公年譜並參）
方宗誠以避亂居柏堂，始爲俟命錄。自此四年，所著凡七卷，有序。（注二九一）
朱琦自記所藏古文辭類纂舊本。（怡志堂文集卷六）
二月、朱駿聲始買宅於黟北城外石村，將以隱居於此。（石隱山人自訂年譜）
朱次琦去襄陵，皤然有南歸著述之思。時王筠宰晉鄉寧，年已七十，邂逅相遇而訂交，次琦以書答之，並言己欲法朱子輯國朝名臣言行錄，及倣明儒學案爲一書，名曰國朝儒學正宗，乞賜家集及鄉先正名集數種，以爲取資。（朱九江先生集卷首附年譜）
三月、徐有壬調湖南布政使。（清史列傳卷四三）

四月、何桂珍記名以道府用。(何文貞公遺書卷首)
鄭珍於望山堂設位奠唐樹義，詩以刪之，有「人間知己到公休，從此通明嬾下樓」之句；旋選得荔波縣教諭。(鄭子尹年譜)
五月、祁寯藻以散館閱卷錯誤，奪俸一月。(清史列傳卷四六)
六月、何桂珍充起居注官。(何文貞公遺書卷首)
鄭珍汗簡箋正字寫定，有題識。(鄭子尹年譜)
黃彭年侍父歸，杜門寡交，獨與高心泉、秀東兩翁過從，爲作怡怡樓記。(陶樓文鈔卷三)
七月、何桂珍有跋唐鏡海先生幼學口語後。(何文貞公遺書卷二)
八月、鄭珍輯播雅二十四卷成，莫友芝爲序。(鄭子尹年譜)
陳澧爲說文聲表自序。(陳東塾先生年譜)
方宗誠識取其自幼親師取友，凡諸輔仁之言，刪節爲四卷，顏曰輔仁錄，有序。(注二九二)
九月、何桂珍授福建興泉永道。(何文貞公遺書卷首)
莫友芝應友人趙氏屬爲審定詩集，有播川詩鈔序。是月、爲周易屬辭序。(郘亭遺文卷二、卷一。)

十月、方宗誠避亂柏堂，始刪次自道光戊戌至咸豐癸丑未亂前所作文字，都十四卷，凡九十四篇，題曰柏堂集前編（時年三十六）。（柏堂遺書、前編卷首）

十一月、汪瑔奉檄權知曲江縣事。（隨山館叢稿卷三）

十二月、丁晏以團練之役，橫被仇誣，羈繫揚州七閱月，劉文淇朝夕省視。（見劉孟瞻先生年譜）

羅澤南以平安福功，保陞直隸州知，與劉長佑並留江西補用。駐衡州時，修復石鼓書院；駐柳州時，修復韓文公乂魚亭。（羅忠節公年譜）

四年甲寅（一八五四）

陳澧始編漢儒通義。（陳東塾先生年譜）

譚獻館山陰村舍始塡詞；旋復棄去。（碑傳集補卷五一）

錢泰吉刻往日詩文，以自號甘泉鄉人，名曰甘泉鄉人稿，凡二十四卷。（甘泉鄉人年譜）

孫鼎辰入京補原官，復以母憂歸。（清史列傳卷七三）

劉文淇與王翼鳳編次揚城殉難錄四卷成。是歲九月、劉氏卒，年六十六。（劉孟瞻先生年譜）

李元度以克復湖潭功，保知縣，加內閣中書銜。（清史列傳卷七六）

王先謙年十三，始應童子試。（葵園自訂年譜）

范當世肯堂生。（續碑傳集卷八〇）

鄒代鈞甄伯生。（碑傳集補卷四三，清儒學案卷一六七。）

王筠貫山卒，年七十一。（清儒學案卷一四五，續碑傳集卷七四，清史列

劉蓉以附生隨侍郎曾國藩水軍，剿辦粵匪，復湖北武昌府城，敍訓導。（清史列傳卷四九）

繆荃孫始讀畢五經，讀周禮儀禮。（藝風老人年譜）

邵懿辰坐濟寧防河無效罷歸。（清史列傳卷六七）

秋、梅曾亮携家自王墅移居興化，又移居淮安，至清江館楊以增官署之清宴園。（柏梘山房文集卷首）

倭仁雜錄官箴數十則，爲吏治輯要，郵示其子。（倭文端公遺書卷末尾）

正月、吳廷棟總督奏令署理天津河間務兵備道，仍留河間知府任防堵。（吳竹如先生年譜）

二月、倭仁以翰林院侍講候補，在上書房行走。（續碑傳集卷五，清史列傳卷四六）

何桂珍授安徽寧池太廣道，有進呈訓蒙千字文疏。（何文貞公遺書、遺集卷首及卷一）

三月、胡林翼擢貴東道。（清史列傳卷四二，胡文忠公年譜。）

四月、劉恭冕撰廣經室記。（廣經室文鈔）

六月、祁寯藻以積勞成疾，屢請假調理。（清史列傳卷四六）

胡林翼授四川按察使，仍留湖南軍營辦理防剿事務。（胡文

傳卷六九。）

曾釗敏修卒，年三十四。（清儒學案卷一三二，碑傳集補卷四一；按清史列傳卷六九，不載年壽。）

李元春時齋卒，年八十六。（清儒學案卷二〇六，清史列傳卷六七。）

馬三俊命之卒，年三十五。（續碑傳集卷六九方宗誠撰傳，清史列傳卷六九。）

劉文淇孟瞻卒，年六十六。（通義堂文集卷六劉毓崧撰先考行略，劉孟瞻

忠公年譜）

七月、吳廷棟陞直隸提刑按察使。（吳竹如先生年譜）

八月、羅澤南補授浙江江寧紹臺道。（羅忠節公年譜）

倭仁授惇郡王讀；旋擢盛京禮部侍郎，管理宗室覺羅學事務。（續碑傳集卷五）

胡林翼調補湖北按察使。（胡文忠公年譜）。

左宗棠撰鄒氏墓田記。（左文襄公文集卷四）

九月、徐鼒以參預（六合）團練勸捐，諸大府巡撫吉爾杭阿氏奏請加恩奉旨，加贊善銜，仍留籍辦理勸捐團練事宜。（敝帚齋主人年譜）

十月、羅澤南加按察使司銜。（羅忠節公年譜）

朱琦偶檢篋中舊所藏書，得李文恭公手札二道，有記。（怡志堂文集卷六）

十一月、祁寯藻以病未就痊，復請開缺，著以大學士致仕。（清史列傳卷四六）

十二月、羅澤南駐軍九江，與李續賓遊廬山，至蓮花峰下，謁濂溪周子墓。（羅忠節公年譜）

先生年譜，續碑傳集卷七四，清儒學案卷一五二，清史列傳卷六九。）

蔣湘南子瀟卒，年五十九。（清儒學案卷一五八）

鍾近衡苕州卒（同上卷一七〇）

鍾近濂楚池卒。（同上）

五年乙卯（一八五五）

梅曾亮年七十，楊以增為校刊其詩文集以為壽。（柏梘山房文集卷首）

侯度子琴卒，年五十七。（續碑傳集

朱次琦度嶺南歸抵家。（朱九江先生集卷首附年譜）
程鴻詔倡團練於黟城，曾國藩駐軍祁門，招聘入幕。（碑傳集補卷五〇）
郭嵩燾爲李舜卿夜談追錄序。（養知書屋文集卷四）
繆荃孫丁母憂，以未解人事，日夕號泣。（藝風老人年譜）
戴鈞衡卒於懷遠，訃聞，友人方宗誠慟哭失聲，深巖幽谷之中，隨所坐地盡溼。（續碑傳集卷七九）
陳奐始撰述毛詩傳疏次序告成，凡詩中義有采取者，必錄其姓氏，而無切涉於己者略之，復編次爲師友淵源記，有自序。（三百堂文集卷上）
皮錫瑞六歲始就傳，塾師爲善化童玥。（皮鹿門年譜）
春、羅澤南爲重修謝疊山先生祠引。（羅忠節公遺集卷五）
夏、劉毓崧應兩淮都轉郭氏聘，至清江浦淮揚道官署，課其子讀。（通義堂文集卷九）
鄭小谷從象郡來訪朱琦，出示其所著四策，朱氏爲書鄭比部四策後。（怡志堂文集卷六）
秋、劉寶楠論語正義將卒業，以病足瘇遂不起。（廣經室文鈔）
冬、李慈銘删定自庚戌以來所爲詞稿爲一編，名曰松下集。（越縵堂文集卷二）

卷七七，清史列傳卷六九。）
王汝謙六吉卒，年七十九。（李文清公遺書卷四李棠階撰墓誌銘，續碑傳集卷七一，清儒學案卷一六二。）
包世臣慎伯卒，年八十一。（見注八四）
何桂珍丹畦卒，年三十九。（何文貞公遺書遺集卷首，續碑傳集卷五八曾國藩撰何君殉難碑記、同卷李元度撰何文貞公別傳。）
陳逢衡履長卒，年七十八。（見注八

正月、胡林翼補授湖北布政使。（胡文忠公年譜）
李元度入南昌整水陸軍各軍，曾國藩遣元度會攻湖口。（清史列傳卷七六）
魏源著書古微成。自謂其書得於經者凡四大端：一曰補亡、二曰正譌、三曰稽地、四曰象天；有序。（古微堂外集卷一）
二月、倭仁補侍講。（清史列傳卷四六）
吳廷棟奉旨入覲三次，授按察使事。（吳竹如先生年譜）
羅澤南有重修濂溪先生墓記。（羅忠節公遺集卷五）
三月、徐有壬丁母憂回籍；尋，命督辦浙江湖州團防事務。（清史列傳卷四三）
胡林翼署湖北巡撫，專理南岸軍務。（胡文忠公年譜）
朱琦爲團練紀略後序。（怡志堂文集卷四）
五月、胡林翼奉命兼領水師。（胡文忠公年譜）
徐鼒家居丁母憂。（敝帚齋主人年譜）
六月、曾國藩授湖廣總督。（曾文正公年譜）
七月、羅澤南加布政使司銜。（羅忠節公年譜）
八月、俞樾簡放河南學政，奏請以公孫僑從祀文廟，及聖兄孟皮配享崇德祠，並邀俞允。（續碑傳集卷七五）
劉蓉復蒲圻崇陽，擢知縣，加同知銜，請假回籍。（清史列

八）
劉寶楠楚楨卒，年六十五。（續碑傳集卷七三，劉楚楨先生年譜，清史列傳卷六九。）
戴鈞衡存莊卒，年四十二。（續碑傳集卷七九方宗誠撰戴存莊權厝志）

傳卷四九）

李元度復湖口。（同上卷七六）

九月、梅曾亮撰姚姬傳先生尺牘序。（柏梘山房文集卷末續集）

十一月、鄭珍偕莫友芝、黃彭年相攜食於羊肆；旋遊英峰山，觀陽明先生大小二畫像，有詩四首。（鄭子尹年譜）

何桂珍駐軍英山，爲降人李兆受所，皖中大吏不爲奏請議邺，曾國藩聞而深痛之。（曾文正公年譜）

十二月、黃彭年撰明文成公畫像記。（陶樓文鈔卷三）

六年丙辰（一八五六）

朱次琦居邑學尊經閣，舊游弟子皆來從學。（朱九江先生集卷首附年譜）

祁寯藻以宣宗實錄、聖訓告成，賜食全俸。（清史列傳卷四六）

俞樾以人言罷歸，居蘇州。（續碑傳集卷七五）

鄭珍儀禮私箋八卷成。（鄭子尹年譜）

曾國藩敍左宗棠濟餉功，請以郎中分兵部行走。（清史列傳卷五一）

朱孔彰年十五丁父憂，猛志勵學。（碑傳集補卷五三）

劉熙載京察一等，記名以道府用；旋以病乞假，客山東授徒

魏源默深卒，年六十三。（見注九四）

梅曾亮伯言卒，年七十一。（柏梘山房文集卷末尾，怡志堂文集卷六朱琦撰柏梘山房文集書後，碑傳集補卷四九，清史列傳卷七

自給。(續碑傳集卷七五)
孫詒讓九歲，受四子書。(孫詒讓年譜)
劉恭冕重校論語正義，並手自繕錄之。(廣經室文鈔)
春、陳澧受知縣李福泰之聘，纂修番禺縣志，分纂沿革前事二門。(陳東塾先生年譜)
仲春、朱琦有跋讀左漫錄。(怡志堂文集卷六)
長夏、張文虎有唐十八家文錄序。(覆瓿集、舒藝室雜著乙編卷上)
正月、高均儒爲葉石農先生自編年譜跋。(續東軒遺集卷一)
方宗誠著輔仁續錄成，有序。(柏堂集次編卷一)
二月、倭仁遷光祿寺卿。(清史列傳卷四六)
高均儒有書秀水王氏家集後。(續東軒遺集卷一)
三月、張之洞赴禮部試，考取覺羅官學教習。(張文襄公年譜)
四月、程鴻詔有漢校官碑考證記。(有恒心齋集卷三)
五月、朱駿聲陞江蘇揚州府教授、兼署理黟縣教諭。(石隱山人自訂年譜)
張文虎有華嚴墨海集序。(覆瓿集、舒藝室雜著乙編卷上)
七月、張之洞丁父憂。(張文襄公年譜)
八月、倭仁擢盛京禮部侍郎，管理宗室覺羅學事務。(清史

三。按清儒學案卷八八作咸豐四年卒；又鄭子尹年譜載作卒年七十，存參。)
羅澤南仲嶽卒，年五十。(見注九九)

列傳卷四六）

九月、吳廷棟督辦大名賑務。（吳竹如先生年譜）

朱琦爲梅曾亮柏梘山房文集書後。（柏梘山房文集卷末尾）

郭平甫將歸蘄水，劉毓崧爲敍送之。（通義堂文集卷九）

十月、倭仁管理威遠堡六邊門事務。（吳竹如先生年譜）

十一月、吳廷棟陞授山東布政使。（同上）

李續賓克復武昌省，得旨，記名以按察使用。（清史列傳卷四三）

胡林翼奉旨賞加頭品頂戴，並實授湖北巡撫。（胡文忠公年譜）

倭仁監收盛京官倉穀石。（清史列傳卷四六）

七年丁巳（一八五七）

朱次琦居九江，自構茅齋，庋書萬卷。是歲而後，鄉居不入城，學者稱九江先生始此。（朱九江先生集卷首附年譜）

郭柏蔭以延平防剿功陞郎中。（清史列傳卷五五）

王先謙年十六，補壬子乙卯科鄉薦，未售。（葵園自訂年譜）

莫友芝在貴陽府知府劉書年幕。（見鄭子尹年譜）

繆荃孫讀國語、國策、史漢、八家文，始閱綱目北史，讀資治通鑑。（藝風老人年譜）

苗夔麓黼卒，年七十五。（續碑傳集卷七三曾國藩撰墓志銘，曾文正公文集卷四，清儒學案卷一〇七）

馬國翰竹吾卒，年六十四。（清儒學

皮錫瑞八歲從善化陳善昌學，始作文。（皮鹿門年譜）
初夏、朱琦有書黃鵠山人詩卷後。（怡志堂文集卷六）
秋、戴望從陳奐受毛詩，遂執弟子禮。（續碑傳集卷七四）
冬、顧廣譽有題虞山話別圖。（悔過齋文集、續集卷五）
二月、倭仁協理內務府大臣事務。（清史列傳卷四六）
曾國藩、國荃丁父憂；國荃以丁憂回籍。（清史列傳卷五九及年譜並參）
朱琦有崑山顧亭林先生祠記書後。（怡志堂文集卷六）
三月、吳延棟至山東布政使任、兼署山東巡撫。是歲、有答方宗誠論學書。（吳竹如先生年譜）
朱琦始獲觀太子少師衍聖公恭慤孔公墓銘於京師，並爲書其後。（怡志堂文集卷六）
四月、陳澧著燕樂考源箋，後奎錫齡爲改名聲律通考，八月成書，凡十卷。（陳東塾先生年譜）
五月、朱駿聲移居石村，遂號石隱山人；旋入漳溪養痾。（石隱山人自訂年譜）
六月、朱琦有跋孔母孫孺人墓誌，又有先大夫詩集跋後。（怡志堂文集卷六）
八月、倭仁署奉天府尹，充盛京牛馬稅監督。（清史列傳卷四六）
方宗誠自是年五月至八月續成俟命錄三卷，並前著七卷合共

案卷一九六）
蘇惇元厚子卒，年五十七。（清史列傳卷六七）

十卷。是月、有記劉孟塗先生軼事。（俟命錄卷首、卷八、卷九、柏堂遺書；續碑傳集卷七六）

九月、李元度以力解貴溪城圍復原官，加知府銜。（清史列傳卷七六）

李續賓授浙江布政使。（同上卷四三）

十一月、倭仁調盛京戶部侍郎、兼管奉天府府尹事務。（同上卷四六）

八年戊午（一八五八）

朱次琦講學禮山下，遠方從學者日至，有古大夫歸教州里風，自是講學終二十餘年不輟。（朱九江先生集卷首附年譜）

曾國藩撰湘鄉縣賓興堂記。（曾文正公文集卷三）

吳廷棟有與倭公艮峰、曾公滌生、竇公蘭泉諸書，又與方魯生論心性之辨，又校閱倭艮峰先生日記。是秋、充鄉試提調。（吳竹如先生年譜）

于蔭霖舉鄉試。（碑傳集補卷一五）

陳澧漢儒通義刻成，始著學思錄。（陳東塾先生年譜）

吳昆田揀發雲南知州，改官刑部河南司員外郎。（碑傳集補卷一一）

黃彭年爲蓮池書院撰萬卷樓書目序。（陶樓文鈔卷八）

朱駿聲豐芑卒，年七十一。（清儒學案卷一四九，石隱山人自訂年譜。按清史列傳卷六九作咸豐六年卒，存參。）

李續賓迪菴卒，年四十一。（續碑傳集卷五六，曾文正公文集卷四，左文襄公文集卷三左宗

郭慶藩年十五，補縣學生。（虛受堂文集卷一〇）

方宗誠挈家入山東，布政使吳廷棟招至署中，與共論學，推爲碩果。是歲、方氏有讀大學中庸筆記敘。（清史列傳卷六七，柏堂遺書卷首）

俞樾免河南學政任。（見孫詒讓年譜）

何秋濤以尚書陳孚恩疏薦，暨郭嵩燾通達時務，曉暢戎機，命將其所纂書籍呈進。（清史列傳卷七三）

繆荃孫始讀文選。（藝風老人年譜）

蘇源生以皖匪竄扶溝，不憚勞怨，倡修鄢城，並爲規畫守禦計，宿城上指揮抗拒，故旁邑多蹂躪鄢城獨完。（清史列傳卷六七）

春、汪瑔薄遊陽山，輕舲往還，再過同冠峽。以其地山川秀美，乃作同冠峽銘歌之。（隨山館叢稿卷三）

秋、鄭珍以莫友芝北上，應貴陽知府劉書年禮聘，繼莫氏授其子讀。是秋、鄭氏刻說文逸字一卷。（鄭子尹年譜）

莫友芝將赴京就選知縣、兼試春官，鄭珍因至貴陽相晤，並以詩送之。自此一別，遂不復相見。（見鄭子尹年譜）

冬、劉毓崧由清江浦移館東臺。（通義堂文集卷九）

大雪節、莫友芝撰說文逸字後序。（郘亭遺文卷一）

正月、李元度捐陞道員。（清史列傳卷七六）

棠撰墓誌銘，清史列傳卷四三。按陶樓文鈔卷四黃彭年撰家傳作卒咸豐七年十月，存參。）

陳慶鏞乾翔卒，年六十四。（清儒學案卷一四五）

鄭珍有說文逸字序書目。（鄭子尹年譜）
二月、李元度以湖北巡撫胡林翼疏，調授浙江。（淸史列傳卷七六）
三月、胡林翼以調度有功，加太子少保。（胡文忠公年譜）
朱琦有書北宋汴學篆隸二體石經記後。（怡志堂文集卷六）
七月、譚獻始從編著董子。（碑傳集補卷五一）
李續賓奉命征安徽。（淸史列傳卷四三）
徐鼒授福建福寧府知府。（敝帚齋主人年譜）
八月、胡林翼以丁母憂扶柩歸里。（胡文忠公年譜）
九月、李元度命以浙江道員缺出，請旨簡放。（淸史列傳卷七六）
十月、陳澧撰聲律通考自序。（陳東塾先生年譜）
十一月、曾國藩在建昌，作愛民歌一篇，令軍中習誦之。（曾文正公年譜）
李元度以宜黃崇仁失守降補知縣。（淸史列傳卷七六）
十二月、徐鼒抵福寧府任，始得兄姪婦姪女孫女凶訊，率子弟設位哭，作家人殉難記。是月、鈔小腆紀年二十卷成；更采舊聞爲小腆紀傳，輯徐氏本支世系譜一卷。（敝帚齋主人年譜）

九年己未（一八五九）

郭嵩燾命赴山海口察辦稅務，遂引疾歸。（虛受堂文集卷九）

李文田成進士，授翰林院編修。（清史列傳卷五八）

譚獻在閩刻復堂詩三卷、詞一卷。（碑傳集補卷五一）

胡林翼憂時賢不諳軍旅，因取左氏傳、通鑑畢纂、宋元鑑、明史言兵事者，輯讀史兵略，以教將材。（胡文忠公年譜）

于蔭霖成進士，改庶吉士；散館，授編修。（碑傳集補卷一五）

鄭珍說文新附考成。（鄭子尹年譜）

譚瑩以上官委勸捐出力，奏加內閣中書銜。（東塾集卷六）

胡澍學於鄉。（續碑傳集卷七九）

吳廷棟於山東藩署，延方宗誠課兩孫。方氏始爲廷棟搜得平日讀書記疑各條，及與友人論學語、劄記、家書各種，編爲十卷，後有所得，則續附之。（拙修集卷首）

莫友芝試春官不售，因試官王拯，謁相國祁寯藻；旋引見，以知縣用。（見鄭子尹年譜）

王先謙年十八，歲試一等第五名，補廩膳生。（葵園自訂年譜）

繆荃孫始讀說文。（藝風老人年譜）

孫鼎臣子餘卒，年四十一。（續碑傳集卷一八，清儒學案卷一七八。）

葉名澧潤臣卒，年四十八。（見注一〇五）

何秋濤服闋入京，文宗覽其所著北徼彙編，稱其於制度沿革、山川形勢，考據詳明，足徵學有根柢，因賜名朔方備乘；召見後，復命賦「讀書破萬卷，下筆如有神」詩三章，晉官員外郎，懋勤殿行走；旋復以憂去官。（清史列傳卷七三）

春、朱次琦以宗人修朱氏家譜，述例授之，又自編朱氏傳芳集附於後；及家譜成，並爲之序。（朱九江先生集卷首附年譜）

孟夏、劉毓崧始獲與湛小唐相識。（通義堂文集卷九）

夏、李慈銘入都，王星誠以應試至京，又復相見；未幾，星誠擧進士，榜發之翌日，心病猝卒。（越縵堂文集卷一〇）

秋、方宗誠爲校錄大意尊聞敍。（柏堂集續編卷二）

吳廷棟充鄉試提調，公暇與洪汝奎、何愼修、凃宗瀛及方宗誠講論實學，又辨正方宗誠輔仁錄、志學錄、俟命錄。（吳竹如先生年譜）

冬、徐鼒小腆紀年始梓刻，林鶚、宋光伯任校讐之役。是冬、著延平春秋未成。（敝帚齋主人年譜）

顧廣譽著當湖文繫成，刻之，並爲撰序。（悔過齋文集補遺）

	正月、曾國藩撰聖哲畫像記。圖畫昔時聖賢先儒三十三人，系之以說明抗希古人之意，略依孔門四科及近世桐城姚氏論學，以義理、考據、詞章三者，分門依類而圖之。（曾文正公年譜） 二月、胡林翼進駐上巴河。（清史列傳卷四三） 五月、徐有壬偕兩江總督何桂清，奏本年己未恩科江南鄉試借用浙江文闈，詔如所請。（清史列傳卷四三） 李慈銘有三代忌日記。（越縵堂文集卷一〇） 九月、徐鼒輯未灰齋詩鈔成。（敝帚齋主人年譜） 十月、倭仁補鑲白旗蒙古都統。（續碑傳集卷五） 十一月、陳澧編朱子勸學語，刻之。（陳東塾先生年譜）	
十年庚申（一八六〇）	陳奐以賊陷蘇州，避地無錫芙蓉山，屏跡以居。（續碑傳集卷七四） 譚獻與新城楊氏同陷賊，貌爲書賈免（時汀州陷賊，獻按試未竟）。是年多游厦門，得交德清戴望。（碑傳集補卷五一） 莫友芝以截取知縣候選在都；尋，客太湖胡林翼幕，爲校刻讀史兵略。（拙尊園叢稿卷四） 黃式三撰知非子傳，時年七十二。（續碑傳集卷七三）	馬釗燕郊卒。（續碑傳集卷七九張星鑑撰懷舊記） 戴煦鄂士卒，年五十六。（碑傳集補卷三二及卷四二，清儒學案卷一五〇，清史列傳卷七三

唐仁虎以粤賊竄浙江，挈家航海，遭大風舟幾覆，避居浦江，稍以醫術爲生。（覆瓿集、舒藝室雜著甲編卷下）。

劉熙載入都補官，胡林翼時爲湖北巡撫，特疏薦熙載貞介絕俗，延主江漢書院，遂游太原，以經學教授。（續碑傳集卷七五）

陳澧刻聲律通考。（陳東塾先生年譜）

高均儒年四十九，授誦平湖，以遷難行笈書籍悉陷燬，前購程氏讀書分年日程亦燬。（續東軒遺集卷一）

淩堃聞湖州警，遂棄官歸。（續碑傳集卷七三）

胡林翼爲高祖及祖父置墓田、立義莊，並爲邑人士聚書，建箴言書院，以課實學，買田以贍師弟膏火焉。（胡文忠公年譜）

朱孔彰年十九，以文干曾國藩於祁門軍旅。曾氏奇之，遂留營讀書，不畀以事。（碑傳集補卷五三）

皮錫瑞從鮑文淡學，文名籍甚。與善化李夢瑩相識，始訂交。（皮鹿門年譜）

李文田充武英殿纂修。（清史列傳卷五八）

曾國藩爲欽差大臣，總督兩江，檄李元度守廣信衢州，授浙江溫處道，調皖南道，改防徽州。是歲、曾氏爲何君殉難碑記。（虛受堂文集卷九，曾文正公文集卷三）

。按馮先恕疑年錄釋疑一作卒年五十五，存參。）

徐有壬君青卒，年六十一。（清儒學案卷一六四）

兪正禧鼎初卒，年七十二。（續碑傳集卷七八程鴻詔撰傳）

陳壽熊獻清卒，年四十九。（續碑傳集卷七一，清儒學案卷二〇〇，清史列傳卷六七。）

春、胡澍計偕入都應試，至清江道梗折回。時粵匪竄績溪，澍返里遺業蕩然，乃携眷奔走浙東浙西。自是烽火驚天，幾無託命之所。（續碑傳集卷七九）

季春、湛小唐將歸里省親，以長律五十首留別同人，餞行者咸爲賦詩，屬劉毓崧爲敍。（通義堂文集卷九）

夏、伊樂堯歸自京師，曾國藩欲聘至軍中，以母老辭。（續碑傳集卷七一）

秋、祁寯藻以海夷入寇，京師戒嚴，兩上封事未報，遂歸里。（同上卷四）

何秋濤朔方備乘以戰亂遭灰劫。（同上卷七九）

冬、吳汝綸以亂僦居左忠毅故宅，並從其孫左質夫所求遺書而讀之，質夫出示其家左氏象畫二幀，因爲作左忠毅公畫像記。（桐城吳先生文集卷四）

正月、莫友芝爲陳息凡依隱齋詩集序。（郘亭遺文卷二）

方宗誠撰春秋傳正誼敍於直隸按察使司之書齋。（柏堂遺書卷首）

二月、曾國藩始輯錄經史百家雜鈔，以見古文源流，略師桐城姚氏之意而推廣之。（曾文正公年譜）

閏三月、李元度奉命赴浙江交巡撫王有齡有差委。（清史列

傳卷七六）
四月、方宗誠爲吳廷棟編次其拙修集成，釐爲十卷，有敍。（柏堂遺書、集續編卷二）
左宗棠詔以四品京堂候補，隨曾國藩襄辦軍務。（清史列傳卷五一）
六月、李元度授溫州處道，會曾國藩移駐祁門，疏調元度會勦，改元度徽寧池太廣道。（同上卷七六）
七月、邵懿辰訪曾國藩於祁門軍次，欲乞師以援兩浙不果，遂別去。（曾文正公文集卷三）
黎庶昌赴武昌，鄭珍有序贈行。（見鄭子尹年譜）
八月、倭仁署盛京副都統。（清史列傳卷四六）
李元度至徽州十日，徽城繼陷，革職拏問。（同上卷七六）
張之洞感憤時事作海水詩（時英法軍陷京師，文宗北狩熱河）。（張文襄公年譜）
方宗誠爲吳廷棟編次文集成，吳氏有與方宗誠書論學。（吳竹如先生年譜）
九月、吳廷棟至古北口督辦兵差文報糧臺。（同上）
陳澧朱子語類日鈔五卷刻成。是年、撰默記一卷。（陳東塾先生年譜）

十月、莫友芝自京師還道鄂，有石鏡齋詩略序。（郘亭遺文卷二）

倭仁補鑲白旗蒙古都統。（清史列傳卷四六）

吳廷棟有與曾公及胡公書言兵事。（吳竹如先生年譜）

十一月、胡林翼服闋，命實授湖北巡撫，俟軍務完竣，再行回籍，補行終制。（清史列傳卷四二）

十一年辛酉（一八六一）

朱琦總理杭州團練局，賊圍城，督守清波門，城陷死之。（續碑傳集卷七九）

曾國藩撰經史百家簡編序。（曾文正公文集卷三）

穆宗御極，祁寯藻上疏請崇帝學、除積習；疏入，上嘉納之，次第施行。（清史列傳卷四六）

程鴻詔以夏小正集說存本，請正於曾國藩，並商訂此書之體例。（有恆心齋集、夏小正集說卷四後敍）

粵匪再陷杭州省城，邵懿辰死之。（清史列傳卷六五）

鄭珍避賊東城，主講湘川書院，以後舍將傾圮，假啓秀書院以居。是年、有張遷碑跋朱竹垞孔子門人考。（鄭子尹年譜）

吳廷棟有與曾公論根本書。（吳竹如先生年譜）

繆荃孫寓淮安，無力從師，自携隨園詩話、吳會英才集、洪

朱琦伯韓卒，年五十九。（見注九七）

唐鑑栗生卒，年八十四。（續碑傳集卷一七，曾文正公文集卷四，清儒學案卷一四〇。）

淩堃仲訥卒，年六十七。（續碑傳集卷七三戴望撰墓志銘，清史列傳卷六七。）

黃兩家詩文選，輒倣爲之；居傍管家湖，淥波紅舫，烟水瀰漫，散步湖濱，吟詠成帙。（藝風老人年譜）

正月、吳廷棟有與方宗誠書論學、又答蘇菊邨問學書。（吳竹如先生年譜）

二月、胡林翼因病請假，賞假一月，在營調理。（清史列傳卷四二）

陳澧撰孝經記事自序。（陳東塾先生年譜）

三月、徐鼒撰溫公祠碑、六合官紳士民殉難記。刋成小腆紀年二十卷、續梓讀書雜釋十四卷、未灰齋文集八卷、外集一卷、徐氏本支世系譜一卷。（敝帚齋主人年譜）

五月、左宗棠授太常寺卿。（清史列傳卷五一）

李元度以連復通城、崇陽、蒲圻、通山等地，命賞還按察使原銜；尋，再加布政使銜。（同上卷七六）

方宗誠爲蘇源生撰大學臆說敍。（柏堂集、續編卷三，記過齋藏書卷首）

六月、陳澧撰蘿峰書院記。（陳東塾先生年譜）

七月、郭嵩燾撰新寧縣江忠烈公祠記。（養知書屋文集卷二五）

八月、劉蓉以知縣選用。（清史列傳卷四九）

胡林翼奏病劇，請開缺，得旨再賞兩月，在署安心調理；又

陳時若木卒，年七十六。（碑傳集補卷四九馮桂芬撰家傳）

林春溥立源卒，年八十七。（清儒學案卷一三四，清史列傳卷六九。）

邵懿辰位西卒，年五十二。（曾文正公文集卷三，續碑傳集卷五四，清儒學案卷二〇四，清史列傳卷六七。）

胡林翼貺生卒，年五十。（養知書屋文集卷一七郭嵩燾撰行狀，續碑傳集卷二五，清儒學案卷一七八，清史列

	以策劃督勦功，賞太子太保，騎都尉世職。（胡文忠公年譜及清史列傳卷四二並參） 程鴻詔又爲漢校官碑後記。（有恆心齋集卷三） 九月、劉蓉賞三品，署四川布政使。（清史列傳卷四九） 十月、曾國荃回湘募勇。（同上卷五九） 十一月、詔左宗棠兼程赴浙督辦軍務，提鎭以下均歸調遣；未幾，杭州陷。（同上卷五一） 伊樂堯以賊陷杭州，數受賊刃不屈，奉繼母出乞食山中，安貧守約，不改其素志。（續碑傳集卷七一） 十二月、祁寯藻命以大學士銜授禮部尚書。（注二九三） 李元度回籍募勇，名曰安越軍。（清史列傳卷七六）	傳卷四二，胡文忠公年譜。） 劉書年僊石卒，年五十一。（碑傳集補卷二四，清儒學案卷一七七，清史列傳卷六九。） 梁廷枏章冉卒，年六十六。（清儒學案卷一三三，清史列傳卷七三。）
穆宗同治元年壬戌（一八六二）	陳澧補刻學海堂經解藏事，著學思錄。（陳東塾先生年譜） 杭城再陷，胡澍挈幼子良駒，間關險難，始至蘇州，遇救得脫。（續碑傳集卷七九） 左宗棠有張楊園先生寒風佇立圖跋後。（注二九四） 王柏心進呈經論，復應詔陳言八條；疏入，上嘉納之。（清史列傳卷七三） 宗稷辰賞加鹽運使銜；入覲，實授大清河工次習。（碑傳集補卷一七）	徐鼒彝舟卒，年五十三。（碑傳集補卷二四，清儒學案卷二〇〇，敝帚齋主人年譜） 伊樂堯遇夔卒，年五十三。（續碑傳集卷五四，又同書

鄭珍作理書詩，有句曰：「鳩集四十年，丹黃不離案，有售必固獲，山妻盡釵釧；有聞必告借，夜鈔恒達旦，不獨有應有，亦多見未見。」（鄭子尹年譜）

賀瑞麟以關中亂，避地絳州，與薛于瑛、楊樹椿仍講學不輟。（清史列傳卷六七）

于蔭霖從倭仁問學。（碑傳集補卷一五）

高均儒年五十一，流離至淮，乞借程氏書於山陽丁晏，一再繙校。（續東軒遺集卷一）

郭嵩燾特授蘇松糧儲道，擢兩淮鹽運使，署廣東巡撫。（盧受堂文集卷九）

黃彭年以四川總督駱秉章招入幕中贊戎機，平劇寇石達開有功，力辭保薦；陝西巡撫劉蓉聘主關中書院；尋，以直隸總督李鴻章聘修畿輔通志，成書三百卷。是歲、黃氏以燕之蜀，何秋濤代署蓮池書院院長。（清史列傳卷七六，一鐙精舍甲部藁卷首）

郭蔭柏引見，奉旨交欽差大臣曾國藩軍營差委。（清史列傳卷五五）

春、錢泰吉大病幾殆，至夏始癒。子應溥以奉相國曾氏命，襄理戎幕至安慶，並迎其就養，居城西，其地為談藝薈萃之所，錢氏大樂之。（甘泉鄉人年譜）

卷七一方宗誠撰傳，清史列傳卷六七）

何秋濤願船卒，年三十九。（陶樓文鈔卷七黃彭年撰墓表及一鐙精舍甲部藁卷首，續碑傳集卷二〇、卷七九張星鑑撰懷舊記，清儒學案卷一六六，清史列傳卷七三）

黃式三薇香卒，年七十四。（續碑傳集卷七三，清儒學案卷一五三，清史列傳卷六九）

顧觀光賓王卒，年六十四。（碑傳集補卷四二，清儒學

夏、顧廣譽在定海廳之青罍，增修顧氏族譜，有序。（悔過齋文集、續集卷四）

多、陳澧重修學海堂成。（陳東塾先生年譜）

正月、倭仁擢工部尙書。（續碑傳集卷五，清史列傳卷四六）

曾國荃授浙江按察使。（淸史列傳卷五九）

李元度授浙江鹽運使、兼署布政使。（同上卷七六）

吳廷棟調授山東按察使，又與艮峰倭公書論學、與曾公書論學、與洪琴西書論學。（吳竹如先生年譜）

蘇源生省身錄刊行，方宗誠爲之校訂，並撰敍。（柏堂集、續編卷二）

二月、左宗棠克遂安。（淸史列傳卷五一）

李元度擢按察使，以道梗均未抵任。（同上卷七六）

曾國荃遷江蘇布政使。（同上卷五九）

倭仁在弘德殿授穆宗讀；尋，充翰林院掌院學士。將前所輯古帝王事蹟，及古今臣工奏議有裨治道者，重加精擇，附以按辭進呈，賜名啓心金鑑。（續碑傳集卷五）

祁寯藻抵京，命與前大學士翁心存、尙書倭仁、編修李鴻藻，同直弘德殿侍讀，遂進呈陳弘謀大學衍義輯要等書。（同上卷四）

三月、曾國藩疏劾李元度，有旨卽行革職，免其治罪，仍交

案卷一七二，淸史列傳卷六九）

左宗棠委用。（清史列傳卷七六）
倭仁充會試正考官。（續碑傳集卷五）
繆荃孫肄業於麗正書院，書院山長丁晏敎以讀經先究小學。（藝風老人年譜）
四月、李慈銘鈔輯入都以後所爲詞稿，曰霞川花隱詞，有自序。（越縵堂文集卷二）
五月、倭仁充敎習庶吉士。（續碑傳集卷五，清史列傳卷四六。）
李棠階奉諭入都，疏陳時政之要，授大理寺卿。（李文清公遺書卷首）
六月、李棠階派充拔貢朝考閱卷大臣，又上申明公論疏，陞補禮部右侍郎。（續碑傳集卷一二）
七月、倭仁以工部尙書協辦大學士。（同上卷五）
李棠階陞授左都御史。（同上卷一二）
鄭珍爲重修啓秀書院記。（鄭子尹年譜）
郭嵩燾爲養知書屋詩集凡十五卷，有自序。（養知書屋文集卷首）
八月、李棠階署理戶部尙書，專司順天鄉試貢院稽察，復進言「治天下只在安民，安民必先察吏。」（續碑傳集卷一二及清史列傳卷四七並參）

閏八月、倭仁授文淵閣大學士，管理戶部事務。（續碑傳集卷五；清史列傳卷四六作八月）
李棠階奉旨在軍機大臣上行走，具疏懇辭，不許。（清史列傳卷四七）
左宗棠復壽昌。（清史列傳卷五一）
九月、祁寯藻以文宗奉安定陵禮成，加賞二級；尋，因病請開缺，得旨賞假三月。（同上卷四六）
朱次琦與徐臺英同時應詔赴闕，次琦以疾未赴，獨臺英赴召，臺英以鄰女贈之而別去。是月、次琦自名其堂曰簡書堂。（朱九江先生集卷首附年譜）
十一月、鄭珍爲黃彭年作賢母錄序。（鄭子尹年譜）
祁寯藻復以久病請開缺，得旨再賞假三月。（清史列傳卷四六）
十二月、倭仁充經筵講官。（同上）
曾國荃拔谷里村朱門六郎橋十一壘。（同上卷五九）

二年癸亥（一八六三）

孫詒讓補學官弟子，始治經史小學。（孫詒讓年譜）
倭仁爲灰畫集序。（倭文端公遺書卷八）
皮錫瑞初應童子試，補善化縣學生員，學使爲山西溫忠翰。（皮鹿門年譜）

陳奐碩甫卒，年七十八。（續碑傳集卷七四戴望撰行狀、張星鑑撰傳，清

蘇源生以學使景其濬薦，奉旨以訓導用。（清史列傳卷六七）

莫友芝撰唐寫本說文解字木部箋異刊行。（見孫詒讓年譜）

繆荃孫寓淮安，仍到葛氏讀。席上晤楊慧生、衞守備，負博雅，名詩文，卓然成家，一見如舊識，並約至別墅談二日，告以詩學源流，專重明幾社派，而薄隨園。是年、得詩一卷，曰萍心集。（藝風老人年譜）

二月、吳廷棟授大理寺卿。（吳竹如先生年譜）

李棠階調補工部尙書、兼署禮部尙書，充實錄館正總裁。（續碑傳集卷一二，清史列傳卷四七）

三月、左宗棠授閩浙總督，仍兼署浙江巡撫。（清史列傳卷五一）

李棠階充會試正考官。（續碑傳集卷一二）

郭柏蔭授江蘇蘇松常鎭太糧儲道。（清史列傳卷五五）

四月、吳廷棟陞授刑部右侍郎，權戶部左侍郎、兼管三庫事務，賜紫城騎馬，又批楊仲乾傳習錄拙語。（吳竹如先生年譜）

五月、張之洞成進士，授翰林院編修（按張氏成進士係在四月，授官則在五月，今連書於此）。（張文襄公年譜）

七月、命劉蓉督辦陝南軍務；尋，授陝西巡撫。（清史列傳

儒學案卷一四五，清史列傳卷六九。）

魯一同通甫卒，年六十。（見注九八）

錢泰吉輔宜卒，年七十三。（曾文正公文集卷四，續碑傳集卷七九曾國藩撰墓表，甘泉鄉人年譜。）

卷四九）
八月、倭仁充崇文門正監督。（同上卷四六）
十二月、郭柏蔭擢江蘇按察使，以蘇州克復，辦理善後，尤爲出力，賞二品。（同上卷五五）

三年甲子（一八六四）

兩江總督曾國藩自安慶移節江寧。是歲、曾氏撰修治金陵城垣缺口碑記。（見孫詒讓年譜，曾文正公文集卷三）
唐仁壽扶母柩歸里，宅已瓦礫，乃依婦家以居。（舒藝室雜著甲編卷下、覆瓿集。）
吳汝綸舉鄉試。（續碑傳集卷八一）
薛福成有選舉論上中二篇。（庸庵全集外編卷一）
繆荃孫寓長沙，侍先繼母入蜀，從湯成彥讀書。是歲、得詩一卷，曰巴歈集。（藝風老人年譜）
劉熙載徵爲國子監司業，遷左中允，督學廣東，作懲忿窒慾遷善改過四箴以訓士。（清史列傳卷六七）
郭嵩燾爲廣東武鄉試錄前序。（養知書屋文集卷七）
詔舉賢才，馮桂芬以安徽巡撫喬松年復薦，病不果行。（清史列傳卷七三）
李棠階以金陵克復，加太子少保銜，調補禮部尚書。（續碑傳集卷一一二）

鄭珍子尹卒，年五十九。（續碑傳集卷七四，清儒學案卷一六九，清史列傳卷六九，鄭子尹年譜。）
吳嘉賓子序卒，年六十二。（清儒學案卷一七八，清史列傳卷六七。）
夏鸞翔紫笙卒，年四十三。（碑傳集補卷四二，清儒學案卷一五〇，清史列傳卷七三。）

吳大澂擧於鄉。（春在堂襍文六編卷五）
周壽昌大考二等，遷庶子，充實錄館纂修官。（淸史列傳卷七三）
皮錫瑞肄業城南書院，山長爲何紹基，初見益陽王德基於省城，遂訂忘年之交。（皮鹿門年譜）
劉壽曾擧副榜貢生。（續碑傳集卷七五）
方宗誠撰讀易筆記敍。（柏堂遺書卷首，文集續編卷二）
吳廷棟有復曾公書論學。（吳竹如先生年譜）
春、倭仁爲張椒雲賦序。（倭文端公遺書卷八）
夏、程鴻詔在曾國藩幕，主慶安。（碑傳集補卷五一）
秋、張文虎錄存舊作長短句，凡五十八首，題曰索笑詞。（覆瓿集、索笑詞卷首序。）
正月、左宗棠復海寧桐鄉。（淸史列傳卷五一）
莫友芝自皖中致書鄭珍，言曾國藩極思一見鄭氏。（見鄭子尹年譜）
二月、左宗棠會江蘇軍，克嘉興府；旋克杭州省城及餘杭，捷聞，詔加太子少保銜。（淸史列傳卷五一）
六月、曾國藩加恩賞太子太保銜，錫封一等侯爵；尋，封毅勇侯。曾國荃加恩賞太子少保銜，錫封一等伯爵；尋，封威毅伯。（同上卷五九，曾文正公年譜及曾忠襄公年譜並參。）

七月、吳廷棟上金陵告捷，請加懼疏。（吳竹如先生年譜）
祁寯藻復以病請開缺，並退出內廷差使；命開禮部尚書缺，仍以大學士銜，在弘德殿行走。（清史列傳卷四六）
八月、李棠階充順天鄉副考官。（續碑傳集卷一二）
李文田命在南書房行走。（清史列傳卷五八）
九月、王先謙鄉試中式。（葵園自訂年譜）
十月、左宗棠以克復浙東各郡功，著加恩錫封伯爵；疏辭，優詔答之。（清史列傳卷五一）
十一月、李文田充實錄館纂修。（同上卷五八）
十二月、李文田命署日講起居注官。（同上）

四年乙丑（一八六五）

俞樾自天津浮海南歸，適吳下，應聘主講紫陽書院，迄六年冬始辭去。有紫陽課藝序。是歲、在金陵，始以春在名其堂，有春在堂記。（春在堂襍文卷一、襍篇卷五）
王先謙成進士，改翰林院庶吉士，乞假南歸。（虛受堂文集卷五、卷一六）
方宗誠撰禮記集說補義敍。（注二九五）
孫詒讓始治金石文字之學。（孫詒讓年譜）
唐仁壽至金陵，在李鴻章幕預校史記。時張文虎亦在書局，始與相識，歡如故交。（覆瓿集、舒藝室雜著甲編卷下）

鄧瑤伯昭卒，年五十五。（見注一〇二）
李棠階樹南卒，年六十八。（續碑傳集卷一二王輅撰李文清公行實，清儒學案卷一六二。）

吳汝綸成進士，官內閣中書。（續碑傳集卷八一）

倭仁有跋朱琦怡志堂文集。（見怡志堂文集卷末尾）

胡澍會試報罷，援例授內閣中書；尋，乞假南歸。（續碑傳集卷七九）

王彥侗由禮部進呈其父筠所著說文釋例、說文句讀二書。（清史列傳卷六九）

祁寯藻致仕。（續碑傳集卷四）

龍文彬成進士，改吏部主事。（清史列傳卷六七）

皮錫瑞食廩餼，學使溫忠翰案臨長沙，應歲試列一等。（皮鹿門年譜）

夏、曾國藩勦捻寇北上，張榜郡縣招賢才；薛福成於寶應舟中上萬言書，曾氏遂延之入幕。（碑傳集補卷一三）

秋、劉恭冕爲論語正義寫定，並述其義例於卷首。（廣經室文鈔）

多、孫詒讓侍父衣言主講杭州紫陽書院。（孫詒讓年譜）

黎庶昌始識薛季懷於曾國藩幕下。（拙尊園叢稿卷四）

程鴻詔從軍徐州，作賢母錄贊。（有恒心齋集卷一〇）

方宗誠撰詩書集傳補義敘於安慶寓舍，又爲讀論孟筆記敘。（注二九六）

二月、高均儒有書艾陵草堂圖後。（續東軒遺集卷一）

五月、莫友芝作邑自箴跋。（郘亭遺文卷三）
六月、曾國荃調山西巡撫。（清史列傳卷五九）
高均儒爲溫氏訓跋，又爲張楊園先生年譜跋、童蒙訓跋。（續東軒遺集卷一）
八月、倭仁充考試國子監助教閱卷大臣。（清史列傳卷四六）
曾國荃復請開缺，賞假六月，在籍調理。（同上卷五九）
高均儒有讀書分年日程跋。（續東軒遺集卷一）
九月、倭仁充武會試監射大臣；旋署鑲白旗漢軍都統。（清史列傳卷四六）
十月、高均儒有書萬曆本小學陳注後、書王子鴻制藝近稿後。（續東軒遺集卷一）
十一月、高均儒至杭，始爲讀書分年日程板行。（同上）
十二月、曾國荃調湖北巡撫。（清史列傳卷五九）

五年丙寅（一八六六）

劉熙載引疾歸，主講上海龍門書院，凡十四年。（續碑傳集卷七五）
方宗誠自武昌歸安慶，纂次陸象山節要成，明年復爲敍而刊之。（柏堂遺書、集續編卷二）
李文田大考翰詹，命以中允陞用。文宗聖訓、實錄告成，詔俟陞補，後遇缺題奏，並賞加五品銜。（清史列傳卷五

王仁俊扞鄭生。（清儒學案卷一八四）
祁寯藻叔穎卒，年七十四。（續碑傳集卷四秦緗業撰神

八）
繆荃孫在成都讀書，與王光裕、吳祖椿、吳鏡澄、吳鏡沅、傅雲龍等訂交。是年、始爲考訂之學。（藝風老人年譜）
劉庠丁父憂歸，自此以後，遂不復仕。（續碑傳集卷八一）
顧廣譽卒於上海龍門書院。（清史列傳卷六七）
周壽昌大考二等，遷庶子，充實錄館纂修總校。（續碑傳集卷八〇）
兩江總督曾國藩設金陵書局，招莫友芝、張文虎、劉壽曾、戴望、劉恭冕諸人，爲之校勘經籍。是歲、曾氏爲衡陽彭氏譜序。（注二九七）
春、吳廷棟以病乞假予告歸里。（吳竹如先生年譜）
冬、莊棫游金陵，戴望往訪之，始與相識。（續碑傳集卷七五）
三月、劉恭冕爲論語正義後序。（廣經室文鈔）
四月、郭柏蔭陞江蘇布政使，並護理江蘇巡撫。（清史列傳卷五五）
五月、左宗棠奏請設立船廠，試造輪船。（同上卷五一）
六月、李元度創立水師，剿平大園子廣家山馬鞍營三寨；命賞還原銜頂戴。（同上卷七六）
倭仁充稽察壇廟大臣。（同上卷四六）

道碑銘，鶴皐年譜，清史列傳卷四六。）
顧廣譽維康卒，年六十八。（清史列傳卷六七）

七月、曾國荃命辦湖北軍務。（同上卷五九）
浙江布政使蔣氏重建詁經精舍成，俞樾為之記。（春在堂襍文卷一）
八月、左宗棠調陝甘總督。（清史列傳卷五一）
九月、倭仁充玉牒館督催總裁、考試漢御史閱卷大臣。（同上卷四六）

六年丁卯（一八六七）

王先謙自江南旋里，為母夫人稱祝。（虛受堂文集卷一六）
薛福成舉江南鄉試副榜。（碑傳集補卷一三）
陳澧鈔張維屏遺詩二百餘首，為聽松廬詩略二卷。（陳東塾先生年譜）
馮桂芬以蘇松太三屬辦團及善後功，賞加四品卿銜。（清史列傳卷七三）
劉熙載編持志塾言成，凡上下兩卷。（續碑傳集卷七五）
譚獻舉鄉試，時年三十六。（碑傳集補卷五一）
吳廷棟南歸謁墓，過曾國藩於清江浦，遂同至金陵；與艮峰倭公書論學。（吳竹如先生年譜）
陶方琦與兄方琯同舉鄉試。（續碑傳集卷八一）
曾國藩撰金陵軍營官紳昭忠祠記。（曾文正公文集卷四）
宗稷辰引疾歸。（碑傳集補卷一七）

竇垿蘭泉卒，年六十一。（姜亮夫綜表）
宗稷辰滌甫卒，年八十。（碑傳集補卷一七王柏心撰墓誌銘，清史列傳卷六七。）
劉毓崧松厓卒，年五十。（廣經室文鈔劉恭冕撰墓誌銘，續碑傳集卷七四。）

董沛舉本省鄉試。（續碑傳集卷八一）

春、曾國藩自河南還金陵，獲知史記未竟，命張文虎與唐仁壽同校。由是日益相親，相處凡九年之久。（覆瓿集、舒藝室雜著甲編卷下。）

秋、運使方濬頤創設菊坡精舍，請陳澧掌教。（陳東塾先生年譜）

孫詒讓舉浙江補甲子科鄉試，座主為南皮張之洞。（孫詒讓年譜）

冬、孫詒讓校勘王致遠開禧德安守城錄。（同上）

正月、左宗棠授欽差大臣，督辦陝甘軍務。（清史列傳卷五一）

二月、倭仁奏言：立國之道，尚禮義不尚權謀；根本之圖，在人心不在技藝。（同上卷四六）

郭柏蔭擢廣西巡撫，未赴任，調撫湖北，仍留署江蘇巡撫。（同上卷五五）

李文田京察一等，記名以道府用。（同上卷五八）

三月、程鴻詔還迎霭舊居，始為迎霭筆記。（有恒心齋集、筆記卷首。）

四月、倭仁因病請假一月。（清史列傳卷四六）

五月、李文田充四川鄉試副考官。（同上卷五八）

倭仁奏病難速痊，請開缺調理；得旨，再賞假一月，毋庸開

缺。（同上卷四六）
六月、張之洞奉旨充浙江鄉試副考官。（張文襄公年譜）
八月、繆荃孫以寄籍華陽監生應舉鄉試。（藝風老人年譜）
十月、張文虎有孟東野詩錄序。（覆瓿集、舒藝室雜著賸稿。）
十一月、李元度克官塘。（清史列傳卷七六）
十二月、倭仁充文淵閣領閣事。（同上卷四六）
郭柏蔭奉勅赴湖北巡撫任；尋，署湖廣總督。（同上卷五五）
高均儒有書大中祥符刊本玉篇後。（續東軒遺集卷一）
李元度克八寶寨。（清史列傳卷七六）

七年戊辰（一八六八）

吳廷棟致仕，居江寧。楊德亨朝夕進謁請益，遂盡棄其所學，研討近思錄諸書。曾國藩歎其勇撤臯比，張橫渠無過之。是歲、吳氏批閱方魯生毋不敬齋全集，校訂理學宗傳辨正，評閱王船山遺書；又有與方宗誠書論學、與艮峰倭公書論出處；復自訂正拙修集。（清史列傳卷六七，吳竹如先生年譜及拙修集卷首並參）
陳澧刻切韻考五卷，撰字體辨誤一卷，並附引書法於後，以教學海堂、菊坡精舍諸生。（陳東塾先生年譜）

方潛魯生卒，年六十。（清史列傳卷六七）

胡澍會試復不第，捐升郎中，發戶部山西司。（續碑傳集卷
七九）
曾國藩撰金陵湘軍陸師昭忠祠記。（曾文正公文集卷四）
俞樾主講詁精舍，自是凡三十一年。是歲、有胡春喬先生遺
書記。（春在堂襍文襍編卷五，又補遺卷二。）
李善蘭以巡撫郭嵩燾薦徵入同文館，充算學總教習，總理衙
門章京。（清史列傳卷六九）
薛福成撰中興敘略上下二篇。（庸庵全集文編卷二）
譚獻會試不第南歸，署秀水校官，仍兼書局、採訪局事故
官。（碑傳集補卷五一）
吳大澂成進士，改庶吉士；散館，授編修。（春在堂襍文六
編卷五）
繆荃孫彙鈔兩年詩爲一卷，曰北馬南船集。（藝風老人年譜）
夏炘門人刑部侍郎胡肇智以所繹聖訓附律、易解及檀弓辨誣
、述朱質疑進御，有耆年篤學不倦之褒，並命武英殿刊刻
頒發，天下榮之。（清史列傳卷六七）
吳敏樹棹舟金陵，陟石鐘、匡廬、大小孤山，遊宴西湖，而
返舟泊漢渚，登杜貴墀所寓晴川閣，作重九而歸。（續碑
傳集卷八〇）
夏、兩江總督曾國藩陞授武英殿大學士。（見孫詒讓年譜）

秋、孫詒讓侍父衣言官江寧布政使，居瞻園。（同上）

冬、張裕釗與莫友芝，自金陵偕送曾國藩於邗上，返過維揚，登焦山，道丹徒至吳門，接膝談語，意甚相得。（續碑傳集卷七九）

正月、李文田擢詹事府右春坊右贊善。（清史列傳卷五八）

莫友芝應豐順中丞聘，爲江蘇書局校刻資治通鑑，有資治通鑑復識（十二月書成）。（郘亭遺文卷三）

二月、孫詒讓應禮部試，報罷。（孫詒讓年譜）

四月、王先謙散館，授編修。（葵園自訂年譜）

陳澧以肇慶府知府王五福議修府志，函聘涖肇，纂修志事；澧爲訂修志章程十四條復之。（陳東塾先生年譜）

五月、李元度詔復原官，授雲南按察使，陳情乞養，允之。（注二九八）

六月、倭仁充國史館總裁。（清史列傳卷四六）

七月、黃彭年撰續修族譜後序。（陶樓文鈔卷八）

八年己巳（一八六九）

吳廷棟回霍山省墓，遂得足疾。（吳竹如先生年譜）

曾國藩撰湘鄉昭忠祠記。（曾文正公文集卷四）

繆荃孫始在成都書局任事。（藝風老人年譜）

郭柏蔭卸署總督，回巡撫任。（清史列傳卷五五）

陳立卒，年六十一。（廣經室文鈔劉恭冕撰墓誌銘，續碑傳集卷七四

	張之洞建經心書院於湖北。（張文襄公年譜） 蘇源生以歷年守城勞績，賞加光祿寺署正銜。（清史列傳卷六七） 張裕釗復至吳門訪莫友芝，又相與泛舟徧覽靈岩石樓石壁之勝，觀海於鄧尉，至天平山而還。（續碑傳集卷七九） 陳澧邀廖廷相館於識月軒。（陳東塾先生年譜） 夏、孫詒讓始著溫州經籍志。（孫詒讓年譜） 五月、王先謙充國史館協修。（葵園自訂年譜） 六月、李文田轉左贊善。（清史列傳卷五八） 方宗誠有張楊園先生全集補遺敍。（柏堂遺書、集續編卷二〇。） 九月、孫衣言在金陵，得蘇源生書及所著記過齋書五種，及門人王心所爲言行略，屬爲撰墓銘。（記過齋藏書卷首） 十月、李文田遷翰林院侍講。（清史列傳卷五八） 黃彭年應召至京師，寓興勝寺，得讀桐雲詩文集，有序。（陶樓文鈔卷九）	，清儒學案卷一三一。） 高均儒伯平卒，年五十八。（見注一〇四） 陳喬樅樸園卒，年六十一。見注一〇〇） 鄭伯奇特夫卒，年五十一。（清儒學案卷一七五，清史列傳卷六九。）
九年庚午（一八七〇）	曾國藩爲重刻茗柯文編序。（曾文正公集卷四） 陶方琦偕同年友餘姚朱衍緒，往與譚獻（廷獻）論羣經九流	馬壽齡鶴船卒。（清儒學案卷九一）

之流別，並旁及文辭正文。（續碑傳集卷八一）

王先謙典試雲南副考官，正考官爲四川汪敍疇。（葵園自訂年譜）

陳澧刻切韻考通論一卷，爲李光廷作漢西域圖考序，爲慶瑞作琴瑟合譜序。（陳東塾先生年譜）

黃以周舉鄉試，由大挑教職，歷署遂昌、海鹽於潛訓導，補分水訓導。（清史列傳卷六九）

皮錫瑞古今體詩編年，自是歲始。（皮鹿門年譜）

周壽昌遷侍講學士，轉侍讀學士。（續碑傳集卷八〇）

黎庶昌有湘鄉師相曾公六十壽序。（拙尊園叢稿卷四）

王柏心丁母憂，哀痛摽擗，依然孺慕。（清史列傳卷七三）

汪瑔有重修廣州三元宮碑銘。（注二九九）

朱一新舉鄉試，官內閣中書。（清史列傳卷六九）

程鴻詔自鄂還山，時過蓮塘，復爲之圖記，有蓮塘銷夏圖記。（有恒心齋集卷三）

曾紀澤由二品蔭生引見，奉旨以員外郎用，籤分戶部。（清史列傳卷五八）

馮桂芬以李鴻章奏：平居講學著書，巋然爲東南耆宿，請破格優獎，賞給三品銜。（同上卷七三）

春、劉寶楠論語正義付梓。（見孫詒讓年譜）

蘇源生泉沂卒，年六十二。（記過齋藏書文集贈言，方宗誠撰傳，作卒年六十，存參。此據續碑傳集卷七一，清史列傳卷六七。）

夏、方宗誠有校刊漢學商兌、書林揚解叙。（柏堂集、後編卷三）
正月、張之洞按試歲科兩試既竣，擇其文尤雅馴者，爲江漢炳靈集選定刻之。（張文襄公年譜）
六月、李文田充浙江鄉試副考官。（清史列傳卷五八）
八月、倭仁充順天鄉試正考官。（續碑傳集卷五）
曾國藩著調補兩江總督，著直隸總督李鴻章調補。（曾文正公年譜）
李文田提督江西學政。（清史列傳卷五八）
九月、倭仁管理國子監事。（續碑傳集卷五）
十月、張之洞至京，與潘祖蔭、王懿榮、吳大澂、陳寶琛諸人訂交。（張文襄公年譜）
張文虎有湘鄉公六十壽序。（覆瓿集、舒藝室雜著乙編上。）
閏十月、郭柏蔭復署湖廣總督。（清史列傳卷五五）
繆荃孫計偕北上應試，始爲金石之學。（藝風老人年譜）
十一月、左宗棠賞加一騎都尉世職。（清史列傳卷五一）
曾國藩作家訓。是月、著充辦理通商事務大臣。（曾文正公年譜）
李文田轉侍讀。（清史列傳卷五八）

十年辛未（一八七一）

黃彭年預修畿輔志，始至蓮池書院居焉。（陶樓文鈔卷三）

莫友芝往求文宗、文滙兩閣書於揚州裏下河，至興化而病歿。（拙尊園叢稿卷四）

曾國藩撰金陵楚軍水師昭忠祠記。（曾文正公文集卷四）

吳廷棟所著拙修集，及所校理學宗傳辨正，爲涂朗軒刻行。（吳竹如先生年譜）

春、孫詒讓北上，應試禮部。旋報罷，返江寧。是歲、著溫州經籍志成。（孫詒讓年譜）

冬、郭嵩燾編校錢南園先生遺集成，彙次爲五卷，有跋後。（錢南園先生遺集卷末尾）

正月、陳澧大病幾殆，麥務耘治之而瘳，遂與之定交。（陳東塾先生年譜）

二月、倭仁因病請假；旋奏請開缺調理，得旨賞假兩月，安心調理，毋庸開缺。（清史列傳卷四六）

方宗誠授棗強縣知縣（時年五十四）。（注三〇〇）

三月、倭仁授文華殿大學士；尋卒。（續碑傳集卷五）

四月、曾國藩撰江寧府學碑記、湖南文徵序。（曾文正公年譜）

五月、張之洞充翰林院教習庶吉士。（張文襄公年譜）

倭仁艮峰卒。（清史列傳卷四六）

夏炘欣伯卒，年八十三。（清儒學案卷一五五，清史列傳卷六七。）

譚瑩玉生卒，年七十二。（東塾集卷六陳澧撰墓碣銘，續碑傳集卷八〇。）

莫友芝子偲卒，年六十一。（拙尊園叢稿卷四及續碑傳集卷七九黎庶昌撰別傳，清史列傳卷六九。）

王先謙迎母北上至京奉養。（虛受堂文集卷一六）
六月、劉恭冕為昏禮重別論序。（廣經室文鈔）
七月、李文田陞詹事府左春坊左庶子。（清史列傳卷五八）
張之洞有詩送王（闓運）壬秋歸湘潭。（張文襄公年譜）
十一月、李慈銘撰重建宗祠碑記。（越縵堂文集卷一〇）
十二月、李文田擢翰林院侍講學士。（清史列傳卷五八）

十一年壬申（一八七二）

孫詒讓始為周禮正義。（孫詒讓年譜）
倪文蔚授湖北荊州府知府，與修萬城大隄。（清史列傳卷五九）
多、蕭穆客遊海上，與劉熙載往還。（續碑傳集卷七五）
正月、張之洞獨遊慈仁寺，謁顧亭林先生祠，有詩。（張文襄公年譜）
程鴻詔始寫定夏小正集說今本，距屬稿以來，歷時凡三十餘年。（有恒心齋集，夏小正集說卷四。）
曾國藩訪吳廷棟宅，暢談學業，語及邸鈔、倭仁遺疏，因語及昔年故交零落殆盡，黯然別去。逾月卒。是歲、有書何母陳恭人事。（曾文正公文集卷四，曾文正公年譜）
二月、陳澧為鄒伯奇作格術補序。（陳東塾先生年譜）
郭嵩燾有德範詞源册跋後。（養知書屋文集卷八）

胡澍荄甫卒，年四十八。（續碑傳集卷七九胡培系撰事狀，清儒學案卷九四。）
薛壽介伯卒，年六十一。（續碑傳集卷七九劉壽曾撰家傳）
曾國藩滌生卒，年六十二。（見注一〇三）
鄭獻甫小谷卒，年

三月、郭嵩燾撰絜園展禊圖記。（同上卷二五）
六月、王先謙補國史館纂修。（葵園自訂年譜）
七月、王先謙刊漢鐃歌釋文箋正成。（同上）
九月、繆荃孫大病幾死，同事姚覲晨夕護侍之，交多始漸瘉。是歲、彙寫數年詩，曰鷲烏集。（藝風老人年譜）
十月、戴望貽書陳澧，並寄去所著論語注就正。（陳東塾先生年譜）
劉恭冕爲商周金識於遺序。（廣經室文鈔）
孫詒讓商周金識拾遺三卷成，又撰毛公鼎釋文。（孫詒讓年譜）

七十二。（續碑傳集卷七九陳澧撰傳，清儒學案卷一七五。）

十二年癸酉（一八七三）

劉熙載著藝概成。（續碑傳集卷七五）
俞樾構室三十餘楹，並亭園而居之，有曲園記。（春在堂襍文續卷一）
吳大澂簡放陝甘學政。（同上六編卷五）
薛福成編次曾文正公奏疏成，付諸剞劂，又自爲之序。是歲、薛氏有選舉論下一篇。（庸庵全集文編卷三、外編卷一。）
張文虎以衰老辭書局事，自金陵歸里。唐仁壽悵然別之，獨留任所。歲中以書問往返，率六七次，又以文虎所爲舒藝

劉蓉孟容卒，年五十八。（續碑傳集卷二七，養知書屋文集卷一九郭嵩燾撰墓志銘，清儒學案卷一七八，清史列傳卷四九。）
戴望子高卒，年三十七。（見注一一

室隨筆梓刻。（覆瓿集、舒藝室雜著甲編卷下）
程鴻詔復爲夏小正存說。（有恒心齋集、夏小正集說卷末尾。）
皮錫瑞舉拔貢，座師爲元和王夔、石文韶，學使廖壽恒，同榜王德基、閻士良。（皮鹿門年譜）
春、孫詒讓得劉寶楠所錄大戴禮記舊斠，手錄藏之。（孫詒讓年譜）
秋、陳澧爲黎永椿訂定說文通檢凡例，並爲之序。（陳東塾先生年譜）
正月、戴望偶感微疾，夢故友招之去，自知不起，越一月卒於金陵書局。（續碑傳集卷七五）
四月、李文田轉侍讀學士。（清史列傳卷五八）
張文虎有書戴氏注論語後。（覆瓿集、舒藝室雜著甲編卷下。）
繆荃孫至涪州北岩之勝。（藝風老人年譜）
六月、張之洞充四川鄉試副考官，出闈後，奉旨簡放四川學政。（張文襄公年譜）
十月、左宗棠以陝甘亂事平，授陝甘總督協辦大學士，改爲一等輕車都尉世職，並著督辦出關一切事宜。（清史列傳卷五一）

二）
王柏心子壽卒，年七十五。（續碑傳集卷八〇郭嵩燾撰墓志銘，清儒學案卷一八四。按清史列傳卷七三作同治十年卒，存參。）
吳廷棟彥甫卒，年八十一。（續碑傳集卷一二，清儒學案卷一五九，吳竹如先生年譜。）
吳敏樹南屏卒，年六十九。（續碑傳集卷八〇杜貴墀撰傳，同卷郭嵩燾撰墓表，清儒學案卷一七八。）

十一月、王先謙補功臣館纂修。（葵園自訂年譜）

十二月、郭柏蔭以病奏請開缺，允之。（清史列傳卷五五）

十三年甲戌（一八七四）

王先謙校士，得繆荃孫、李慈銘、朱一新。（虛受堂文集卷六）

譚獻入貲以縣尹官皖。（碑傳集補卷五一）

沈夢蘭五省溝洫圖說刊行，薛福成序之。（見庸庵全集文編卷三）

賀瑞麟以吳大澂疏薦，奉旨加國子監學正銜。（清史列傳卷六七）

吳汝綸代撰北遊紀略序。（桐城吳先生文集卷四）

李文田奏請開缺養親，許之。（清史列傳卷五八）

春、俞樾在西湖講舍，爲吳康甫纂陶軒古甎圖錄序。（春在堂襍文續卷二）

夏、俞樾自武林歸，聞馮景庭訃；既而其子申之、培之以其父遺文顯志堂稿來乞敘，有馮景庭先生顯志堂稿序。（同上卷三）

正月、左宗棠請甘肅省城添建貢院，與陝西分闈鄉試，並分設學政。（清史列傳卷五一）

張之洞與督部吳棠商建尊經書院。（張文襄公年譜）

左潛壬叟卒。（清儒學案卷一六八）

何紹基子貞卒，年七十五。（見注九六）

馮桂芬林一卒，年六十六。（續碑傳集卷一八，清儒學案卷一七三，清史列傳卷七三，左文襄公文集卷三左宗棠撰家傳。按陶樓文鈔卷六黃彭年撰墓志作卒同治十二年，年六十六，存參。）

程鴻詔伯敷卒。（

孫詒讓撰周季子白盤跋。（孫詒讓年譜）

三月、孫詒讓校讀論語正義，得賸義數事，移書劉恭冕，專錄奉質。（同上）

七月、左宗棠授大學士，仍留陝甘總督任。（清史列傳卷五一）

八月、左宗棠授東閣大學士。（同上）

十二月、孫詒讓撰吳禪國山碑跋。（孫詒讓年譜）

碑傳集補卷五〇朱師轍撰黟三先生傳）

德宗光緒元年乙亥（一八七五）

魏源海國圖志重雋，左宗棠爲序。（左文襄公文集卷一）

劉光蕡舉鄉試，赴試禮部不第，乃退居教授。（碑傳集補卷五二）

張文虎有彭城醫案序。（覆瓿集、舒藝室雜著乙編卷上。）

繆荃孫在督轅幕府，始與同事陳陔（孝蘭）訂交。（藝風老人年譜）

郭嵩燾授福建按察使。（虛受堂文集卷九）

薛福成以直隸州知州，復入大學士李鴻章幕。是年、薛氏上治平六策，復申其往日練兵之說，部議韙之，下各省酌辦。（碑傳集補卷一三，庸庵全集文編卷二。）

皮錫瑞留湘應鄉試恩科，未第。（皮鹿門年譜）

于蔭霖預修穆宗實錄成，交部照章議敘。（碑傳集補卷一五）

丁晏儉卿卒，年八十二。（續碑傳集卷七四，清儒學案卷一六〇，清史列傳卷六九。）

夏燮謙甫卒，年七十六。（清儒學案卷一五五）

龍文彬充校穆宗實錄，賞加四品銜，賞戴花翎。（清史列傳卷六七）

孫詒讓授刑部主事。（孫詒讓年譜）

周壽昌遷內閣學士。（續碑傳集卷八〇）

劉熙載致書陳澧，勸將東塾讀書記已成者先刻，未成者為續編。澧從其說，修改得一二卷付梓。（陳東塾先生年譜）

譚獻入方誠（伯紹）幕。（碑傳集補卷五一）

冬、王先謙撰悔全堂詩集序。（虛受堂文集卷三）

二月、曾國荃授陝西巡撫，遷河東河道總督。（清史列傳卷五九）

張之洞修建尊經書院，延繆荃孫與沈保、錢塘寶宣，同閱官師課卷。（見藝風老人年譜）

三月、左宗棠命以欽差大臣，督辦新疆軍務。（清史列傳卷五一）

四月、王先謙以大考翰詹，擢補左中允。（葵園自訂年譜）

五月、王先謙充實錄館協修。（同上）

六月、王先謙簡放江西恩科鄉試正考官、副考官為廣東潘衍桐。（同上）

八月、繆荃孫執贄於張之洞門下受業，始應命撰書目答問四卷。（藝風老人年譜）

李慈銘有紂之不善論。（越縵堂文集卷一）

孫詒讓爲六秝甄微成。（孫詒讓年譜）

十一月、陳澧作麥務耘醫書序。（陳東塾先生年譜）

二年丙子（一八七六）

劉熙載爲自傳名曰寤崖子傳。（昨非集卷二）

皮錫瑞北上赴順天鄉試，不第南旋。（皮鹿門年譜）

朱一新成進士，改翰林院庶吉士；散館，授編修。（清史列傳卷六九）

吳汝綸代撰求闕齋讀書記序。（桐城吳先生文集卷四）

劉壽曾舉鄉試中副榜第一。（續碑傳集卷七五）

薛福成以隨辦洋務出力，總督李鴻章奏請，以知府仍留原省補用。（清史列傳卷五八）

陳澧作與精舍諸生論學手書二十一條。（陳東塾先生年譜）

陶方琦成進士，官翰林院編修。（續碑傳集卷八一）

周壽昌遷內閣學士、兼禮部侍郎銜。（清史列傳卷七三）

二月、王先謙補國史館總纂。（葵園自訂年譜）

孫詒讓校刊同邑方成珪集韻考正。（孫詒讓年譜）

三月、王先謙派文淵閣校理。（葵園自訂年譜）

四月、繆荃孫成進士，以庶吉士用。（藝風老人年譜）

六月、王先謙簡放浙江鄉試副考官，正考官爲廣東潘斯濂。（葵園自訂年譜）

唐仁壽端甫卒，年四十八。（舒藝室雜著甲編卷下張文虎撰別傳，碑傳集補卷五張裕釗撰墓志銘。）

楊德亨仲乾卒，年七十二。（清史列傳卷六七）

	陳澧作菊坡精舍記。（陳東塾先生年譜） 八月、曾國荃調山西巡撫。（清史列傳卷五九） 十月、黎庶昌在江南通州花布釐金局，以禮部侍郎郭嵩燾檄調出洋，奉使英國倫敦，有奉使倫敦記。（拙尊園叢稿卷五） 曾國荃以病請開缺，賞假兩月調理。（清史列傳卷五九） 十一月、張之洞任滿，將受代爲尊經書院記，語諸生以學術，條敎諸大端，凡四千餘言。（張文襄公年譜） 李慈銘爲五不娶七出說。（越縵堂文集卷一） 十二月、張之洞充文淵閣校理。（清史列傳卷六四） 王先謙補實錄館纂修、彙充總校。（葵園自訂年譜） 李慈銘著喪服小功章君子爲庶母慈己者鄭注考。（越縵堂文集卷一）	
三年丁丑（一八七七）	繆荃孫初見俞樾於曲園。（續碑傳集卷七五） 朱次琦年七十，簡朝亮始來游，及冬歸里成婚，返而納贄稱弟子。是年、朝亮年二十七歲。（朱九江先生集卷首序） 曾國荃以山西旱荒，疏陳賑災。（清史列傳卷五九） 梁鼎芬始從陳澧受業。是歲、沈曾植來粵，謁澧論學甚契。（陳東塾先生年譜）	王振綱重三卒，年七十一。（陶樓文鈔卷七黃彭年撰墓表，馮先恕疑年錄釋疑。） 曾紀鴻栗誠卒，年

周壽昌復奉命署戶部；未幾，以足疾予告。（續碑傳集卷八〇）

薛福成丁母憂。（清史列傳卷五八）

董沛成進士，以知縣分發江西，以會稽趙撝叔薦於撫軍劉氏，充江西通志協輯官一年。（續碑傳集卷八一）

曾紀澤服滿襲侯爵；尋以四五品京堂候補。（清史列傳卷五八）

春、皮錫瑞侍父赴宣平縣任，重修宣平縣志，父命任甄輯之役，並命代訂凡例，爲志二十一、爲表一。（皮鹿門年譜）

孟冬、李慈銘爲恥白集序。（越縵堂文集卷二）

正月、王先謙轉補左中允。（虛受堂文集卷一六，葵園自訂年譜。）

孫詒讓代父爲倪模古今錢略序。（孫詒讓年譜）

三月、劉熙載編次四十歲以前舊作，名曰四旬集。及四十歲後，以其怍趣多出，乃始悔之，因取陶淵明辭，覺今是而昨非，更名昨非集，並爲自叙。（昨非集卷首）

四月、繆荃孫散館，授編修。（藝風老人年譜）

孫詒讓侍父江寧布政任所，始撰墨子閒話。（孫詒讓年譜）

五月、張之洞充教習庶吉士，時廷議穆宗升祔位次，之洞詳

三十。（清儒學案卷一七七）

鍾文烝朝美卒，年六十。（碑傳集補卷四一，清史列傳卷六九。）

稽歷代之制，爲三議以進。（張文襄公年譜）
八月、王先謙奏派纂修穆宗聖訓。（葵園自訂年諸）
方宗誠取其自幼受庭訓，及弱冠從玉峰許氏游，每日讀書疑悟所得，錄爲一書，曰志學錄，並爲叙。（柏堂遺書卷首）
十月、李慈銘爲章氏式訓堂叢書序。（越縵堂文集卷二）

四年戊寅（一八七八）

周壽昌以疾告歸。（清史列傳卷七三）
徐琪爲俞樾築俞樓於六一泉之旁。（春在堂襍文四編卷一）
薛福成以出使德國大臣劉錫鴻奏，調充三等參贊官，以憂辭。（清史列傳卷五八）
黃彭年始重領蓮池書院，李鴻章主講，又置書二萬餘卷，以供諸觀覽，遠近來學者日衆。（陶樓文鈔卷三）
秋、方宗誠爲柏堂讀書筆記叙。（柏堂集後編卷三）
二月、左宗棠以克復吐魯番等城功，由一等伯爲二等侯。（清史列傳卷五一）
七月、曾紀澤充出使英法大臣。（同上卷五八）
十月、曾紀澤補太常寺少卿。（同上）
十一月、李慈銘有練祥兩祭異月說。（越縵堂文集卷一）
十二月、王先謙陞補司經局洗馬。（葵園自訂年譜）

五年己卯（一八七九）

董沛分拔鄉闈，得士二十人，爲同考十六房之冠。（續碑傳集卷八一）
曾紀澤遷大理寺少卿。（清史列傳卷五八）
鄭杲用卽墨籍舉山東鄉試第一。（續碑傳集卷七五）
方宗誠宰棗強將告歸，因取其平日讀春秋，考究而最洽於心者，纂爲一書，名曰春秋集義。（柏堂遺書卷首）
劉嶽雲舉於鄉。（碑傳集卷五三）
陳澧預修香山縣志纂成，並爲之序；又纂廣州府志成，作孟生一首，以備志局採擇。（陳東塾先生年譜）
于蔭霖以俄羅斯與我爭伊犂界，上書力劾欽差大臣。（碑傳集補卷一五）
春、方宗誠由棗強至保定，謁大府請假歸休，途中讀陶詩數過。（柏堂遺書、陶詩眞詮卷末尾附識）
俞樾爲湯文端公手書九經跋。（春在堂襍文三編卷三）
秋、皮錫瑞應鄉試不第，友人王德基舉鄉試北上，以詩送之。是歲、始治經於杭州，得金鶚求古錄禮說。（皮鹿門年譜）
二月、張之洞補國子監司業。（張文襄公年譜，清史列傳卷六四。）

孫詒讓爲方成珪集韻考正刋成。（孫詒讓年譜）
閏三月、李慈銘爲衞定姜論、趙新又同年左傳質疑序。（越縵堂文集卷一、卷二。）
五月、王先謙陞補翰林院侍講，充日講起居注官。（葵園自訂年譜）
郭嵩燾爲史書綱領序。（養知書屋文集卷三）
六月、方宗誠撰說詩章義叙。（注三〇一）
郭嵩燾爲罪言存略小引。（養知書屋文集卷三）
七月、譚獻涖官全椒。（碑傳集補卷五一）
王先謙轉補翰林院侍讀。是月、作鍊石五色賦。（葵園自訂年譜）
孫詒讓以永嘉重修縣志，聘爲協纂。（孫詒讓年譜）
八月、張之洞補授左春坊中允。（清史列傳卷六四，年譜）
陳澧撰切韻考外篇自序。（陳東塾先生年譜）
王先謙刻乾隆朝東華續錄一百二十卷成。（虛受堂文集卷二）
九月、張之洞轉司經局洗馬。（清史列傳卷六四，年譜。）
十月、繆荃孫以萬奇藜、梁兆煙延修順天府志，始與同事劉恩溥、洪良品，晨夕搜討，先後成沿革表四卷。（藝風老人年譜）
孫葆田搜輯舊聞，並引柯劭忞爲助，校訂孟志編略書成，有叙。（校經室文集卷一）

	十二月、王先謙陞補右庶子。（虛受堂文集卷一六）	柳興恩賓叔卒，年八十六。（續碑傳集卷七四，清儒學案卷一五二，清史列傳卷六九。） 管庭芳培蘭卒，年八十四。（清儒學案卷一四三）
六年庚辰（一八八〇）	方宗誠告歸，時年六十三。（清史列傳卷六七） 繆荃孫成五代史方鎮表十卷。（藝風老人年譜） 鄭杲成進士，授刑部主事，迎母至京就養。（續碑傳集卷七五） 龍文彬乞假歸，主講友教、經訓、鷺洲、章山、秀水、聯珠、蓮洲各書院。（清史列傳卷六七） 于蔭霖補詹事府贊善，陞右中允。（碑傳集補卷一五） 俞樾為生春詩錄序。（春在堂襍文三編卷三） 王頌蔚成進士，由庶常，改戶部，傳補軍機章京。（碑傳集補卷一五） 張之洞與李鴻藻倡建畿輔先哲祠。（張文襄公年譜） 董沛輯清江兩浙輶軒錄。（續碑傳集卷八一） 黃以周大挑二等，以教職用，補分水縣學訓導。（同上卷七五） 是歲、陳澧以足疾兩足俱跛，總督張樹聲本陸世儀說，設局纂史志，請澧任纂修事。是年、切韻考外篇刻成，東塾讀書記刻成九卷。（陳東塾先生年譜） 正月、曾紀澤兼充使俄大臣，重與訂約。（清史列傳卷五八）	

二月、張之洞授翰林院侍講。(張文襄公年譜)
三月、王先謙轉補左春坊左庶子。(虛受堂文集卷一六)
四月、倪文蔚擢河南開陳許道。(清史列傳卷五九)
王先謙陞補國子監祭酒。(虛受堂文集卷一六，年譜。)
五月、張之洞轉翰林院侍讀；旋晉右春坊右庶子。(張文襄公年譜)
劉熙載在上海龍門書院構寒疾。(續碑傳集卷一五)
王先謙撰談瀛錄序。(虛受堂文集卷三)
六月、郭嵩燾著湘陰縣圖志三十四卷成，復爲之序。(養知書屋文集卷七)
七月、張之洞充日講起居注官。(張文襄公年譜)
制府張裕撫軍，遣吏齎書請朱次琦赴海防，辭以疾。(朱九江先生集卷首附年譜)
曾紀澤至俄，日與外部尙書吉爾斯、前駐華公使布策等，筆舌辯論，凡十數萬言，十閱月而議始定。(清史列傳卷五八)
八月、倪文蔚擢廣東按察使。(同上卷五九)
張之洞轉左春坊左庶子。(張文襄公年譜)
十二月、孫詒讓著溫州古甓記一卷成。(孫詒讓年譜)

七年辛巳（一八八一）

方宗誠修族譜，著周子通書講義。（柏堂遺書、講義卷末尾附語。）

薛福成署宣化府。（碑傳集補卷一三）

左宗棠奉命移督江南，並考靖難諸臣處所，為之立碑，有靖難諸忠臣血蹟碑記。（左文襄公文集卷四）

黎庶昌歸至英倫，始聞薛季懷卒，又應其兄叔耘屬為敍其遺書，遂作青萍軒遺稿序。（注三〇二）

是歲、湖廣總督李瀚章、湖北巡撫彭祖賢同馳書，聘張之洞為湖北通志局總纂；張氏以七不可辭，薦門人樊增祥自代。（張文襄公年譜）

春、左宗棠奉詔入京備顧問，道經山西，晤襄陵令錢墉，應墉請為曾祖錢灃詩文作序，有錢南園先生文存序。（左文襄公文集卷一）

秋、汪瑔編次文集成，名曰隨山館叢稿，又自為序。（見隨山館叢稿卷首）

冬、黎庶昌始奉使至日本。（拙尊園叢稿卷五）

正月、黃彭年為俄羅斯全圖說。（陶樓文鈔卷二）

左宗棠入覲，命管理兵部事務，在軍機大臣上行走，並在總理各國事務衙門行走。（清史列傳卷五一）

陳倬培之卒，年五十七。（姜亮夫綜表）

湯球伯玕卒，年七十八。（碑傳集補卷五〇朱師轍撰黟三先生傳）

朱次琦稚圭卒，年七十五。（碑傳集補卷三八，清儒學案卷一七一，朱九江先生集卷首附年譜。）

汪曰楨剛木卒，年六十九。（清史列傳卷七三）

劉熙載伯簡卒，年六十九。（見注一〇七）

二月、張之洞補翰林院侍講學士。(張文襄公年譜)
曾國荃擢陝甘總督、兼兵部尚書銜，以病賞假三月。(清史列傳卷五九)
五月、張之洞充咸安宮總裁，擢內閣學士兼禮部侍郎銜。(張文襄公年譜)
曾紀澤陞宗人府府丞。(清史列傳卷五八)
六月、曾國荃命馳赴山海關辦理海防事宜。(同上卷五九)
王先謙爲葦野詩文合鈔序。(虛受堂文集卷三)
朱次琦以制府張裕撫軍奏聞，曰講明正學、身體力行、比閭族黨、薰德善良；尋，詔賜五品卿銜。(朱九江先生集卷首附年譜)
七月、曾紀澤遷都察院左副都御史。(清史列傳卷五八)
郭嵩燾爲樒山劉氏族譜序。(養知書屋文集卷七)
閏七月、倪文蔚擢廣西布政使。(清史列傳卷五九)
九月、譚獻解官回權今。(碑傳集補卷五一)
左宗棠授兩江總督、兼辦理通商事務大臣，宗棠請回籍省墓，並便道查閱長江水師。(清史列傳卷五一)
十一月、張之洞補授山西巡撫。(張文襄公年譜)
陳澧患腹疾，猶自定東塾讀書記卷十三、西漢一卷。(陳東塾先生年譜)

八年壬午（一八八二）	劉熙載奉特旨入儒林傳，有品學純粹，以身爲敎之褒。（續碑傳集卷七五） 李文田丁生母憂；李元度丁母憂。（清史列傳卷五八、卷七六。） 朱孔彰舉鄉試。（碑傳集補卷五三） 黃彭年授湖北安襄鄖荆道，調署督糧道；旋赴本任。是歲、駐襄陽，課試鹿門書院，捐金置書萬餘卷，定學規，延名師，設齋長。（清史列傳卷七六，陶樓文鈔卷三。） 夏、孫詒讓預修永嘉縣志成，又爲瑞安縣志局總例六條。（孫詒讓年譜） 秋、皮錫瑞赴順天鄉試，中式擧人。（皮鹿門年譜） 兪樾養痾吳下，故里諸子以重建金蓋山純陽宮，介孝廉沈仲復來乞文，有記。（春在堂襍文四編卷一） 二月、王先謙撰集續古文辭類纂成，刋之。（葵園自訂年譜） 三月、方宗誠自棗強歸里，家居讀書窮理所得，復續錄之。因編次其所得，綴於前錄之後，曰志學續錄，復爲之敍。（柏堂遺書卷首） 王先謙丁母憂。（葵園自訂年譜）	李善蘭秋紉卒，年七十三。（見注一〇一） 陳澧蘭甫卒，年七十三。（續碑傳集卷七四，清儒學案卷一七四，清史列傳卷六九，陳東塾先生年譜。） 吳昆田雲圃卒，年七十五。（碑傳集補卷一一高延第撰墓誌銘、黃雲鵠撰墓表。） 劉壽曾恭甫卒，年四十五。（續碑傳集卷七五劉恭冕撰家傳及汪士鐸撰墓志銘，疑年錄彙編

四月、曾國荃命署兩廣總督，即赴新任。（清史列傳卷五九）

繆荃孫大病幾殆，傅雲龍治之始復痊，考差未能與修順天府志。（藝風老人年譜）

十一月、于蔭霖簡放湖北荊宜施道。（碑傳集補卷一五）

十二月、譚獻權懷寧令。（同上卷五一）

繆荃孫充國史館編修。（藝風老人年譜）

卷一五。按孫詒讓年譜作光緒七年卒，年四十五，存參。）

九年癸未（一八八三）

鄭杲始與桐城馬其昶締交。（續碑傳集卷七五）

薛福成撰援越南議上中下三篇。（庸庵全集文編卷二）

張之洞創令德書院，選通省高材生，肄業其中，專治經史古學。（張文襄公年譜）

春、孫詒讓應禮部試，復報罷。（孫詒讓年譜）

夏、黃彭年始官湖北按察使，治館於黃鵠山麓，課僚屬學律。是歲、復寄書八千餘卷與鹿門書院，諸生請顏其講藝之堂，遂題曰觀略堂，有記。（陶樓文鈔卷三）

二月、黎庶昌有尊攘紀事序。（拙尊園叢稿卷五）

三月、繆荃孫奏派國史五傳纂修。（藝風老人年譜）

四月、繆荃孫充本衙門撰文，派教習庶吉士，充國史館纂修。（同上）

成孺芙卿卒，年六十八。（碑傳集補卷三八馮煦撰墓誌銘及行狀。按清儒學案卷一八〇作光緒二十七年，存參。）

劉恭冕叔俛卒，年六十。（見注一〇九）

王先謙校刋魏鄭公諫錄校注，暨鄭公諫續錄文貞故事於遺文，文貞年譜、新舊唐書合注、魏徵列傳成，有自敍及郭嵩燾序。（葵園自訂年譜）

六月、張之洞以庫款清查將竣，命清源局續修晉政輯要，以明職守。（張文襄公年譜）

郭嵩燾爲王賓丞四書疑言序。（養知書屋文集卷三）

七月、張文虎應學使黃體芳聘，以主講南菁書院赴江陰。（續碑傳集卷七五）

九月、倪文蔚調廣東巡撫。（清史列傳卷五九）

方宗誠撰春秋集義敍。（柏堂遺書卷首，文集錄編卷三。）

十一月、張文虎旋里，以足疾加深，具書請退書院講席。（續碑傳集卷七五）

十年甲申（一八八四）

王先謙自回里後，刻書尤注意東華錄，閏五月刻成共四百十九卷。（注三〇三）

吳大澂陞都察院左都御史。是歲、著說文古籀補十四卷，附錄一卷，並爲梓刻。（春在堂襍文六編卷五，孫詒讓年譜。）

李文田服闋，命仍在南書房行走。（清史列傳卷五八）

薛福成授浙江寧紹台道。（碑傳集補卷一三，清史列傳卷五

徐壽雪村卒，年六十七。（碑傳集補卷四三，清儒學案卷一八六。）

周壽昌應甫卒，年七十一。（續碑傳集卷八〇周壽昌撰

八。)
正月、曾國荃署禮部尚書，調署兩江總督、兼辦理通商事務大臣。(清史列傳卷五九)
左宗棠以病尚未痊，仍請開缺；准賞開缺假四月，回籍調理。(同上卷五一)
孫葆田撰今雨樓詩集後序。(校經室文集卷一)
四月、張之洞命署兩廣總督。(清史列傳卷六四)
閏五月、閩浙總督左宗棠以曾紀澤才堪肆應保薦；命交軍機處存記。(同上卷五八)
譚獻移治合肥。(碑傳集補卷五一)
七月、左宗棠命以欽差大臣督辦福建軍務。(清史列傳卷五一)
張之洞補授兩廣總督；尋，以保薦徐延旭降一級留任。(張文襄公年譜及清史列傳卷六四並參)
九月、繆荃孫充國史館總纂。(藝風老人年譜)
十月、曾紀澤擢兵部右侍郎；旋與英人議定洋藥稅釐併徵條約，歲增入款二百餘萬兩。(清史列傳卷五八)
郭嵩燾有重刻歷代循吏傳序。(養知書屋文集卷七)
十一月、吳汝綸有記太史公所錄左氏義後。(桐城吳先生文集卷四)

行狀，清儒學案卷一七八。)
郭柏蔭彌廣卒，年七十八。(清儒學案卷一七八，清史列傳卷五五。)
陶方琦子珍卒，年四十。(續碑傳集卷八一譚廷獻撰家傳)
黃以恭質庭卒，年五十四。(姜亮夫綜表。按清史列傳卷六九作光緒八年卒，存參。)

十一年乙酉（一八八五）

王先謙奉命督學江南。（虛受堂文集卷六）

方宗誠刻行俟命錄，復重校之，有校俟命錄跋尾。（俟命錄卷首、柏堂遺書。）

曾紀澤以英侵藩屬緬甸，使英爭立君存祀；英人不可，議遂中止。（碑傳集補卷一三）

孫詒讓官刑部主事，與當世諸家商討金石文字之學。（孫詒讓年譜）

朱一新充湖北鄉試副考官，轉陝西監察御史。（清史列傳卷六九）

黃彭年調陝西按察使，權布政使。創博學齋，延宿儒主講席，購補關中書院書籍。（清史列傳卷七六）

六月、左宗棠請設海防全政大臣，並薦兵部侍郎曾紀澤。（同上卷五一）

曾紀澤命回京供職。（同上卷五八）

李元度授貴州按察使，疏陳籌餉之策十，籌防之策十；疏入，命下所司擇要議行。（同上卷七六）

王光謙奉旨補授國子監祭酒。（葵園自訂年譜）

九月、創設海軍衙門，命曾紀澤幫同辦理。（清史列傳卷五八）

左宗棠季高卒，年七十三。（見注一〇六）

李鴻裔眉生卒，年五十五。（續碑傳集卷三七，拙尊園叢稿卷四黎庶昌撰墓誌銘，清儒學案卷一七七。）

張文虎孟彪卒，年七十八。（續碑傳集卷七五繆荃孫撰墓誌銘，清儒學案卷一七二。）

十一月、方宗誠始板行其輔仁錄。（柏堂集次編卷一）
薛福成撰籌洋芻議序。（庸庵全集文編卷三）
十二月、曾紀澤轉兵部左侍郎。（清史列傳卷五八）

十二年丙戌（一八八六）

俞樾在吳下，有華文珊津門徵獻寺序。（春在堂襍文、四編卷七。）
孫詒讓始南歸。（孫詒讓年譜）
朱一新以上遇災修省疏劾及內侍，懿旨詰責降主事告歸。（清史列傳卷六九）
譚獻移宿松。（碑傳集補卷五一）
李元度署貴州布政使，請查丁糧將及九成，下部優敘。（清史列傳卷七六）
劉嶽雲成進士，爲戶部主事。（碑傳集補卷五三）
李文田補翰林院侍讀學士。（清史列傳卷五八）
于蔭霖擢廣東按察使，陛見面陳東三省防俄事宜，於是始有練兵三萬之旨。（碑傳集補卷一五）
二月、吳汝綸有錄歐陽公詩本義跋。（桐城吳先生遺集卷四）
三月、繆荃孫預修順天府志成，敍加一級。（藝風老人年譜）
張之洞設廣雅書局於粵城。（張文襄公年譜）
六月、張之洞兼署廣東巡撫。（清史列傳卷六四）

章耒韻之卒，年五十五。（清儒學案卷一七九）
桂文燦子白卒，年三十八。（清史列傳卷六九作光緒十年卒。姜亮夫綜表引續碑傳集卷七五，作卒於是年；考桂氏生卒年，續碑傳集卷七五，俱不見載，不知姜表何據，姑從其說，俟考。）

九月、郭嵩燾為汪氏遺書序。（養知書屋文集卷五）
十一月、郭嵩燾撰金鶚書院記。（同上卷二六）

十三年丁亥（一八八七）

黎庶昌奉使至日本。（拙尊園叢稿卷五）
繆荃孫輯通籍以後詩只一卷，曰秋窗集。（藝風老人年譜）
黃彭年擢江蘇布政使，建學古堂以課士，設學治館以課吏。（清史列傳卷七六）
薛福成編次庸庵文，得五十五首；又有後樂園記。（庸庵外編卷首、庸庵文續編卷四。）
皮錫瑞治尚書，服膺伏生，宗今文說，至是作尚書大傳箋，為箸書之始。（皮鹿門年譜）
于蔭霖陞雲南布政使，未行而丁母憂。（碑傳集補卷一五）
俞樾為五雲展禊圖序。（春在堂襍文四編卷八）
春、孫詒讓移書王棻，論尚書大麓義。（孫詒讓年譜）
正月、曾紀澤調戶部右侍郎、兼管錢法堂事務。（清史列傳卷五八）
譚獻至省門乞假歸。（碑傳集補卷五一）
二月、李元度陞貴州布政，籌立蠶局，議辦清溪縣鐵礦。（清史列傳卷七六）
吳大澂抵粵。（見張文襄公年譜）

李元度次青卒，年六十七。（虛受堂文集卷九，續碑傳集卷三九，清史列傳卷七六。）

李慈銘有夫之諸祖父母報說。（越縵堂文集卷五）

三月、張之洞延梁鼎芬主講端溪書院。（張文襄公年譜）

四月、張之洞改鄭仙祠爲三君祠，小蓬仙館爲七公祠。（同上）

閏四月、張之洞創建廣雅書院。（同上）

五月、倪文蔚授河南巡撫。（清史列傳卷五九）

郭嵩燾爲唐愨愼公省身日課序。（養知書屋文集卷五）

七月、張之洞測繪粵海圖成。（張文襄公年譜）

薛福成編次浙東籌防錄，釐爲四卷，又敍而刊之。（庸庵全集文編卷三）

十四年戊子（一八八八）

譚獻始自號半厂居士，以爲學問、游跡、仕宦、文辭率止於半，以識內媿之意云。（碑傳集補卷五一）

黃以周主講南菁講舍，始與繆荃孫相識，共事二年之久。是歲、以薦賜內閣中書銜。（續碑傳集卷七五）

李文田充江南鄉試正考官。（清史列傳卷五八）

薛福成授湖南按察使。是歲、有寧波府學記、全氏七校水經注序。（碑傳集補卷一三，庸庵文續編卷下、外編卷一〇。）

黃彭年調湖北布政使。（清史列傳卷七六）

春、孫詒讓父爲其築玉海樓，作讀書藏書之所。是春、詒讓

方宗誠存之卒，年七十一。（見注一〇八）

改商周金識拾遺爲古籀拾遺，重校付刋。（孫詒讓年譜）
二月、張之洞設采訪局，采訪忠義孝弟之士，節孝貞烈婦女，及品節清純、潛修績學，足以矜式士林者。（張文襄公年譜）
五月、繆荃孫整理儒林五傳，撰成藁本；又編成續經世文編八十卷，交盛杏蓀觀察。（藝風老人年譜）
李慈銘爲吳澄夫經策通纂序。（越縵堂文集卷二）
六月、曾紀澤管理戶部三庫事務。（清史列傳卷五八）
七月、吳大澂署理河東河道總督，廣東巡撫著張之洞兼署。（見張文襄公年譜）
王先謙皇清經解續編刋成，凡一千四百三十卷，又刋南菁書院叢書成，序之。是歲、告歸。（注三〇四）
薛福成編次其平日所爲文字，曰庸庵文編，黎庶昌爲序。（庸庵全集文編卷首）
九月、曾紀澤兼署刑部右侍郎。（清史列傳卷五八）
十月、吳汝綸有祭方存之文。（桐城吳先生文集卷二）
十一月、張之洞令潮州府，修韓文公祠，建金山書院藏書樓；令雷、瓊道，修蘇文忠公祠，爲別院祀歷代謫瓊名賢。（張文襄公年譜）
郭嵩燾爲神鼎法嗣譜序。（養知書屋文集卷七）

十五年己丑（一八八九）

曾國荃賞加太子太保銜。（清史列傳卷五九）

孫詒讓撰井人殘鐘拓本考釋。（孫詒讓年譜）

薛福成以三品京堂候補，出使英、法、義、比四國大臣，轉光祿寺卿、太常寺卿、大理寺卿、都察院左副都御史，皆蒞任。（碑傳集補卷一三夏寅官、錢基博撰傳）

正月、李文田陞詹事府少詹事。（清史列傳卷五八）

二月、張之洞令南韶連三屬，建北江書院。（張文襄公年譜）

曾紀澤管理同文館事務。（清史列傳卷五八）

五月、張之洞修曲江張文獻公祠。（張文襄公年譜）

六月、李文田充浙江鄉試正考官。（清史列傳卷五八）

七月、張之洞調補湖廣總督。（張文襄公年譜）

八月、曾紀澤兼署吏部左侍郎。（清史列傳卷五八）

十月、張之洞進呈粵海圖說。（張文襄公年譜）

十一月、黎庶昌爲弢園經學輯存序。（拙尊園叢稿卷四）

十六年庚寅（一八九〇）

皮錫瑞主桂陽州龍潭書院講席。（皮鹿門年譜）

倪文蔚豹岑卒。（清儒學案卷二〇〇，清史列傳卷五九。）

黃彭年抵鄂任，甫兩月而卒。（清史列傳卷七六）

譚獻應張之洞聘，主都會經心書院至江夏。（碑傳集補卷五一）

薛福成補光祿寺卿。（清史列傳卷五八）
于蔭霖服闋，授福建臺灣布政使；尋以事落職。（碑傳集補卷一五）
黃以周陞用教授，補處州府教授。（清史列傳卷六九）
王先謙主講思賢講舍，輯刻孫鼎臣、周壽昌、李冷、王闓運、張祖同、杜貴墀六家詞鈔六卷成。（葵園自訂年譜）
正月、倪文蔚兼署河道總督。（清史列傳卷五九）
孫詒讓古籀拾遺刋成。（孫詒讓年譜）
三月、倪文蔚交卸署任，即赴南陽校閱營伍。（清史列傳卷五九）
孫詒讓撰克鼎釋文跋。（孫詒讓年譜）
四月、張之洞創建兩湖書院。（張文襄公年譜）
李文田陞內閣學士、兼禮部侍郎銜。（清史列傳卷五八）
五月、張之洞兼署湖北提督。（張文襄公年譜）
六月、郭嵩燾撰大學章句質疑序、中庸章句質疑序。（養知書屋文集卷三）
十月、張之洞修襄陽鹿門書院。（張文襄公年譜）
黎庶昌在日本任滿將歸國，彙次其在日讌敍交游會飮詩文，凡若干首，題曰燕集三編統，有序。是月、又爲日本長尾槇太郎撰儒學本論序。（拙尊園叢稿卷五）

曾國荃沅浦卒，年六十七。（曾忠襄公年譜）
曾紀澤劼剛卒，年五十二。（春在堂襍文五編卷五兪樾撰墓誌銘，續碑傳集卷一五。）
黃彭年子壽卒，年六十八。（碑傳集補卷一七）

十一月、李文田擢禮部右侍郎。（清史列傳卷五八）

十二月、郭嵩燾爲祁陽陳氏清芬錄序。（養知書屋文集卷五）

十七年辛卯（一八九一）

俞樾以重修西湖照膽臺關廟成，應屬爲撰西湖照膽臺志序。（春在堂襍文六編卷七）

李文田提督順天學政。（清史列傳卷五八）

黃以周以學政瞿鴻禨薦保中書銜。（續碑傳集卷七五）

賀瑞麟復以柯逢時薦，奉旨加五品銜。（清史列傳卷六七）

董沛以督學潘氏續阮元輯四明嘉道後詩，凡九百餘人上之；以卷帙所限，僅采四百人；因復爲輯國初至今，別爲四明詩，以益前後輶軒錄所未備。（續碑傳集卷八一）

二月、王先謙由思賢講舍移主城南書院講席。（葵園自訂年譜）

孫詒讓撰宋政和禮器文字考成。（孫詒讓年譜）

五月、張之洞設湖北輿圖總局，以鄒代鈞爲總纂，教授學生測繪，分四路，期以三年竣事。（張文襄公年譜）

王先謙刻荀子集解成，並自爲序。（葵園自訂年譜）

六月、薛福成調太常寺卿。（清史列傳卷五八）

孫葆田應張之洞聘，任山東書局校訂；以校訂周易本義成，有跋。（校經室文集卷一）

汪瑔芙生卒，年六十四。（續碑傳集卷八一陳寶箴撰墓誌銘）

郭嵩燾伯琛卒，年七十四。（虛受堂文集卷九，續碑傳集卷一五，清儒學案卷一八二。）

八月、薛福成轉大理寺卿。（清史列傳卷五八）
吳汝綸撰銅官感舊圖記。（桐城吳先生文集卷二）
十月、張之洞刻湖北歷代名賢著述。（張文襄公年譜）
薛福成編次自庚寅正月迄於辛卯二月，出使英、法、義、比四國所爲日記，曰出使日記，凡六卷，並自敍之。（見出使日記卷首）

十八年壬辰（一八九二）

孫詒讓著尙書駢枝成。（孫詒讓年譜）
李慈銘爲四君詠序。（越縵堂文集卷三）
王頌蔚試御史。（碑傳集補卷一二）
薛福成有上古多龍鬼野獸說、天堂地獄說、西人七日禮拜說。（庸庵外編卷一）
皮錫瑞年四十三歲，自是歲始存日記；始應聘主講南昌經訓書院。（皮鹿門年譜）
六月、譚獻著董子十六篇成。（碑傳集補卷五一）
繆荃孫撰金石分地編。（藝風老人年譜）
皮錫瑞始著古文尙書疏證辨正；輯所得釋名補注，寄王先謙；始作釋京一篇。（皮鹿門年譜）
八月、薛福成授都察院左副都御史。（清史列傳卷五八）
九月、孫葆田撰新刻春秋會義序。（校經室文集卷一）

十九年癸巳（一八九三）	李慈銘撰寒松閣集序。（越縵堂文集卷二） 兩湖總督張之洞奏設自強學堂於武昌。是歲、兼署湖北巡撫。（張文襄公年譜，清史列傳卷六四。） 三月、薛福成編次其出使泰西以來文字，自甲子至壬辰，都爲四卷，曰庸庵文外編，郵寄友人蕭氏爲之梓刻，又自序於英倫使館。（外編卷首） 十月、孫詒讓著墨子閒詁成。（孫詒讓年譜） 十一月、孫葆田爲施均甫撰澤雅堂文集序。（校經室文集卷一） 孫詒讓撰札迻成。（孫詒讓年譜） 十二月、皮錫瑞著古文尚書疏證辨正若干卷成。（皮鹿門年譜）	雷浚深之卒，年八十。（清儒學案卷七六） 賀瑞麟角生卒，年七十。（清儒學案卷二〇六，清史列傳卷六七。） 龍文彬筠圃卒，年七十三。（清史列傳卷六七，清儒學案卷二〇〇。）
二十年甲午（一八九四）	馬其昶入都再見鄭杲；旋贈言而別。（續碑傳集卷七五） 王先謙主講嶽麓書院。（葵園自訂年譜） 春、俞樾至杭州西湖，釋澹然適駐錫於杭，俞氏應屬爲撰釋澹然周易注序。（春在堂襍文五編卷六） 夏、孫詒讓以墨子閒詁屬吳門梓人毛翼庭，用聚珍版印成三百册；又撰周禮三家佚注及札迻刊成。（孫詒讓年譜） 冬、董沛四明詩始梓刻，以病未果。（續碑傳集卷八一）	李慈銘蒓伯卒，年六十六。（碑傳集補卷一〇，清儒學案卷一八五。） 朱一新蓉生卒，年四十九。（續碑傳集卷一九，清史列

	二月、薛福成撰修復高子水居記。（庸庵海外文編卷四） 四月、薛福成自英歸國抵上海，感疾而卒。（碑傳集補卷一三） 八月、李文田署工部右侍郎、兼管錢法堂事務。（清史列傳卷五八） 十月、張之洞接署兩江總督，辦理南洋通商事務、欽差大臣、兩淮鹽政、江寧將軍各篆務。（張文襄公年譜） 十一月、皮錫瑞作史記引尙書考，輯壯歲治經所得，成九經箋說（左傳二卷、公羊一卷、穀梁一卷、禮記二卷、尙書二卷、詩二卷、四書若干卷）。（皮鹿門年譜） 十二月、李文田署經筵講官，領閣事。（清史列傳卷五八） 皮錫瑞作今文尙書考證，撰孝經古義成。（皮鹿門年譜）	傳卷六九。） 張裕釗廉卿卒，年七十二。（碑傳集補卷五一，淸儒學案卷一七七。） 薛福成叔耘卒，年五十七。（碑傳集補卷一三夏寅官撰傳，淸儒學案卷一七七。按淸史列傳卷五八作光緒二十四年卒，存參。）
二十一年乙未（一八九五）	張之洞命署兩江總督。（淸史列傳卷六四） 夏、俞樾有于香草所校書序。（春在堂襍文六編卷七） 孫葆田爲郭西垣撰尙書小札序。（校經室文集卷一） 仲夏、王先謙爲慕萊堂記。（葵園自訂年譜） 元旦、徐琪航海至滬，又至吳中，訪俞樾於曲園。以所刻粵軺集四卷相眎，俞氏爲作徐花農粵軺集序。（春在堂襍文五編卷七）	董沛孟如卒，年六十八。（續碑傳集卷八一董縉祺撰行狀） 王頌蔚芾卿卒，年四十八。（寫禮廎遺著卷首附錄王季

正月、皮錫瑞改尚書大傳箋名大傳疏證，重加疏注。（皮鹿門年譜）
二月、皮錫瑞作孝經鄭注疏。（同上）
三月、李文田充會試副考官。（清史列傳卷五八）
八月、于蔭霖以中東戰事起，奉命襄辦軍務。（碑傳集補卷一五）
皮錫瑞作豫章叢書三集序於南昌；刊師伏堂駢文二卷成，門人夏敬觀、賀贊元、徐運錦爲作序。（皮鹿門年譜）
十月、孫詒讓丁父憂。（孫詒讓年譜）
皮錫瑞撰史記引尚書考六卷成。（皮鹿門年譜）
十一月、皮錫瑞作古文尚書寃詞平議。（同上）

烈撰事略）
李文田仲約卒，年六十二。（碑傳集補卷四，清儒學案卷一八八，清史列傳卷五八。）
汪之昌振民卒。（清儒學案卷一八四）

二十二年丙申（一八九六）

黃以周著子思子輯解七卷（時年六十九）。（清史列傳卷六九）
是歲、張之洞有憶蜀游、憶嶺南草木諸詩、連珠詩。（張文襄公年譜）
冬、繆荃孫歸江陰掃墓，寫藝風堂金石目編、舊德集。（藝風老人年譜）
五月、王先謙刻葵園校士錄存成。（葵園自訂年譜）
七月、張之洞遵旨繪刻承華事略補圖成。（張文襄公年譜）

郭慶藩孟純卒，年五十三。（虛受堂文集卷一〇，清儒學案卷一八二。）

年代	事蹟	備註
	孫葆田作濟南府重修先聖廟學記。(校經室文集卷三) 孫詒讓撰逸周書斠補成。(孫詒讓年譜) 八月、皮錫瑞古文尚書冤詞平議二卷成。(皮鹿門年譜) 十二月、皮錫瑞撰鄭志疏證八卷、鄭記考證一卷，附答臨孝存周禮難疏證一卷成。(同上)	黎庶昌蒓齋卒，年六十一。(碑傳集補卷一九)
二十三年丁酉(一八九七)	孫詒讓校顧亭林詩集，寫爲一卷。(孫詒讓年譜) 王棻以學使徐致祥薦於朝，加內閣中書銜。(碑傳集補卷三八) 黃以周以學政潘衍桐薦保，陞用教授；旋選處州府教授，以年七十禮宜致仕，遂不就。(續碑傳集卷七五) 春、俞樾自西湖寓樓遷居於右臺仙館，有陸詩城所著書序。(春在堂襍文六編卷七) 冬、簡朝亮編次朱九江先生集及年譜成，又自爲叙於讀書草堂，以俾付梓。(見朱九江先生集卷首) 正月、繆荃孫著續碑傳集藁本。(藝風老人年譜) 皮錫瑞仍主經訓書院講席，著今文尚書疏證三十卷成，王先謙爲叙。(皮鹿門年譜) 八月、兩湖總督張之洞六十官壽，孫詒讓爲壽叙祝嘏。(見孫詒讓年譜)	

十月、薛福成子瑩中編次其父出使日記遺稿，自辛卯三月至甲午五月上，總十卷，曰出使日記續刻，有日記附識。（見出使日記卷首）

十二月、皮錫瑞撰聖證論補評二卷成。（皮鹿門年譜）

二十四年戊戌（一八九八）

黃以周去江陰，歸隱於仁和半山之下。（續碑傳集卷七五）

俞樾撰德清重建儒學記。（春在堂襍文六編卷一）

張之洞延通經之士，纂經學明例。（張文襄公年譜）

三月、張之洞撰勸學篇，以示天下學者。（清史列傳卷六四及年譜並參）

六月、皮錫瑞門人宋名璋、夏承慶、夏敬觀等，擬立同心會於京師，皮氏爲作序。（皮鹿門年譜）

七月、俞樾以衰老辭詁經精舍講席，計在職三十一年矣。（見孫詒讓年譜）

兩湖總督張之洞刋布勸學篇，計內篇九、外篇十四。（張文襄公年譜，又見孫詒讓年譜）

八月、皮錫瑞聞政變，賦秋感詩以抒懷，有「黃塵碧海須臾事，多恐神州付陸沈」之句。（皮鹿門年譜）

十一月、皮錫瑞著六藝論疏證一卷成。（同上）

十二月、皮錫瑞撰魯禮禘祫義疏證一卷成。（同上）

朱大韶仲鈞卒，年五十四。（清儒學案卷一九九）

廖廷相澤羣卒，年五十四。（同上卷一七五）

二十五年己亥（一八八九）	皮錫瑞主講經訓書院，至是七年。培植人材，開通風氣，及門弟子甚盛，由是招致時人嫉忌。（皮鹿門年譜） 于蔭霖補雲南布政使，未至，授湖北巡撫。（碑傳集補卷一五） 秋、俞樾爲日本橋口誠軒詩序。（春在堂襍文六編卷九） 孟秋、孫葆田有言子文學錄跋。（校經室文集卷一） 三月、張之洞創辦商務報。（張文襄公年譜） 七月、皮錫瑞撰駁五經異義疏證十卷成。（皮鹿門年譜） 八月、孫詒讓著周禮正義成。（孫詒讓年譜） 九月、皮錫瑞撰發墨守箴膏肓、釋廢疾疏證各一卷成。（同上） 十月、皮錫瑞始作漢碑引經考。（同上） 孫葆田爲餐[illegible]樓遺集序。（校經室文集卷一） 十一月、張之洞設農務局，辦農學報。（張文襄公年譜） 十二月、孫詒讓著大戴禮記斠補成。（孫詒讓年譜）	王棻子莊卒，年七十二。（見注一一一） 黃以周元同卒，年七十二。（續碑傳集卷七五繆荃孫撰墓誌銘，清儒學案卷一五四，清史列傳卷六九。）
二十六年庚子（一九〇〇）	二月、張之洞兼署湖北提督。（清史列傳卷六四） 王先謙刻漢書補注，有序。（葵園自訂年譜，文集卷六。） 六月、王先謙爲珠暉塔記。（同上，文集卷一三。） 七月、聯軍入京師，兩宮西幸，李鴻章奉命爲全權大臣，張	鄭杲東父卒，年四十九。（清儒學案卷一九四）

之洞亦被會商辦理之命。（清史列傳卷六四）
孫詒讓撰九旗古義述。（孫詒讓年譜）
八月、張之洞撰文勸戒上海國會黨人及出洋學生。（張文襄公年譜）
閏八月、王先謙門人陳毅、蘇輿刻虛受堂文集十五卷成，並各爲之序。（葵園自訂年譜，文集卷首。）
九月、王先謙爲丹溪全書序。（虛受堂文集卷六）
十月、王先謙撰約章分類輯要序。（同上）
十一月、皮錫瑞讀通鑑論史評一卷成。（皮鹿門年譜）

二十七年辛丑（一九〇一）

于蔭霖與孫葆田同客南陽，朝夕論學。（碑傳集補卷一五）
王先謙刻駢文類纂四十四卷成。（葵園自訂年譜）
劉嶽雲補雲南司主事，轉江西司員外郎，遷四川司郎中。（碑傳集補卷五三）
秋、王先謙重刻景教碑文紀事考正，有序。（虛受堂文集卷六）
二月、吳汝綸爲抱一齋記。（桐城吳先生文集卷四）
八月、張之洞會同兩江總督劉坤一，以整頓中法、仿行西法條例奏請。（清史列傳卷六四）
王先謙刻文昌功過格，有序。（虛受堂文集卷六）

劉庠兹民卒，年七十八。（續碑傳集卷八一王耕心撰墓志銘）
譚獻仲修卒，年七十二。（碑傳集補卷五一夏寅官撰傳）

	九月、王先謙輯日本源流考二十二卷成，並爲序。（同上）	
二十八年壬寅（一九〇二）	俞樾有錢氏竹蔭義莊記。（春在堂襍補遺卷四） 王先謙刻日本源流考二十二卷成；門人蘇輿爲刊虛受堂詩集，起辛酉迄壬寅，共十五卷成，有敘。（葵園自訂年譜） 二月、皮錫瑞居長沙授徒，撰蒙學歌訣一卷成。（皮鹿門年譜） 吳汝綸撰西師意實學指鍼序。（桐城吳先生文集卷四） 四月、孫詒讓著周禮政要四十篇。（孫詒讓年譜） 六月、張之洞湖廣總督，著兼充督辦商務大臣。（清史列傳卷六四，年譜。） 七月、吳汝綸東游日本，爲友人矢津昌永世界地理序。（桐城吳先生文集卷三） 九月、張之洞命署兩江總督。（清史列傳卷六四） 十月、張之洞奏進改修兩淮鹽法志。（張文襄公年譜） 王先謙爲輿誦錄存序。（虛受堂文集卷六） 十二月、孫葆田撰路訪巖觀察文集序。（校經室文集卷一）	吳大澂清卿卒，年六十八。（春在堂襍文六編卷五，續碑傳集卷三二，又見孫詒讓年譜。） 趙元益靜涵卒，年六十三。（碑傳集補卷四三，清儒學案卷一八六。） 華蘅芳若汀卒，年七十三。（碑傳集補卷四三，清儒學案卷一八六。）
二十九年癸卯（一九〇	皮錫瑞年五十四，以湖南設高等學堂師範館，始聘任倫理、經史講席。（皮鹿門年譜）	吳汝綸摯甫卒，年六十四。（續碑傳

（三）

劉光蕡以甘肅長吏聘主大學堂，未幾，病作嘔血授課，遂不起。（碑傳集補卷五二）

俞樾爲日本大賀旭川詩鈔序、陳子宣佐寧聞見錄序（時年八十三）。（春在堂襍文六編卷九）

馮煦署布政使，歷五月而回本任。（碑傳集補卷一五）

春、俞樾爲寶積寺傳戒錄序。（春在堂襍文六編卷八）

二月、孫詒讓重訂毛公鼎釋文。（孫詒讓年譜）

閏二月、張之洞命充經濟特科閱卷大臣；尋，經管理學務大臣榮慶、張百熙奏請，派之洞商辦京師大學堂事宜。（清史列傳卷六四）

三月、王先謙任湖南師範學堂館長，取每日講義，次第門類刊爲學報，序之。（虛受堂文集卷六）

五月、孫葆田有古文尚書跋。（校經室文集卷六）

六月、王先謙撰楓山致慤鑾堂記。（虛受堂文集卷一三）

孫詒讓著古籀餘論二卷成。（孫詒讓年譜）

七月、張之洞拓修畿輔先哲祠。（張文襄公年譜）

八月、皮錫瑞應湖南學務處屬編十朝上諭成。（皮鹿門年譜）

孫葆田爲天根文鈔序，又爲新修南陽縣志序。（校經室文集卷一）

十一月、張之洞以商訂京師大學堂章程宗旨，始倡中學爲體、西學爲用。（注三〇五）

十二月、張之洞裒入京以來所作詩，爲朝天集一卷。（張文襄公年譜）

集卷八一馬其昶撰墓志銘）

劉光蕡煥唐卒，年六十一。（碑傳集補卷五二陳三立撰傳）

三十年甲辰（一九〇四）	俞樾以重宴鹿鳴，請得旨復編修原官。是歲、爲譚中丞奏稿序（時年八十四）。（春在堂襍文補遺卷二） 張之洞兼署湖北巡撫。（清史列傳卷六四） 春、孫詒讓重校定周禮，又校定墨子閒詁。（孫詒讓年譜） 正月、張之洞至衞輝，游蘇門，拜孫夏峰祠，登嘯臺，各賦詩爲識其事。（張文襄公年譜） 四月、張之洞徧游金陵諸勝，有游覽詩一卷。（同上） 十一月、孫詒讓撰契文學例成。（孫詒讓年譜）	蕭穆敬孚卒，年七十。（清儒學案卷一八九） 于蔭霖次棠卒，年六十七。（校經室文集卷六墓志銘，碑傳集補卷一五孫葆田撰墓志銘、同卷馬其昶撰于中丞祠記。） 范當世肯堂卒，年五十一。（續碑傳集卷八〇）
三十一年乙巳（一九〇五）	馮煦遷安徽布政使。（碑傳集補卷一五） 夏、孫詒讓周禮正義刋成。（孫詒讓年譜） 正月、皮錫瑞撰漢碑引經考六卷、引緯考一卷成。（皮鹿門年譜） 二月、孫詒讓與同志設瑞平化學學堂於溫州。（孫詒讓年譜） 六月、京師大學堂再聘皮錫瑞任講席，仍不赴。（皮鹿門年譜）	

	七月、皮錫瑞著經學歷史一卷成。（同上） 九月、韓國金于霖來謁俞樾於春在堂，出示其所著詩文集，俞氏為序報之。（春在堂襍文補遺卷一） 十一月、孫詒讓撰名原成。（孫詒讓年譜）	
三十二年丙午（一九〇六）	繆荃孫刻讀書記及梓行雲自在龕叢書五集。（藝風老人年譜） 俞樾有新修寒山寺記。（春在堂襍文補遺卷六） 馮煦兼提學使。（碑傳集補卷一五） 正月、京師大學堂再延皮錫瑞任講席，仍以事辭。（皮鹿門年譜） 六月、皮錫瑞擬將筆記定名為續鹿門家鈔。（同上）	俞樾蔭甫卒，年八十六。（續碑傳集卷七五繆荃孫撰行狀，清儒學案卷一八三。按孫詒讓年譜作卒年八十八，俟考。）
三十三年丁未（一九〇七）	皮錫瑞任高等學堂、中路師範學堂教習、圖書館纂修。（皮鹿門年譜） 春、孫詒讓重定墨子閒詁十五卷，目錄一卷，附錄一卷，後語二卷。（孫詒讓年譜） 正月、皮錫瑞任學務公所圖書課長，著經學通論五卷成。（皮鹿門年譜） 二月、皮錫瑞始作王制箋。（同上） 五月、張之洞以湖廣總督協辦大學士。（張文襄公年譜）	

馮煦補授安徽巡撫，在任甫一歲而去官。（碑傳集補卷一五）
六月、張之洞授爲大學士，仍留任湖廣總督；旋充體仁閣大學士。（張文襄公年譜）
皮錫瑞撰王制箋一卷成。（皮鹿門年譜）
七月、張之洞補授軍機大臣。（張文襄公年譜）
八月、張之洞至京師寓鐵輔先哲祠，著管理學部事務。（同上）
十二月、張之洞命充經筵講官。（同上）

三十四年戊申（一九〇八）

劉嶽雲授浙江紹興府知府（時年六十）。（碑傳集補卷五三）
是歲、皮錫瑞仍任高等學堂、中路師範學堂講席、學務公所圖書課長、圖書館纂修。元日，賦詩有「大地山河仍一統，故鄉風景又更新，梅花檻外融和氣，柏酒樽前現在身，積雨微暄見雲日，馬蹄休動六街塵。」之句，逾月而疾卒。（皮鹿門年譜）
春、孫詒讓著學務本議四則，枝議十則。（孫詒讓年譜）
六月、張之洞命兼充督辦粵漢鐵路大臣。（清史列傳卷六四）
十一月、上御極禮成，賞張之洞太子太保。（同上）

皮錫瑞鹿門卒，年五十九。（皮鹿門年譜）
孫詒讓仲容卒，年六十一。（碑傳集補卷四一，清儒學案卷一九二，孫詒讓年譜。）
鄒代鈞甄伯卒，年五十五。（碑傳集

		補卷四三，清儒學案卷一六七。）
末帝宣統元年己酉（一九〇九）	朱孔彰掌敎安徽存古學堂。（碑傳集補卷五三） 二月、張之洞爲德宗實錄總裁官，命總司核定進呈講義。（張文襄公年譜） 六月、王先謙輯五洲地理志略成，序之。（虛受堂文集卷六） 七月、張之洞選刻師友遺詩爲思舊集，手定廣雅堂詩藁。（張文襄公年譜） 八月、王先謙刻莊子集解成，並自爲之序。（注三〇六）	張之洞孝達卒，年七十三。（見注一一三）
二年庚戌（一九一〇）	繆荃孫編次東坡七集成，續碑傳集八十六卷刻成。（藝風老人年譜） 馮煦以江皖大水，復起爲查振大臣，五次出入災區，至三年六江皖豫東各屬始竣事。（碑傳集補卷一五） 仲春、孫葆田爲徐漢卿先生詩集序。（校經室文集卷一）	黃嗣東小魯卒，年六十五。（清儒學案卷二〇六）
三年辛亥（一九一一）	繆荃孫應丁寶銓屬，與羅叔蘊同編傳青主年譜。（藝風老人年譜） 馮煦避地滬濱，與門人劉鍾琳立義振協會。（碑傳集補卷一	孫葆田佩南卒，年七十二。（碑傳集補卷二六。按清儒

五）

六月、繆荃孫編呈各省志書目四卷。（藝風老人年譜）

學案卷一九四作卒年七十三，存參。）

陶濬宣心雲卒，年六十六。（清儒學案卷一八五）

附錄一：紀事注釋

（注　一）：（一四四五年）。見馮少墟集卷二二關學編卷三。案：此條與明儒學案卷七所載略異。學案於正統辛酉年，張傑舉鄉試下，連書其事，與此互出，並參。

（注　二）：（一四四九年八月）。見聖學宗傳卷一二，明通鑑卷二四。案：此條，據國榷卷二七、卷二八所載，薛瑄起爲大理寺丞係在八月，而至任則實爲十月。今明通鑑及聖學宗傳皆渾言之，恐不合事實也。

（注　三）：（一四六六年）。見明儒學案卷四五，明史卷一七九。案：此條，據楓山章文懿公年譜所載，章懋之會試在是年二月，成進士在三月，改庶吉士則在閏三月。今學案連書其事，亦過簡矣。

（注　四）：（一四六六年）。見明儒學案卷四五，明史卷一七九，及莊定山集卷首附載金陵通志傳。考學案及明史，略謂：「莊昶成進士，選庶吉士，授翰林檢討。以疏諫謫判桂陽，改南京行人司副。」定山集則云：「莊昶成進士，授檢討。以內廷張燈忤旨，廷杖二十，謫桂陽州判官，改南京行人司副。」案：莊昶謫判桂陽州，係在成化三年十二月；其改官南京行人司副，則在四年戊子正月也。明史與學案今俱連書不分，蓋渾言不清也。

（注　五）：（一四六九年）。見明儒學案卷四五，明史卷一七九。案：鄒智立齋遺文卷三敘羅一峯先生事狀，則與學案、明史及賀欽撰墓誌銘所載，皆略有出入。據鄒智敘事狀稱：「羅倫，丁亥三年，有旨召還。戊子四年，至京師復修撰，改南京翰林院供職；以疾辭，不報。六年，再辭，乃得歸。十四年戊戌九月十四日，以疾卒於金牛書院之正堂，年四十八。」云云。則其引疾歸，卽不在己丑也。國榷卷三五，以己丑九月告予，亦未知孰是，存參。

（注　六）：（一四八一年）。見明儒學案卷四六。案：古城文集卷首楊廉撰神道碑云：「辛丑，登進士；明年，除工部營繕司主事，管繕工司事。」則張吉之授工部主事，應在壬寅而非辛丑也。又神道碑載稱，其謫判廣東在乙巳，亦非辛丑。學案連書其事，於事實甚不符。

（注　七）：（一四八二年）。見明儒學案卷五。案：明通鑑卷三四作成化十九年癸卯九月事；又國榷卷三八癸卯九月條，亦載其事，皆可並參。

（注　八）：（一四八四年五月）。見王端毅公文集卷六、石渠老人履歷略，明史卷一八三，明通鑑卷三五。

（注　九）：（一四九〇年十二月）。見莊定山集卷八。案：原作庚申十二月。考庚申爲正統五年，時莊氏年僅四歲，恐誤。

（注一〇）：（一四九六年）。見思菴行實，理學宗傳卷二二，明史卷二八二。案：薛敬之撰祠誌，係在金華任內；今不確知其作於何年，姑繫於此，俟考。

（注一一）：（一五〇五年）。見明儒學案卷三七。案：學案原文載稱：「湛若水，登弘治乙丑進士第，……選庶吉士，擢編修。時陽明在吏部講學，先生與呂仲木（柟）和之。」云云。考國榷卷四五，甘泉之改庶吉士，係在是年三月，而其擢編修，則在正德二年丁卯十月。此處連書其事，亦不拆分，殊誤。

（注一二）：（一五〇六年十二月）。見王文成公全書附年譜，武宗實錄卷二〇，聖學宗傳卷

一三、明通鑑卷四一。案：此條，年譜作二月事，可參。

（注一三）：（一五〇七年）。見聖學宗傳卷一三，王文成公全書附年譜。案：此條，理學宗傳卷二一作年二十，則在正德元年丙寅，俟考。

（注一四）：（一五一一年二月）。見華陽館文集卷一一、東廓先生行狀，聖學宗傳卷一五，明儒學案卷一六，陽明年譜，東廓鄒先生文集卷一並參。案：王守仁主試及鄒守益擧進士，聖學宗傳與明儒學案俱不明書何月。又鄒守益受知於野亭劉氏，亦不明書何月。今姑繫於其成進士條下，以俟考。

（注一五）：（一五一一年四月）。見國榷卷四八。案：明史卷一七九稱：「章懋，起南京禮部右侍郎，力辭不就。」然則章氏亦未赴任官也。參是年八月條。

（注一六）：（一五一一年八月）。見楓山章文懿公年譜。案：此條，國榷卷四八謂：「南京禮部右侍郎章懋，自起太常並未赴，許致仕。」可參。

（注一七）：（一五一六年九月）。見王文成公全書附年譜。案：此條，武宗實錄卷一四〇作十一月，內容文字無殊。國榷卷五〇作八月，稱云：「南京鴻臚寺卿王守仁爲左僉都御史，巡撫南贛汀漳。」則與年譜所載稍異也，存參。

（注一八）：（一五一八年七月）。見明通鑑卷四七，及王文成公全書附年譜。案：年譜以王守仁「陞都察院右副都御史，廕子錦衣衞，世襲百戶，辭不允。」一事繫於六月；武宗實錄卷一六九則作十月，皆可互參。

（注一九）：（一五一九年九月）。見王文成公全書附年譜，明通鑑卷四八。案：明實錄武宗實錄卷一七八云：「都御史王守仁以宸濠及諸從者，將親獻捷於上。至杭州途中，遇太監張永，守仁乃以宸濠付永，遂與俱還。」云云。可參。

（注二一〇）：（一五二〇年春）。見華陽館文集卷一一、宋儀望撰雙江聶公行狀，及世經堂集卷一八、徐階撰聶公墓誌銘。案：明儒學案卷一七作正德丁丑年，恐乃連書之誤，並參。

（注二一一）：（一五二一年六月）。見王文成公全書附年譜。案：國榷卷五二云：「提督南贛汀漳軍務、右副都御史王守仁爲南京兵部尙書。」（見七月條）又世宗實錄卷五云：「巡撫江西、副都御史、陞南京兵部尙書王守仁疏乞致仕；優詔不允，赴新任。」（見八月條）則皆與年譜所載諸事件，先後互出，宜合七、八月條並參。

（注二一二）：（一五二二年）。見高子遺書卷一〇上。案：此條與九月一條事迹相同，可爲互參，一併錄之。

（注二一三）：（一五二二年十月）。見國榷卷五二。案：此條，明實錄世宗實錄卷一九所載較詳，略云：「南京兵部尙書王守仁疏辭封爵，因言同事諸臣未蒙均賞，反遭謫斥，乞行申理；上以封爵，義不容辭，餘下所司議行之。」並參。

（注二一四）：（一五二三年五月）。見國榷卷五二。案：關於此條所錄湛若水事迹，明通鑑卷五〇有較詳盡之記載，錄之以備參考。其言曰：「翰林院編修湛若水上疏言：陛下初政，漸不克終。左右近侍，爭以聲色異敎蠱惑上心，大臣林俊、孫交等不得守法，多自引去，可爲寒心！亟請親賢遠奸，窮理講學，以隆太平之業。又疏言日講不宜停止；修撰呂柟亦以爲言，俱報聞。」

（注二一五）：（一五二四年四月）。見聖學宗傳卷一五，理學宗傳卷二一，明儒學案卷一六，國榷卷五三，明通鑑卷五一。案：華陽館文集卷一一、鄒東廓先生行狀謂：「鄒守益復上疏，忤旨下獄。時呂柟繼疏入下獄，守益與呂氏，相與講學不輟，有獄裹雙況集。尋，謫廣德州判官。」則與此所引稍異，存參。

（注二二六）：（一五二四年五月）。見明史卷二八二，明通鑑卷五一，明儒學案卷八。案：此條，國榷卷五三載稱云：「翰林修撰呂柟，以修省自劾不職，語涉大禮，下鎮撫司，謫解州判官。」可參。

（注二二七）：（一五二四年六月）。見明通鑑卷五一。案：此條，國榷及薛考功集俱見載，今並錄之，以資參考。薛考功集卷末尾附錄王廷撰薛先生行狀云：「薛蕙，陞考功司郎中，撰爲人後解，爲人後辨，凡數萬言；入奏，下詔獄。尋，奏有旨奉勘回籍。」不書日月。又國榷卷五三云：「薛蕙上爲人後辨二篇，駁張璁、桂萼。上怒，下鎮撫司；璁又駁議十三事。」亦與前引稍異，存參。

（注二二八）：（一五二四年八月）。見國榷卷五三。案：此條，皇明名臣琬琰錄續集，及明通鑑俱見載。皇明琬琰錄續集卷六云：「崔銑，以議大禮抗疏，勸上勤聖學、辨忠邪，以回天變。已報，休歸。」不明書何月。又明通鑑卷五一云：「南京國子祭酒崔銑，以災異自陳請；上不悅，令致仕去。」可參。

（注二二九）：（一五二五年）。見華陽館文集卷一一、雙江聶公行狀。案：此條，明史卷二〇二謂：「聶豹，召拜御史，巡按福建。」稍嫌太簡。世經堂集卷一八、徐階撰聶公墓誌銘曰：「聶豹，徵拜御史，劾奏司禮太監張佐違詔收補工匠，禮書席公不當乞留其弟於翰林，直聲頓起。」可爲互參。

（注三〇）：（一五二七年）。見雙江聶先生文集卷六。案：此條，明史卷二八三載稱：「歐陽德，改翰林編修。遷南京國子司業。作講亭，進諸生，與四方學者論道其中。」考歐陽德之遷南京國子司業，係在此後數年間事，明史連書於此，與文集所載，亦不符也。

（注三一）：（一五二七年）。見何文定公集卷首附傳。案：此條，國榷卷五三分繫其事於四月及六月條下。今並錄之，以備參考。於四月條云：「南京太常寺少卿何塘爲南京太常寺卿。」又於六月條云：「南京太常寺少卿何塘爲南京工部右侍郎，南京工部員外郎黃綰爲光祿寺少卿，直史館。」

（注三二）：（一五二七年八月）。見國榷卷五三。案：此條，明實錄世宗實錄卷一九謂：「光祿寺少卿黃綰，訟王守仁等平宸濠功，及有功諸臣之賞罰不當者。上命給守仁劵祿，俟廣西事寧，別有委任；江西諸臣，下御史覈實；其致仕罷黜有才識可用者、清議無干者，吏部議請擧用。」考馮少墟集卷二二關學編卷三，與世宗實錄所載，亦有出入，玆不備錄。

（注三三）：（一五二八年四月）。見國榷卷五四。案：此條，明史卷一九七及明儒學案卷五三於四月條云：「霍韜，進禮部右侍郎；力辭，允之。」又於六月條云：「霍韜，以大禮成，超拜禮部尚書，掌詹府事；固辭不拜，帝猶不允，三辭乃允之。」及國榷卷五四於四月條，又謂：「詹霍韜辭拜新命，撰成書，許之。」云云。皆可互參。

（注三四）：（一五二八年八月）。見王文成公全書附年譜。案：陽明年譜以是年七月，王守仁「襲八寨斷藤峽，破之。」逾年八月，卽疏請經略其地。然國榷卷五四繫其事於八月，謂：「王守仁討八寨叛猺。」則與年譜異之。又世宗實錄卷九二於八月條云：「新建伯王守仁督兵討廣西諸寨叛賊，悉平之。」較國榷所載稍詳，而亦與年譜異之，並參。

（注三五）：（一五二九年三月）。見國榷卷五四。案：此條，明儒學案卷三載稱：「魏校，以太常寺卿掌祭酒事；尋致仕。」並參。

（注三六）：（一五三二年四月）。見國榷卷五五。案：此條，渭厓文集卷六云：「黃宗明，陞兵部右侍郎，編修楊名言事下獄，又疏論救之。」明儒學案卷一四及明史卷一九七，則載稱：「黃宗明，擢兵部右侍郎，出爲福建右參政。」與國榷所載俱有出入，可參。

（注三七）：（一五三五年）。見馮少墟集卷二二、關學編卷四，呂涇野先生文集續刻卷五。案：此條，國榷卷五六繫於是年七月條，其文義亦較文集所載爲簡，可參。

（注三八）：（一五三八年）。見明史卷二〇九，明儒學案卷二五。案：此條，周恭節公年譜云：「十月，選授直隸順德府推官。」則知周氏授官乃在十月。明史與學案俱連書其事，亦不加以分別，可謂過簡矣。

（注三九）：（一五三九年）。見明史卷二八三，明儒學案卷一八，及羅念菴先生年譜。

（注四〇）：（一五三九年五月）。見國榷卷五七。案：此條，明史卷一九七及明儒學案卷五三亦見載，明史云：「霍韜，以太子少保、禮部尚書，協掌詹事府事。」可參。

（注四一）：（一五三九年七月）。華陽館文集卷一一，聖學宗傳卷一五，明通鑑卷五七，及國榷卷五七，俱載其事。案：華陽館文集卷一一、宋儀望撰鄒東廓先行狀云：「鄒守益，由考功改司經局洗馬，與霍韜同繪聖功圖及疏以獻。」則不書何年；此據國榷。

（注四二）：（一五三九年閏七月）。見國榷卷五七。案：此條，又見明通鑑卷五七。略云：「閏七月，罷禮部尚書黃綰，復議征安南。」可參。

（注四三）：（一五三九年十一月）。見重鐫心齋王先生全集卷二附年譜。案：此條，又見聖學宗傳卷一六，理學宗傳卷二一。聖學宗傳載云：「王艮，遘微疾，吉水羅洪先造艮廬，林春率同郡諸生畢集，以艮不能出，就楊前論證。」可參。

（注四四）：（一五四二年）。見耿天臺先生文集卷一二。案：此條，明儒學案卷二二。其略云：「胡直，年二十六，始從歐陽文莊問學，即語以道藝之辨。」又學案同卷、困學記云：「予年二十六，方買居白鶴觀下。適歐陽南野先生自鄉出邑城，會友講學。傾城士友往會，而予獨否。既數日，……予乃隨文朝往訪先生於普覺寺。先生一見，輒呼予舊字，曰：宜擧來何晚？……遂歸心焉。」云云。俱可參。

（注四五）：（一五四四年）。見羅近溪先生全集卷一〇。案：此條，聖學宗傳卷一八，亦載其事，略云：「羅汝芳，擧會試，曰：吾學未信，不可以仕。不就廷試歸，而尋師問友周流四方者十年。建從姑山房，以待四方講學之士。楚人胡宗正舊以文學受業，至是聞其易有傳也，迎致之，反執弟子禮。」可參。

（注四六）：（一五四五年）。見周恭節公年譜。案：是年，羅欽順年八十一，則此條應移上一年，今從年譜仍繫於此年也。

（注四七）：（一五四五年八月）。見國榷卷五八及楊忠介公文集卷二。案：此條，明史卷二〇九及明儒學案卷九所載，與此皆異。學案以「楊爵，釋而復逮」一事，繫在八月，而國榷則爲九月，恐誤。又周恭節公年譜於九月條下載云：「周怡，獲釋放歸田里；旋復逮，渡江北上，有江行難一篇。」可爲互證。

（注四八）：（一五四六年四月）。見國榷卷五八。案：此條，王龍谿先生全集卷二〇亦載其事，不書何月。略云：「萬表，詔起爲左軍都督漕運總兵。」可參。

〔注四九〕：（一五四六年六月）。見國榷卷五八。案：此條，明儒學案卷四二，順渠王先生文錄卷末尾附錄嚴嵩撰王公神道碑銘，俱見其事，皆不書月日。神道碑銘謂：「王道，起南京太常寺卿；尋，陞南戶部右侍郎，改禮部掌國子監事，又改吏部右侍郎。」云云。可參。

〔注五〇〕：（一五四六年十二月）。見國榷卷五八。案：此條，世經堂集卷一七，不書月份，僅謂：「張岳，召爲刑部侍郎，御史奏留，不果行。」可參。

〔注五一〕：（一五四七年）。見明儒學案卷一二。案：此條：耿天臺先生文集卷一二載稱：「胡直，因友人往訪羅洪先於石蓮洞，居月餘，時聞其歸寂之旨。雖不甚契，而日炙其精神，有所感發，乃北面稟學焉。」可參。

〔注五二〕：（一五四七年冬）。見玩鹿亭稿卷一。案：玩鹿亭稿載此事繫於乙未冬。考萬表是年五十，當不在乙未，而在丁未也。故移繫於此。

〔注五三〕：（一五四七年閏九月）。見國榷卷五九。案：此條，華陽館文集卷一一、雙江聶公行狀見載，亦不書何月。僅云：「聶豹，以執政夏公入譖者言，擬旨逮錦衣獄；既拷，無所驗。……」云云。可參。

〔注五四〕：（一五四七年十月）。見國榷卷五九。案：此條，世經堂集卷一七載，內容與此異之，唯不書何月，錄之以資參考。云：「張岳，召爲兵部侍郎；尋，擢右都御史，總督湖廣川貴軍務。」

〔注五五〕：（一五四七年十一月）。見國榷卷五九。案：此條，明儒學案卷九，明史卷二〇九，明通鑑卷五八俱見載。又楊忠介公文集附錄卷第一，則載云：「楊爵，與劉魁、周怡釋歸爲民（自辛丑至是，先生兩繫詔獄，前後已八易寒暑矣）。」遠較諸書爲詳，可參。

（注五六）：（一五四八年）。見華陽館文集卷一一、雙江聶公行狀，及雙江聶先生文集卷三。案：此條，世經堂集卷一八、徐階撰墓誌銘以聶氏落職歸家，係在甲辰，則在嘉靖二十三年矣，恐誤。

（注五七）：（一五四八年）。見周恭節公年譜。案：此條，以楊氏卒於是年十月十四日，與明儒學案、明史、楊忠介公文集所載俱異。考楊爵卒於嘉靖二十八年己酉十月十五日，則當爲下一年；文集附錄卷第一吳時來撰楊御史傳，及卷第四李楨撰墓表書其事甚詳。此云氏卒於戊申，當誤。今以此條繫於此者，乃仍從周譜故也。

（注五八）：（一五五〇年八月）。見國榷卷五九。案：此條，華陽館文集卷一一、雙江聶公行狀，及世經堂集卷一八徐階撰墓誌銘，明儒學案卷一七，明史卷二〇二俱見載。又國榷所載九月、十月聶氏事迹，皆見於此諸書。明儒學案云：「聶豹，以薦召爲巡撫薊州右僉都御史，轉兵部侍郎，協理京營戎政。」華陽館文集則謂：「聶豹，以徐階薦，特召爲僉都御史，巡撫順天，整飭薊州軍務；尋，轉兵部右侍郎。」皆可參。

（注五九）：（一五五〇年九月）。參注五八。

（注六〇）：（一五五〇年十月）。參注五八。

（注六一）：（一五五三年）。見聖學宗傳卷一八。案：此條，明儒學案卷二二，明史卷二八三俱見載。學案云：「羅汝芳，成進士，知太湖縣。」可參。

（注六二）：（一五五五年）。見華陽館文集卷一一、雙江聶公行狀。案：世經堂集卷一八徐階撰墓誌銘以聶氏致仕南歸，是在甲寅（一五五四年），則與此相差一年，存參。

（注六三）：（一五五八年）。見明儒學案卷四一。案：許孚遠敬和堂集卷一〇謂：「許孚遠，下第，始游唐樞之門。」則許氏之游唐門，當在嘉靖三十七至三十八年之間，存參。

（注六四）：（一五六一年秋）。見耿天臺先生文集卷一二。案：此條，澹園集卷三三云：「耿定向，奉命案甘肅過里門，復與弟定理商量近學。」可參。

（注六五）：（一五六一年八月）。見趙文肅公文集卷一七。案：此條，明儒學案卷三三云：「趙貞吉，始入爲戶部右侍郎，又以忤嚴嵩罷。」可參。

（注六六）：（一五六五年）。見明儒學案卷二五，澹園續集卷一三，毅齋查先生闡道集卷末尾附錄行實。案：此條，明史卷二一七以查氏成進士，係在嘉靖四十五年（一五六六），俟考。

（注六七）：（一五六七年正月）。見國榷卷六五。案：此條，周恭節公年譜，及明史卷二〇九，明儒學案卷二五俱見載。明史載此不書何月，謂：「周怡，起原官，擢太常少卿，以所上封事，刺及內侍，出爲山東僉事，轉南京國子司業，復入爲太常少卿。」年譜云：「正月、周怡，馳檄至，詔復除吏科給事中。」可參。

（注六八）：（一五六七年二月）。見國榷卷六五。案：此條，年譜云：「周怡，陞南京太常寺少卿；未幾，報轉北，即進京赴任。」云云。並參。

（注六九）：（一五六七年七月）。見周恭節公年譜。案：此條，國榷卷五九作八月，略云：「八月、太常寺少卿周怡上五事，語多觸忤，降山東按察僉事。」可參。

（注七〇）：（一五六九年五月）。見周恭節公年譜。案：此條，國榷卷六六作四月，略云：「四月、南京國子監司業周怡爲太常寺少卿，提督四夷館。」可參。

（注七一）：（一五九二年仲夏）。見潛學稿卷三。案：此條，原繫於萬曆丙寅。今考萬曆無丙寅，姑繫於是年，以再俟考。

（注七二）：（一五九二年）。見仰節堂集卷五。案：此條，明儒學案卷二四，明史卷二三七俱見載。學案云：「馮應京，成進士，授戶部主事，改兵部稅監。」可參。

（注七三）：（一五九四年）。見明儒學案卷三五及澹園集卷一五。案：此條，學案及文集俱繫於是年。國榷卷七七則載此事，而繫於萬曆二十五年九月，今兩錄之以參考。

（注七四）：（一六一三年）。見國榷卷八二。案：明通鑑卷七四稱云：「五月、以禮部侍郎孫愼行署本部尚書，時翁正春改吏部侍郎也。」可參。

（注七五）：（一六一四年）。見明史卷二一，國榷卷八二。案：此條，明通鑑卷七五載云：「八月、禮部侍郎署尙書孫愼行拜疏自去。」可參。

（注七六）：（一六二〇年八月）。見國榷卷八四。案：此條，明史卷二四三及明儒學案卷二三俱見載，皆不書何月。明史云：「鄒元標，起大理卿；未至，進刑部右侍郎。」又云：「馮從吾，起尙寶卿，進太僕少卿，遷左僉都御史，進左副都御史。」並參。

（注七七）：（一六二一年三月）。見高子遺書附年譜，國榷卷八四。案：此條，明通鑑卷七七不書月份，文字亦異，錄之並參。明通鑑云：「是年、高攀龍，進光祿少卿。」

（注七八）：（一六二一年十二月）。見國榷卷八四。案：此條，明史卷二四三，明儒學案卷二三並載，文義稍異，錄之以資參考。明史云：「十二月、鄒元標，改吏部左侍郎；未至官，拜左都御史；與副都御史馮從吾建首善書院，集同志講學。」學案云：「天啓初，陞刑部右侍郎，轉左都御史。建首善書院，與副都御史馮恭定講學。」

（注七九）：（一六二二年十月）。見明通鑑卷七八，鄒子存眞集卷首。案：此條，國榷卷八五所載，與明通鑑稍異其趣。明通鑑云：「十月、鄒元標，致仕，進太子少保（按元標致仕，係因給事中郭興治糾其講學之非而致，後得大學士葉向高疏救之，始免。）」又國榷卷八五云：「十一月、左副都御史馮從吾罷。」則以馮氏罷官，係在十一月也。並參。

（注八〇）：（一六二三年）。見黃梨洲遺書附年譜。案：清史列傳卷六八謂：「黃宗羲，年十四，補諸生。」可參。

（注八一）：（一六二四年）。見明史卷二四三。案：此條，國榷卷八六分繫於正月與九月下，文詞亦語焉不詳。略云：「正月、前左副都御史馮從吾爲南京右都御史（按並未赴任）。」又云：「九月、馮從吾爲工部尙書（按亦未赴任）。」可參。

（注八二）：（一六二八年）。參仰節堂集卷五及理學宗傳卷二四。案：此條，明史卷二五四謂：「曹于汴，起戶部右侍郎，專督鼓鑄。」則甚異其趣，俟考。

（注八三）：（一六三一年正月）。見漳浦黃先生年譜。案：此條，國榷卷九二，謂：「正月、右春坊右中允、兼翰林院編修黃道周奏救錢龍錫調外。」可參。

（注八四）：（一六三六年）。見安道公年譜。案：此條，尊道先生年譜云：「冬、陸世儀，會晤江士韶珠樹堂之西軒，相約爲體用之學，作格致編。」此見陳瑚始與陸氏相敍，係在是年之多。安道公年譜雖不明載其敍會在於何時，然亦可信也。

（注八五）：（一六四二年閏十一月）。見劉宗周年譜。案：此條，國榷卷九八與明通鑑卷八八俱作十二月。國榷云：「十二月、都察院都御史劉宗周削籍。」可參。

（注八六）：（一六四五年七月）。見顧亭林先生年譜。案：漢學師承記卷八云：「顧炎武，始改今名。是夏、母年六十避兵常熟，遺言勿事二姓。」可參。

（注八七）：（一六四六年二月）。見明通鑑附編卷三〇。案：漳浦黃先生年譜以道周卒於三月五日，此與明通鑑所載，僅相差一月，存參。

（注八八）：（一六四九年）。見碑傳集卷四三毛奇齡撰墓表，清史列傳卷六六。案：此條，施愚山先生年譜云：「施閏章，年三十二，春，擧禮部試；夏，卽歸里。」則其授官何時，亦未明言，俟考。

（注八九）：（一六五〇年）。見漢學師承記卷一。案：此條，清史列傳卷六八謂：「閻若璩，年十五，以商籍補山陽縣學生。」可參。

（注九〇）：（一六五〇年）。見漁洋山人自撰年譜。案：碑傳集卷一八墓誌銘以王氏年十一擧童子試，恐誤。

（注九一）：（一六五四年）。見王船山遺書卷七八、薑齋詩編甲稿卷一末尾。案：此條，王船山學譜附年表謂：「冬、王夫之徙居常寧西南鄉小祇園側西莊源。變姓名爲猺人，爲常人說易、春秋。」則船山之徙家當在是年冬，自無疑矣。然考王氏之爲常人說易、春秋，則非在此年內。薑齋詩編甲稿卷末尾載稱：「丁酉、王夫之，復返南嶽，寓寧三載，始爲邑人說春秋。」卽知船山之爲邑人說春秋，當在順治三年丁酉以後之事，存參。

（注九二）：（一六五四年）。見漢學師承記卷八。案：此條，顧亭林先生年譜。略云：「春、顧炎武，至金陵，卜居神烈山下，由儀眞歷太平登采石磯，東抵蕪湖。」可參。

（注九三）：（一六五五年）。見漁洋山人自撰年譜。案：此條：碑傳集卷一八墓誌銘、同卷孫星衍撰傳以王士禎是年成進士，未知何據？俟考。

（注九四）：（一六五六年）。見碑傳集卷一八墓誌銘。案：此條，漁洋山人自撰年譜載云：「十二月、赴萊州府學教授。」可參。

（注九五）：（一六五七年）。見唐甄潛書附事迹簡表。案：此條，淸史列傳卷七〇云：「唐甄，擧人，選山西長子知縣，甫十月而去官。」並參。

（注九六）：（一六五八年）。見漁洋山人自撰年譜。案：此條，碑傳集卷一八孫星衍撰傳繫於順治十二年，可參。

（注九七）：（一六五八年春）。見顧亭林先生年譜。案：此條，漢學師承記卷八載謂：「顧炎武，徧游北都，謁長陵以下，圖而記之。」則略嫌太簡，可參。

（注九八）：（一六五九年）。見漢學師承記卷八。案：此條，顧亭林先生年譜載之較詳。略謂：「顧炎武，出海關，返至永平之昌黎，著營平二州史事六卷；至昌平州，初謁天壽山；出居庸關，仍返山東，抵鄒平，訂其縣志，逕長淸訪碑靈岩山寺，南歸次揚州；旋復北上至天津度歲。」可參。

（注九九）：（一六五九年）。見漁洋山人自撰年譜。案：碑傳集卷一八孫星衍撰傳，及同卷墓誌銘皆繫於順治十五年，恐誤。

（注一〇〇）：（一六五九年）。見有懷堂文藁卷三。案：此條，關於韓菼與蔡氏相識，係在己亥與庚子間事，未知確在何年，今姑繫於是年，俟考。

（注一〇一）：（一六六三年十月）。見顧亭林先生年譜。案：此條，二曲集卷四五謂：「十月、顧炎武來訪李顒，相與盤桓，上下古今，靡不辨訂。」可參。

（注一〇二）：（一六六五年）。見魏貞菴先生年譜。案：魏裔介兼濟堂集卷四，以魏氏著聖學知統錄，係在丙午（卽康熙五年），存參。

（注一〇三）：（一六六八年）。見胡承諾讀書說附年譜。案：此條，清史列傳卷六六繫於康熙六年，存參。

（注一〇四）：（一六六八年六月）。見李二曲先生年譜，清史列傳卷六六。案：二曲集卷四五、歷年紀略繫此事於是年四月，並參。

（注一〇五）：（一六七〇年二月）。見潛庵全集附年譜，孫夏峰先生年譜。案：此條，兩年譜所載，各有詳略，可爲並參。

（注一〇六）：（一六七二年）。見碑傳集卷二〇行狀，清史列傳卷一〇，碑傳集卷四五朱彝尊撰墓表，遂初堂文集卷一四。案：此條，實分爲兩條，今以其合併爲一，反較簡賅。

（注一〇七）：（一六七二年）。見有懷堂文藁卷五。案：此條，碑傳集卷二一墓碑所載稍異，云：「韓菼，由國子監生中順天鄉試。」可參。

（注一〇八）：（一六七二年三月）。見顏習齋先生年譜。案：陸世儀係卒於是年正月，而習齋此書在三月始成，則陸氏當未及見，亦不知其內容爲若何，存參。

（注一〇九）：（一六七三年）。見碑傳集卷二一墓碑、墓表。案：此條，並散見於望溪先生集外文卷七，清史列傳卷九，有懷堂文藁卷五，各有詳略，今俱錄以資參考。望溪先生集外文云：「韓菼，成進士。」清史列傳云：「韓菼，成進士，授修撰；旋充日講起居注官。」有懷堂文藁云：「春、韓菼，舉南宮第一，殿試拔置第一。」

（注一一〇）：（一六七三年十月）。見清史列傳卷九。案：此條，有懷堂文藁卷三及卷五俱見載，然內容互異，錄之參考。文藁卷三云：「夏、韓菼被命纂修孝經衍義，因得讀呂忠節公所著孝經大全；又復應其季子敬芝請，爲呂氏述略後序。」又卷五云：「十一月、韓菼召至起居注館，作太極圖。」

（注一一一）：（一六七七年）。見望溪先生文集附年譜。案：此條，碑傳集卷二五雷鋐撰行狀，謂：「方苞，十歲，從兄編誦經書古文。」其說是也。

（注一一二）：（一六七七年九月）。見顧亭林先生年譜。案：此條，以顧亭林訪富平，繫於是年九月。李二曲先生年譜九月條下，王宏撰亦於是月嘗至富平。蓋亭林館其家，故相偕往訪李二曲也。考二曲集卷四五、歷年紀略載云：「冬、顧炎武，自山右（陝西）來訪李顒於富平。」又李天生先生年譜亦載亭林於是年冬至富平，嘗過李因篤所居明月山下，並登堂謁拜其母等事。則當爲別一次造訪矣，並參。

（注一一三）：（一六七八年）。見黃梨洲遺書附年譜。案：此條，淸史列傳卷六八載謂：「萬斯同，薦舉博學鴻儒，辭不就；徐元文爲修明史總裁，延主其家，以刊修委之。」則梨洲年譜所云萬氏入京修史，當指此事而言也。

（注一一四）：（一六七八年七月）。見淸史列傳卷九。案：漁洋山人自撰年譜謂：「夏、王士禎與陳廷敬、葉方藹直南書房。」則陳氏之入直南書房，當不在七月，而早在是年夏也。

（注一一五）：（一六七九年）。見淸史列傳卷七〇，碑傳集卷四五朱彝尊撰墓表。案：此條，潘耒遂初堂文集卷一四作戊午，存參。

（注一一六）：（一六七九年）。見淸史列傳卷六六。案：此條，淸史列傳原繫於康熙二十八年（一六八九）。考薦舉博學鴻儒係在康熙十八年（一六七九）之事，耿介卒於康熙二十七年，則冉覲祖之被薦，及耿氏之延主嵩陽書院兩事，當不在二十八年，而應在十八年也，故移繫於此。

（注一一七）：（一六七九年正月）。見顧亭林先生年譜。案：漢學師承記卷八謂亭林六謁思陵後，始卜居華陰（一六七七），實則其卜居華陰，乃爲後二年之事，而非在謁思陵後卽定居也。

（注一一八）：（一六七九年三月）。見潛庵全集附年譜。案：此條，碑傳集卷一六事狀及傳、神道碑，皆作康熙十七年事，恐誤。

（注一一九）：（一六八一年）。見淸史列傳卷七一。案：此條，淸史列傳原繫於乾隆二十年乙亥（一七五五）。考朱彝尊卒於康熙四十八年己丑（一七〇九），乾隆二十年，其時朱氏去世已四十餘年矣，今正。

（注一二〇）：（一六八三年）。見淸史列傳卷七一。案：此條，淸史列傳卷七一誤作乾隆二十二年丁丑，今正。考淸史列傳所載朱氏事迹屢誤，蓋其誤朱氏卒於乾隆四十八年，以康熙四十八年與乾隆四十八年相似而實非故也。

（注一二一）：（一六八三年）。見潛庵全集附年譜。案：此條，碑傳集卷一六事狀及傳、神道碑俱作康熙二十一年事，恐誤。

（注一二二）：（一六八三年九月）。見碑傳集卷一六行狀、行狀書後。案：陸隴其刋六諭集解，不知確在何年；三魚堂全集、文集卷八謂其在知靈壽任內梓刻，今姑連書於此，俟考。

（注一二三）：（一六八四年春）。見碑傳集卷六五陳廷敬撰傳，二希堂文集卷九。案：切問齋集卷七謂：「于成龍，陞安徽按察使。」不知是否別爲一事，抑碑傳集誤書其事耶？

（注一二四）：（一六八四年十一月）。見漁洋山人自撰年譜。案：此條，有懷堂文藁卷三，不書何月，謂：「王士禎，奉命往南海，以道經都邑，山川人物，搜討摭捃，萃爲皇華紀聞四卷、南來志一卷，韓菼爲序。」云云。可參。

（注一二五）：（一六八五年六月）。見三魚堂全集、文集卷八。案：此條清史列傳卷六六作左春坊左贊善，與此略異，存參。

（注一二六）：（一六八七年五月）。見黃梨洲遺書附年譜。案：此條，梨洲年譜原繫於康熙二十七年戊辰，然考湯斌卒於二十六年十一月，如宗羲之與湯氏相會，則當在二十六年以前，或在二十六年之五月，故移繫於此年，俟考。

（注一二七）：（一六八七年十二月）。見朱柏廬先生編年毋欺錄。案：愧訥集卷一二有「題西莊陳先生畫梅冊」一文，作於十月，俟考。

（注一二八）：（一六八八年）。見王船山學譜附年表。案：王船山有「南窗漫記引」（見王船山遺書卷六六、薑齋詩話卷三）又是歲杪、有「序七十自定稿」（見文集補遺卷二、遺書卷八〇）。此俱可參。

（注一二九）：（一六九〇年三月）。見碑傳集卷一二行狀及神道碑。案：此條，清史列傳作四月，五月徐氏以彈劾著休回籍。可參。

（注一三〇）：（一六九〇年三月）。見閻潛邱先生年譜，並參清史列傳卷六六。

（注一三一）：（一六九二年）。見碑傳集卷四七及望溪先生文集附年譜。案：此條，碑傳集卷四七方苞撰姜宸英遺事作壬戌。今考年譜方氏始至京師，爲康熙辛未，則壬戌年以前尚未嘗至京師。然則方氏之與西溟相識，當在辛未與壬申間也。姑繫於此年，以俟考。

（注一三二）：（一六九二年九月）。見碑傳集卷一七神道碑及行狀，張清恪公年譜，正誼堂文集、續集卷六。

（注一三三）：（一六九四年五月）。見張清恪公年譜。案：此條，碑傳集卷一七神道碑及行狀，正誼堂文集、續集卷六俱見載。續集載稱：「張伯行，改中書科中書舍人；尋，丁外艱，奉旨歸葬。」可參。

（注一三四）：（一六九五年三月）。見張清恪公年譜。案：此條，碑傳集卷一七神道碑及行狀均作甲戌冬。又正誼堂文集、續集卷六則云：「春、張伯行，以父卒，扶櫬歸里。喪葬一遵朱子家禮，啜粥寢苫，不入內者三年。」云云。可參。

（注一三五）：（一七〇二年十月）。見查他山先生年譜。案：此條，清史列傳卷七一謂：「聖祖東巡，以大學士陳廷敬、李光地、張玉書先後奏薦，驛召至行在，賦詩；詔隨入都，直南書房。」云云。可參。

（注一三六）：（一七〇二年十一月）。見張清恪公年譜。案：此條，碑傳集卷一七行狀載云：「冬、張伯行，補山東濟寧道。」可參。

（注一三七）：（一七〇三年）。見漢學師承記卷一。案：此條，閻潛邱先生年譜所載略同，云：「胡渭詣行在，獻平成頌及所著禹貢錐指，賜御書耆年篤學四大字。」又清史列傳卷六八作四十三年四月事。皆可並參。

（注一三八）：（一七〇三年）。見碑傳集卷四七沈彤撰行狀，及果堂集卷一一何先生行狀，義門先生文集卷二。

（注一三九）：（一七〇三年四月）。見清史列傳卷一一。案：此條，清史列傳原作三月，今從查他山先生年譜正。

（注一四〇）：（一七〇四年）。見居業堂文集卷一二。案：此條，文集原繫於甲午。考王源卒於庚寅，係康熙四十九年，如繫於甲午，其時去王氏之卒已四年矣。又據顏習齋先生年譜卷下云：「丙戌年八月、王源哭奠（習齋）先生於習齋學舍。十月、訂

（習齋）先生年譜。」然此與文集所載時月，亦不合。恐甲午爲甲申之誤，姑移繫於此年，俟考。

（注一四一）：（一七〇四年）。見張清恪公年譜，又見碑傳集卷一七行狀。

（注一四二）：（一七〇五年）。見望溪先生文集卷一二，碑集卷二三墓誌銘、神道碑，二希堂文集卷九。

（注一四三）：（一七〇六年）。見淸史列傳卷六八。案：此條，漢學師承記卷七云：「陳厚耀，成進士，學問淹通，從梅文鼎受曆算，遂通中西元術。」內容略異，存參。

（注一四四）：（一七〇七年）。見望溪先生文集附年譜，碑傳集卷二五雷鋐撰行狀、集外文卷四。

（注一四五）：（一七〇七年）。見國朝學案小識卷二，二希堂文集卷一及卷九。案：此條，正誼堂文集卷八及卷一二俱見載。略云：「張伯行，撫閩，建鼇峰書院，作藏書樓，約蔡世遠共纂先儒遺書。因取朱子小學綱目例，分門別類，編次成書，凡八十六卷，名曰小學衍義，序之。」其內容頗異，並參。又穆堂初稿卷二五，李紱爲蔡氏撰墓誌銘，則作康熙丙戌事，未知何據，俟考。

（注一四六）：（一七〇七年五月）。見張清恪公年譜。：正案誼堂文集卷八載謂：「夏、張伯行以撫閩道過嘉禾，訪求陸隴其遺書未刊者，得讀朱隨筆、讀禮志疑、問學錄、松陽鈔存四種，亟爲布刊。」並參。

（注一四七）：（一七〇八年）。見漢學師承記卷二，穆堂初稿卷二九，白田草堂存稿卷末尾。

（注一四八）：（一七一二年）。見望溪先生文集附年譜，集外文卷六。

（注一四九）：（一七二二年）。見望溪先生文集卷一二，淸史列傳卷一七。案：此條，梅定九年譜載云：「梅文鼎，孫瑴成以生員被徵入侍內廷，供奉蒙養齋；與魏廷珍、王蘭生等彙編御製天文樂律算法諸書。陳厚耀亦被命入蒙養齋修書。」可參。

（注一五〇）：（一七一三年）。見望溪先生文集附年譜，集外文卷六。

（注一五一）：（一七一三年）。見碑傳集卷二六陳世倌撰墓表，及盧文弨撰家傳。案：此條，清史列傳卷一五云：「孫嘉淦，成進士，改庶吉士；散館，授檢討。」可參。

（注一五二）：（一七一三年二月）。見望溪先生文集附年譜，文集卷一六，碑傳集卷二五雷鋐撰行狀。案：此條，年譜原繫於是年春，今從行狀訂正。

（注一五三）：（一七一七年）。見清史列傳卷一五，穆堂初稿卷二九、別稿卷一四、初稿卷四六。

（注一五四）：（一七二三年）。見望溪先生文集附年譜。案：此條，碑傳集卷二五雷鋐撰行狀，作康熙六十一年。

（注一五五）：（一七二三年）。見二希堂文集卷一，穆堂初稿卷二五。案：此條，望溪先生文集卷一〇，清史列傳卷六七俱見載。望溪文集載云：「蔡世遠，召入都，命侍皇子講讀，授編修。」清史列傳云：「王懋竑與蔡世遠同被召，引見，授翰林院編修。」皆見其詳略，可參。

（注一五六）：（一七二三年）。見望溪先生文集卷一二。案：此條，碑傳集卷二三墓誌銘云：「王承烈，改江南道監察御史。」並參。

（注一五七）：（一七二五年）。見碑傳集卷四八陳祖范撰墓誌銘。案：清史列傳卷六八有「王步青，成進士，授九谿衞學正，轉岳州府教授，以憂歸。」云云。則繫於雍正二年甲辰。考碑傳集載王步青成進士，係在雍正元年癸卯。未悉列傳所載，是否同屬一人，抑別有所據耶？存參。

（注一五八）：（一七二五年）。見望溪先生文集卷一〇。案：碑傳集卷二四盧文弨撰家傳、同卷徐用檢撰傳謂：「雍正元年、楊名時，晉兵部尚書；尋，轉吏部。」可參。

（注一五九）：（一七二五年正月）。見碑傳集卷一七神道碑及行狀，年譜。

（注一六〇）：（一七二六年）。見望溪先生文集卷一〇，又見碑傳集卷二四盧文弨撰家傳。

（注一六一）：（一七二六年七月）。見碑傳集卷二三神道碑。案：此條，清史列傳卷一二以沈近思獲賜詩，係在雍正二年二月，存參。

（注一六二）：（一七二九年）。見清史列傳卷七一，碑傳集卷三二袁枚撰墓誌銘，及秦瀛撰墓表。案：此條，墓誌銘及墓表俱云齊氏時年十六，實則雍正己酉，齊氏應爲年二十七方合，今正。

（注一六三）：（一七二九年）。見清史列傳卷七五。案：清史列傳謂藍鼎元抵官一月而卒。考碑傳集卷一〇〇以藍氏卒於雍正十一年，則非此年卒也，存參。

（注一六四）：（一七三〇年四月）。見全謝山先生年譜。案：此條，鐵橋漫稿卷七，則繫其事於雍正七年。略云：「全祖望，以充選貢入都，上書禮部侍郎方苞，論喪禮或問；侍郎異之，由是聲稱籍甚。」存參。

（注一六五）：（一七三三年春）。見全謝山先生年譜。案：此條，張穆鐵橋漫稿卷七，則繫於雍正十年。其略云：「全祖望，舉進士不第，李紱見其行卷，曰：深寧、東發以後一人也。」可參。

（注一六六）：（一七三三年冬）。見全謝山先生年譜。案：此條，碑傳集卷二四神道碑稱云：「冬、李紱見全祖望之文而深許之，遂招祖望同居。」此卽年譜所謂「移寓李紱紫藤軒」者也。

（注一六七）：（一七三六年）。見勉行堂文集卷六，青溪集正編卷六。

（注一六八）：（一七三六年春）。見望溪先生文集附年譜。案：此條，碑傳集卷二五雷鋐撰行狀、同卷沈廷芳撰傳俱載其事，與年譜頗有出入，錄之以備考。行狀云：「召入南書房，晉禮部右侍郎，教習庶吉士、兼文頴、經史、三禮館總裁。」傳云：「入直南書房，擢禮部右侍郎。」又云：「二年、復教習庶吉士、兼文頴館、經史、三禮館總裁。」

（注一六九）：（一七三六年三月）。見尹健餘先生年譜。案：此條，清史列傳卷一八繫於是年二月，並參。

（注一七〇）：（一七三六年七月）。見厲樊榭先生年譜。案：此條，清史列傳卷七一謂：「厲鶚，以浙江總督程元章薦，應博學鴻詞科，試日誤寫論在詩前，又報罷。」可參。

（注一七一）：（一七三七年春）。見尹健餘先生文集卷一一。案：此條，清史列傳卷一八見載，文義較詳。略云：「尹會一，入覲，詔署廣東巡撫，以母老疏辭，調署河南巡撫。」存參。

（注一七二）：（一七三八年）。見漢學師承記卷二。案：此條，清史列傳卷六八作乾隆四年事，存參。

（注一七三）：（一七三八年）。見漢學師承記卷二。案：此條，碑傳集卷二六陳世倌撰墓表，及盧文弨撰家傳，俱連書不載月份。略云：「孫嘉淦，轉吏部尚書，授直隸總督。」可參。

（注一七四）：（一七四〇年）。見王述庵先生年譜。案：碑傳集卷三七墓誌銘載稱：「王昶，年十七補博士弟子。」可參。

(注一七五)：(一七四一年)。見碑傳集卷三七王蘭泉先生。案：此條，述庵先生年譜繫於是年二月。略云：「二月、應院試，以第一名入學。是年、始學爲詩詞。」可參。

(注一七六)：(一七四一年)。見碑傳集卷三八阮元撰神道碑，揅經室二集卷三及知足齋全集附年譜。

(注一七七)：(一七四一年冬)。見望溪先生文集附年譜。案：此條，碑傳集卷二五沈廷芳撰傳作乾隆八年，恐誤。

(注一七八)：(一七四二年)。見戴東原先生年譜。案：此條，碑傳集卷五一洪榜撰行狀云：「戴震，年二十，同縣程洵一見大愛重之，曰：載道器也！吾見人多矣，如子者巍科碩輔，誠不足言！」可參。

(注一七九)：(一七四四年)。見抱經堂文集卷三三。案：此條，淸史列傳卷七一云：「盧見曾，起謫戍，補直隸灤州知州。」可參。

(注一八〇)：(一七四七年)。見勉行堂文集卷二。案：此條，文集原不明載於何年，只謂在乾隆丙寅丁卯間，今姑繫於此年，俟考。

(注一八一)：(一七四七年秋)。見王西莊先生年譜，竹汀居士年譜。

(注一八二)：(一七四九年)。見竹汀居士年譜。案：此條，述庵先生年譜云：「王昶，入紫陽書院肄業，與褚寅亮、錢大昕、曹仁虎輩，以經術詩古文互相砥礪。」又淸史列傳卷六八謂：「戴震，年二十八補諸生，與惠棟、沈彤爲忘年交。」考戴氏年二十八，應爲乾隆十五年；其補休寧諸生，則爲乾隆十六年；乾隆十五年，則未考見戴氏是年事實，而見載於年譜者也。今參竹汀居士年譜，及述庵先生年譜所載，酌移於此年，以俟再考。

（注一八三）：（一七五〇年）。見余英時先生「戴震的經考與早期學術之路向」一文，載錢穆先生八十歲紀念論文集。

（注一八四）：（一七五〇年）。見碑傳集卷二六。案：此條，清史列傳卷一五繫於是年五月，云：「授兵部右侍郎。」可參。

（注一八五）：（一七五〇年）。見碑傳集卷三〇彭啓豐，及朱仕琇撰墓誌銘，白田草堂存稿卷首。

（注一八六）：（一七五〇年七月）。見碑傳集卷二六。案：此條，清史列傳卷一五作八月，存參。

（注一八七）：（一七五一年）。見青溪集正編卷六。案：此條，勉行堂文集卷六見載。略云：「程廷祚，復以薦詔入都；旋報罷（時年六十一）。」存參。

（注一八八）：（一七五二年）。見清史列傳卷六八，盧抱經先生年譜，漢學師承記卷六，復初齋文集卷一四。

（注一八九）：（一七五二年）。見戴東原先生年譜。案：碑傳集卷五〇王昶撰墓誌銘云：「戴震，著考工記圖、屈原賦注、句股割圜記諸書，約成於是年（時震年甫三十）。」云云。考戴氏考工記圖成於乾隆十一年，碑傳集明繫於此年，實誤。

（注一九〇）：（一七五三年）。碑傳集補卷三九阮元撰墓誌銘，續碑傳集卷七二徐士芬撰事略狀，清史列傳卷二六及卷六八並參。

（注一九一）：（一七五三年）。見余英時先生「戴震的經考與早期學術路向」一文，載錢穆先生八十歲紀念論文集。

（注一九二）：（一七五三年七月）。見述庵先生年譜。案：碑傳集卷三七神道碑、墓誌銘、王蘭泉先生，䂬經室二集卷三俱見載，皆不書月份。碑傳集云：「王昶，學江南鄉試。」可參。

（注一九三）：（一七五四年）。見余英時先生「戴震的經考與早期學術路向」一文，載錢穆先生八十歲紀念論文集。

（注一九四）：（一七五四年春）。見校禮堂文集卷三五、戴東原先生事略狀，及竹汀居士年譜。案：段玉裁戴東原先生年譜，及洪榜戴先生行狀，並謂戴氏入都，在乾隆二十年乙亥。此俱見載於王西莊先生年譜按語。

（注一九五）：（一七五四年二月）。見述庵先生年譜。案：此條，碑傳集卷三七王蘭泉先生，及揅經室二集卷三見載，不書何月。略云：「王昶，成進士，尚書秦蕙田延修五禮通考。」存參。

（注一九六）：（一七五六年夏）。見青溪集正編卷四。案：程氏嘗著「晚書訂疑」，大抵乃補其著「尚書古文疏證辨」而作者也。

（注一九七）：（一七五七年）。見戴東原先生年譜。案：戴氏與惠定宇相識，清史列傳卷六八載其事，以戴氏時年二十八，參乾隆十四年（一七四九）條注。

（注一九八）：（一七五七年）。見錢南園先生遺集卷七。案：唐鑑國朝學案小識卷九云：「年十八，游同邑王懷素之門。」者是也。

（注一九九）：（一七五七年）。見二林居集卷一〇韓長儒撰墓表，清史列傳卷六七。案：清史列傳卷七二則以乾隆三十四年，「彭紹升，成進士，選知縣不就，始讀先儒書，喜陸王之學。」及「與汪縉罷食，禮佛，不下樓者四年。」云云。並參。

（注二〇〇）：（一七五七年三月）。見述庵先生年譜。案：此條，碑傳集卷三七王蘭泉先生，及揅經室二集卷三俱見載，皆與此稍異，並參。碑傳集云：「王昶，以高宗南巡，獻賦行在；召試一等第一，授內閣中書。是歲、仍留揚州，兩淮鹽運使盧見曾屬撰紅橋小誌，以記篠園平山堂水樹花木之勝。」又揅經室二集云：「王昶，以南巡召試一等第一，賜內閣中書，協辦侍讀，直軍機房，洊陞刑部主事員外郎中。」

（注二〇一）：（一七五八年三月）。見王西莊先生年譜。案：此條，淸史列傳卷六八見載。略云：「王鳴盛，擢侍講學士，充日講起居注官。」可參。

（注二〇二）：（一七五九年）。見紀文達公遺集卷九。案：碑傳集卷三八朱珪撰墓誌銘，漢學師承記卷六俱見載。碑傳集云：「紀昀，充山西鄉試正考官。」可參。

（注二〇三）：（一七五九年）。揅經室二集卷二，漢學師承記卷七，劉端臨先生年譜並參。

（注二〇四）：（一七五九年秋）。見南澗先生遺文卷末尾。案：竹汀居士年譜云：「七月、錢大昕，充山東鄉試正考官。」則其爲鄉試正考官，乃在是年七月也。又潛研堂文集卷二三載有「山東鄉試錄序」一文，可參。

（注二〇五）：（一七六〇年）。見段懋堂先生年譜。案：淸史列傳卷六八謂：「段玉裁，擧鄉試至京師，見戴震，好其學，遂師之。」不知何據？參乾隆二十八年（一七六三）條注。

（注二〇六）：（一七六二年秋）。見碑傳集補卷三九陳履和撰行略。案：崔東壁年譜云：「七月、崔述，與弟同學於鄉。」可參。

（注二〇七）：（一七六三年春）。見戴東原先生年譜，碑傳集卷五〇。案：段懋堂先生年譜云：「段玉裁，始識戴震於京師，心慕其學，遂自稱弟子。」淸史列傳卷六八載段玉裁從學戴氏，在乾隆二十五年（一七六〇），實誤。

（注二〇八）：（一七六七年）。見祇平居士集卷六。案：王元啓撰四書講義序，不繫年月，今暫繫於是年，俟再考。

（注二〇九）：（一七六八年）。見漢學師承記卷六。案：紀曉嵐先生年譜分載其事於二月、四月、七月條下；清史列傳卷二八則分載於二月、四月、六月條下；碑傳集卷三八亦略及，今錄之以供參考。年譜云：「二月、紀昀，補貴州都勻府知府，命加四品銜，留庶子任。」「四月、擢翰林院侍讀學士。」「七月、兩淮鹽運使盧見曾獲罪，有旨籍其家。紀昀與盧氏爲姻，漏言於見曾孫蔭恩，革職戍烏魯木齊。」清史列傳云：「二月，紀昀，補貴州都勻知府；上以昀學問優，外任不能盡其長，命加四品銜，留庶子任。」「四月，擢翰林院侍讀學士。」「六月，以連坐逮問戍烏魯木齊。」又碑傳集云：「紀昀，授貴州都勻知府。」

（注二一〇）：（一七六九年）。見惜抱軒文集卷一三。案：此條，碑傳集卷五六章學誠撰別傳，及漢學師承記卷六俱見載。別傳略云：「任大椿，以二甲第一人舉進士，授禮部主事。」漢學師承記則云：「任大椿，成進士，授禮部主事，轉郎中，陝西道監察御史，充四庫全書館纂修官。」可參。

（注二一一）：（一七六九年）。見盧抱經先生年譜。案：清史列傳卷六八作乾隆三十三年，恐誤。又漢學師承記卷六云：「盧文弨，乞假養親歸。」可參。

（注二一二）：（一七六九年）。見段懋堂先生年譜，邵二雲先生年譜。案：此條，戴東原先生年譜載云：「夏、戴震，偕段玉裁如山西，客朱珪官署。玉裁主講壽陽書院；旋應汾州太守孫和相聘修府志，成汾州府志三十四卷。」可參。

（注二一三）：（一七七一年）。見清史列傳卷六八。案：此條，復初齋文集卷一四云：「孔繼

（注二一四）：（一七七一年）。見清史列傳卷六八，漢學師承記卷六。

涵，成進士，官戶部河南司主事、兼理軍需局事，充日下舊聞纂修官。」可參。

（注二一五）：（一七七三年）。見邵二雲先生年譜。案：此條，紀昀、邵晉涵、戴震諸人事迹，並見碑傳集卷三八朱珪撰墓誌銘，漢學師承記卷六，紀文達公遺集卷八，洪北江詩文集、卷施閣文甲集卷九，戴東原先生年譜，程易疇先生年譜。碑傳集云：「紀昀，擢侍讀；開四庫館，命爲總纂官。」又「開四庫館，戴震以鄉貢士薦入館，充纂修官；特命與會試中式者，同赴廷對。」漢學師承記云：「詔修四庫全書，邵晉涵召赴闕下，除翰林院庶吉士，充纂修官。」紀文達公遺集云：「紀昀，受詔校秘書。」洪北江詩文集云：「詔開四庫館，校勘永樂大典。邵晉涵以大學士劉統勳薦，特旨，改庶吉士，充纂修官。」戴東原年譜云：「開四庫館，戴震，以紀昀薦，召至京師，充纂修官。」程易疇年譜云：「戴震，奉召入都，充四庫館纂修官。」

（注二一六）：（一七七六年）。見漢學師承記卷四。案：洪北江詩文集卷首附年譜，以洪氏丁母憂於十月，並參。

（注二一七）：（一七七六年五月）。見述庵先生年譜。案：此條，碑傳集卷三七王蘭泉先生作四月，略云：「王昶，陞授鴻臚寺卿，賞戴花翎，在軍機處行走，命纂金川方略，充總修官；尋，擢通政司副使。」可參。

（注二一八）：（一七七八年）。見王西莊先生年譜。案：漢學師承記卷三謂：「江藩，年十六，著爾雅正字，王鳴盛在江聲家見之，囑江氏招藩，獎賞不已。」則其年不在十八，而應在十六歲也。可參。

（注二一九）：（一七七八年三月）。見抱經堂文集卷八。案：此條，題下原注丁酉，卽乾隆四十二年。今仍照正文所繫年月，不改，以俟考。

（注二二〇）：（一七七九年）。見太鶴山人年譜。案：此條，淸史列傳卷七三云：「端木國瑚，七歲，入塾數月，輒令誦同學所誦書。」可參。

（注二二一）：（一七八〇年）。見盧抱經先生年譜。案：此條，抱經堂文集卷三見載，內容稍異，錄之備考。略云：「盧文弨、入京，晤太史程晉芳。程氏自謂搜得儀禮有十一家之本，欲爲著甄綜而疏通之文；文弨聆之，又躍然以喜，欲重理故業。時年六十四，因發憤先爲注疏。」云云。並參。

（注二二二）：（一七八〇年）。見漢學師承記卷七。案：揅經室續集卷二謂：「李惇，會試中式第二，學使彭芸楣侍郎聘主暨陽書院，勵諸生以經學。」可參。

（注二二三）：（一七八一年）。見顧千里先生年譜。案：此條，續碑傳集卷七七李兆洛撰墓志銘作年二十，則爲乾隆五十年乙巳事。其略云：「顧廣圻，年二十南歸，從張氏遊，館於程氏，程氏家富藏書，廣圻徧覽之，學者稱萬卷書生。」可參。

（注二二四）：（一七八二年正月）。見程易疇先生年譜。案：此條，容甫先生年譜云：「正月、汪中，又以古劍寄贈程瑤田，見通藝錄桃氏爲劍考。」可參。

（注二二五）：（一七八四年正月）。見知足齋全集附年譜。案：此條，碑傳集卷三八阮元撰神道碑，揅經室二集卷三俱見載。神道碑略云：「朱珪，扈蹕南巡，授內閣學士、兼禮部侍郎，閱浙江江蘇召試卷。」可參。

（注二二六）：（一七八四年六月）。見洪北江詩文集附年譜。案：此條，淸史列傳卷七一不書月份，略云：「程晉芳，以家貲盡，官京師，至無以擧火，乞假遊西安，將謀諸畢沅爲歸計，抵關中一月卒。」可參。

（注二二七）：（一七八六年）。見淸史列傳卷七二。案：此條，淸史列傳卷七七以曹仁虎卒乾隆五十二年，存參。

（注二二八）：（一七八六年）。見劉禮部集卷末尾附劉承寬等撰先府君行述。案：此條，劉禮部集卷一〇，亦見載其事。略云：「莊述祖，告歸田里，劉逢祿時年十一，叩其所讀賈董文章，喜謂其母曰：汝子可敎，從何師得之？母答以自課耳！」云云。可參。

（注二二九）：（一七八八年）。見淸史列傳卷七二。案：黃蕘圃先生年譜謂：「擧江南孝廉。」可參。

（注二三〇）：（一七八九年四月）。見惜抱軒文集卷一三。案：碑傳集卷五六施朝幹撰墓表作五月，存參。

（注二三一）：（一七九〇年）。見晚學集卷首，漢學師承記卷六。案：淸史列傳卷六九謂：「桂馥，成進士，選雲南永平縣知縣，居官多善政。」云云。可參。

（注二三二）：（一七九一年）。見揅經室二集卷三，碑傳集卷八七阮元撰傳。案：淸史列傳卷六九作乾隆五十七年，存參。

（注二三三）：（一七九一年四月）。見鶴皐年譜。案：淸史列傳卷七二不書月份，僅載其事謂：「祁韻士，以大考翰詹，改戶部主事，游陞郎中，充寶泉局監督。」可參。

（注二三四）：（一七九二年秋）。見崔東壁年譜。案：碑傳集補卷三九陳履和撰行略云：「秋、崔述，如京師，時陳履和試禮部下第，滯留都門，偶獲讀洙泗考信錄，及正朔禘祀通考，因請業焉。」云云。並參。

（注二三五）：（一七九三年）。見續碑傳集卷八陳用光撰墓志銘。案：此條，不書月份，其事迹亦連書不分。淸史列傳卷三二，將其事分載於乾隆五十九年、嘉慶五年閏四月及十月，可互參之。

（注二三六）：（一七九三年）。見晚學集卷首。案：阮氏爲桂馥作「晚學集序」，爲乾隆五十九年八月之事，今連書於此可也。

（注二三七）：（一七九四年）。見竹汀居士年譜，碑傳集卷三七神道碑，揅經室二集卷三，王西莊先生年譜。案：述庵先生年譜以王昶歸里，以春融顏其堂，係在是年七月。其餘事迹，述庵年譜俱不見載，不知何故？竹汀居士年譜續編，則以其事分繫於是年十月，文字亦與他書相類，不另鈔錄。

（注二三八）：（一七九五年閏二月）。見知足齋全集附年譜。案：碑傳集卷三八阮元撰神道碑，揅經室二集卷三，俱不書月份，略謂：「朱珪，署兩廣總督；旋授都察院左都御史，入兵部尙書。」則頗有出入。

（注二三九）：（一七九六年）。見顧千里先生年譜。案：此條，續碑傳集卷七七李兆洛撰墓志銘作顧氏年三十，則應在乾隆六十年乙卯矣，俟考。

（注二四〇）：（一七九六年）。案：續碑傳集卷七八、楊彝珍撰傳作鄧氏年十九補諸生，此據續碑傳集同卷劉基定撰墓表。

（注二四一）：（一七九六年）。見淸史列傳卷六八，漢學師承記卷三。

（注二四二）：（一七九六年十一月）。見淸史列傳卷二八。案：紀曉嵐先生年譜引東華錄作十月事，存參。

（注二四三）：（一七九七年）。見續碑傳集卷七六方宗誠撰墓表。案：淸史列傳卷七二，謂：

「劉開，年十四，上書同邑姚鼐；鼐曰：此子他日當以古文名家，方劉之墜緒，賴以復振。因從鼐學。」云云。其文字則與續碑傳集所載稍異，存參。

（注二四四）：（一七九七年冬）。見紀文達公遺集卷九。案：此序原注作於丁丑（一八一七）；考紀氏沒於乙丑（一八〇五），則丁丑其時紀氏死數年矣。今移繫於此年，以俟再考。

（注二四五）：（一八〇〇年）。見碑傳集卷三七神道碑。案：碑傳集同卷王蘭泉先生，作嘉慶六年事，誤。又阮元揅經室二集卷三，則謂王氏時年七十七，與神道碑說正合，並參。

（注二四六）：（一八〇一年正月）。見雷塘庵主弟子記。案：顧千里先生年譜謂：是年阮氏「建詁經精舍於西湖，大集天下學者。」可參。

（注二四七）：（一八〇二年）。見淩次仲先生年譜，洪北江詩文集卷首附年譜。案：洪亮吉主講洋川書院，係在是年二月，今連書不分，並參可也。

（注二四八）：（一八〇二年五月）。見石隱山人自訂年譜。案：此條，清史列傳卷六九謂：「朱駿聲，年十五，爲諸生，從錢大昕遊。大昕一見奇之，曰：衣鉢之傳，將在子矣！」可參。

（注二四九）：（一八〇二年八月）。見知足齋全集附年譜。案：碑傳集卷三八阮元撰神道碑，揅經室二集卷三。略云：「秋、朱珪，扈蹕灤陽，宣制以戶部尚書拜協辦大學士，仍加太子少保銜。」可參。

（注二五〇）：（一八〇四年）。見續碑傳集卷八四包世臣撰劉國子家傳。案：包氏再游揚州，劉文淇時年應爲十六。考包氏所爲劉國子家傳，稱文淇時年十二三，非實數也。

又據同書卷七四包世臣爲凌曙撰墓表，謂嘉慶十年，包世臣再遊揚州，始識凌氏。則與家傳所載包氏再遊揚州事，稍後一年。考包氏於嘉慶庚午，已挈眷僑居金陵，見包愼伯年譜。今悉從家傳說繫於此年，存參。

（注二五一）：（一八〇五年）。見淸史列傳卷七二，續碑傳集卷七七丁晏撰家傳。案：此條，續碑傳集同卷魏源撰傳，作嘉慶十一年，恐誤。

（注二五二）：（一八〇五年）。見淸史列傳卷六九。案：夢陔堂文集卷六，所謂「官於粵西」者是也。

（注二五三）：（一八〇七年七月）。見漢學師承記卷七。案：此條，碑傳集補卷四〇焦循撰傳，作八月，存參。

（注二五四）：（一八一三年）。見亦有生齋集卷二。案：此條，程晉芳之子瀚與趙懷玉相見，應在甲戌（一八一四），存參。

（注二五五）：（一八一六年八月）。見思適齋集卷一一。案：顧千里先生年譜云：「八月、孫星衍，自甲戌以來校刻全唐文，顧廣圻爲分校於揚州，事畢將返吳門。」可參。

（注二五六）：（一八一八年）。見念樓集卷六。案：劉寶楠、劉文淇與包世臣諸人相交，劉楚楨先生年譜及劉孟瞻先生年譜，俱見載其事。楚楨年譜謂：「是年、劉寶楠與劉文淇、包世臣交。」孟瞻年譜則云：「是年、劉文淇與劉寶楠交，同訪包世臣於小倦游閣。」可參。

（注二五七）：（一八一九年）。見續碑傳集卷七四李元度撰事略。案：淸史列傳卷六九，繫此條於嘉慶二十二年。考是年鄒氏年十三，則尙未至年十五也，恐誤。其略云：「鄒漢勳，年十五，通左氏義，佐伯兄漢紀撰左氏地圖說、博物隨鈔，又佐仲兄漢瀪撰羣經百物譜諸書。」可參。

（注二五八）：（一八二一年）。見碑傳集補卷一七王柏心撰墓誌銘。案：此條，與清史列傳卷六七所載頗異。略云：「宗稷辰，舉鄉試，官內閣中書。」可參。

（注二五九）：（一八二一年）。見清史列傳卷七二。案：關於劉開卒年，續碑傳集卷七六方宗誠撰墓表，作卒道光四年，與此大異，存參。

（注二六〇）：（一八二一年）。見清史列傳卷七二。案：關於陸氏之卒年，姜亮夫綜表引李兆洛撰傳，作卒道光十六年，年六十六，存參。

（注二六一）：（一八二二年）。見柏梘山房文集卷末尾。案：此條，清史列傳卷七三繫於道光三年（一八二三），謂：「梅曾亮，成進士，用知縣援例，改戶部郎中。」可參。

（注二六二）：（一八二二年）。見續碑傳集卷七四李元度撰事略。案：清史列傳卷六九謂：「鄒漢勳，年十八九，撰六國春秋。」存參。

（注二六三）：（一八二二年）。見續碑傳集卷七九吳昆田撰傳、同卷湯紀尙撰傳。案：吳昆田撰傳，謂魯一同時年十八，實爲年十九之誤，今正。

（注二六四）：（一八二二年二月）。見清史列傳卷三八。案：碑傳集補卷一四林則徐撰墓誌銘，不書月份，只云：「梁章鉅，京察一等，授湖北荊州知府，擢江南淮海河務道，署江蘇按察使。」可參。

（注二六五）：（一八二三年正月）。見雷塘庵主弟子記。案：此條，亦見載於揅經室集卷首，其文字較詳。略云：「阮元，取舊帙授兒輩重編寫之，分爲四集，統名之曰揅經室集，自爲之序。」云云。可參。

（注二六六）：（一八二四年九月）。見清史列傳卷三八。案：唐確愼公集卷四作閏七月，存參。

（注二六七）：（一八二七年十月）。見思適齋集卷一三。案：此條，原繫於道光六年丙戌，以是年郭麐年六十計。然考顧千里先生年譜，及思適齋集俱作道光七年丁亥十月，蓋以顧氏敍郭麐老復丁晝圖而致也。則其繫於丁亥，亦無不可，今從顧氏序及年譜改正。

（注二六八）：（一八二七年十月）。見喜聞過齋文集卷一三。案：清史列傳卷七六，謂：「李文耕，擢湖北按察使，未至任，調山東，除懸案不結之弊，吏治肅然。」可參。

（注二六九）：（一八二八年）。見劉楚楨先生年譜，論語正義後序，念樓集卷五。案：廣經室文鈔後序云：「劉寶楠，應省試，與儀徵劉文淇、江都梅植之、涇包愼言、丹徒柳興恩、句容陳立相約，各治一經，加以疏證。劉寶楠發策得論語，自是屏棄他業，專志精思，依焦氏作孟子正義之法，先為長編，得數十巨册，其後所闕卷，則舉其子恭冕續成。」可為並參。

（注二七〇）：（一八二八年）。見續碑傳集卷七七丁晏撰家傳。案：古微堂外集卷四魏源為周濟撰傳，以周氏時年四十七。考周濟生乾隆四十六年（一七八一），至道光八年（一八二八），是年周氏應年四十八，魏源以周氏年四十七，實誤。其略云：「道光八年，周濟年四十七，自號止安。作五言詩自訟，訟其兵農雜進，負初心。遂去揚州，寓金陵春水園。盡屏豪蕩技藝，復理故業。著說文系四卷、韵原四卷，輯平日古今體詩二卷、詞二卷、雜文二卷，又著晉略十册，以寓平生經世之學。」云云。可參。

（注二七一）：（一八三〇年十一月）。見清史列傳卷三八。案：此條，唐確愼公集卷四作十月，存參。

（注二七二）：（一八三四年）。見碑傳集補卷一一黃雲鵠撰墓表。案：碑傳集補同卷高延第撰墓誌銘，云：「是年、舉鄉試，官內閣中書。」可參。

（注二七三）：（一八三四年）。見續碑傳集卷一二王邦撰李文清公行實。案：此條，清史列傳卷四七，作道光十三年（一八三三），並參。

（注二七四）：（一八三五年）。見清史列傳卷七三。案：續碑傳集卷七一丁晏撰傳，作道光十九年（一八三九），存參。

（注二七五）：（一八三五年）。見續碑傳集卷七九湯紀尙撰傳，清史列傳卷七三。案：此條，續碑傳集卷七九吳昆田撰傳，作年三十一，則爲道光十四年（一八三四），恐爲年三十二之誤也。

（注二七六）：（一八三五年）。見續碑傳集卷一二王軫撰李文清公行實，清史列傳卷四七，並參。

（注二七七）：（一八三六年）。見續碑傳集卷四秦湘業撰神道碑銘。案：此條，清史列傳卷四六分繫於五月、六月、九月條下。略云：「五月、祁寯藻，授兵部右侍郎。」「六月、服闋。」「九月、轉左侍郎，並充武會試接射大臣。」可參。

（注二七八）：（一八三六年）。見碑傳集補卷一四林則徐撰墓志銘。案：此條，清史列傳卷三八分載於正月、四月條下。略云：「正月、調直隸布政使。」「四月、擢廣西巡撫。」並參。

（注二七九）：（一八三六年）。見清史列傳卷三八。案：此條，唐確愼公集卷四云：「五月、授貴州巡撫，閱九年陞雲貴總督。」云云，可參。

（注二八〇）：（一八三六年十月）。見羅忠節公年譜。案：本集卷五「號悔泉記」作於甲午八月，則爲道光十四年（一八三四）矣，此處連書不分，存參。

（注二八一）：（一八三七年十二月）。見清史列傳卷六六。案：續碑傳集卷四秦湘業撰神道碑銘云：「祁寯藻，調戶部右侍郎，奉命督學江蘇，轉左侍郎，又調吏部。任滿，擢左都御史；尋，擢兵部尚書。」則合清史列傳正月、八月、十二月之事，連書不分，並可互參。

（注二八二）：（一八三九年）。見清史列傳卷六九。案：清史列傳謂是年俞氏卒，年六十六，誤。其詳見道光二十年（一八四〇），俞氏卒年條下。

（注二八三）：（一八三九年）。見續碑傳集卷七八劉基定撰墓表。案：鄧氏編輯資江耆舊集，及沅湘耆舊集兩書，究竟確成於何年，墓表並不明載，玆姑連繫於此條，以爲參考。

（注二八四）：（一八四〇年）。見記過齋藏書卷首。案：記過齋藏書謂蘇氏是年三十四歲，中河南鄉試，實爲三十二歲之誤，今正。

（注二八五）：（一八四四年）。見續碑傳集卷七九張星鑑撰懷舊記，清史列傳卷七三。案：一鐙精舍甲部藁卷首，謂：「何秋濤，試禮部爲貢生。」則所載與此不同，存參。

（注二八六）：（一八四五年）。見清史列傳卷七六。案：鄭子尹年譜謂黃氏是年成進士，不知何據，俟考。

（注二八七）：（一八四九年）。見續碑傳集卷四秦湘業撰神道碑銘。案：此條，清史列傳卷四六分繫於二月、七月條下。略云：「二月、充上書房總師傅。」「七月、命以戶部尚書協辦大學士，管理戶部三庫事務。」可參。

（注二八八）：（一八五〇年）。方儀衞先生年譜。案：方氏「大意尊聞」一書，同治五年，其門人方宗誠始爲校刊於郡城，則在此期間方氏仍在修改中，亦未必爲定稿也。

（注二八九）：（一八五一年五月）。見曾文正公年譜，淸史列傳卷六七。案：唐確愼公集卷首載其事，不書月份。略云：「文宗下詔求賢，唐鑑召赴闕，奏對稱旨，辭以老不能任職；優詔加二品銜，命回江南，主書院講席，矜式後學。」可參。

（注二九〇）：（一八五三年）。見續碑傳集卷七五蕭穆撰別傳。案：此條，續碑傳集同卷儒林傳稿劉熙載傳繫咸豐二年九月，存參。

（注二九一）：（一八五三年正月）。見柏堂遺書文集前編卷二、卷八、卷九附識，又俟命錄卷首。案：淸史列傳卷六七，謂：「方宗誠，以髮匪陷桐城，避居魯栱山中之柏堂，成俟命錄十卷。」則不載月份，存參。

（注二九二）：（一八五三年八月）。見柏堂遺書文集前編卷二。案：方氏此書實成於咸豐三年八月以前，而板行則在光緒乙酉。輔仁錄卷首載有譚廷獻及彭玉麟等敍，爲光緒十二年仲冬所作，可考。

（注二九三）：（一八六一年十二月）。見淸史列傳卷四六。案：續碑傳集卷四秦湘業撰神道碑銘載云：「祁寯藻，特旨起用，以病請緩行，有陳時務一疏，幾五千言，卽命以大學士銜爲禮部尚書。」則繫於同治元年壬戌（一八六二），存參。

（注二九四）：（一八六二年）。見左文襄公文集卷二一。案：此篇文集不詳書其年月，只稱同治初，今姑繫於此年，以俟考。

（注二九五）：（一八六五年）。見柏堂遺書卷首，又文集續編卷二一。案：方氏此書，大抵對陳氏禮記集說，有所補正，此概見於方氏所撰之自敍中。存參。

（注二九六）：（一八六五年冬）。見柏堂遺書卷首，又文集續編卷二。案：方氏是書，大抵取朱子詩集傳，及蔡氏書集傳，加以發明疏通，以成其書者。此略見於其自敍，可參。

（注二九七）：（一八六六年）。見孫詒讓年譜。案：此條，曾文正公年譜及清史列傳卷四五，俱不見載，不知年譜何據，俟再考。

（注二九八）：（一八六八年五月）。見虛受堂文集卷九。案：此條，清史列傳卷七六作四月，存參。

（注二九九）：（一八七〇年）。見隨山館叢稿卷三。案：此條，原繫於咸豐庚午；考咸豐有戊午而無庚午，恐爲同治庚午之誤，故移繫於此年，以俟再考。

（注三〇〇）：（一八七一年二月）。見續碑傳集卷八〇譚廷獻撰墓志銘。案：此條，清史列傳卷六七載稱：「方宗誠，補棗強知縣，建正誼講舍、敬義書院，立學規，集諸生會講。又刻小學經正錄、弟子規及先賢遺書。」可參。

（注三〇一）：（一八七九年六月）。見柏堂遺書卷首。案：方氏此書，成於官棗強時，而刊於光緒九年，相去歷時十二年，亦可謂悠長矣。

（注三〇二）：（一八八一年）。見拙尊園叢稿卷四。案：黎氏爲其兄叔耘「青萍軒遺稿」作序，乃在癸未六月（即光緒九年），距其自英倫歸國，已相去三年，今連繫於此，毋乃過簡矣。

（注三〇三）：（一八八四年）。見葵園自訂年譜。案：虛受堂文集卷二作閏五月，略云：「王先謙，纂輯續東華錄四百十九卷成，序之。」可參。

（注三〇四）：（一八八八年七月）。見葵園自訂年譜。案：此條，虛受堂文集卷二作六月。略云：「六月、王先謙，刻皇淸經解續編千四百三十卷成，有序。」可參。

（注三〇五）：（一九〇三年十一月）。見淸史列傳卷六四。案：張之洞之倡中學爲體，西學爲用；張文襄公年譜作光緒三十二年十二月事，存參。

（注三〇六）：（一九〇九年八月）。見葵園自訂年譜。案：虛受堂文集卷六作七月，略云：「七月、王先謙，輯莊子集解八卷成，刻之。」可參。

附錄二：生卒年注釋

（注　一）：（一三七六年）。曹端，見曹月川集附錄張信民纂年譜，明儒學案卷四四，明史卷二八二。

（注　二）：（一三七九年）。貝瓊，出處見拙著「宋元理學家著述生卒年表」延祐元年。案：明通鑑卷六作洪武十一年卒，並參。

（注　三）：（一三八九年）。薛瑄，見薛文清全集卷四九附集閻禹錫撰行狀、彭時撰志銘，又見薛文清公年譜，聖學宗傳卷一二，明儒學案卷七，馮先恕疑年錄釋疑。

（注　四）：（一三八九年）。梁寅，見石門集卷首附錄石光霽撰石門先生行狀，疑年錄彙編卷五。案：國榷卷九〇作是年二月卒，年八十二，恐誤。

（注　五）：（一四一六年）。王恕，見明儒學案卷九，明史卷一八二本傳，疑年錄彙編卷六。案：馮先恕疑年錄釋疑引王文恪公文集卷二九王鏊撰墓誌銘作卒年九十四，則生永樂十三年，存參。

（注　六）：（一四三六年）。李錦，見明儒學案卷七。案：呂涇野先生文集卷三四呂柟撰墓誌銘，則謂李氏生成化九年三月七日，卒嘉靖十五年閏十二月十四日，年六十四，並參。

（注　七）：（一四五九年）。陳茂烈，關於陳氏之生卒年壽，諸書俱見載而不全。國榷卷五〇作正德十一年十二月卒，年壽闕略；明儒學案卷六作卒年五十八，則不載卒於何年。今以國榷及學案合推，得生於是年。

（注　八）：（一四七二年）。王守仁，見王文成公全書附錄錢德洪撰年譜，理學宗傳卷九，明儒學案卷一〇，明史卷一九五本傳，甘泉文集卷三一湛若水撰墓誌銘，馮先恕疑年錄釋疑。案：吳榮光歷代名人年譜作嘉靖八年卒，生成化九年（一四七二）；又國榷卷五四作卒年五十八，恐誤。

（注　九）：（一四八〇年）。黃綰，關於黃氏之生卒年壽，諸書所載皆不全。明儒學案卷一三以黃氏卒年七十五，而生卒俱闕；國榷卷六一則以黃氏卒嘉靖三十三年九月。今以學案與國榷合推，得生於是年。

（注一〇）：（一四八二年）。徐問，關於徐氏之生卒年壽，諸書所載俱不全。余據國榷卷五九，考得徐氏卒於嘉靖二十九年正月，唯年壽闕如。案：徐問山堂萃藁卷五有「紀夢」詩一首，其詩云：「誰將潦倒向人前，生計惟餘羨鶴田，五十功名塵土外，四時淸夢楚雲邊。黃花又浥初寒露，白雁孤飛欲曙煙，撫事未須煎百慮，強依消息度流年。」其詩題下注云：「己酉十月，夜夢作詩，得田字邊字，及五十功名塵土外，四時淸夢楚雲邊一聯，足成之。」又同書卷六載有徐氏「因病乞恩休致疏」一篇，有云：「乃復叨轉今官，提督衙門，催臣赴任。顧以奄奄病息，冒處劇藩，政務棼塡，日不暇給，求無曠官廢事，自知其決不能也。……切恐將來病入膏肓，莫可救藥，一日孱軀，溘先朝露。又遇五十中年，內無嗣續之男，外無紀綱之僕，暴棄嶺表，歸路艱難，亦皇上之所憫也。」此疏題下注云：「嘉靖十年」。今考徐氏詩與疏文，皆載稱其五十歲之年月，唯所不同者，則一在嘉靖己酉十月，一在嘉靖十年，卽見其中定有蹊蹺也。徐氏「因病乞恩休致疏」，作於嘉靖十年，是年徐氏適五十歲；其「紀夢」詩，則作於己酉十月，是年徐氏亦年五十。考己酉爲嘉靖二十八年，其時相去徐氏疏乞休之年五十已遠。若推定嘉靖十年，徐氏年確五十歲，則自嘉靖十年至嘉靖二十八年，時徐氏年已過五十，而爲六十八歲矣。

今余之推斷，則以徐氏作疏之歲爲實數，其詩中所稱「五十功名塵土外」之歲，則爲虛數。蓋詩人詠嘆，感喟興發，偶而出之，不足爲之怪，亦不可以實觀也。又徐氏詩以「五十功名塵土外」，係針對下一句「四時清夢楚雲邊」而有者。以「五十」對「四時」，固當如此。若換上「六十」對「四時」，則不爲佳。此恐是徐氏用「五十」之虛數，而代「六十」之虛數之本意也。徐氏五十歲之年，既經確定，則餘者可解。今由嘉靖十年推上五十年，則爲成化十八年，此年當是徐氏之生年。又由嘉靖十年下推至嘉靖二十九年，即國榷所載徐氏所卒之年，其數恰爲六十九歲。故余推定徐問生成化十八年，卒嘉靖二十九年，年六十九。

（注一一）：（一四九一年）。鄒守益，見華陽館文集卷一一附錄鄒東廓先生行狀，耿天臺先生文集卷一四傳，世經堂集卷一九，聖學宗傳卷一五，理學宗傳卷二一。

（注一二）：（一五〇一年）。楊應詔，關於楊氏之生卒年壽，諸書俱不見載。余據楊氏天游山人集，考得楊氏生於是年。案：天游山人集卷一五「白鶴山修先母劉氏墓記」謂：「正德己巳，母劉氏從先考質菴依大父宦於廣，（母）卒，廼歸葬於此。……計余母沒時，余年甫九齡。」云云。今正德己巳，楊氏年方九歲，由是年上推九年，爲弘治十四年（一五〇一），此即楊氏之生年。

（注一三）：（一五〇五年）。周怡，明儒學案卷二五作生正德元年。此據周訥谿先生全集附錄吳達可撰周恭節公年譜。

（注一四）：（一五一九年）。李材，關於李材之生卒年壽，諸書俱不見載。余據李頴撰李見羅先生行略，考得李材生於明正德十四年己卯（一五一九），卒明萬曆二十三年乙未（一五九五），年七十七。玆略述其考證之過程如下，以備參考。案：行略云：「（材）公生而穎慧，歧嶷逈常兒。十二而喪太夫人，哀毀骨立，弱不好弄，風格秀整，言笑未嘗輕假。」云云。不明書其母卒於何年月。又云：「公自庚寅有太夫人之變，未得撫棺。丁酉改葬襄敏，亦未得臨穴，每一興念，輒泣下交頤，閱十六載，戴白不除，時年七十七矣。」云云。亦不明書何庚寅，則可說皆不可考也。余又據其行略中記載，謂：「（材）十八以襄敏公命，就婚楚臺，益肆力於學。日與外父侑溪姜中丞，揚榷今古，多所互證。……公嘗遊吉中，道遇聶雙江、劉三峰兩先生，俱宗學，雅知公，延至舟中，剖駁過夜分。……雙江翁憮然曰：吾五十年，老在學問中，見不愈子，子寧可量耶？所敢爲一日長之者，徒以有尊公世講在耳。」則考知李材年十八，嘗自楚臺歸里，道謁聶豹，時豹年適五十歲。案：聶豹（雙江）生於明成化二十三年丁未（一四八七），則其年五十，當在明嘉靖十五年丙申（一五三六），而是年卽李見羅年十八之歲也。今由嘉靖十五年，推上六年，卽李見羅丁母憂之年，所謂「庚寅有太夫人之變」「十二而喪太夫人」者。又由是年（庚寅）推上十二年，卽正德十四年己卯（一五一九）。是年，當是李見羅所生之年也。余旣考知推定李材之生年，今由其生年正德十四年，往下推至萬曆二十三年乙未（一五九五），卽其卒年七十七歲之數。而此與行略所載其他諸事：「嘉靖九年，年十二丁母憂，哀毀骨立。嘉靖十五年，年十八就婚楚臺。返道經吉水，訪聶豹、劉三峰論學。嘉靖四十一年，成進士，授比部。嘉靖四十四年，聞父疾馳赴南都。嘉靖四十五年，奉父歸；尋，父卒於里。萬曆十九年辛卯，在獄中，著哲範四卷、鞭後言一卷、福堂稿一卷。萬曆二十一年癸巳六月，釋獄免死，發戍漳之鎮海。著正學堂稿及續稿共四十四卷。萬曆二十三年乙未卒，年七十七。」證之亦無不合者，故考定如上所述。

（注一五）：（一五二六年）。鄒德涵，見澹園集卷二七，又耿天臺先生文集卷一二耿定向撰墓誌銘同。案：明儒學案卷一六作卒年五十六，闕生年。又姜亮夫綜表作生嘉靖十七年（一五三八），卒萬曆九年（一五八一），年四十四，恐誤。

（注一六）：（一五四一年）。焦竑，明儒學案卷三五作卒年八十一，則生嘉靖十九年（一五四〇）。此據明史卷二八八本傳，又見馮先恕疑年錄釋疑。

（注一七）：（一五四二年）。鄧以讚，國榷卷七八作卒萬曆二十八年，此據日本京都大學人文科學研究所附屬文獻中心所編歷代名人年譜總目。

（注一八）：（一五六二年）。陶望齡，考石簣之生卒年歲，史傳學案，俱不見載。明史卷二一六附唐文獻傳僅稱：「陶望齡，……舉萬曆十七年會試第一，殿試一甲第三，授編修，歷官國子祭酒。篤嗜王守仁說，所宗者周汝登。與弟奭齡皆以講學名。卒，諡文簡。」明儒學案卷三六則謂：「陶望齡，……萬曆己丑進士第三人，授翰林編修。」又謂：「轉太子中允右諭德、兼侍講。……已告歸。踰年，起國子祭酒，以母病不出，未幾卒，諡文簡。」今案：望齡爲國子祭酒，乃在萬曆三十三年十一月（見國榷卷八〇），明年（萬曆三十四年二月），歸里省親（見國榷卷八〇）。又明年，萬曆三十七年二月卒（見國榷卷八一），亦不書年歲。余據陶望齡撰歇菴集（膠片）卷一二，則考得望齡生於嘉靖壬戌(即四十一年)。

案：歇菴集卷一二亡兄德望傳云：「德望，……嘉靖庚戌八月六日生，歲支一周而生予。予之事德望如師，事嫂陳如母也。……」又同書同卷亡兄虞仲傳云：「嘉靖庚申，大人（案：係指望齡之父）以按察副使治兵九江府，無幾，生虞仲。後二年（卽壬戌），孿生二男子，長曰望齡，次曰高齡。皆江產也（案：係指九江府）。……」今案：綜合以上所引兩段觀之，望齡於亡兄德望傳稱「歲支一周而生予」，則所謂歲支一周卽十二年，而由庚戌數至壬戌，恰好亦爲十二年。此與另文亡兄虞仲傳所言諸語，又無不合。如此說不誤，再證之國榷卷八〇至卷八一所載錄諸行年事實，則陶氏當生嘉靖四十一年壬戌（一五六二），卒萬曆三十七年己亥二月（一六〇九），享年四十八，或恐不誤也。

（注一一九）：（一五六四年）。孫愼行，見劉子全書卷二三劉宗周撰墓表，馮先恕疑年錄㯶疑。案：明儒學案卷五九作卒年七十一，則生嘉靖四十四年乙丑（一五六五）；又國榷卷九五作崇禎九年正月卒，存參。

（注一二〇）：（一六〇七年）。胡承諾，見讀書說附年譜。案：清史列傳卷六六及清儒學案卷二〇五，皆作卒康熙二十六年，存參。

（注一二一）：（一六一六年）。王餘佑，見清儒學案卷一、北學編。案：碑傳集卷一二五作卒年七十，則生萬曆四十三年（一六一五），存參。

（注一二二）：（一六一七年）。于成龍，見二林居集卷一四事狀，午亭文編卷四一陳廷敬撰于公傳。案：碑傳集卷六五范鄗鼎撰請于淸端入三立祠呈祠，則謂康熙二十四年卒，年六十八。與此亦僅相差一年，存參。

（注一二三）：（一六一七年）。陳赤衷，見清儒學案卷二，清史列傳卷六八。案：南雷文定後集卷三黃宗羲撰墓誌銘，則謂康熙丁卯年四月初六日卒，年六十一，與此所引相差十年，存參。

（注二四）：（一六一七年）。魏象樞，見碑傳集卷八墓誌銘及神道碑，午亭文編卷四四陳廷敬撰墓誌銘，清史列傳卷八，清儒學案卷二〇，魏敏果公年譜。案：二林居集卷一〇彭紹升撰事狀，作康熙二十五年卒，存參。

（注二五）：（一六二二年）。黃熙，清史列傳卷六六謂：「謝文洊長熙僅六歲，熙服弟子之事。」案：謝文洊生於萬曆四十四年（一六一六），天啓二年（一六二二），則年方七歲，卽「長熙六歲」之謂也。

（注二六）：（一六二三年）。甘京，清史列傳卷六六云：「甘京與文洊友，少文洊七歲。已而服其誠也，遂師之。」可推知甘氏生於是年。

（注二七）：（一六二七年）。毛奇齡，見清儒學案卷二五。案：清史列傳卷六八作康熙五十二年卒，年九十一，存參。

（注二八）：（一六二七年）。湯斌，見碑傳集卷一六彭紹升撰湯文正公事狀、楊椿撰湯文正公傳，潛庵全集附年譜，孟隣堂集卷一一楊椿撰傳。案：碑傳集卷一六徐乾學撰湯公神道碑作卒年五十九，存參。

（注二九）：（一六二七年）。朱用純，見愧訥集卷一二彭定求撰墓誌銘，清儒學案卷四二，朱柏廬先生編年毋欺錄，馮先恕疑年錄釋疑。案：清史列傳卷六六作康熙二十七年卒，誤。

（注三〇）：（一六二八年）。姜宸英，見碑傳集卷四七全祖望撰墓表，結埼亭集卷一六。案：碑傳集卷四七方苞撰姜西溟遺事，作卒己卯，闕年壽；又德清胡朏明先生年譜謂姜氏卒康熙三十九年，存參。

（注三一）：（一六二八年）。黃虞稷，碑傳集卷四五陳壽祺撰傳，及清史列傳卷七一均作卒康熙二十九年，從之。案：疑年錄彙編卷九作卒康熙三十年，與此僅相差一年，存參。

（注三二）：（一六三〇年）。陸隴其，見清儒學案卷一〇，三魚堂全集附錄柯崇樸撰陸先生行狀，二林居集卷一五事狀，又午亭文編卷四四陳廷敬撰墓誌銘，碑傳集卷一六行狀、行狀書後，稼書先生年譜。案：墓誌銘作生崇禎五年，卒康熙三十一年，年六十三。又以陸氏年二十七補邑弟子員，食餼；三十七歲舉於鄉；四十一歲成進士；康熙十四年爲嘉定縣令等事迹，俱與行狀所繫之年，略有出入，故一併錄於此，以俟考及存參。

（注三三）：（一六三一年）。顧祖禹，見德清胡朏明先生年譜。案：姜亮夫綜表，清史列傳卷七〇皆作生明天啓四年，卒康熙十九年，年五十七，恐誤。

（注三四）：（一六三四年）。王士禛，見碑傳集卷一八墓誌銘，及孫星衍撰傳，惠棟注補漁洋山人自撰年譜，清儒學案卷二一。

（注三五）：（一六三五年）。熊錫履，關於熊氏之生卒年，清儒學案卷三八，碑傳集卷一一年譜，及彭紹升撰事狀均作卒年七十五，當無疑議矣。唯其卒年則略有出入，彭紹升熊文端事狀謂：「（康熙）四十八年十月卒於家，年七十有五。」云云。而年譜則作卒四十七年八月，此與彭狀相差一年。考年譜以熊氏生明崇禎八年乙亥（一六三五），由是年往下推七十五年，則亦恰爲康熙四十八年己丑（一七〇九）。此見彭狀所載不誤，誤在年譜耳，玆特爲之補正。

（注三六）：（一六三八年）。萬斯同，見潛研堂文集卷三八錢大昕撰傳，馮先恕疑年錄釋疑。案：清史列傳卷六八作卒年六十；清儒學案卷三五作卒年六十四，存參。

（注三七）：（一六三九年）。陳廷敬，見清儒學案卷二〇。案：清史列傳卷九作康熙五十三年四月卒；國朝學案小識卷六作卒四十九年，年七十四，皆可互參。

（注三八）：（一六五四年）。張自超，關於張氏之生卒年壽，諸書所載俱不詳。清史列傳卷六七僅載卒於清聖祖康熙五十六年（一七一七），闕年壽。此據清史列傳謂「康熙四十二年，年五十舉進士。」考得其年壽六十四歲，則生於是年。

（注三九）：（一六五五年）。徐元夢，見碑傳集卷二二行狀，清儒學案卷四一，疑年錄彙編卷一〇。案：清史列傳卷一四作卒乾隆四年十一月，存參。

（注四〇）：（一六五六年）。王敔，此據船山遺書卷七八、薑齋詩編甲稿卷一末尾謂生於順治丙申，及清儒學案卷八、王先生敔傳作卒於雍正庚戌，合推得之。

（注四一）：（一六六〇年）。楊名時，見清儒學案卷四八，望溪先生文集卷一〇。案：碑傳集卷二四徐用錫撰傳作卒年七十八，又同書同卷盧文弨撰家傳則作乾隆二年卒，年七十七，存參。

（注四二）：（一六六八年）。王澍，見姜亮夫綜表引王步青撰墓誌銘。案：清史列傳卷七一作卒乾隆四年，年七十二，存參。

（注四三）：（一六七二年）。王步青，見碑傳集卷四八陳祖范撰墓誌銘，清史列傳卷六七同。

（注四四）：（一六七五年）。藍鼎元，見碑傳集卷一〇〇。案：清史列傳卷七五作雍正七年卒，謂：「雍正七年，命署廣州府知府，抵官一月而卒。」則與此相差四年，存參。

（注四五）：（一六八二年）。王植，見清儒學案卷一九五。案：學案謂：「乾隆十四年，以疾乞休，年已六十八矣。」推得生於是年。其卒年略闕，當無可考，約在六十八歲以上也。

（注四六）：（一六八三年）。蔡世遠，見穆堂初稿卷二五，清儒學案卷六〇。案：望溪先生文集卷一〇作雍正十年十一月卒，年五十二，又碑傳集卷二三方苞撰墓誌銘同，存參。

（注四七）：（一六八三年）。孫嘉淦，見抱經堂文集卷二七盧文弨撰家傳，清儒學案卷一二，碑傳集卷二六陳世倌撰墓表，及盧文弨撰家傳，馮先恕疑年錄釋疑。

（注四八）：（一六九二年）。厲鶚，見厲樊榭先生年譜，馮先恕疑年錄釋疑。案：清史列傳卷七一作卒乾隆十八年，年六十二，存參。

（注四九）：（一六九六年）。杭世駿，關於杭氏之生卒年，自來皆作卒乾隆三十八年癸巳，年七十八，生康熙三十五年。案：道古堂文集卷末尾附錄軼事，則稱杭氏生康熙三十五年，卒乾隆三十七年，年七十七。其詳見軼事之龔自珍狀後按語，今鈔錄於此以備考。其言曰：「曾唯按道古堂歸耕集有甲子書懷詩，是乾隆九年，先生已旋里矣。陳言獲罪，當在前一歲之癸亥，非癸未。高廟南巡六次，辛未、丁丑、壬午、乙酉、庚子、甲辰，並無癸巳之年。其曰大宗返舍，是夕卒。當是傳述之誤。再以曾伯祖滌源公雜記所載一則參之，則賜買賣破銅爛鐵六大字，疑亦在乙酉以前也。」

（注五〇）：（一六九七年）。雷鋐，見梅崖居士文集卷七朱仕琇撰雷公墓誌銘，碑傳集卷三〇彭啓豐及朱仕琇撰墓誌銘，清儒學案卷六六。案：碑傳集卷三〇陰承方撰行狀作己卯卒，則是乾隆二十四年，與此相差一年，存參。

（注五一）：（一六九八年）。方觀承，見清史列傳卷一七，碑傳集卷七二姚鼐撰家傳。案：碑傳集卷七二袁枚撰神道碑作乾隆三十二年卒，誤。

（注五二）：（一六九八年）。法坤宏，見碑傳集卷一三三。案：清史列傳卷六七及疑年錄彙編卷一一，均作卒乾隆五十年，則生於康熙三十八年，俟考。

（注五三）：（一七〇二年）。姚範，見安吳四種卷一一包世臣撰墓碑。案：馮先恕疑年錄釋疑引李兆洛撰傳作乾隆三十一年卒，亦不取此說也。

（注五四）：（一七〇二年）。沈廷芳，見馮先恕疑年錄釋疑。案：述學別錄汪中撰行狀，作生康熙五十年，卒乾隆三十七年，年七十二，稍誤。

（注五五）：（一七〇七年）。蔡新，見清儒學案卷六〇，清史列傳卷二六。案：姜亮夫綜表作卒年九十，恐誤。

（注五六）：（一七二三年）。陸燿，見切問齋集卷首行狀，碑傳集卷七三。案：馮先恕疑年錄釋疑引袁枚撰神道碑，作卒年六十四，則生康熙六十一年，可參。

（注五七）：（一七二六年）。汪梧鳳，見碑傳集卷一三三鄭虎文撰行狀。又汪中撰墓誌銘，則生雍正五年丁未，卒乾隆三十八年癸巳，年四十七。參馮先恕疑年錄釋疑。

（注五八）：（一七二九年）。朱筠，見清儒學案卷八五，碑傳集卷四九章學誠撰墓誌銘。案：漢學師承記卷四作卒年五十二；碑傳集卷四九王昶撰墓表作卒年五十一，並參。

（注五九）：（一七二九年）。韓夢周，見疑年錄彙編卷一一，清史列傳卷六七，馮先恕疑年錄釋疑。案：衎石齋記事稿卷六錢儀吉撰法閻韓三先生傳及清儒學案卷八六均作嘉慶四年卒，恐誤。

（注六〇）：（一七三〇年）。汪輝祖，見碑傳集卷一〇八，清儒學案卷二〇一，揅經室二集卷三。

（注六一）：（一七三三年）。吳騫，見碑傳集補卷四五，清儒學案卷八七，清史列傳卷七二。

（注六二）：（一七三三年）。桂馥，見碑傳集卷一〇九，清史列傳卷六九。案：清儒學案卷九二作嘉慶十年卒，存參。

（注六三）：（一七三四年）。羅有高，見尊聞居士集卷八彭紹升撰羅臺山述，清史列傳卷七二。案：尊聞居士集卷八王昶撰墓誌，則以卒己亥，生雍正癸丑，年四十六，與此相差一年，恐誤。

（注六四）：（一七三五年）。李惇，見揅經室續集卷二。案：清史列傳卷六八作乾隆四十九年卒；又汪中述學外篇一卒乾隆四十九年，年五十一，存參。

（注六五）：（一七三五年）。錢塘，見清史列傳卷六八；又潛研堂文集卷三九錢大昕撰溉亭別傳謂：「大昕長塘七歲」云云；考錢氏生雍正六年，去雍正十三年，亦恰好七歲也。

（注六六）：（一七三五年）。朱文藻，見姜亮夫綜表。案：清儒學案卷八一，及清史列傳卷七二均作卒年七十一。存參。

（注六七）：（一七三六年）。范家相，關於范氏之生卒年壽，諸書俱不見載。案：清史列傳卷六八，以范氏於乾隆三十三年出知廣西柳州府，歲餘以疾告歸：則范氏之卒，當在此一二年內也，今姑繫於是年，以俟再考。

（注六八）：（一七三七年）。孫志祖，見清史列傳卷六八，碑傳集卷五七孫星衍撰傳，同卷阮元撰傳，清儒學案卷九五。案：姜亮夫綜表作嘉慶五年卒，存參。

（注六九）：（一七四四年）。汪中，見碑傳集卷一三四，清儒學案卷一〇二，清史列傳卷六八，容甫先生年譜。

（注七〇）：（一七四四年）。王念孫，見續碑傳集卷七二徐士芬撰事略狀，清史列傳卷六八。案：碑傳集補卷三九阮元撰墓誌銘作卒道光十三年，年九十；又鄭子尹年譜作卒年八十五，存參。

（注七一）：（一七四六年）。施國祁，見姜亮夫綜表。案：姜亮夫綜表作卒道光四年，年七十九，則生乾隆十一年方合，綜表誤作生乾隆十五年，非也。又清史列傳卷七三作卒年七十，存參。

（注七二）：（一七五四年）。楊鳳苞，見碑傳集卷四八。案：清史列傳卷七三作卒年六十，則生乾隆二十二年，存參。

（注七三）：（一七五七年）。郝懿行，見續碑傳集卷七二，及研六室文鈔卷一〇胡培翬撰墓表。案：清儒學案卷一一四及清史列傳卷六九，均作道光三年卒，存參。

（注七四）：（一七五七年）。淩廷堪，見淩次仲先生年譜。案：清史列傳卷六八，揅經室二集卷四阮元撰傳，俱作卒年五十五，則生乾隆二十年。玆從年譜，俟再考。

（注七五）：（一七五八年）。徐養源，見衎石齋記事稿卷一〇，續碑傳集卷七二錢儀吉撰墓誌銘，又同卷張履撰傳。案：清史列傳卷六九作卒年五十八，存參。

（注七六）：（一七六六年）。姚學塽，見研六室文鈔卷九胡培翬撰行略，及續碑傳集卷七一張履撰行狀，潘諮撰傳，清史列傳卷六七。案：古微堂外集卷四及續碑傳集卷七一、魏源撰傳，則誤後一年卒，存參。

（注七七）：（一七六八年）。彭兆蓀，見續碑傳集卷七六姚椿撰墓誌銘。案：馮先恕疑年錄釋疑一作生乾隆三十四年，卒年五十三，存參。

（注七八）：（一七六九年）。李兆洛，見續碑傳集卷七三蔣彤撰養一子述，又李申耆年譜，清史列傳卷七三，清儒學案卷一二七。案：兪理初先生年譜作生乾隆四十年，存參。

（注七九）：（一七六九年）。鄒漢勛，見清儒學案卷一六七。案：續碑傳集卷七四作卒咸豐三年，年四十九，存參。

（注八〇）：（一七七一年）。呂鵬飛，見清史列傳卷六九。案：碑傳集補卷四〇梅曾亮撰墓誌銘，作卒年七十三，闕生年；姜亮夫綜表引作卒道光二十三年，不知何據，存參。

（注八一）：（一七七一年）。陳壽祺，見清史列傳卷六九，清儒學案卷一二九，碑傳集卷五一高澍然撰行狀，同卷周凱撰家傳，則闕生年；又盧抱經先生年譜作生三十五年庚寅，可參。

（注八二）：（一七七三年）。李銳，見清儒學案卷一二六，清史列傳卷六九，並見馮先恕疑年錄釋疑引張星鑑撰傳。案：疑年錄釋疑一作卒年五十，生乾隆三十三年，存參。

（注八三）：（一七七四年）。莊綬甲，見劉禮部集卷一〇，養一齋文集卷一七李兆洛撰行狀，清儒學案卷七四。

（注八四）：（一七七五年）。包世臣，見包愼伯先生年譜，清史列傳卷七三。案：清儒學案卷一三六作咸豐三年卒，年七十九；續碑傳集卷七九謝應芝書安吳包君，亦作三

（注八五）：（一七七五年）。林伯桐，見清儒學案卷一三一，續碑傳集卷七七張維屏撰小傳。案：清史列傳卷六九作道光二十七年卒，存參。

年卒，闕生年，存參。

（注八六）：（一七七六年）。潘諮，見續碑傳集卷七一作卒於咸豐三年；又見清儒學案卷一二四作卒年七十八，合推得生於是年。

（注八七）：（一七七七年）。姚椿，見續碑傳集卷七八沈日富撰行狀。案：清史列傳卷七三作咸豐二年卒，恐誤。

（注八八）：（一七七八年）。陳逢衡，見清儒學案卷一三一。案：碑傳集補卷四八作卒道光二十八年，年七十一；又清史列傳卷六九作道光十一年，年七十一，存參。

（注八九）：（一七八〇年）。管同，見𧮼衞軒文集卷一一及續碑傳集卷七六六方東樹撰墓誌銘。案：續碑傳集同卷方宗誠撰傳，作卒年四十七，存參。

（注九〇）：（一七八三年）。馮登府，見馮柳東先生年譜。案：碑傳集補卷四八作乾隆四十五年生，存參。

（注九一）：（一七八五年）。潘興德，見續碑傳集卷七一。案：清儒學案卷一四七及清史列傳卷七三，均作卒道光十五年，存參。

（注九二）：（一七八六年）。汪喜孫，見續碑傳集卷四三。案：清儒學案卷一〇二作卒道光二十八年，年六十二，則生乾隆五十二年，存參。

（注九三）：（一七九二年）。宗稷辰，見碑傳集補卷一七王柏心撰墓誌銘。案：姜亮夫綜表作卒年八十，不知何據，存參。

（注九四）：（一七九四年）。魏源，見清儒學案卷一六一，清史列傳卷六九。案：姜亮夫綜表作咸豐七年卒，年六十四，存參。
（注九五）：（一七九四年）。汪遠孫，見三百堂文集卷上，續碑傳集卷二○胡敬撰墓誌銘。案：清儒學案卷一四八作道光十五年卒；又清史列傳卷六八作十五年卒，年四十七，存參。
（注九六）：（一八○○年）。何紹基，見續碑傳集卷一八，碑傳集補卷九，清儒學案卷一七八。案：清史列傳卷七三作卒同治十二年，存參。
（注九七）：（一八○三年）。朱琦，清史列傳卷七三，及續碑傳集卷七九方宗誠撰傳，俱不載年壽，此據姜亮夫綜表。
（注九八）：（一八○四年）。魯一同，見續碑傳集卷七九湯紀尙撰傳。案：清史列傳卷七三作卒年五十九，存參。
（注九九）：（一八○七年）。羅澤南，見曾文正公文集卷四，清儒學案卷一七○。案：馮先恕疑年錄釋疑引郭嵩撰墓誌銘，李元度撰別傳，均作卒年四十九，存參。
（注一○○）：（一八○九年）。陳喬樅，見續碑傳集卷七四謝章鋌撰墓誌銘。案：清史列傳卷六九作同治七年卒，存參。
（注一○一）：（一八一○年）。李善蘭，見李善蘭年譜。案：清儒學案卷一七六作光緒十年卒；清史列傳卷六九作光緒十年卒，年七十，恐誤。
（注一○二）：（一八一一年）。鄧瑤，見陶樓文鈔卷四，及碑傳集補卷五○黃彭年撰行狀。案：碑傳集補同卷及養知書屋文集卷二一郭嵩燾撰墓誌銘，清儒學案卷一六七均作同治五年卒，存參。
（注一○三）：（一八一一年）。曾國藩，見曾文正公年譜，續碑傳集卷五李鴻章撰神道碑、郭嵩燾撰墓誌銘。案：清儒學案卷一七七作卒同治十三年，存參。

（注一〇四）：（一八一二年）。高均儒，見續東軒遺集卷首吳昆田撰高君伯平行狀，碑傳集補卷三八，清儒學案卷一六〇。

（注一〇五）：（一八一二年）。葉名澧，見續碑傳集卷七九張星鑑撰懷舊記。案：碑傳集補卷五〇朱琦撰傳作卒年四十九；又清史列傳卷七三作咸豐十八年卒，存參。

（注一〇六）：（一八一三年）。左宗棠，見續碑傳集卷六吳汝綸撰神道碑，朱孔彰撰別傳，清儒學案卷一七八，清史列傳卷五一。案：姜亮夫綜表作卒年七十四，不知何據，存參。

（注一〇七）：（一八一三年）。劉熙載，見清史列傳卷六七，續碑傳集卷七五蕭穆撰別傳。案：清儒學案卷一七九作卒年六十七，存參。

（注一〇八）：（一八一八年）。方宗誠，見校經室文集卷五墓誌，續碑傳集卷八〇譚廷獻撰墓誌銘，疑年錄彙編卷一四。案：清儒學案卷八九作光緒十三年卒，存參。

（注一〇九）：（一八二四年）。劉恭冕，見清儒學案卷一〇六。案：劉文興撰劉楚楨先生年譜道光四年條下，引劉嶽雲族兄叔俛事略，亦以劉氏生於是年。又清史列傳卷六九以劉氏生道光元年，年六十，存參。

（注一一〇）：（一八二六年）。胡秉虔，見碑傳集補卷四〇胡韞玉撰傳，及清儒學案卷九三只載卒年，年壽俱闕。唯以胡氏之行實考之，則其年歲當在四十以上，俟再考。

（注一一一）：（一八二八年）。王棻，見碑傳集補卷三八王舟瑶撰傳。案：清儒學案卷一九二作光緒二十六年卒，存參。

（注一一二）：（一八三七年）。戴望，見續碑傳集卷七五張星鑑撰傳。案：續碑傳集同卷莊棫撰哀辭，則作卒年三十五；又清史列傳卷六九，作同治十一年卒，年三十七；又孫詒讓年譜，作卒年三十一，存參。

（注一一三）：（一八三七年）。張之洞，見張文襄公年譜，清儒學案卷一八七，碑傳集補卷二，清史列傳卷六四。案：姜亮夫綜表引李慈銘日記作卒年七十七，存參。

附錄三：生卒年索引

二 畫

丁

丁 杰 1738, 1807

晏 1794, 1875

鶴年 1424

履恒 1770, 1832

刁

刁 包 1603, 1669

三 畫

于

于成龍 1617, 1684

蔭霖 1838, 1904

四 畫

尤

尤時熙 1503, 1580

孔

孔克堅 1370

繼涵 1739, 1783

廣森 1752, 1786

尹

尹會一 1691, 1748

方

方 苞 1668, 1749

申 1787, 1840

坰 1792, 1834

潛 1809, 1868

克勤 1316

孝孺 1402

學漸 1540, 1615

觀承 1698, 1768

東樹 1772, 1851

成珪 1785, 1850

履籛 1790, 1831

金彪 1813, 1832

宗誠 1818, 1888

毛

毛 騤 1620, 1688

奇齡 1623, 1716

際可 1633, 1708

乾乾 1653

王

王 褘 1373

厚 1376

逢 1388

紳 1400

恕 1416, 1508

艮 1483, 1540

道 1487, 1547

畿 1498, 1583

棟 1503, 1581

襞 1511, 1587

綱 1613, 1669

源 1648, 1710

敔 1656, 1730

澍 1668, 1743

植 1682, 1749

昶 1724, 1806

杰 1725, 1805

灼 1752, 1819

筠 1784, 1854

棻 1828, 1899

約 1850

友直 1370

公穀 1375

承裕 1465, 1538

守仁 1472, 1528

廷相 1474, 1544

鴻儒 1519

時槐 1522, 1605

宗沐 1523, 1591

之士 1528, 1590

化泰 1606, 1680

餘佑 1616, 1684
夫之 1619, 1692
錫闡 1628, 1682
士禎 1634, 1711
心敬 1656, 1738
承烈 1666, 1729
懋竑 1668, 1741
步青 1672, 1751
之銳 1675, 1753
蘭生 1681, 1738
文清 1696, 1787
元啓 1714, 1786
鳴盛 1722, 1797
鳴韶 1732, 1788
聘珍 1746
芑孫 1755, 1817
紹蘭 1760, 1835
引之 1766, 1834
汝謙 1777, 1855
柏心 1799, 1873
壽同 1804, 1852
振綱 1807, 1877
先謙 1842
頌蔚 1848, 1895
仁俊 1866
念孫 1744, 1832

五　畫

包
包世臣 1775, 1855
世榮 1784, 1826
白
白煥彩 1607, 1684
皮
皮錫瑞 1850, 1908
史
史桂芳 1518, 1598
標 1616, 1693
左
左　潛 1874
宗棠 1813, 1885
田
田蘭芳 1628, 1701
甘
甘　京 1623
申
申涵光 1619, 1677

六　畫

牟
牟　庭 1759, 1832
江
江　永 1681, 1762
聲 1721, 1799
藩 1761, 1831
沅 1767, 1838
有誥 1851
德量 1752, 1793
承之 1783, 1800
任
任　瑗 1693, 1774
大椿 1738, 1789
啓運 1670, 1744
德成 1684, 1772
全
全祖望 1705, 1755
危
危　素 1372
伊
伊樂堯 1810, 1862

七　畫

余
余　祐 1465, 1528
元遴 1724, 1778
蕭客 1729, 1777
廷燦 1735, 1798
鵬翀 1755, 1782
龍光 1803, 1826
貝
貝　瓊 1379
阮

阮 元 1764, 1849

汪

汪 俊 1568
琬 1624, 1690
份 1655, 1721
紱 1692, 1759
縉 1725, 1792
龍 1742, 1823
中 1744, 1794
萊 1768, 1813
琭 1828, 1891
汝懋 1369
克寬 1372
師韓 1707, 1774
梧鳳 1726, 1771
輝祖 1730, 1807
光爔 1765, 1807
家禧 1775, 1816
喜孫 1786, 1847
遠孫 1794, 1836
文臺 1796, 1844
曰楨 1813, 1881
之昌 1895

宋

宋 璲 1380
濂 1381
之盛 1668
大樽 1746, 1804
書升 1843

沈

沈 昀 1617, 1679
彤 1688, 1752
垚 1798, 1840
起元 1685, 1763
士則 1701
欽韓 1775, 1831
近思 1671, 1727
廷芳 1702, 1772

佟

佟景文 1776, 1836

朱

朱 右 1376
同 1385
善 1385
軾 1665, 1736
筠 1729, 1781
珪 1731, 1806
彬 1753, 1834
珔 1769, 1850
琦 1803, 1861
鶴齡 1606, 1683
用純 1627, 1698
彝尊 1629, 1709
天麟 1652
澤澐 1666, 1732
仕琇 1715, 1780
文藻 1735, 1806
爲弼 1771, 1840
駿聲 1788, 1858
次琦 1807, 1881
孔彰 1842
一新 1846, 1894
大韶 1845, 1898

杜

杜 越 1596, 1682
煦 1780, 1850

呂

呂 柟 1479, 1542
懷 1492
潛 1517, 1578
坤 1536, 1618
璜 1777, 1838
維祺 1587, 1641
留良 1629, 1683
鵬飛 1771, 1843
賢基 1853

何

何 塘 1474, 1543
遷 1501, 1574
焯 1661, 1722
廷仁 1486, 1551

治運 1775, 1821
紹基 1800, 1874
桂珍 1817, 1855
秋濤 1824, 1862

吳

吳　彤 1373
騫 1733, 1813
定 1745, 1810
與弼 1391, 1469
鍾巒 1577, 1651
執御 1590, 1638
廷華 1682, 1755
玉搢 1698, 1773
東發 1747, 1803
麦雲 1754, 1803
嵩梁 1766, 1834
德旋 1767, 1840
廷楝 1793, 1873
嘉賓 1803, 1864
敏樹 1805, 1873
昆田 1808, 1882
大澂 1835, 1902
汝綸 1840, 1903

成

成　孺 1816, 1883

李

李　錦 1436, 1486
中 1478, 1542
材 1519, 1595
柏 1624, 1694
顒 1627, 1705
塨 1659, 1733
紱 1673, 1750
惇 1735, 1785
銳 1773, 1817
誠 1778, 1844
潢 1811
承箕 1452, 1505
明性 1615, 1683
鄴嗣 1622, 1680
經世 1626, 1698
因篤 1631, 1692
良年 1635, 1694
光地 1642, 1718
光坡 1651, 1723
來章 1654, 1721
鍾倫 1663, 1706
文炤 1672, 1735
圖南 1676, 1732
文藻 1730, 1778
騰蛟 1731, 1800
賡芸 1754, 1817
文耕 1762, 1838
元春 1769, 1854
兆洛 1769, 1841
黼平 1770, 1832
鍾泗 1771, 1809
貽德 1783, 1832
道平 1788, 1844
棠階 1798, 1865
善蘭 1810, 1882
續賓 1818, 1858
元度 1821, 1887
慈銘 1829, 1894
鴻裔 1831, 1885
文田 1834, 1895

八　畫

林

林　光 1439, 1519
春 1498, 1541
時益 1618, 1678
伯桐 1775, 1844
春溥 1775, 1861

武

武　億 1745, 1799
穆淳 1772, 1832

季

季　本 1485, 1563

邱

邱維屏 1614, 1679

金

金　聲 1598, 1645

鉉 1610, 1644

鶚 1771, 1819

榜 1735, 1801

曰追 1781

孟

孟　秋 1525, 1589

化鯉 1545, 1597

超然 1731, 1797

邵

邵元長 1603, 1674

曾可 1609, 1659

廷采 1648, 1711

晉涵 1743, 1796

懿辰 1810, 1861

宗

宗稷辰 1792, 1867

周

周　瑛 1430, 1518

怡 1505, 1569

春 1729, 1815

濟 1781, 1839

伯琦 1369

南老 1383

汝登 1547, 1629

永年 1730, 1791

廣業 1730, 1798

中孚 1768, 1831

悅讓 1809

壽昌 1814, 1884

法

法坤宏 1698, 1784

來

來知德 1525, 1604

祁

祁韻士 1751, 1815

寯藻 1793, 1866

杭

杭世駿 1696, 1772

九　畫

胡

胡　翰 1381

直 1517, 1585

渭 1633, 1714

煦 1655, 1736

澍 1825, 1872

居仁 1434, 1484

承諾 1607, 1681

匡憲 1743, 1802

承珙 1776, 1832

培翬 1782, 1849

世琦 1775, 1829

林翼 1812, 1861

秉虔 1826

施

施閏章 1618, 1683

國祁 1746, 1824

姚

姚　範 1702, 1771

鼐 1731, 1815

椿 1777, 1853

瑩 1785, 1852

文田 1758, 1827

學塽 1766, 1826

配中 1792, 1844

際恒 1647

俞

俞　樾 1821, 1906

貞木 1401

汝言 1614, 1679

正燮 1775, 1840

正禧 1789, 1860

洪

洪騰蛟 1726, 1791

亮吉 1746, 1809

震煊 1770, 1815

飴孫 1773, 1816

侯

侯　康 1798, 1837

度 1799, 1855
柳
柳興恩 1795, 1880
段
段　堅 1419, 1484
玉裁 1735, 1815
柯
柯劭忞 1840
范
范鄗鼎 1626, 1705
家相 1736, 1769
當世 1854, 1904
姜
姜宸英 1628, 1699
兆錫 1666, 1745
紀
紀　昀 1724, 1805
慶曾 1835
苗
苗　夔 1783, 1857
迮
迮鶴壽 1773
茅
茅星來 1678, 1748
封
封　濬 1621, 1676
南
南大吉 1487, 1541
查
查　鐸 1516, 1589
慎行 1650, 1727

十　畫

殷
殷　奎 1376
徐
徐　問 1482, 1550
愛 1487, 1517
階 1503, 1583
樾 1552
善 1634, 1693
璈 1779, 1841
松 1781, 1848
鼒 1810, 1862
壽 1818, 1884
用檢 1528, 1611
乾學 1631, 1694
世沭 1632, 1716
元文 1634, 1691
善建 1649, 1725
元夢 1655, 1741
文靖 1667, 1756
大椿 1702, 1780
養源 1758, 1825
有壬 1800, 1860
祝
祝　淵 1611, 1645
洤 1702, 1759
世祿 1540, 1611
倭
倭　仁 1871
倪
倪　模 1750, 1825
文蔚 1890
耿
耿　介 1618, 1688
定向 1524, 1596
定理 1534, 1577
凌
凌　曙 1775, 1829
堃 1795, 1861
嘉印 1632, 1698
廷堪 1757, 1809
桂
桂　馥 1733, 1802
文燦 1849, 1886
袁
袁繼梓 1620, 1671
桑
桑調元 1695, 1771
唐

唐　樞 1497, 1574
甄 1630, 1704
鑑 1778, 1861
鶴徵 1538, 1588
伯元 1540, 1598
仁壽 1829, 1876
順之 1506, 1560
夏
夏　炘 1789, 1871
燗 1795, 1846
燮 1800, 1875
尙樸 1466, 1538
鸞翔 1822, 1864
郝
郝　敬 1558, 1639
浴 1623, 1683
懿行 1757, 1825
高
高攀龍 1562, 1626
均儒 1812, 1869
馬
馬　理 1474, 1555
驌 1620, 1673
釗 1860
瑞辰 1782, 1853
國翰 1794, 1857
宗槤 1802
三俊 1820, 1854
壽齡 1870
翁
翁方綱 1733, 1818
秦
秦　瀛 1743, 1821
蕙田 1702, 1764
恩復 1760, 1843
孫
孫元蒙 1375
愼行 1564, 1635
奇逢 1584, 1675
博雅 1630, 1684
嘉淦 1683, 1753
景烈 1706, 1782
希旦 1736, 1784
志祖 1737, 1801
鼎臣 1819, 1859
星衍 1753, 1818
經世 1783, 1832
詒讓 1848, 1908
葆田 1840, 1911

十一畫

戚
戚學標 1742, 1825
梅
梅文鼎 1633, 1721
文鼐 1641
穀成 1681, 1763
曾亮 1786, 1856
植之 1794, 1843
莊
莊　㫤 1437, 1499
亨陽 1686, 1746
存與 1719, 1788
有可 1744, 1822
述祖 1750, 1816
綬申 1774, 1828
章
章　溢 1369
懋 1436, 1521
潢 1527, 1608
耒 1832, 1886
學誠 1738, 1801
宗源 1752, 1800
張
張　翥 1368
傑 1421, 1472
鼎 1431, 1495
吉 1451, 1518
詡 1455, 1514
岳 1492, 1552
節 1503, 1582

穆 1607
烈 1622, 1685
庚 1681, 1756
琦 1764, 1833
鑑 1768, 1850
澍 1781, 1847
* 穆 1805, 1849
以寧 1370
仁近 1373
元禎 1437, 1506
邦奇 1484, 1544
元沖 1502, 1563
後覺 1503, 1578
元忭 1538, 1588
履祥 1611, 1674
爾岐 1612, 1677
貞生 1623, 1690
鵬翼 1633, 1715
雲章 1648, 1726
伯行 1651, 1725
自超 1654, 1717
師載 1695, 1763
甄陶 1713, 1780
雲璈 1747, 1829
宗泰 1750, 1832
敦仁 1754, 1834
士元 1755, 1824
惠言 1761, 1802
聰咸 1783, 1814
金吾 1787, 1829
文虎 1808, 1885
裕釗 1823, 1894
作楠 1828
之洞 1837, 1909

許

許孚遠 1535, 1604
元卿 1552, 1607
三禮 1625, 1691
桂林 1779, 1821
宗彥 1768, 1818

崔

崔 銑 1478, 1541
述 1740, 1816
蔚林 1635, 1687

陳

陳 璘 1368
堂 1383
選 1430, 1487
確 1604, 1677
瑚 1613, 1675
梓 1683, 1759
鱣 1753, 1817
奐 1786, 1863
時 1786, 1861
立 1809, 1869
澧 1810, 1882
倬 1825, 1881
眞晟 1411, 1474
獻章 1428, 1500
茂烈 1459, 1516
九川 1494, 1562
嘉謨 1521, 1603
龍正 1585
宏緒 1605, 1673
赤衷 1617, 1687
錫嘏 1634, 1687
廷敬 1639, 1712
厚耀 1648, 1722
鵬年 1663, 1723
萬策 1667, 1734
祖范 1675, 1753
宏謀 1696, 1771
黃中 1704, 1762
履和 1761, 1825
用光 1768, 1835
壽祺 1771, 1834
逢衡 1778, 1855
慶鏞 1795, 1858
詩庭 1799
喬樅 1809, 1869
壽熊 1812, 1860

陸
陸　符 1597, 1646
寅 1689
燿 1723, 1785
世儀 1611, 1672
元輔 1617, 1691
隴其 1630, 1692
奎勳 1663, 1738
費墀 1731, 1790
錫熊 1734, 1792
耀遹 1771, 1836
繼輅 1772, 1834
陶
陶望齡 1562, 1609
方琦 1845, 1884
濬宣 1846, 1911
郭
郭　邠 1518, 1605
麐 1767, 1831
柏蔭 1807, 1884
嵩燾 1818, 1891
慶藩 1844, 1896
婁
婁　諒 1422, 1491
曹
曹　端 1376, 1434
溶 1613, 1685
于汴 1558, 1634
本榮 1621, 1664
庭棟 1699, 1785
仁虎 1731, 1787
梁
梁　寅 1389
玉繩 1744, 1819
履繩 1748, 1793
章鉅 1775, 1849
廷枏 1796, 1861
畢
畢　沅 1730, 1797
莫
莫友芝 1811, 1871
鹿
鹿善繼 1575, 1636

十 二 畫

程
程文德 1497, 1559
廷祚 1691, 1767
晉芳 1718, 1784
瑤田 1725, 1814
恩澤 1785, 1837
鴻詔 1874
馮
馮　濂 1662, 1735
煦 1843
景 1652, 1715
應京 1555, 1606
從吾 1556, 1627
登府 1783, 1841
桂芬 1809, 1874
黃
黃　珏 1370
縉 1480, 1554
佐 1490, 1566
熙 1622, 1683
儀 1636
潤玉 1389, 1477
省曾 1490, 1540
宏綱 1492, 1561
宗明 1536
尊素 1584, 1626
道周 1585, 1646
宗羲 1610, 1695
宗炎 1616, 1686
宗會 1618, 1663
虞稷 1628, 1690
百家 1643
叔璥 1666, 1742
叔琳 1672, 1756
丕烈 1763, 1825
乙生 1769, 1821

承吉 1771, 1842
式三 1789, 1862
汝成 1799, 1837
彭年 1823, 1890
以周 1828, 1899
以恭 1831, 1884
嗣東 1846, 1910

揭

揭　汯 1373

喬

喬　萊 1642, 1694

曾

曾　釗 1821, 1854
國藩 1811, 1872
國荃 1824, 1890
紀澤 1839, 1890
紀鴻 1848, 1877

項

項名達 1789, 1850

彭

彭士望 1610, 1683
定求 1645, 1719
元瑞 1731, 1803
兆蓀 1768, 1821
紹升 1740, 1796

舒

舒　芬 1484, 1527

傅

傅青 1607, 1684

賀

賀　欽 1437, 1510
長齡 1785, 1848
瑞麟 1824, 1893

湯

湯　斌 1627, 1687
溥 1651, 1692
準 1671, 1735
鵬 1801, 1844
球 1804, 1881
之錡 1621, 1682

華

華允誠 1588, 1648
蘅芳 1830, 1902

童

童能靈 1683, 1745

惲

惲　敬 1757, 1817
日初 1601, 1678

費

費　密 1623, 1699

惠

惠　棟 1697, 1758
士奇 1671, 1741

勞

勞　史 1655, 1713

焦

焦　竑 1541, 1620
循 1763, 1820
袁熹 1660, 1735

湛

湛若水 1466, 1560

盛

盛世佐 1718, 1775
百二 1720

鈕

鈕樹玉 1760, 1827

十三畫

雷

雷　鋐 1697, 1760
浚 1814, 1893

鄒

鄒　智 1466, 1491
守益 1491, 1562
德涵 1526, 1581
元標 1551, 1624
漢勳 1769, 1831
代鈞 1854, 1908

葉

葉　葵 1375
茂才 1560, 1631

維庚 1773, 1828
名澧 1812, 1859
昌熾 1849

賈

賈　潤 1615, 1691
田祖 1714, 1777

詹

詹明章 1628, 1720

楊

楊　爵 1493, 1549
椿 1676, 1753
維楨 1370
應詔 1501
起元 1547, 1599
東明 1548, 1624
時喬 1609
名時 1660, 1736
錫紱 1701, 1768
開基 1713, 1775
鳳苞 1754, 1816
德亨 1805, 1876

董

董　澐 1457, 1533
沛 1828, 1895
祐誠 1791, 1823

萬

萬　表 1498, 1556
經 1659, 1741
斯大 1633, 1683
承勳 1670, 1746
光泰 1717, 1755
斯同 1638, 1702

十四畫

廖

廖廷相 1845, 1898

熊

熊錫履 1635, 1709

翟

翟　灝 1788

齊

齊召南 1703, 1768
彥槐 1774, 1841

趙

趙　汸 1369
謙 1395
翼 1727, 1814
佑 1727, 1800
坦 1765, 1828
良本 1373
貞吉 1508, 1576
友同 1418
懷玉 1747, 1823
紹祖 1752, 1833
元益 1840, 1902

端

端木國瑚 1773, 1837

臧

臧　琳 1650, 1713
庸 1767, 1811
禮堂 1776, 1805
壽恭 1788, 1846

管

管　同 1780, 1831
庭芳 1797, 1880

十五畫

魯

魯九皋 1732, 1794
一同 1804, 1863

潘

潘　府 1454, 1526
潤 1464, 1526
耒 1646, 1708
諮 1776, 1853
士藻 1537, 1600
檉章 1628, 1663
德輿 1785, 1839

蔣

蔣　信 1483, 1559
伊 1631, 1687

廷錫 1669, 1732
湘南 1796, 1854

蔡

蔡　清 1453, 1508
新 1707, 1799
汝楠 1516, 1565
世遠 1682, 1733
長澐 1710, 1763

歐

歐陽德 1496, 1554

鄧

鄧瑤 1811, 1865
元錫 1528, 1593
以讚 1542, 1599
顯鶴 1777, 1851

劉

劉　基 1375
魁 1488, 1552
汋 1613, 1664
衡 1776, 1841
燦 1780, 1849
開 1784, 1824
蓉 1816, 1873
庠 1824, 1901
文敏 1490, 1572
元卿 1544, 1621
元珍 1571, 1621
永澄 1576, 1612
宗周 1578, 1645
漢中 1620, 1700
獻廷 1648, 1695
貫一 1675, 1753
大魁 1698, 1779
大紳 1747, 1828
臺拱 1751, 1805
逢祿 1776, 1829
文淇 1789, 1854
寶楠 1791, 1855
書年 1811, 1861
熙載 1813, 1881
傳瑩 1818, 1848
毓崧 1818, 1867
恭冕 1824, 1883
壽曾 1838, 1882
光蕡 1843, 1903
嶽雲 1849

鄭

鄭　淵 1373
駒 1378
湜 1382
珍 1806, 1864
杲 1852, 1900
覺民 1370
元慶 1660
獻甫 1801, 1872
伯奇 1819, 1869

厲

厲　鶚 1692, 1752

褚

褚寅亮 1715, 1790

十六畫

錢

錢　載 1708, 1793
坫 1741, 1806
塘 1735, 1790
林 1762, 1828
侗 1778, 1815
灃 1740, 1795
德洪 1496, 1574
一本 1539, 1610
澄之 1612, 1694
大昕 1728, 1804
伯坰 1738, 1812
大昭 1744, 1813
儀吉 1783, 1850
泰吉 1791, 1863
熙祚 1801, 1844

黎

黎庶昌 1837, 1897

鮑

鮑廷博 1728, 1814

盧

盧　熊 1380

見曾 1690, 1768

文弨 1717, 1795

穆

穆孔暉 1479, 1539

諸

諸　錦 1686, 1769

閻

閻禹錫 1426, 1476

若璩 1636, 1704

循觀 1724, 1768

龍

龍文彬 1821, 1893

繆

繆荃孫 1844

冀

冀元亨 1521

霍

霍　韜 1487, 1540

十七畫

謝

謝　復 1441, 1505

震 1765, 1804

文洊 1616, 1682

濟世 1689, 1756

啓昆 1737, 1802

薛

薛　侃 1486, 1545

蕙 1489, 1541

壽 1812, 1872

瑄 1389, 1464

傳均 1788, 1829

福成 1838, 1894

敬之 1435, 1508

韓

韓菼 1637, 1704

邦奇 1479, 1555

孔當 1599, 1671

夢周 1729, 1798

應

應撝謙 1615, 1683

鍾

鍾　懷 1761, 1805

文烝 1818, 1877

近衡 1854

近濂 1854

十八畫

戴

戴　良 1383

震 1723, 1777

煦 1805, 1860

望 1837, 1873

名世 1653, 1713

鈞衡 1814, 1855

簡

簡朝亮 1851

魏

魏　校 1483, 1543

禧 1624, 1680

禮 1628, 8693

源 1794, 1856

良弼 1492, 1575

裔介 1616, 1686

象樞 1617, 1687

際瑞 1620, 1677

世傑 1645, 1677

廷珍 1669, 1756

一鼇 1692

蕭

蕭　穆 1835, 1904

企昭 1638, 1670

顏

顏　鯨 1515, 1589

元 1635, 1704

聶

聶　豹 1487, 1563

瞿

瞿中溶 1769, 1842
歸
歸　莊 1613, 1673

十九畫

藍
藍鼎元 1675, 1733
羅
羅　倫 1431, 1478
僑 1463, 1534
欽順 1465, 1547
洪先 1504, 1564
汝芳 1515, 1588
有高 1734, 1779
士琳 1784, 1853
澤南 1807, 1856
譚
譚　瑩 1800, 1871
獻 1830, 1901

二十畫

蘇
蘇有龍 1378
源生 1809, 1870
惇元 1801, 1857
嚴
嚴長明 1731, 1787
可均 1762, 1843
元照 1773, 1817
竇
竇　垿 1807, 1867
克勤 1653, 1708
顧
顧　樞 1602, 1668
鎭 1720, 1792
應祥 1483, 1565
憲成 1550, 1612
允成 1554, 1607
炎武 1613, 1682
祖禹 1631, 1692
棟高 1679, 1759
鳳毛 1762, 1788
廣圻 1766, 1835
廣譽 1799, 1866
觀光 1799, 1862

二十二畫

龔
龔自珍 1792, 1841

徵引書目

書名	撰者
元史	宋濂等
明史	張廷玉等
明實錄	胡廣等
明通鑑	夏燮
明會要	龍文彬
國榷	談遷
國朝獻徵錄	焦竑
皇明名臣琬琰錄（前集二十四卷、後集二十二卷、續集八卷）	徐紘
皇明名臣墓銘	朱大韶
清史列傳	中華書局輯
國朝先正事略	李元度
碑傳集	錢儀吉
碑傳集補	閔爾昌
續碑傳集	繆荃孫
宋元學案	黃宗羲、全祖望
宋元學案補遺	王梓材等
明儒學案	黃宗羲
聖學宗傳	周汝登
理學宗傳	孫奇逢
國朝學案小識	唐鑑
漢學師承記	江藩
宋學淵源記	江藩
學統	熊賜履
列朝詩集小傳	錢謙益
明代思想史	容肇祖
清江貝先生文集	貝瓊
胡仲子集	胡翰
王忠文公集	王禕
宋文憲公全集	宋濂

九靈山房集附戴澱江、殷泗纂戴九靈先生年譜　戴良
石門集（十卷、首一卷）　梁寅
白雲藁（十一卷、鈔本）　朱右
覆瓿集（八卷）　朱同
梧溪集（七卷）　王逢
繼志齋集（二卷）　王紳
殷強齋先生文集（十卷）　殷奎
朱一齋先生文集（十六卷）　朱善
康齋先生文集（十二卷）　吳與弼
薛文清先生全集（五十三卷）　薛瑄
白沙子　陳獻章
遜志齋集附盧演、翁明英輯方正學先生年譜　方孝孺
湛甘泉先生文集　湛若水
古城文集（六卷、首一卷）　張吉
世經堂集（二十六卷）　徐階
曹月川集附張信民編曹月川年譜　曹端
王端毅公文集、續集　王恕
胡文敬公集（三卷）　胡居仁

未軒公文集　黃仲昭
王文成公全書附錢德洪編王文成公年譜　王守仁
泰泉集（六十卷）　黃佐
苑洛集（二十二卷）　韓邦奇
王龍谿先生全集（二十卷）　王畿
重鐫心齋王先生全集（六卷、疏傳合編二卷）附王元鼎補遺王心齋先生年譜　王艮
周訥谿全集附吳達可輯、周登瀛增定周恭節先生年譜　周怡
思菴野錄　薛敬之
薛中離先生全書（二十卷）　薛侃
李大崖集　李承箕
翠渠摘稿　周瑛
華陽館文集（十二卷）　宋儀望
東廓鄒先生文集　鄒守益
孟雲浦先生集（八卷）　孟化鯉
五嶽山人集　黃省曾
整庵先生存稿（二十卷、鈔本）　羅欽順

羅近溪先生全集	羅汝芳
楓山章先生文集附阮鶚編楓山章文懿公年譜	章懋
夏東巖先生文集（十四卷）	夏尚樸
呂涇野先生文集（三十八卷、續刻八卷）	呂柟
東白張先生文集（二十四卷）	張元禎
雙江聶先生文集（十四卷）	聶豹
天游山人集（二十卷）	楊應詔
念菴羅先生集	羅洪先
松谿文集（十卷）	程文德
舒文節公全集	舒芬
蔡文莊公集	蔡清
羅一峰文集（十四卷）	羅倫
方山先生文錄	方應旂
潛學稿（十九卷）	鄧元錫
楊忠介公文集	楊爵
吉陽先生文錄（四卷、詩錄六卷）	何遷
薛考功集（十卷）	薛蕙
孟我疆先生集（七卷）	孟秋

張陽和先生不二齋文選（七卷）	張元忭
困辯錄	聶豹
莊定山集	莊昶
張文定公文選（三十九卷）	張邦奇
小山類稿（四十六卷）	張岳
王東厓先生遺集附年譜紀略	王襞
王一菴先生遺集附年譜紀略	王棟
木鐘臺集	唐樞
醫閭先生集	賀欽
何文定公文集	何塘
順渠先生文錄（十二卷）	王道
自知堂集	蔡汝楠
荊川先生文集	唐順之
山居功課（十卷）	楊東明
去僞齋集	呂坤
鄧定宇先生文集	鄧以讚
鄧文潔公佚稿	鄧以讚
立齋遺文	鄒智
山堂萃藁（十六卷、續藁四卷、讀書劄記）	徐問

敬和堂集（十三卷）	許孚遠
重刻楊復所先生家藏文集（八卷）	楊起元
東越證學錄（二十卷）	周汝登
敬所王先生文集（三十卷）	王宗沐
渭厓文集（十卷）	霍韜
鄒子願學集	鄒元標
存眞集（八卷）	鄒元標
馮少墟集（二十二卷）	馮從吾
澹園集、續集	焦竑
毅齋查先生闡道集	查鐸
王肅敏公全集	王廷相
續藏書	李贄
趙文肅公文集	趙貞吉
歇菴集	陶望齡
幾亭外書	陳龍正
鄒太史文集（八卷）	鄒德溥
仰節堂集	曹于汴
耿天臺先生文集	耿定向
涇皐藏稿附顧樞初編、顧貞觀訂補顧端文公年譜	顧憲成

顧端文公遺書	顧憲成
高子遺書附華允誠編高忠憲公年譜	高攀龍
劉子全書	劉宗周
灼艾集	萬表
玩鹿亭稿	萬表
劉練江先生集附劉穎編劉職方公年譜	劉永澄
黃梨洲遺書附黃炳垕編黃梨洲年譜	黃宗羲
南雷文定	黃宗羲
黃漳浦集附莊起儔、陳壽祺編漳浦黃先生年譜	黃道周
王船山遺書	王夫之
呂晚村先生文集（八卷）	呂留良
湯子遺書附王廷燦編輯潛庵先生年譜	湯斌
金正希先生文集輯略	金聲
白田草堂存稿	王懋竑
朱止泉先生文集	朱澤澐
楊園先生全集附蘇惇元編張楊園先生年譜	張履祥
顧亭林文集	顧炎武

歸莊集附趙經達編歸玄恭先生年譜	歸莊
寒松堂集	魏象樞
兼濟堂集	魏裔介
祝月隱先生遺集（六卷）	祝淵
夏峰先生文集	孫奇逢
二曲集附年譜及歷年紀略	李顒
田間文集	錢澄之
午亭文編（五十卷）	陳廷敬
尊聞居士集	羅有高
望溪先生全集附蘇惇元編方望溪先生年譜	方苞
洪北江詩文集附呂培等編洪北江先生年譜	洪亮吉
榕村文集附李清植編李文貞公年譜	李光地
穆堂初稿、別稿	李紱
毛翰林文集	毛奇齡
鮚埼亭文集	全祖望
三魚堂全集附陸宸徵、李鉉同輯稼書先生年譜	陸隴其
稼書全集	陸隴其
憺園文集（三十六卷）	徐乾學
惜抱軒集	姚鼐
愧訥集（十二卷）	朱用純
朱柏廬先生編年毋欺錄	吳映奎
潛研堂文集（五十卷）	錢大昕
蒿菴集	張爾岐
居業堂文集	王源
惲遜庵先生遺集	惲日初
二林居集	彭紹升
陸子遺書附淩錫祺編尊道先生年譜	陸世儀
果堂集（十二卷）	沈彤
正誼堂文集	張伯行
尹健餘先生文集	尹會一
應潛齋先生集（十卷、俟續刻目一卷）	應撝謙
遂初堂文集	潘耒
春融堂集附嚴榮編王述庵先生年譜	王昶
青溪文集（十二卷、續編八卷、附編三卷、附錄一卷）	程廷祚
知足齋全集附朱錫經、朱淦編朱石君	

先生年譜	朱珪
揅經室全集	阮元
錢南園先生遺集	錢灃
道古堂文集（四十八卷）	杭世駿
安吳四種	包世臣
梅崖居士文集	朱仕琇
祗平居士集	王元啓
有懷堂文藁（二十二卷）	韓菼
儀衞軒文集附鄭福照輯方儀衞先生年譜	方東樹
潛書附唐甄事迹簡表	唐甄
義門先生集（十二卷）	何焯
劉禮部集	劉逢祿
復初齋文集	翁方綱
程侍郎遺集	程恩澤
劉端臨先生遺書（三卷本、四卷本兩種）	劉臺拱
柏梘山房文集	梅曾亮
香樹齋文集（二十八卷、續鈔五卷）	錢陳羣
寫禮廎遺著	王頌蔚
朱九江先生集附簡朝亮編朱九江先生年譜	朱次琦
切問齋集	陸燿
勉行堂文集（六卷）	程晉芳
述學別錄	汪中
抱經堂文集	盧文弨
孟鄰堂集	姚椿
三百堂文集	陳奐
養一齋文集	李兆洛
曝書亭集附楊謙纂朱竹垞先生年譜	朱彝尊
亦有生齋集	趙懷玉
校禮堂文集附張其錦編凌次仲先生年譜	凌廷堪
鐵橋漫稿	嚴可均
夢陔堂文集	黃承吉
嵇庵文集	梅植之
拜經堂文集（五卷）	臧庸
唐確愼公集	唐鑑
四知堂文錄	楊錫紱
晚學集（八卷）	桂馥

冬青館甲乙集　張鑑
研六室文鈔　胡培翬
劉孟塗集　劉開
孺廬先生文錄　萬承蒼
玉山草堂集　錢林
思適齋集　顧廣圻
兪理初先生年譜（見安徽叢書）　王立中
春暉閣雜著　蔣湘南
隨山館叢稿（四卷）　汪瑔
南澗先生遺文　李文藻
春雨樓初删稿（十卷）　董秉純
匪石先生文集　鈕樹玉
中復堂全集附姚濬昌編姚石甫年譜　姚瑩
念樓集（八卷、外集三卷）　劉寶楠
喜聞過齋文集（十三卷）　李文耕
通義堂文集（十六卷）　劉毓崧
悔過齋文集（七卷、續集七卷）　顧廣譽
小萬卷齋文稿　朱珔
志怡堂文集　朱琦
古微堂內集三卷、外集七卷　魏源

翠巖雜稿　魯九皐
養知書屋文集（二十八卷）　郭嵩燾
曾文正公文集附黎庶昌編曾文正公年譜　曾國藩
拙修集　吳廷棟
續東軒遺集　高均儒
善萬花室文藁（六卷、續集）　方履籛
陶樓文鈔　黃彭年
覆瓿集　張文虎
記過齋藏書文集　蘇源生
落帆樓文集（二十四卷、補遺一卷）　沈垚
廣經室文鈔　劉恭冕
羅忠節公遺集附羅忠節公年譜　羅澤南
有恒心齋集　程鴻詔
一鐙精舍甲部藁（五卷）　何秋濤
昨非集（四卷）　劉熙載
郘亭遺文　莫友芝
越縵堂文集（十二卷）　李慈銘
東塾集（六卷）　陳澧
柏堂遺書　方宗誠

何文貞公遺書	何桂珍
倭文端公遺書	倭仁
甘泉鄉人稿附錢應溥編甘泉鄉人年譜	錢泰吉
衎石齋記事稿	錢儀吉
左文襄公文集	左宗棠
李文清公遺書（八卷）	李棠階
庸庵全集	薛福成
桐城吳先生文集（四卷）	吳汝綸
拙尊園叢稿（六卷）	黎庶昌
虛受堂文集	王先謙
春在堂襍文	俞樾
紀文達公遺集	紀昀
校經室文集	孫葆田
劉伯溫年譜	黃馨一
吳聘君年譜（十五家年譜本）	楊希閔
薛文清公年譜（十五家年譜本）	楊希閔
陳白沙先生年譜	阮松齡
胡文敬公年譜（十五家年譜本）	楊希閔
王龍谿先生略歷（見責善半月刊）	錢穆
羅念菴先生年譜（見責善半月刊）	錢穆

李見羅先生行略	李頎
孫夏峰先生年譜	湯斌等編
鹿忠節公年譜	陳鋐
金忠潔年譜（見金忠潔集）	金鏡編述、金鑨參訂
李天生先生年譜（見關中三李年譜）	吳懷清編
李二曲先生年譜（見關中三李年譜）	吳懷清編
劉宗周年譜	姚名達
顏習齋先生年譜	李塨
傅青主先生年譜	方聞
陳乾初先生年譜	吳騫
申鳧盟先生年譜（畿輔叢書本）	申涵煜、涵盼補輯
施愚山先生年譜	施念曾
應潛齋先生年譜	羅以智
顧亭林先生年譜	張穆
閻潛邱先生年譜	張穆
閻潛邱先生年譜補正	夏方域
王船山學譜附年表	張西堂
胡石莊年譜（見讀書說）	胡玉章編

漁洋山人自撰年譜(見精華錄訓纂)　惠棟注補
魏叔子年譜　溫聚民
魏敏果公年譜　魏學誠等編
魏貞菴先生年譜　魏荔彤
呂留良年譜　包賚
南山先生年譜(見南山集)　闕名
邵念魯年譜　姚名達
南畇老人自訂年譜(見南畇詩稾)　彭定求
查他山先生年譜　陳敬璋
張清恪公年譜　張師拭、師載編
李恕谷先生年譜　馮辰
安道公年譜　陳溥編、繆朝荃補纂
劉繼莊先生年譜初稾(方志月刊第八卷)　王勤堉編
尹健餘先生年譜　呂熾編
雙池先生年譜(見汪雙池先生叢書)　余龍光編
德清胡朏明先生年譜(見文瀾學報第二卷第一期)　夏定域
全謝山先生年譜　蔣天樞
厲樊榭先生年譜　陸謙祉

王西莊先生年譜(見輔仁學誌)　王文相
甌北先生年譜(見甌北全集)　闕名
戴東原先生年譜(見東原集)　段玉裁
崔東壁年譜　劉汝霖
程易疇先生年譜(願學齋叢刋本)　羅繼祖
黃蕘圃先生年譜　江標輯
邵二雲先生年譜　黃雲眉
鶴皐年譜(見萬里行程記)　祁韻士自訂
劉端臨先生年譜　劉文興
章實齋先生年譜　胡適、姚名達
竹汀居士年譜(見十駕齋養新錄)　錢大昕自訂、錢慶曾校注
李申耆年譜　蔣彤編
瞿木夫先生自訂年譜　繆荃孫校定
顧千里先生年譜　趙詒琛
雷塘庵主弟子記(八卷)　張鑑撰、柳興恩續
紀曉嵐先生年譜(見師大月刋第六期)　王蘭蔭編
太鶴山人年譜(惜硯樓叢刋本)　陳謐補輯
退菴自訂年譜(見退菴隨筆)　梁章鉅

馮柳東先生年譜　史詮編
石隱山人自訂年譜　朱駿聲
王文簡伯申府君行狀（一卷）　王壽昌等撰
劉楚楨先生年譜（見輔仁學誌）　劉文興
孫詒讓年譜　朱芳圃
吳竹如先生年譜（見柏堂遺書）　方宗誠纂輯
定庵年譜藁本（見龔定庵全集、襟霞閣普及本）　闕名
包愼伯先生年譜（樸學齋叢刋本）　胡韞玉輯
石洲年譜（山右叢書初編本）　張繼文編輯、蔡侗審訂
鄭子尹年譜　凌惕安
愀帚齋主人年譜　徐鼒
陳東塾先生年譜　汪宗衍
李善蘭年譜（見淸華學報第五卷第一號）　李儼
胡文忠公年譜（見胡文忠公遺集）　夏先範編
張文襄公年譜　胡鈞編

藝風老人年譜（鈔本）　繆荃孫自編
皮鹿門年譜　皮名振
容甫先生年譜（江都汪氏叢書本）　汪喜孫
梅定九年譜（中法大學月刋）　商鴻逵
盧抱經先生年譜（中央大學國學圖書館第一年刋）　柳詒徵
劉孟瞻先生年譜（文思樓排印影本）　日本上野小澤文四郎編
段懋堂先生年譜（願學齋叢刋本）　羅繼祖
曾忠襄公年譜　王定安
葵園自訂年譜　王先謙
歷代名人年譜　吳榮光
歷代名人年譜總目　王寶琛
疑年錄彙編　張惟驤
疑年錄釋疑（見輔仁學誌）　馮先恕
歷代人物年里碑傳綜表　姜亮夫
二十史朔閏表　陳垣

國家圖書館出版品預行編目資料

明清儒學家著述生卒年表

麥仲貴著. – 初版. – 臺北市：臺灣學生，1977.09
冊；公分 – （新亞研究所叢刊）

ISBN 978-957-15-1903-6(全套：平裝)

1. 傳記 2. 明代 3. 清代

782.236 111020061

明清儒學家著述生卒年表

著作者 麥仲貴
出版者 臺灣學生書局有限公司
發行人 楊雲龍
發行所 臺灣學生書局有限公司
地址 臺北市和平東路一段75巷11號
劃撥帳號 00024668
電話 (02)23928185
傳真 (02)23928105
E-mail student.book@msa.hinet.net
網址 www.studentbook.com.tw
登記證字號 行政院新聞局局版北市業字第玖捌壹號
定價 新臺幣一二〇〇元

一九七七年九月初版
二〇二二年十二月初版二刷

78201

ISBN 978-957-15-1903-6 (全套：平裝)